AF665541

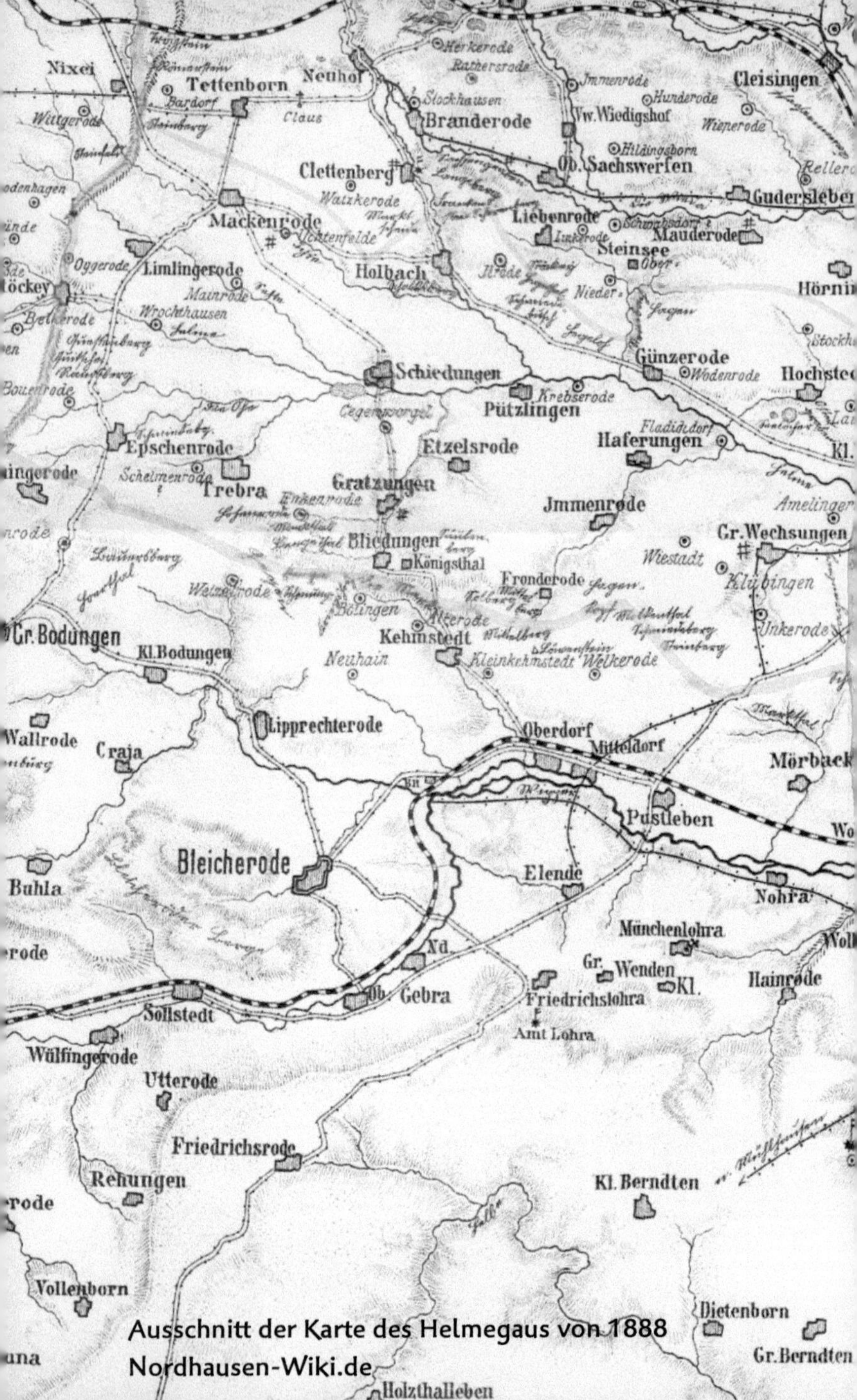

Ausschnitt der Karte des Helmegaus von 1888
Nordhausen-Wiki.de

Ilfeld
Espe
Königerode
Wiegersdorf
Hainfeld
Schmiedehausen
Bischofshain
Bischofrode
Walrode
Thiergarten
Hohnstein
Schadewald
Wofleben
Osterode
Heinrichsb.
Neustadt
Ebersb.
Vockenrode
Bleicherode
Nd. Sachswerfen
Harzungen
Hermansacker
Günzdorf
Harzfeld
Hunsdorf
Rüdigsdorf
Bischofrode
St. Johannis
Crimderode
Buchholz
Rodishayn
Stempeda
Schnabelsb.
Tütcherode
Hunsdorf
Elbingen
Herreden
Petersdorf
Liebichenrode
Steigerthal
Rottle
Ober
Salza
Hohenrode
Gumprechtrode
Wachsbach
Ratherode
NORDHAUSEN
Hesserode
Rossungen
Himmelgarten
Leimbach
Amsee
Rodeberg
Würzdorf
Nicolairode
Trockenbach
Nieder Salza
Bielen
Grumbach
Crimderode
Kl.
Ebersborn
Urbach
Nieder Rode
Werther
Gr.
Ober
Sundhausen
Carlsburg
Windehausen
Othstedt
Libitz
Berrungen
Görsbach
Ritterode
Berbisleben
Schade
Steinbrücken
Pisla
Elre
Lanne
Uthleben
Langenriet
Riethof
Heringen
Bodenrode
Welkerode
Elbingen
Hayn
Horne
Alte Hayn
Nenzelsrode
Hamma
Auleben
Rüxleben
Ritterode
Aschers-wenden
Rödchen
Kl. Furra
Vw. Buchholz
Schersen
Gr. Furra
Strausberg
Stockhausen
Jechaburg
SONDERSHAUSEN
Bebra
Jecha

Impressum

Bibliografische Information der Deutschen Nationalbibliothek: Die Deutsche Nationalbibliothek verzeichnet diese Publikation in der Deutschen Nationalbibliografie; detaillierte bibliografische Daten sind im Internet über dnb.dnb.de abrufbar.

Satz und Reproduktion: Otmar Hoefer, Oberneisen
mit Affinity-Designer2, -Photo2, -Publisher2 auf MacBook
Schriften:
Palatino Sans Informal von Hermann Zapf
Sabon Next von Jean-François Porchez
STEREO von Karlgeorg Hoefer
Ausschnitt der Karte des Helmegaus von 1888,
Nordhausen-Wiki.de

Verlag: BoD · Books on Demand GmbH, Überseering 33,
22297 Hamburg, bod@bod.de
Druck: Libri Plureos GmbH, Friedensallee 273, 22763 Hamburg
ISBN 978-3-7597-0627-0

Jugenderinnerungen des Geheimrathes Hoefer

Eine wahre Geschichte aus der Zeit 1851 bis 1871
aufgeschrieben von Otto Hoefer, 1905

Herausgeber: Otmar Hoefer, 2025

Jugenderinnerungen
des
Geheimrathes
Hoefer

Der Autor:
Otto Hoefer (1851 – 1928) wuchs in einer Pfarrersfamilie mit sechs Geschwistern auf. Während seiner Gymnasialzeit entschloss er sich bei einer Versammlung auf dem Kyffhäuser zur freiwilligen Kriegsteilnahme in Frankreich. Die dabei gemachten Erfahrungen bewegten ihn dazu, nach seiner Ausbildung zum Jurist, sich als Militärintendant für die Versorgung der deutschen Armee zu engagieren. Wegen seiner Verdienste wurde er 1900 von Kaiser Wilhelm II zum „Wirklichen Geheimen Kriegsrath" ernannt. Während seines Ruhestands fand er die Zeit, seine Lebenserinnerungen zu Papier zu bringen.

Der Herausgeber:
Otmar Hoefer (*1953), der Urenkel von Otto Hoefer, erfuhr seine Ausbildung zum Schriftsetzer noch mit Bleilettern und im Fotosatz. Damit stieg er ein bisschen in die Fußstapfen seines Vaters, dem Schriftprofessor Karlgeorg Hoefer.
www.kghoefer.de
Otmar studierte Drucktechnik in Stuttgart und war bei der Schriftgießerei D. Stempel AG und dem Setzmaschinenhersteller Linotype u. a. für das Marketing des umfangreichen Schriftenangebots verantwortlich.

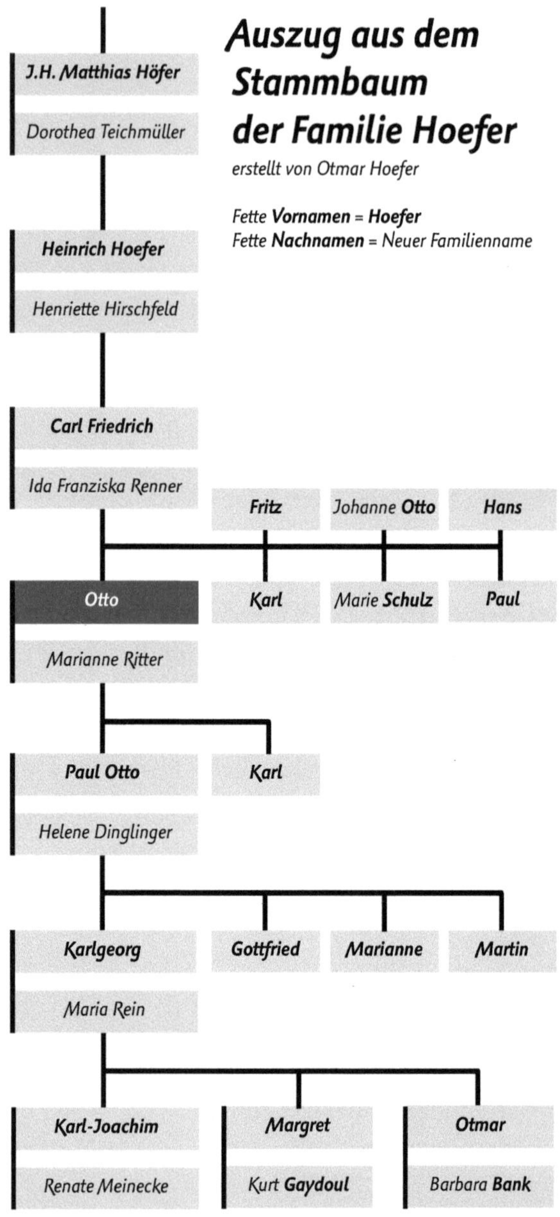
Auszug aus dem Stammbaum der Familie Hoefer
erstellt von Otmar Hoefer
Fette Vornamen = Hoefer
Fette Nachnamen = Neuer Familienname
J.H. Matthias Höfer
Dorothea Teichmüller
Heinrich Hoefer
Henriette Hirschfeld
Carl Friedrich
Ida Franziska Renner
Fritz
Johanne Otto
Hans
Otto
Karl
Marie Schulz
Paul
Marianne Ritter
Paul Otto
Karl
Helene Dinglinger
Karlgeorg
Gottfried
Marianne
Martin
Maria Rein
Karl-Joachim
Margret
Otmar
Renate Meinecke
Kurt Gaydoul
Barbara Bank

Inhalt

Wilhelm Otto Hoefer * 25. 9. 1851 † 28. 7. 1928

Erinnern:

Manche Ideen reifen Jahrzehnte, bevor sie Wirklichkeit werden. So auch dieses Buchprojekt. Ohne das Zusammentreffen einiger glücklicher Umstände wäre es nie erschienen.

Mein Urgroßvater Wilhelm Otto Hoefer (geb. 25. 9. 1851 in Craja gest. 28. 7. 1928 in Miltenberg) schrieb seine Erinnerungen 1905 nur für seine beiden Söhne Karl und Otto auf, und ließ sie in einem Buch von 700 Seiten kostbar einbinden. Diese Anekdoten aus seinem Leben hielt er handschriftlich in der deutschen Kurrentschrift fest. In Deutschland gibt es verschiedene Initiativen und Vereine, die beim Entziffern von solchen Texten helfen.

Mein älterer Bruder Joachim lernte diese alte Handschrift vor vielen Jahren lesen und schreiben. In den 2020er Jahren nahm er sich die Zeit, die Aufzeichnungen unseres Urgroßvaters in seinen Computer zu tippen und legte damit den Grundstein für dieses Buch.

Nach einigen Jahren bot sich mir endlich die Gelegenheit, dieses Werk historisch interessierten Lesern zugänglich zu machen, da es heute kostengünstige Möglichkeiten gibt, ein Buch zu publizieren. Eine Buch-Plattform im Internet hilft dabei, neue Bücher bekannt zu machen und interessierte Leserinnen und Leser zu erreichen.

Aus Gründen der Authentizität haben wir die Sprache, den Satzbau wie auch die damalige deutsche Rechtschreibung beibehalten.

Das Buch habe ich mit einigen Seiten aus dem Originalbuch und Fotografien aus unserem Familienbesitz ausgestattet. Der Stammbaum hilft beim Verständnis der Hoeferschen Familienverhältnisse

Neben der Familiengeschichte mit den Vorfahren aus dem Südharz erzählt Otto Hoefer von seiner Kindheit mit sechs Geschwistern im Dorf Großwechsungen (Thüringen) und seiner Schulzeit am Gymnasium in Nordhausen. Mit viel Liebe zum Detail schildert er das Leben im Elternhaus, im Dorf und in der Stadt und beschreibt die Denk- und Handlungsweise vieler Zeitgenossen, denen er begegnete. Breiten Raum nehmen seine Erlebnisse als freiwilliger Soldat bei der Belagerung von Paris 1870/71 und seine Truppenverlegung ins französische Hinterland ein.

In der Zeit von 1851 bis 1871 waren die Lebensbedingungen nicht so einfach wie heute. Eisenbahn, Dampfmaschine und Telegrafie gab es zwar schon, aber elektrisches Licht im Haus, das Automobil oder das Telefon kamen erst später. Der Alltag wurde mit einfachen Mitteln bewältigt. Transport und Post wurden noch mit Pferdekutschen erledigt.

Otto berichtet auch über die Erlebnisse eines Zeitzeugen, der 1812 beim Russlandfeldzug Napoleons dabei war.

Der Leser bekommt einen tiefen Einblick in das Geschehen der Stadt Nordhausen und der Lehrerschaft am Gymnasium. Er nimmt den Leser mit auf den Jahrmarkt in Nordhausen mit seinen Attraktionen im Zirkus Hinne und zu Hagenbecks Menagerie.

Seine Berichte aus dem Alltag beim Militär in Sannois während der Belagerung von Paris und besonders die während der anschließenden Verlegung seiner Truppe in das französische Hinterland zeichnen ein Bild vom Leben und Denken der friedlichen und leidenden französischen Bevölkerung, wie wir es uns kaum vorstellen können.

Die Geschichte unseres Urgroßvaters zeigt, wie wichtig es ist, in Frieden zu leben. Unsere heutige Entwicklung mit dem Krieg in der Ukraine und in Nahost führt uns erneut vor Augen, dass Gewalt keine Lösung für Konflikte ist. Mit Zerstörung kommt die Menschheit nicht weiter. Im Frieden entstehen die Dinge, die uns ein freies und besseres Leben bescheren. Daran möchte ich mit dem typografisch gestalteten Vorderschnitt des Buches erinnern.

Ich wünsche viel Freude und Anregung bei der Lektüre meines Urgroßvaters.

Otmar Hoefer, Herausgeber und Gestalter dieses Buchs.

Für Anregungen und Kommentare erreichen Sie mich:
oh@kghoefer.de

Oberneisen im Mai 2024

Mehr zu Otto Hoefer: www.kghoefer.de/ottohoefer.html

Meinen lieben Söhnen
Karl und Otto!

Was ich erlebt in jungen Jahren
Für Euch möchte ich es aufbewahren.
Nicht ist's erfunden und erdichtet,
Was ich mit Fleiss Euch hab berichtet;
Der Wahrheit gab ich stets die Ehre,
Nehmt denn – ich bitte Euch – draus die Lehre:
Der ist ein Biedermann und Christ,
Der seiner Ahnen nicht vergisst!

Heiligenstadt
Weihnacht 1905. Euer Vater.

1. Erwachen

Die erste Erinnerung meiner Kindheit ist ein Moment im Pfarrhause zu Gross-Wechsungen, als ich in meinem Gatterbettchen an Mandelentzündung, die damals allgemein Diphteritis oder fäulige Bräune genannt wurde, krank lag und von Doktor Unger mit einem Stückchen Höllenstein, das er (wie leichtsinnig?) in einer Federpose zu befestigen und an die entzündete Stelle in der Rachenhöhle anzudrücken pflegte, gequält wurde. Milde und besorgt sah die gute Mutter, mein Köpfchen stützend, dieser bei 6 Kindern nicht ungewohnten Manipulation zu, während der Vater in seinem schwarzen Käppchen und dem historischen grauen, mit blauem Flanell gefütterten, bis an die Knöchel reichenden Tüllenschlafrock, die obligate lange Pfeife im Munde, durch einen derben Scherz mir über die Misera des Daseins hinwegzuhelfen suchte.

Über meine Geburt, die erste Zeit meines Daseins Bericht zu erhalten, ist mir versagt, denn ich habe keine Erinnerung an jene Zeit und erst bei späteren Besuchen meine Geburtsstätte, das Pfarrhaus zu Craja bei Bleicherode, Kreis Worbis, kennen gelernt.

In dieses unscheinbare, an der nach Behla führenden Dorfstraße gelegene Häuschen hatte mein Vater, der Anfangs einige Jahre als Substitut des Pastors Müller in Craja und Wallrode gewirkt hatte und dann Nachfolger dieses geistig abgestumpften Geistlichen geworden war, im Jahre 1837 seine junge, fein gebildete, liebreizende Frau Ida, Tochter der verwittwerten Frau Oberförster Renner in Bleicherode – früher auf Amt-Lohra – heimgeführt.

Mein Vater, Carl (Friedrich) Hoefer, geboren 1. 9. 1810, stammte aus Obergebra bei Bleicherode, wo sein Vater ein ansehnliches Bauerngut besaß.

2.

— Großvater Hoefer —

Von diesem ehrwürdigen Manne, also meinem Großvater väterlicherseits, habe ich keine genaue Erinnerung, denn er ist gestorben, als ich ein Knabe von 3-4 Jahren war, nur ein traum- und nebelhaftes Bild eines alten Mannes mit auffallend großer Nase in einem braun geblümten Schlafrocke schwebt mir vor. Ich sehe ihn über den Kirchhof von Groß-Wechsungen gehen. Dort hat er noch kurz vor seinem Tode seinen Sohn besucht, und das Bild ist in meinem Gedächtnis haften geblieben. Aber von seiner Frau, meiner Großmutter Henriette Hoefer, geb. Hirschfeld, aus der Ammermühle bei Oberdorf stammend, von der ich später bewußter starb, habe ich mancherlei über den Großvater erfahren:

Er stammte nicht aus der heimatlichen Gegend, die dort allgemein die Grafschaft (Hohenstein) genannt wird, sondern war eingewandert, hatte sich in Obergebra angekauft und verheiratet. Er

2. Großvater Hoefer

Von diesem ehrwürdigen Manne, also meinem Großvater väterlicherseits, habe ich keine genaue Erinnerung, denn er ist gestorben, als ich ein Knabe von 3 – 4 Jahren war, nur ein traum- und nebelhaftes Bild eines alten Mannes mit auffallend großer Nase in seinem braun geblümten Schlafrocke schwebt mir vor. Ich sehe ihn über den Kirchhof von Gross-Wechsungen gehen. Dort hat er noch kurz vor seinem Tode seinen Sohn besucht, und dies Bild ist in meinem Gedächtnis haften geblieben. Aber von seiner Frau, meiner Großmutter Henriette Hoefer, geb. Hirschfeld, aus der Ammermühle bei Oberdorf (Wipperdorf) kommend, von der ich später berichten werde, habe ich mancherlei über den Großvater erfahren:

Er stammt nicht aus der heimatlichen Gegend, die dort allgemein die Grafschaft (Hohenstein) genannt wird, sondern war eingewandert, hatte sich in Obergebra angekauft und verheiratet. Wo seine Wiege stand, habe ich nicht in Erfahrung bringen können, Großmutter wußte nur, daß er *„uß dem Lande"* zugezogen war, ohne daß sie eine nähere Bezeichnung seiner Heimath hätte angeben können. Er war übrigens ein durchaus ehrenwerther, gottesfürchtiger, fleißiger Mann, treuer Ehegatte und tüchtiger Landwirth, hatte sein Gut intelligent bewirtschaftet, hohe Erträge und einen sehr annehmbaren Kaufpreis erzielt, als er sich an seinem Lebensabende zur Ruhe setzte. In seinem Wesen war er streng gerecht, aber kurz angebunden, er war überaus genügsam und hatte nur zwei harmlose Leidenschaften: Schachspiel und Pfeiferauchen. Die Freude am Schachspiel verleitete ihn häufig, länger aufzusitzen, als es seine bessere Hälfte für zuträglich hielt. Letztere pflegte sich, ermüdet von den wirtschaftlichen Geschäften der Hausfrau, nach des Tages Mühen und Last zeitig zur Ruhe zu begeben, während der Großvater in dem Familienzimmer mit dem Dorfschulmeister noch gerne ein Partiechen Schach spielte. Um die überschüssige Wärme des Wohnzimmers für das Schlafzimmer auszunutzen, waren in den meisten Bauernhäusern zu damaliger Zeit diese beiden Zimmer übereinander angebracht und das im ersten Stock gelegene Schlafzimmer durch ein über dem Kachelofen angebrachtes quadratisches Loch mit dem zu ebener Erde gelegenen Wohnzimmer verbunden. Wenn nun meine Großmutter zu Bette ging, pflegte sie die jenes Loch bei Tage abschließende Klappe zu öffnen, sodaß die im unterm Wohnraume aufgespeicherte Ofenwärme ungehindert das gemeinschaftliche Schlafzimmer durchströmen konnte. Gleichzeitig vermochte die aber in den Momenten, wo der Schlaf ihr Auge floh, zu konstatiren, was unten vorging. Bei dem durchaus ruhigen Verlaufe des Schachspieles und da der Großvater ein wortkarger Mann und kein Freund von Lärmen war, wurde sie durch solche Spielabende in ihrem Schlafe selten gestört. Wenn aber nach ihrer Meinung das Spiel zu lange fortgesetzt wurde, so pflegte sie den vor ihrem Bette stehenden mit blau und rosa kariertem Barchend bezogenen Polsterstuhl in rappelnde Bewegung zu setzen, oder auch mit ihrer durchdringenden Stimme durch das Loch zu rufen, daß es nun Zeit sei, das Spiel zu beenden. Großvater ließ sich durch solche Winke mit dem Zaunpfahle nicht aus der Ruhe bringen, antwortete regelmäßig: „*komme gleich*“ und spielte ungestört weiter. Ja, einmal geschah es, daß der Tag bereits graute und die Arbeiter zum Dreschen auf der Scheune antraten, als der Schulmeister, sich scheu an den Häusern lang drückend nach Hause schlich und der Großvater, ermüdet von allzu langem nächtlichen Spiel, sein Lager aufsuchte. Da hub aber eine Gardinenpredigt an, wie man sie unter Eheleuten wohl selten zu hören kriegt, denn meine Großmutter war eine resolute

Frau, hielt auf Ordnung in ihrem Häuschen und es kam ihr bei Ausübung dieser Pflicht auf eine Handvoll mehr oder weniger parlamentarisch zulässiger Kernworte nicht an. Großvater ließ alles geduldig über sich ergehen, kleidete sich ruhig aus, streckte sich auf seinem Lager lang und sprach laut und bestimmt die drei Worte: *„nun ist genug!"* Da verstummte wie auf Kommando das berechtigte Klagelied der Ehefrau und nach wenigen Sekunden verrieth ein regelmäßiges mächtig hallendes Schnarchen des Großvaters, daß der eheliche Friede wiederhergestellt sei. Unentbehrlich für ihn war die Tabakspfeife, ohne die er nie zu sehen war. Bei der Arbeit und auf dem Felde bediente er sich der kurzen, zu Hause beim Lesen, Schreiben, Spiel und bei der Unterhaltung der langen Pfeife. Immer mußte der Tabak glimmen. Nur zu den Mahlzeiten und beim Schlafengehen wurde im letzten Moment die Pfeife aus dem Munde genommen. Damit der Tabak länger im Pfeifenkopfe stand, d. h. nicht so schnell wegbrannte, wurde der stets in größeren Portionen angeschaffte Vorrath in einem eisernen Kasten im Keller aufbewahrt. Auf diese Weise hielt er sich feucht. Der Tagesbedarf wurde in einem grünlich braunen sämichgaren Tabaksbeutel mitgeführt. Dieser Beutel wurde später seiner ursprünglichen Bestimmung entzogen. Vater hat darin wie er oft scherzend erzählte, sein Erbtheil von Obergebra nach Gross-Wechsungen getragen und hielt ihn stets in Ehren, indem er ihn zur Aufbewahrung der zeitweise im Haushalte entbehrlichen Geldbestände benutzte. Einem gleichwertigen Zwecke dient er noch heute bei mir. So unermüdlich der Großvater in der Handhabung der Tabakspfeife war, so wenig konnte er sich mit der Cigarre, die damals auf dem Lande noch wenig im Gebrauch war, befreunden. Er mochte sie nicht und wenn er sich von seinem Sohne einmal verleiten ließ, eine zu rauchen, so verursachte ihm selbst die leichteste Sorte Übelbefinden. Eine Erklärung für diese Tatsache zu finden ist mir schwer geworden, da es keinem Zweifel unterliegt, daß Pfeifenrauchen viel schwerer zu vertragen ist wie die kräftigste Cigarre. Ich nehme an, daß Großvater an der ungewohnten Cigarre ebenso nachhaltig und regelmäßig gesogen hat wie man es bei der Pfeife thun muß, wenn man sie im Brande erhalten will. Auf diese Weise hat er eine Cigarre, an der sich der Durchschnittsraucher ½ Stunde lang inhaliert, in wenigen Minuten weggepafft und sich dadurch in kurzer Zeit viel zu viel Nikotin zugeführt, der sich bei der Pfeife im Abguß sammelt und dort regelmäßig ausgegossen wird.

Großvater las gern in der Bibel und einer alten Familienpostille, spielte auf seinem tafelförmigen Pianoforte leidlich gut und verfügte trotz seiner angeborenen Zurückhaltung über Humor und Mutterwitz: Als sein Sohn Carl, der ursprünglich für den landwirtschaftlichen Beruf bestimmt war, bei der Heimkehr von der Feldarbeit aus Unachtsamkeit die seiner Obhut anvertrauten Pferde so dirigierte, daß sie mit der von ihnen gezogenen Ringelwalze gegen einen Grenzstein stießen und die zwei Zugstränge zerrissen, da verabreichte ihm der Vater eine schallende Ohrfeige und sprach gelassen: „*Zum Ökonomen bist du zu dumm, du sollst Pastor werden!*“ Dies Ereignis war entscheidend für des Sohnes künftigen Beruf.

Als dieser in der Folge auf der Universität Berlin studirte und eines Winterabends aus dem Kolleg heimkehrte, sah er von der Straße aus in seiner Studentenbude Licht, während zu seinem größten Erstaunen wohlbekannte lustige Weisen an sein Ohr schlugen. Erwartungsvoll stürmt der Jüngling die 3 Treppen hinauf und findet vor dem geliehenen alten Klimperkasten den Vater sitzen, der die weite, damals so unbequeme Reise zur Winterszeit unternommen hatte, um seinen Sohn, den fleißigen Studenten, zu überraschen und zu erfreuen. Der einzige, wesentlich jüngere Bruder meines Vaters, Ludwig, war die Freude und der Vorzug seiner Eltern sowohl, wie der einzigen Schwester Emilie, die später als Tante Kunze in der Familie bekannt und geschätzt war. Leider starb der kleine Liebling im Knabenalter eines schnellen Todes an Rachenbräune (Kroup). Um seinen Sohn Carl nicht zu furchtbar zu erschrecken, theilte ihm der Großvater das traurige Ereignis in 2 Briefen etwa folgenden Inhalts mit:

1. „*Obergebra, den 14.10.1832. Lieber Sohn! Dein Bruder Ludwig ist sehr krank, er hat die fäulige Bräune.*

Bitte den lieben Gott, daß er uns den Liebling am Leben erhalte; Deine Mutter und Schwester sind sehr besorgt und betrübt, ebenso Dein treuer Vater."

2. „*Obergebra, den 15.10.1832. Lieber Sohn! Als ich Dir gestern schrieb, war Dein lieber Bruder Ludwig nicht mehr krank, sondern er war schon todt. Ich wollte Dich aber vorbereiten, deshalb schrieb ich die Wahrheit nicht gleich.*"

So sehr der Großvater von den Seinigen, Freunden und Bekannten geschätzt und verehrt wurde, so sehr war er als Logiergast von seinen Zimmernachbarn, zu geschweigen von denen, die verurtheilt waren, mit ihm dasselbe Schlafgemach zu theilen, gefürchtet, denn kaum im Bette ausgestreckt, schlief er sofort ein und schnarchte die ganze Nacht hindurch ohne Unterbrechung ganz gewaltig.

Auf der Taufe meines Bruders Fritz ging es im Pfarrhaus zu Craja hoch und lustig her. Mein Vater hatte zahlreiche Gäste aus Bleicherode und Umgegend geladen, denen es zu gut gefiel, als daß die sich hätten entschließen können, den einstündigen Heimweg am Abend noch zurückzulegen. Die disponiblen Räume im kleinen Pfarrhause wurden daher zu Massenquartieren umgerüstet, und nur die ältesten Gäste bekamen Betten, während die jüngern mit Streu Vorlieb nehmen mußten.

Als meine Eltern am andern Morgen erwachten und die Zurüstungen zum Frühstück für die Taufgäste treffen wollten, ergab sich, daß nur noch der Großvater anwesend war, alle übrigen hatten bei Nacht und Nebel das Taufhaus verlassen. Äußerst vergnügt und herzlich lachend erschien der Dauergast am Frühstückstische, rieb sich die Hände und sagte: *„ich habe ja alle furtgeschnarcht“!*

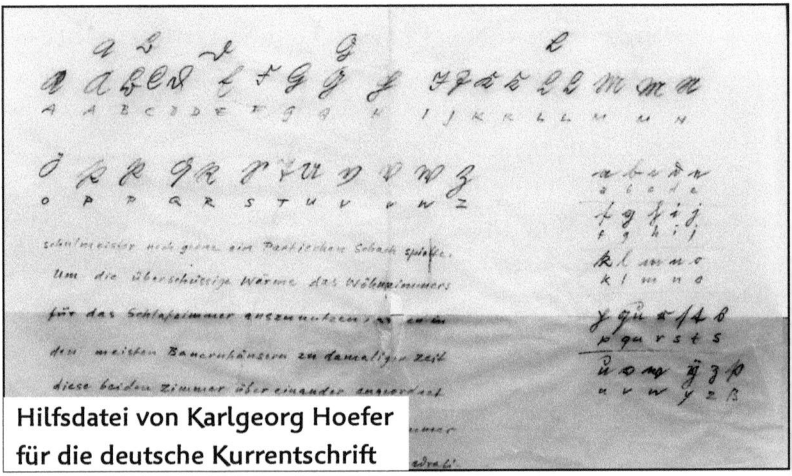

Hilfsdatei von Karlgeorg Hoefer für die deutsche Kurrentschrift

HEINRICH HOEFER * 1784, † 1853.
Sohn von Heinrich Matthias Höfer (mit ö)

und die Zurichtungen zum Frühstück für die Taufgäste treffen wollten, ergab sich, daß nur noch der Großvater anwesend war, alle übrigen hatten bei Nacht und Nebel das Haus verlassen. Verschmitzt vergnügt und herzlich lachend erschien der Hausgast am Frühstückstische, rieb sich die Hände und sagte: ich habe sie alle hinausgeschnarcht!

3.

Die Ehe meiner Großeltern war nach den Begriffen der damaligen Zeit eine durchaus mustergiltige. Getragen von wechselseitiger Hochschätzung, einer von des andern Pflichterfüllung und Tüchtigkeit überzeugt und gestützt, so ergänzten sich die beiden Ehehälften trotz der Verschiedenartigkeit ihrer Charaktere in erfreulicher, ersprießlicher Weise, wennschon beide für äußerliche Liebesbeweise und Zärtlichkeiten gänzlich unzugänglich waren.

Es wird mir nicht schwer, ein zutreffendes Bild von der Großmutter Hoefer zu entwerfen, die ich von meiner frühesten Kindheit bis zum Eintritt

3. Großmutter Hoefer

Die Ehe meiner Großeltern war nach den Begriffen der damaligen Zeit eine durchaus mustergültige. Getragen von wechselseitiger Hochschätzung, einer von des andern Pflichtbewußtsein und Tüchtigkeit überzeugt und gestützt, so ergänzten sich die beiden Eheleute trotz der Verschiedenartigkeit Ihrer Charactere in erfreulicher, ersprießlicher Weise, wennschon beide für äußerliche Liebesbeweise und Zärtlichkeiten gänzlich unzugänglich waren.

Es wird mir nicht schwer, ein zutreffendes Bild von der Großmutter Hoefer zu entwerfen, da ich von meiner frühesten Kindheit bis zum Eintritt ins Heer in ihrer Nähe, theilweise unter demselben Dache mit ihr gewohnt habe. Freilich hatte sie damals die Höhe des Lebens überschritten und wirtschaftlicher Thätigkeit entsagt. Sie lebte als Wittwe erst in Gross-Wechsungen, nachher in Nordhausen. Aber aus ihren Erzählungen, aus ihrem Verhalten und Treiben im Ruhestande kann ich mir ein lebensvolles Bild von ihr als schaltende Hausfrau auf dem Gutshofe in Obergebra gestalten.

Wie ich schon andeutete, war sie im Gegensatz zu ihrem Manne eine resolute Frau, die nur in reger Thätigkeit Befriedigung fand und der nichts widerwärtiger war wie Trägheit, zumal wenn sich diese bei ihrem weiblichen Unterpersonal ergab. Wie alle in einer Mühle erzogenen Menschen, so verfügte auch sie über beträchtliche Stimm-Mittel, ein lautes accentuiertes Organ, das wie ein Mühlrad dem Strome der Rede Geltung verschaffte. Ihr Leben im Elternhause mag ein recht freundliches gewesen sein, denn sie hatte eine große Anzahl lieber Brüder und Schwestern, auf die ich im Laufe meiner Erzählung hie und da zurückkommen werde; die Ammermühle selbst, die damals nur Mehl- und Ölmühle war und erst später dank der Betriebsamkeit der Neffen durch einen Anbau zur Werkstätte der Textilindustrie vergrößert wurde, bot bei ihrer freundlichen Lage mancherlei Kurzweil und nachbarlichen Verkehr nach dem nahe gelegenen Städtchen Bleicherode und der Kreisstadt Nordhausen. Herrschaft und Dienstpersonal bildeten nach echt patriarchalischer Sitte eine große Familie, Andachten und Mahlzeiten fanden gemeinschaftlich statt.

Ein Müllerknappe Namens Beelitz war dafür bekannt, daß er Abends ungern zur Ruhe ging und Morgens nicht aus dem Bette finden konnte. In Erinnerung an diesen Knecht im Elternhause pflegte Großmutter uns Knaben, wenn wir Abends den Wunsch äußerten, über die feststehende Stunde hin aus im Kreise der Erwachsenen zu weilen, zuzurufen: „*du büst Beelitz, lät sich nich gerne hän und stieht nich gerne uff*".

Ich bemerke, daß Großmutter, obwohl sie sich sehr gut hochdeutsch ausdrücken konnte, mit Vorliebe im hohensteiner Dialekt sprach, den auch mein Vater noch gern anwandte, namentlich wenn er einen lustigen Schwank zum besten gab, oder einer abfälligen Kritik eine freundschaftliche Form geben wollte.

So ganz friedlich scheint es übrigens in der Ammermühle zur Zeit als Großmutter Hoefer noch ein Kind war, doch nicht immer zugegangen zu sein, eine Begebenheit, die in der Familie erzählt wurde, läßt im Gegentheil darauf schließen, daß Großmutters Eltern derb an einander gerathen konnten:

Als seine Frau einst auf Besorgungen in die Stadt gefahren war, hatte der alte Hirschfeld, also Großmutters Vater eine Anzahl trunkfester Freunde aus der Umgegend zu sich geladen und es entwickelte sich, ohne daß die abwesende Hausfrau eine Ahnung von dem Besuche hatte, bald ein wüstes Zechgelage in der Mühle. Als die Zechgenossen im besten Zuge waren und im tollen Übermut der Hausfrau durch Absingung des Spottliedes: *„ein Kreuz, ein Leid, ein böses Weib hat mir der Herr beschieden, nimm's Weib zu dir, nimms Kreuz von mir, dann hab' ich Ruh' und Frieden"* freundlich gedacht hatten, trat diese selbst zornbebend in den verblüfften Zecherkreis, schlug mit dem sog. Rührscheite, einem ruderähnlichen Instrumente, womit sie soeben das Spülichtfaß umgerührt hatte, wuchtvoll auf den Kredenztisch, sodaß die Wischplempe den Gästen ins Gesicht hagelte, und bereitete damit dem feuchtfröhlichen Gelage ein jähes Ende. Der als Spaßmacher bekannte Allerweltsonkel Fritz Rüdiger aus Bleicherode berichtete später über diesen Vorfall: *„8 Tage mußten wir klubbern, bis wir das Dreckzeug aus dem Bart hatten"*. Ein wenig von dem schlagfertigen Wesen ihrer Mutter scheint ja auf meine Großmutter übergegangen zu sein, wenn sich das bei ihr auch niemals in der drastischen Form Kund gab wie in der vorher berichteten Begebenheit. Immerhin hatte sie, wenn schon sie klein von Gestalt, dabei aber etwas vüllig war, einen starken Willen und eine besondere Gabe, ihr Dienstpersonal zu dirigieren, zur Arbeit anzuhalten und zu kommandiren. *„Ein guter Kumtör (Kommandeur) ist besser wie zwei fule Arbeiter"*, pflegte sie noch in ihrem Alter zu versichern, wobei sie an die von ihr unzertrennliche, an der rechten Taillenseite befestigte Geldtasche, die zur Aufnahme von Silbergroschen und Kupfergeld, aber auch eines Wassers, diente, behaglich klopfte. Ein scharfes Wasser und eine scharfe Zunge müsse eine junge Frau stets bei sich haben, war eine von den Lebensregeln, die sie ihren Enkelinnen einschärfte, wenn diese im Begriff standen, einen eigenen Hausstand zu begründen. Die Redensarten, die sie zur Anfeuerung ihrer Dienstmägde wählte, waren freilich nicht immer salonmäßig. Es setzte auf Seiten der letzteren häufig Thränen und Trotz, der sich durch Verweigerung der Nahrungszufuhr äußerte. Das rührte aber die Großmutter wenig, die schleuderte ihnen dann Bemerkungen ins Gesicht wie: „*Was de hühlt, das brucht de nich zu schwitze*", oder „*wenn de nischt üßt, da kniepts uch nich im Leibe*". Dabei war sie aber sehr gutmütig und wußte, Fleiß und Accuratesse in der Arbeit durch Wort und That zu belohnen. Die Schätze in der ledernen Geldtasche, mit denen sie gern klimperte, boten ihr reichlich Mittel, um ihrer Zufriedenheit materiellen Ausdruck zu verleihen. Auch bedürftige Leute: Bettler, fahrende Spielleute, Bärenführer, Knaben, die Affen oder Murmelthiere produzirten, gingen nie unbeschenkt von ihrer Thür. Hatte sie einen solchen „Künstler" belohnt, so pflegte sie im Hinblick auf das Instrument, das jener als Erwerbsquelle benutzte, scherzend zu bemerken: „*Wänn der Kerl das Ding nicht hätte, do mitt'e betteln gähn*".

So gern sie bedürftigen und würdigen Leuten, ob jung ob alt, materiell unter die Arme griff, so verlangte sie andrerseits von den Geringeren, daß sie ihr stets mit dem nöthigen Respecte begegneten und war unnachsichtig abweisend, ja argwöhnisch gegen solche, von denen sie sich nicht gebührend honoriert sah. So hatte sie lange Zeit hindurch einen halbwüchsigen zerlumpten Jungen, dessen Eltern als arbeitsunfähige Ortsarme im Hirtenhause (So hieß die als Armenhaus dienende Lehmkathe) wohnten, aus Mitleid dadurch unterstützt, daß sie ihm allwöchentlich einige Kupferdreier zur Anschaffung von Brot schenkte. Diese zur lieben Gewohnheit gewordene Mildthätigkeit nahm aber ein plötzliches Ende durch ein unvorsichtiges Wörtchen, das dem Almosenempfänger offenbar ohne jede Absicht der Kränkung seiner Wohlthäterin entschlüpft war. In der Absicht, seinen wöchentlichen Obolus einzuheimsen, hatte Barfüßle beim Eintritt ins Haus gefragt: „*üß dänn de ohle Frau derheime*"? Diese nach ihrer

Auffassung despectirliche Bezeichnung hatte Großmutter, die sich gerade auf dem Treppenflur aufhielt, gehört, sie ergrimmte ob solcher Achtungswidrigkeit und fertigte für diesmal den kleinen Bettler mit der Zurechtweisung ab: *„Wänn de nich oolt wärde willst, mußt de dich jung an den Galgen hängen looße“!*

Sie war kindlich fromm und verfügte über einen für ihre Verhältnisse reichen Schatz an Lebensweisheit. Liebeleien und ein unabsehbar langer Brautstand waren ihr verhaßt, sie pflegte sich mit den Worten dagegen auszusprechen: *„die lange Zieherei kann ich nich liede“*. Für allzureichen Kindersegen hatte sie stets ein bedenkliches Kopfschütteln.

Als meine Schwester Marie Schulz und ziemlich gleichzeitig meine Cousine Marie Ranoch geb. Kuntze wiederholt nach ziemlich kurzen Intervallen die Geburt von Kindern anzeigten, äußerte sie mit süßsauerm Humor: *„De beiden Mariens hans met dese veelen Kingern“*. Wenn aber eine Frau in der Ehe ihre Stellung zu wahren wußte und nicht alles geduldig von ihrem Eheherrn hinnahm, so fand das ihren vollen Beifall. Mit den Worten: *„de üptöchtig die schwiet nich“* pflegte sie sich anerkennend über Marie Rawiz auszusprechen, die ihrem lieben Schnapsbrenner Rawiz tüchtig eins aufzutrumpfen verstand, im Gegensatz zu ihrer älteren Schwester Emilie, die von Natur zurückhaltend, demüthig und bescheiden, unter der Fuchtel ihres aalglatten Mannes, des Weinhändlers Bohnhardt auf dem Lorbeerbaum in Nordhausen ein gedrücktes Dasein führte.

Besonders nachahmungwürdigen Gleichmuth pflegte Großmutter an den Tag zu legen, wenn sie sich von einem Verwandten oder sog. Freunde vernachlässigt sah. Geschah es, daß jemand, von dem sie annehmen durfte, daß er sie aufsuchen würde, achtlos an ihrer Thür vorüberging, so setzte sie sich mit den sanften Worten: *„wänn e ich kümmst, do bruchst e nich wädder furtzugähn“* über solche Ungezogenheit hinweg.

Bis in ihr hohes Alter hinein hat sie es aber nicht verwinden können, daß sie nicht mehr Herrin über Haus, Hof und Gut war, sondern die bescheidene Rolle einer auf ihr Altentheil angewiesenen Gutsbesitzerswittwe spielen mußte. Sie mochte nichts davon hören, daß die sie aufsuchenden Leute aus Stadt und Dorf über ihr Geschick jammerten und, ob mit Grund oder nicht, unzufrieden waren.

„*s üß mia au nich an der Wiege gesungen, daß ich mohl mitte zu Miethe wohnen*“, mit diesen Worten pflegte sie derartige Lamentationen abzuschwächen.

Henriette Hoefer, geb. Hirschfeld *12. 10. 1788 † 06. 1874

4. Großeltern Renner

Den in den vorigen Abschnitten gebotenen Aufzeichnungen gegenüber fallen die Mittheilungen über die Vorfahren meiner Mutter sehr dürftig aus.

Der Großvater Renner war lange vor Mutters Verheiratung, die Großmutter m.W. noch vor meiner Geburt gestorben. Ich kann also aus eigener Wahrnehmung nichts über sie berichten und weiß nur, daß der Großvater Renner, der sich vom einfachen Forstmanne zum königl. Oberförster auf Amt Lohra in der Hainleite emporgearbeitet hatte, ein bescheidener, ernster, sehr fleißiger, aber früh kränkelnder Mann gewesen ist. Sein Unterleibsleiden zwang ihn zu einer sich alljährlich wiederholenden Reise nach Karlsbad, vor deren Antritt er sein Testament zu errichten und sein Haus zu bestellen pflegte. Da damals die Eisenbahnen noch nicht erfunden waren, so benutzte er zur Hin- und Rückreise eigenes Fuhrwerk und blieb daher jedesmal monatelang von Hause abwesend.

Das waren für die im einsamen Forsthause zurückbleibende Familie bange Wochen.

Wegen seiner streng rechtlichen Gesinnung und seiner durchaus unparteiischen Dienstführung stand Oberförster Renner bei Vorgesetzten und Untergebenen in hoher Achtung.

Unter den Revierförstern gab es damals noch echte Waldmenschen, Originale, die man heute in den Forsten leider nicht mehr antrifft. Großvater freute sich an diesen, von der Kultur noch nicht beleckten Naturen, hielt sie möglichst lange im Amte und ergötzte sich gern an ihrem ungezwungenen Geplauder. Ein besonders gutmüthiger und dabei spaßhafter Mann war der Revierförster Settegast. Bevor dieser eines Morgens den gewohnten Gang ins Revier antrat, hatte ihm seine bessere Hälfte verrathen, daß sie im Begriffe sei, Hefenstriezel zu backen und ihm davon einige frische Prachtexemplare durch den Forstlehrling zum Frühstück in den Wald schicken würde. Richtig: zur festgesetzten Stunde traf auch der pausbäckige Lehrling ein, meldete sich zur Stelle, lieferte aber die versprochenen Striezel an den alten Mann nicht ab. Dieser wartete ein Weilchen in der Meinung, daß der Jüngling den Auftrag der Hausfrau vergessen habe. Als dieser aber nach geraumer Zeit immer noch nichts aus der Jagdtasche produzirte, was einem Hefenstriezel ähnlich sah, so fragte ihn sein Brotherr, ob ihm denn die Mutter keinen Auftrag an ihn ertheilt habe. Da erschrak Monsieur Leichtsinn hastig und gestand reumüthig unter Thränen, die ihm von der Frau Förster mitgegebenen Striezel hätten ihm so schön in der Nase geschnuppert, daß er nicht hätte widerstehen können, sie aus dem Ranzen zu nehmen und daran zu riechen. Aus dem Riechen wäre gar bald ein Belecken, aus dem Lecken ein Saugen, aus dem Saugen ein Nagen, aus dem Nagen ein Kauen und Verschlingen geworden, sodaß er nun mit leerer Tasche bei seinem Lehrherrn eingetroffen. Die Befürchtung des Leckermauls, daß es nun mindestens ein paar wohlgezielte Jagdhiebe mit der Hundepeitsche setzen würde, bestätigte sich zum größten Erstaunen des Sünders nicht. Der wohlwollende Alte verschluckte seinen Ärger und entschuldigte resignirt den kleinen Freßsack mit den Worte: „*Sich, der ist so weich gewesen, hat er sich so rein gepeppelt*“.

Die Großmutter Renner war eine geborene Marlung und stammte aus einer Refugiéfamilie, die in Frankreich das Adelsprädikat besessen hatte, das einer ihrer Neffen, ein Postdirector in Nordhausen später wieder aufgenommen hat, indem er sich des französischen Namens Marlon de Tormais bediente.

Die Großmutter war eine feine, zierlich gebaute, fleißige und hoch gebildete Dame, die es sich selbst mit ihren höchst dürftigen Mitteln als Wittwe angelegen sein ließ, ihren vielen Kindern eine gute Erziehung und Ausbildung zu Theil werden zu lassen. Ich will versuchen, Namen und Stand der Geschwister Renner hier aufzuzeichnen:

1. Julius Renner, Mühlenbaumeister in Herteliane-Neumark, Vater der bekannten Bäschen in Berlin und der Frau Emmelmann.
2. Meine Mutter,
3. Frau Pastor Minna Emmelmann in Stützerbach, Mutter meines Vetters Emmelmann in Deersheim,
4. Frau Bertha Hertwig, Gattin eines Posthalters in Schloppe,
5. Frau Emma Wisselinck in Landsberg a/W.
6. Oberkonsistorialrath Ludwig Renner in Wernigerode.

Von diesen lebt m. W. nur noch Tante Emma Wisselinck. Deren Tochter Marie, genannt Musch, s. gt. ein bildhübsches Mädchen, hat ihren Vetter, den Gutsbesitzer Wisselinck auf Tarihan bei Grandenz geheirathet und mich in Danzig wiederholt besucht, ohne daß wir uns persönlich näher getreten wären.

Frühes Gemälde von Carl (Friedrich) Hoefer
geb. 1.9. 1810 gest. 27.3.1871

Mutter, 3. Frau Pastor Minna Emmelmann in Sülzerbach, Mutter meines Vetters Emmelmann in Veerßheim, 4. Frau Bertha Hedwig, Gattin eines Posthalters in Stolpe, 5. Frau Emma Wiebelinck in Landsberg a/W. 6. Oberpostsekretär Ludwig Renner in Wernigerode.

Von diesen lebt m. W. nur noch Tante Emma Wiebelinck. Ihre Tochter Marie, genannt Musch, s. Zt. ein bildhübsches Mädchen, hat ihren Vetter, den Gutsbesitzer Wiebelinck auf Tartow bei Graudenz geheiratet und mich in Danzig wiederholt besucht, sodass wir uns persönlich näher getreten waren.

5.

Die Eltern (Vater)

Nachdem der Grundstein an der Volksschule zu Obergebra den Entschluss gezeitigt hatte, dass mein Vater den landwirtschaftlichen Beruf nicht ergreifen sollte, wurden sofort die nötigen Schritte zu seiner Ausbildung für die Aufnahme auf einer Hochschule getroffen. Außer dem in der

5. Eltern

Nachdem der Grenzstein an der Feldscheide zu Obergebra den Entschluß gezeitigt hatte, daß mein Vater den landwirtschaftlichen Beruf nicht ergreifen sollte, wurden sofort die nöthigen Schritte zu seiner Ausbildung für die Aufnahme auf einer Hochschule getroffen. Außer den in der Dorfschule gelehrten Elementarfächern hatte er nur wenige Privatstunden beim Pastor Loci gehabt und mußte daher das Gymnasium von unten auf durchmachen. Das Gymnasium zu Nordhausen, welches zu seiner Ausbildung gewählt wurde, hatte damals ein zum Theil recht mangelhaftes Lehrerpersonal. Neben zwei tüchtigen Altphilologen: dem Director Schirlitz und Dr. Rothmaler, welche beide später auch meine Lehrer waren, amtirte eine Reihe von minderwertigen Kräften, die den Knaben schlechterdings nichts beibringen konnten und zur Zielscheibe des Spottes der Spaßmacher dienten. Dem Lehrmeister der französischen Sprache, Herrn Ehring, hatte es Vater zu danken, daß er sich in diesem Unterrichtsgegenstande nur ganz unzureichende Kenntnisse erwarb, ein Mangel, den er später einmal schmerzlich empfinden sollte: Er hatte es unternommen, einen seiner Zöglinge, Felix Isenburg, zu seinen Eltern nach Luxemburg zu bringen und ihn später von dort wieder abzuholen. Die Zwischenzeit wollte er durch eine Reise an den Rhein und nach Ostfrankreich ausfüllen. Am Rhein ging das ganz herrlich. In zwei ostpreußischen Gutsbesitzern fand er lustige Reisebegleiter, mit denen er in der Natur und ihren Producten schwelgte, sich dabei aber auch das Leben und die Spielsäle der damals weltberühmten Bäder Wiesbaden und Homburg ansah. Alters 'halber gaben sie sich als Polen aus und auch Vater hatte seinen Namen polonisiert, er nannte sich Hofski. Einer seiner Begleiter trug sein Reisegeld in den

Hosenträgern und trennte jeden Morgen einen Doppellouisdor aus, der im Laufe des Tages verjubelt werden durfte. Dementsprechend konnte auch sein Verlust am grünen Tische nicht beträchtlich sein.

Eine ungeahnte Wirkung hatte ein Trinkgelage, das die 3 Reisegenossen auf Schloß Johannisberg abhielten. Wer den Blick von der Schloßterrasse ins herrliche Rheingau kennt, wer dort den echten Johannisberger geschlürft und dabei der Gabe der maitresse Wiener Blut, ins dunkele, glückverheißende Auge geschaut hat, der versteht, daß die 3 Herren sich so schnell nicht von dort trennen konnten, sondern sich erst dann zum Heimwege nach Geisenheim anschickten, als sie eine mächtig Batterie leerer Flaschen vor sich aufgepflanzt hatten. Der Abstieg wurde zwar im Zickzack, aber doch ohne wesentlichen Unfall ausgeführt. Der Schlaf nach dieser Leistung war fest, aber wiederholt durch entsetzliches Durstgefühl unterbrochen. Hofski hatte am andern Morgen keinen Tropfen Wasser in seinem Logierzimmer, die Karaffe mit Trinkwasser, der Krug mit Waschwasser, der Inhalt der Waschschüssel: alles war bis zur Nagelprobe ausgetrunken. Nachdem er sich dann aber von seinen lustigen Reisegesellen getrennt und die französische Grenze überschritten hatte, fühlte er sich kreuzunglücklich, da es ihm trotz dictionnaire de poche nicht gelingen wollte, sich in der Fremdsprache verständlich zu machen. Die Leute, die er anredete, zuckten mit den Achseln und ließen den Prussien stehen. So kam es dann, daß er seine Absicht, bis nach Paris vorzudringen, aufgab und schon in Nancy Kehrt machte. Dort hatte ihn ein alfältiger Fremdenführer, den er zu seiner Freude am Bahnhof entdeckt und mit dem er deutsch reden konnte, den ganzen Tag lang in den überheißen Straßen herumgeschleppt, um ihm die Sehenswürdigkeiten zu zeigen. Hundemüde kommt Vater gegen Abend wieder am Bahnhof an und fordert am Billetschalter: billet troisième classe pour Aachen. Der Schalterbeamte grinst ihn an und fragt zurück: *„Aix la chapelle?“* Darauf Vater: *„non, non, pour Aachen“*. Der Beamte schüttelt mit dem Kopfe und schließt das Schalterfenster. Jetzt greift Vater endlich nach dem Kursbuche, entfaltet die Karte und bezeichnet dem Beamten mit dem Daumen die Kaiserstadt Aachen, der zustimmend: *„oui, oui, Aix la chapelle“* erwidert und das richtige Billet verabfolgt. Vater pflegte noch in späteren Jahren, als 2 seiner Söhne nun im Begriff waren, die französische Grenze zu überschreiten, zu versichern: *„keine 10 Pferde bringen mich wieder nach Frankreich“!*

Diesen Mißerfolg seiner Expedition ins westliche Grenzland durfte Vater mit Fug und Recht dem mangelhaften französischen Unterrichte, den er in Nordhausen bei Herrn Ehring genossen, zu schreiben. Die Schüler machten sich über diesen und seine Aussprache weidlich lustig und scheuten sich nicht, ihn, wenn er sich auf dem Katheder behaglich zurechtsetzte, anzuschreien: *„Uhne bonna Mähre, Herr Ehring sitzt der quere“*. Nicht viel besser erging es einem andern, höchst originellen Herrn Namens Dilthey, der bis zur Tertia hinauf den lateinischen Unterricht zu ertheilen hatte. Er tractirte die Fabeln des Phädras, ließ sie aber bei Laibe nicht alle, oder der Reihe nach übersetzen, sein Repertoir beschränkte sich viel mehr auf eine bestimmte Anzahl von Fabeln, die keine besonderen Schwierigkeiten boten und die er zu übersetzen und zu interpretiren verstand. Die übrigen waren für ihn terra incognita. Das hatten seine naseweisen Schüler bald heraus und es machte ihnen ein besonderes Vergnügen, dem alten Herrn aus seiner Unkenntniß Verlegenheiten zu bereiten. Der Haupturheber der letzteren war ein schönes, vorlautes, gewürfeltes Kerlchen, dessen Vater Stadtrath war und der Herrn Dilthey mit Bezug auf den väterlichen Rang scherzweise „Rädchen“ zu nennen beliebte.

Wenn es sich nun darum handelte, für die nächste Unterrichtsstunde das Pensum zu bestimmen, da erlaubte sich der kleine Naseweis mit List und Tücke eine Fabel in Vorschlag zu bringen, von der er sicher wußte, daß sie außerhalb Diltheys Repertoir lag. In recht wehleidigem Tone sagte er dann wohl: *„Ach, Herr Dilthey, die Fabel vom lahmen Esel geht so schwere, die möchten mer mal gern übersetzen"*. Dilthey im Bewußtsein, daß das Ansinnen für ihn unheilvoll werden könne, wehrte ab und sagte: *„Rädchen, mi kinn's nich"!* Rädchen ließ sich aber nicht abweisen, sondern bettelte unter den heiligsten Versicherungen, daß er sich vorzüglich präparieren würde, so lange und so eindringlich, bis der alte Dilthey schwach wurde, nachgab und die von Rädchen gewünschte Fabel zur Präparation aufgab. Hatten die Hallunken schon früher auf die Präparation des Phädrus die denkbar geringste Sorgfalt verwandt, so wurde nun erst recht nichts gethan und so geschah es, daß die ränkesüchtigen Tertianer zur Übersetzung des lahmen Esels gänzlich unpräpariert erschienen. Der Unterricht begann und kein Mensch konnte übersetzen, Dilthey selbst natürlich am wenigsten. Da wars aber aus mit seiner Geduld. Rädchen, der ihm zu dem Leichtsinn, eine ihm unbekannte Fabel vorzunehmen, listig verführt hatte, mußte büßen und wurde coram publico mit dem Rohrstöckchen gehörig abgewalkt. Trotz solcher schwachen Lehrkräfte hat Vater doch die Schule leicht und mit gutem Erfolg durchgemacht, das Abturium rite absolvirt und demnächst auf der Universität hervorragendes geleistet, wie die Zeugnisse über die 1. und 2. theologische Prüfung ergaben. Einer studentischen Verbindung gehörte er nicht an, er fühlte sich in dem ungezwungenen Verkehre mit lieben Freunden befriedigt und wohl.

Ida Franziska Hoefer,
geb. Renner
geb. 31. Oktober 1819,
gest. 1. Mai 1889

Carl Friedrich Hoefer,
Pastor zu Großwechsungen
geb. 1. September 1810,
gest. 27. März 1871

Schule lernte und mit gutem Erfolge durchmachte, das Abiturium rite absolvirt und demnächst auf der Universität Hervorragendes geleistet, wie die Zeugnisse über die 1. und 2. theologische Prüfung ergeben. Einer studentischen Verbindung gehörte er nicht an, er fühlte sich in dem engen, geschlossenen Verkehre mit lieben Freunden besser, freier und wohler.

6.

Eine Hauslehrerstelle hat er nach Abschluß seiner Ausbildung für den geistlichen Beruf nicht angenommen, solche Tätigkeit und namentlich die Abhängigkeit von geistig unter ihm stehenden Hausbesitzern behagte ihm nicht; er zog die höchst gering dotirte Stelle als Substitut des altersschwachen Pastors Müller in Craja vor und fand in dieser schon als junger Mann Gelegenheit, in Kirche und Gemeinde höchst segensreich zu wirken. Unterkunft und Verpflegung, die er im Pfarrhause nicht erhielt, waren freilich höchst

6. Craja

Eine Hauslehrerstelle hat er nach Abschluß seiner Ausbildung für den geistlichen Beruf nicht angenommen, solche Thätigkeit und namentlich die Abhängigkeit von geistig unter ihm stehenden Gutsbesitzern behagte ihm nicht; er zog die höchst gering dotierte Stelle als Substitut des altersschwachen Pastors Müller in Craja vor und fand in dieser schon als junger Mann Gelegenheit, in Kirche und Gemeinde höchst segensreich zu wirken. Unterkunft und Verpflegung, die er im Pfarrhause nicht erhielt, waren freilich höchst mäßig, seine Nahrung bestand vorzugsweise aus Eierkuchen; aber, von Haus aus bescheiden gewöhnt, macht er sich nicht allzuviel aus diesen materiellen Existenzbedingungen und, wenn er mal ordentlich essen wollte, so unternahm er einen lohnenden Spaziergang über den Crajer Kopf durch den duftigen Wald nach dem Japan, einem von den Bleicherödern gern besuchten Waldwirtshause, wo es außer Kaffee und Bier gutes Essen und einen trinkbaren Rothwein gab. Dieser führte den Vertrauen erweckenden Namen „Langkork“ – Steh-Julichen und Pontet Cantet waren dort nicht zu haben. Im Japan war Vater ein gern gesehener Gast, denn der Wirth, Vetter Krumbein und seine Frau waren, wie die meisten christlichen Einwohner von Bleicherode mit ihm durch einen Scheffel Erbsen verwandt, auch pflegte Vater bei solchen Ausflügen einen unverwüstlichen Humor zu entwickeln. Nachdem er sich verlobt, hatte er häufig auf dem Japan ein Stelldichein mit seiner jungen Braut, die er in Begleitung ihrer Mutter dorthin einlud und tractirte. In seinen Berufsangelegenheiten hatte er schon als Substitut große Selbständigkeit, denn der Pastor Müller, ein alter Rationalist, wie die meisten Geistlichen jener Zeit, war schon recht stumpf und zufrieden, wenn er mit Amtsgeschäften möglichst wenig behelligt wurde. Wenn er am Sonntage einmal gepredigt hatte, glaubte er, für die Woche genug gethan zu haben. Höchst originell war die Art seines Predigens. Hatte er den Text verlesen, so klappte er die Bibel zu, legte sie auf das Kanzelpult und berührte sie mit seiner Stirne. In dieser Stellung beharrte er während der ganzen Predigt, die er extemporrend in Hexametern stoßweise skandierte.

Ob das Metrum stimmte, ob die Worte in den Hexameter hineinpaßten, oder darüber hinausragten, war ihm höchst gleichgültig. Der Inhalt war fade und wurde wohl von keinem der Andächtigen verstanden, wenn auch Einzelne behaupteten, der alte Herr predige jeden Sonntag dasselbe. Gleichwohl waren die Gemeindeglieder mit dieser Art der Erbauung durchaus einverstanden, ja sie hielten ihren alten Pastor sogar für einen höchst bedeutenden Kanzelredner, der so leicht nicht zu übertreffen sei.

Zu jener Zeit galt der Bischof Drärecke, der Generalsuperintendant der Provinz Sachsen, für den bedeutendsten Prediger in Preussen. Mit einem in der evangelischen Kirche wenig üblichen Pomp, den übrigens Vater durchaus billigte, in 4 spänniger Galakutsche, pflegte er die Provinz zu bereisen, Kirchenvisitationen abzuhalten und in den größeren Gemeinden zu predigen. Für die auf einsamer Landpfarrer vegetirenden Theologen war eine solche Predigt ein wahres Labsal, und wer sich irgend frei machen konnte, eilte von weither herbei, um den berühmten Mann zu hören. Auch Vater war zu einer solchen Predigt nach Bleicherode gekommen und hatte eine Anzahl kirchlich gesinnter Gemeindemitglieder aus Craja und Wallrode mitgebracht. Truppweise seien die Leute – Männer und Frauen – über die Berge gezogen, pflegt Mutter zu erzählen, um dem angekündigten Gottesdienste des Bischofs beizuwohnen. Drärecke predigte gewaltig und mustergültig wie immer. Nicht allein die dicht gedrängt in der Kirche versammelte Gemeinde, sondern auch Hunderte von Andächtigen, die im Gotteshaus keinen Platz gefunden hatten und vor den geöffneten Kirchenthüren standen, erfaßten jedes Wort.

Als Vater nach dem Gottesdienste einige seiner Dorfbewohner auf dem Heimwege traf und sie fragte, was denn die Predigt des Bischofs für einen Eindruck auf sie gemacht hätte, antwortete ihm unus pro multis: *„'s wor ja ganz schöne, übber bie unsen kämmet e doch nich"*. In solchen Ehren stand der alte Rationalist bei seinen Beichtkindern!

War es bei dieser Kirchenvisitation, oder bei einer anderen Gelegenheit: Einmal hatte der Bischof bestimmt, daß Vater vor ihm predigen sollt und gleichzeitig als Text die Bibelstelle vor dem Gastmahle, das der Herr gab und zu dem schließlich Krüppel und Lahme geladen wurden, vorgeschrieben.

Tage lang ging Vater mit sich zu Rathe, wie er die Predigt wohl am besten anfassen solle und verfiel schließlich auf den Gedanken, sich bei seinem Amtsbruder Biebeler in Klein Berndten, der in dem Rufe eines großen Kirchenlichtes stand, eine passende Disposition aus zu bitten. Als Vater im Pfarrhause zu Klein Berndten, eintraf, war Biebeler, der sich in seinem weitab vom Verkehr gelegenen Dörfchen mehr auf practische Landwirtschaft, als auf practische Theologie gelegt hatte, gerade im Begriffe, den Schweinestall auszumisten, fand sich aber doch sofort bereit, seinem Amtsbruder in dessen Nöthen beizustehen. Er begab sich mit ihm in seine Studierstube, setzte sich rittlings auf einen Rohrstuhl, preßte die Stirn gegen die Stuhllehne und hielt wohl 1 Stunde lang eine gelehrte Auseinandersetzung über Gastmähler im Allgemeinen und jenes Gastmahl, was die Bibel erzählt, im Besondern, über Gastgeber im Allgemeinen und über den Herrn als Gastgeber im Besondern. Als er endlich mit seiner Schwafelei zu

Ende und Vater mit Dank für die freundliche Belehrung zur Thür hinaus war, schlug sich dieser vor die Stirn und schluchzte: *„Da steh' ich nun, ich armer Thor und bin so klug als wie zuvor"*. Gänzlich muthlos und gebrochen kam er zu Hause wieder an, schloß sich in sein Kämmerlein ein verharrte lang in inbrünstigem Gebete mit seinem Heilande. Dann setzte er sich an seinen Schreibtisch, schrieb die ganze Nacht hindurch, und am andern Morgen war die Predigt fix und fertig, eine Predigt, mit der er nicht allein bei seiner Gemeinde, sondern auch beim Bischof, der fortgesetzt dem Prediger freundlich zunickte, den größten Beifall erntete. Er hatte seine Disposition ganz eigenartig gewählt, er fragte: was setzt denn der Herr seinen Gästen vor? Und führte nun die einzelnen Gerichte des Gastmahls an: Glaube, Liebe, Hoffnung, Hingabe an Ihn, Samariterworte etc. daß ihm diese Predigt für seine spätere Laufbahn von wesentlichem Nutzen gewesen sei, davon war Vater fest überzeugt.

Bei all' seinen Wunderlichkeiten war Pastor Müller doch ein wohlwollend ernster Mann, der in seinem Berufe volle Befriedigung fand und keine Auffassung hatte für menschliche Größe, Eitelkeit und Ehrgeiz.

Als ihm sein Ephorus Superintendant Hahn, zu seinem 50jährigen Amtsjubiläum gratulierte und den rothen Adlerorden 4. Klasse mit der Zahl 50 überreicht, legte der Jubelgreis das kleine mit rothem Saffianleder überzogene Kästchen vor den Augen des Superintendanten lächelnd in den Glasschrank. Auf die erstaunte Frage seines Vorgesetzten, ob er sich denn gar nicht über den Allerhöchsten Gnadenbeweis freue, öffnete er das Kästchen, ließ das glänzende Silberkreuzlein am Ring hin- und herbaumeln und sprach mit wehleidiger Miene: *„Herr Suppertante, klingelingeling"!* Nach dem Tode des alten Müller wurde Vater Nachfolger dieses Ehrenmannes und bezog das kleine mit dem Giebel an der Hauptstraße von Craja gelegene

Pfarrhaus, in dem wir Geschwister alle mit Ausnahme des jüngsten Bruders Hans geboren sind.

Entsprechend dem geringen Einkommen dieser Pfarrstelle konnte der Haushalt meiner Eltern, die kurz nach Vaters Ordination die Ehe geschlossen hatten, nur sehr vorsichtig und sparsam eingerichtet und geführt werden. Aber die Lebenshaltung war zu seiner Zeit noch nicht so unerschwinglich theuer wie heute, Vater besaß von Natur aus hervorragend wirtschaftliches Talent, Mutter war eine überaus sorgsame, tüchtige Hausfrau und beide befolgten gewissenhaft den Grundsatz: *„Kräk, kaak, Ofengabel, nach dem Beutel richt den Schnabel“*. So kam es, daß die Eheleute mit dem geringen Einkommen doch gut haushielten; und Vater hat später noch oft versichert, daß er in keiner Periode seines Ehestandes so regelmäßig gespart habe, wie in den ersten Jahren auf der kärglichen Pfarre in Craja. Das junge Paar fühlte sich trotz nothgedrungener Einschränkungen zufrieden und glücklich im Hause, im Amte und im Umgange mit lieben Freunden. Kleinere Mißgeschicke und Verstimmungen blieben ihnen freilich nicht erspart: Mutter hatte, um billiger zu wirtschaften, eine Kuh angeschafft, mußte sie aber bald wieder mit Schaden verkaufen, weil das Thier unbändig war und die Gewohnheit hatte, den Melkeimer, wenn er mühsam gefüllt war, hinterrücks mit dem Fuße umzuwerfen.

Um bequemer in sein Filial Wallrode zu gelangen, glaubte Vater ein Reitpferd nöthig zu haben und er wandte sich daher an seinen Vater, der damals noch das Gut in Obergebra bewirtschaftete, mit der Bitte, ihm leihweise ein geeignetes Reitthier aus dem Bestande seiner Ackergäule zu überlassen. Listig schmunzelnd übergab ihm der alte Hoefer eins von seinen besten Pferden mit dem Hinzufügen, daß er es ihm zurückbringen möge, wenn er es nicht mehr brauchen könne. Leider war mein Vater ein sehr schwacher Reiter. Trab reiten bedeutete für ihn bei seinem ansehnlichen Bäuchlein eine große körperliche Anstrengung und er pflegte, weil das auch seiner geistlichen Würde mehr entsprach, stets nur in laufendem Schritt zu reiten. Nun gar das Futtern, Pflegen und Putzen des Pferdes, das doch alle Tage in Ermangelung eines Dieners von dem Herrn Pastor in Person besorgt sein mußte, verursachte dem dicken Herrn eine so unsägliche Mühe, daß er sehr bald aufhörte, sich über den Besitz des Rosses zu freuen. Als nun gar noch in Folge einer Mißernte die Haferpreise ins Ungemessene stiegen, und der Gaul, den bei der unzureichenden Arbeitsleistung der Hafer stach, aus Übermuth den an seinen Hinterbeinen beschäftigten Herrn Pastor mit den Zähnen empfindlich in den Hintern zwickte, da war es mit dem Reitsport im Pfarrhause zu Craja rasch zu Ende. Kurz entschlossen legte Vater den Sattel auf und brachte das kostspielige, widerspenstige Thier nach Obergebra zu seiner gewohnten Beschäftigung zurück. Großvater aber, der durchs Fenster seinen geistlichen Herrn Sohn auf dem mit Stallhalfter, Wassertränke und Futtersack beschwerten Braunen im Schritt anreiten sah, sagt zu seiner auf den rittlichen Sohn stolzen Frau: *„Ich habe mir gleich gedacht, daß die Freude nicht lange währen würde“.*

Auf einem mäßig großen Platze an der Dorfstraße unmittelbar neben dem Pfarrhause steht eine alte Linde, deren Zweige weit herabhingen und im Sommer kühlenden Schatten spendeten. Unter dieser Linde fanden nach althergebrachter Sitte die Volksbelustigungen der Dorfbewohner statt. Unmittelbar um den Stamm gruppierten sich die Musikanten, der weitere Ring diente als Tanzboden und im Kreise um diesen herum saßen oder lustwandelten die Zuschauer, aus einer fliegenden Cantine Schnaps, Bier, nach dem Schlachtefeste auch wohl Bratwürste genießend. Diese Volksbelustigungen, die sich in der guten Jahreszeit alle Sonntage wiederholten, waren die Quelle fortgesetzten Verdrusses für die Pastorenfamilie, die an solchen Tagen auf's unangemessenste gestört und in der Nachtruhe beeinträchtigt wurde. Aber trotz aller Vorkehrungen war gegen diesen althergebrachten Brauch nichts zu machen und es blieb dem Vater, der am liebsten mit der Peitsche dazwischen gefahren wäre, um dem Höllenspektakel ein Ende zu machen, nichts übrig, als sich ins Unvermeidliche zu schicken und eine Faust in der Tasche zu machen. Am schlimmsten aber empfand diese Störung meine gute Mutter, wenn sie, was sich in Craja 7mal ereignet hat, ihr Wochenbett aushalten mußte.

Solches duldend sich bescheiden war Vaters Sache durchaus nicht, er war eine cholerische Natur, brauste leicht auf und zeigte sich unerbittlich, wo es galt, Gutes zu fördern und Unrecht zu verhindern. Er war ein glühender Patriot von streng monarchistischer Gesinnung und hatte 1848 für die Nachgiebigkeit Friedrich Wilhelms IV ebenso wenig Auffassung wie für die Notwendigkeit einer Verfassung. Das Revolutionsjahr bezeichnete er stets für einen Schandfleck in der preußischen Geschichte und er vermochte sich nie mit den Consequenzen dieser Epoche zu befreunden. Unerschrocken und unermüdlich für die absolute Monarchie begeistert, scheute er sich selbst in der Periode des schlimmsten Aufruhrs nie, mit seiner königstreuen Gesinnung offen auf den Plan zu treten, ja er kennzeichnete dieselbe äußerlich dadurch, daß er vom Beginn des Aufstandes an und noch viele Jahre danach an seinem obligaten Cylinderhute eine große schwarz weiße Kokarde trug. Sein Beispiel und Eifer wirkte in günstigster Weise auf die Gemeinde ein und nur ihm ist es zu danken, daß es in Craja und Wallrode nicht zu einer Zusammenrottung der aufgeregten Massen gekommen ist. Kurz angebunden und entschlossen wie er war, ging er ohne Besinnen zur That über, wo es galt, seinen Gemeinden die streng patriotische Gesinnung zu erhalten und er machte sich kein Gewissen daraus, einem auswärtigen jungen Manne, der mit einer großen schwarz rot goldenen Kokarde an der Mütze auf den Gassen von Craja einherstolzierte, die verhaßten Farben mit dem Taschenmesser abzuschneiden. Wie in seiner politischen Richtung, so war er auch im Amte ein Mann der That, dem langes Fackeln und Trägheit in den Tod zuwider war. Zuwider war dem eifrigen jungen Geistlichen vor allem der damals allgemein übliche, überaus schleppende und einschläfernde Kirchengesang. Nach seiner Meinung sollte das Kirchenlied frisch und rythmisch herausgesungen werden, wie es Luther haben wollte, dessen feste Burg nur in lebhaftem Tempo gesungen werden darf. Aber die alte, langsame Gesangsmethode hatte ungeahnt viele Anhänger nicht allein bei den Gemeindemitgliedern, die bei regelmäßigem Gesang den liebgewonnenen Kirchenschlaf beeinträchtigt sahen, sondern auch bei seinen Amtsbrüdern, die der irrigen Ansicht waren, daß das rasche Tempo der Würde des Kirchengesanges Eintrag thun könne. Aber Vater ließ sich durch solche Einwendungen in seiner positiven Überzeugung, daß die Gemeinde durch lebhaftheren Gesang aufgerüttelt und hingerissen würde, nicht irre machen, er fand in einzelnen jüngeren Organisten begeisterte Anhänger seiner Idee und reiste mit diesen von Ort zu Ort in der Grafschaft umher, um für die offizielle Einführung des rüthmischen Gesanges Stimmung zu machen. Zu seiner Freude hatte er Erfolg.

Daß heute in keiner Kirche der Grafschaft Hohenstein der schleppende Gesang gehört wird, ist sein Werk, das ihm manche Anerkennung und Freundschaft einsichtsvoller hochgestellter Persönlichkeiten in Kirchlicher Gesinnung einbrachte. Am begeistertsten waren natürlich seine eigenen Gemeinden für die neue Methode eingenommen. Dort erklang jeden Sonntag frisch und fröhlich der Kirchengesang zu Ehre des Heilandes von begeisterten Lippen. Die Leute sangen gerne und nicht allein in der Kirche, sondern auch daheim und werktags bei der Arbeit im Felde und in der Werkstatt die schönen evangelischen Kirchenlieder. In der löblichen Absicht, Lust und Liebe zum Gesange zu wecken, drückte Vater aber auch gern ein Auge zu, wenn mal einer seiner Kantoren bei dem Bestreben der Gemeinde etwas Apartes zu bieten, zu weit ging und vorbei haute. In letzterer Beziehung leistete der Kantor seines Filialdorfs Wallrode Erstaunliches, ohne daß es ihm Vater besonders übel genommen, oder gar nachgetragen hätte; Als eine Witwe, die den Vornamen Susanne trug, zum 3ten Male vor den Altar trat und als Herzliebsten den Arbeiter Hebestreit heimzuführen im Begriff stand, begleitete der Männerchor der Gemeinde das denkwürdige Ereigniß mit dem 4stimmigen Cantus: *„Susanne kommt zum 3tenmal, zum 3tenmal, zum 3tenmal – wen hat sie denn gefreit? – einen Hebestreit“*.

Herrn von Berlepsch, dem Patron der Kirche, fiel es nicht ein, an der seiner Fürsorge anvertrauten geweihten Stätte zu erscheinen. Das Freudenfest feierte der compositionslustige Kantor durch die kräftig in die Kirche hineingesungene Fanfare: *„Guten Morgen, Herr von Berlepsch, guten Morgen, Herr von Berlepsch-Ber, Ber, Ber, lepsch lepsch, lepsch, Ber, Ber, Ber, lepsch, lepsch, lepsch – Guten Morgen Herr von Berlepsch“*!

In seiner Gemeinde war mein Vater wegen seiner Leutseligkeit und weil er, ein echt volksthümlicher Pastor, als Sohn der Grafschaft mit den Leuten im Hohensteinschen dialect sprach, besonders geachtet und geliebt.

Gerade wegen dieser ihm eigenthümlichen, für ein fremdes Ohr ungewohnt und hart klingenden Dialects, der sich auch in der hochdeutschen Aussprache auffällig bemerkbar machte, den aber Vater liebte und pflegte, hätte er, wie er selbst sagte, in einer Stadt oder einer fernab liegenden Gemeinde nicht amtieren können. Aus diesem Grunde wies er auch den Gedanken, Superintendant zu werden, weit von sich ab; in dieser Stellung hätte er ja häufig der Regierung Bericht erstatten müssen, und das war ihm sehr zuwider: einmal weil er mit den Auffassungen und Maßnahmen dieser Behörde in kirchlichen Dingen durchaus nicht immer einverstanden war, andererseits weil er den Herren vom grünen Tisch überhaupt nicht grün war, ihnen wenigstens einen maßgebenden Einfluß auf die Thätigkeit eines im Volke stehenden Pastors nicht einräumen mochte. So geschah es dann, daß, wenn er mal amtlich genöthigt war, etwas Schriftliches an die Regierung loszulassen, seine Berichte jedesmal einen sarkastischen, wenn nicht gereizten Ton annahmen.

Seine innigen Beziehungen zur Gemeinde hegte und pflegte er aber nicht nur in der Seelsorge, sondern auch durch mittelbare oder auch unmittelbare Wahrnehmung der wirtschaftlichen Interessen jedes Einzelnen. War er auch kein ausgesprochener Antisemit, so mußte er doch den unheilvollen Einfluß der Schacherjuden auf den Wohlstand des kleinen Mannes bald erkennen. Hatte er es doch in seiner Heimath erlebt, daß die bleicheröder Juden wohl situierte Bauern durch Darlehnsgewährungen in liberalster Weise ganz allmählich ruiniert und von Haus und Hof gebracht hatten. Diesen Einfluß hat er meisterhaft beseitigt und erreicht, daß sich in seiner Gemeinde kein Jude mehr sehen ließ. Gar manchen hat Vater vorm Bankrott gerettet, indem er ihm das nöthige Geld zu mäßigen Zinsen vorschoß, damit er sich aus den Klauen der Juden befreien konnte. Die von ihm auf diese Weise wirtschaftlich über Wasser gehaltenen Leute sind ihm großentheils lebenslang dankbar geblieben. das rührendste Beispiel solcher Dankbarkeit bot der auf dem Hinterdorfe in Craja wohnende

Leinenweber Heise, allgemein „der kleine Heise“ genannt, weil er in der That ein ganz kleines Männchen war. Als ältester Sohn hatte er das kleine Anwesen bei der Eltern Tode übernommen und war durch vorübergehende Arbeitslosigkeit und die Notwendigkeit, seinen Geschwistern ihr Erbtheil herauszuzahlen, in drückende Schulden geraten. Vater hatte ihm durch eine im Verhältniß zum Werthe des Grundstücks bedeutend hohe Hypothek und durch Fristgewährung für die Zinszahlung in entgegenkommender Weise aus der Verlegenheit geholfen und es dadurch bewirkt, daß der fleißige Mann nach einer Reihe von Jahren wieder zu Wohlstand gekommen war. Dafür blieb der kleine Heise dankbar und an unsere Familie anhänglich, solange Vater lebte und wir in seiner Gegend wohnten.

So regelmäßig die Schwalbe zum Sommer in die nordischen Gefielde zieht, so sicher traf der kleine Heise eines Sonntags im Juli, wenn die Sommerbirnen reif waren, im Pfarrhaus Gross-Wechsungen ein. Vor Tau und Tag machte er sich von Craja auf, warf den mit Sommerbirnen wohl gefüllten Quersack über die Schulter und leget mehr tippelnd als gehend mit seinen kleinen Tackelbeinchen den 3 Stunden weiten Weg über Lipprechtrode, Kehmstedt, Fronderode so zielbewußt zurück, daß er noch vor Beginn des Gottesdienstes in Gross-Wechsungen eintraf und mit uns zur Kirche gehen konnte. Die Birnen, die er den weiten Weg für uns Kinder angeschleppt brachte, waren kleine gelbe Frühbirnen, also eine keineswegs werthvolle Sorte. Aber ich erinnere mich nicht, daß mir jemals in meinem Leben eine Birne so fein und gut geschmeckt hatte, wie die kleinen Sommerbirnen, die uns der kleine Heise alljährlich zu verehren pflegte.

Kam er nun, wenn wir uns für den Kirchgang rüsteten, über den alten Kirchhof angewetzt, da brach die Kinderschaar in hellen Jubel aus. Mit Hurra wurde er empfangen und ins

Pfarrhaus geleitet, wo mein Vater – es war rührend anzuschauen – den einfachen Leineweber in die Arme schloß und küßte, selbst wenn er schon den Talar für den bevorstehenden Gottesdienst angelegt hatte. Mittags aß der Gast dann selbstverständlich mit uns am Tische, nahm noch den Nachmittagskaffee mit uns ein und wurde bei sinkender Sonne vom Vater und uns Kindern bis zum Fronderöder Holze auf den Heimweg gebracht. Die Besuche Heises waren aber nicht allein wegen der ihn begleitenden Birnen für uns Kinder ein Fest, sondern der Mann war uns auch im Übrigen besonders sympathisch und interessant, weil er so spaßhaft erzählen und so herzlich lachen konnte. Er schüttete sich förmlich aus, wenn er lachte und faltete dabei die Hände unterhalb der Knie. Das war sehr drollig anzusehen. Wollte er bei Tische ausdrücken, daß er satt sei und der Aufforderung, noch zuzulangen, nicht entsprechen könne, so bediente er sich der Redensart: *„ich bin vergnügt“*. Um zu kennzeichnen, daß er seinen Kaffeedurst befriedigt habe, stellte er die Obertasse verkehrt auf die Untertasse, sodaß ein erneutes Eingießen unmöglich war. In seinem eigenen Hause verstand er aber das Bewirthen und Nöthigen meisterhaft.

Als einst in Craja Missionsfest stattfand, zu dem unsere ganze Familie per Leiterwagen dort eingetroffen war, ließ er es sich nicht nehmen, wenigstens uns Geschwister in sein Haus zu führen.

Das war freilich nicht besonders einladend, denn es war ein kleines, unansehnliches in Lehmfachwerkwänden ausgeführtes Arbeiterhüttchen, das nur einen Raum hatte, in den man allenfalls Gäste einführen konnte. Diese mit zerklüftetem Estrichfußboden ausgelegte Stube war zur Hälfte durch das Leinenwebergestelle versperrt, auf welchem der fleißige Weber Werktags von früh bis spät sein lustiges: *„Der Kopp, der*

Schwanz, das Mittelstück“ erklingen und das flinke Schifflein schießen ließ. Verbreitete auch die für den Weber unentbehrliche Apparatur, die sog. Schlichte, die in einem hölzernen Kübel unterm Gestelle aufbewahrt wurde, einen für die Laiennase empfindlichen Duft, so war doch der Aufenthalt in diesem Raume ein freundlicher, und die Bewirthung eine originelle. Frau Heise, die in Anwesenheit der Gäste die blitzsauber gescheuerten Holzstühle eiligst mit der Schürze abgewischt hatte, trug den obligaten Cicchoriekaffee in einem dick schwarz berußten Kaffeekessel auf, stellte Milch und auf großen runden Kuchenbrettern 2 mächtige, selbst bereitete Kuchen dazu und schickte sich an, letztere in Stücke zu zerschneiden. Das geschah in der Weise, daß nach Feststellung des Centrums von dort aus Radien geschnitten und soviel Sectoren hergestellt wurden, als Theilnehmer am Caffetische waren. Zur Vermeidung ernstlicher Verstimmung auf Seiten der Gastgeber war jeder Gast gehalten, eine solchen mächtigen Sector zuzulangen und zu verzehren. Bei dem nicht allzu dicht belegten Zwetschgenkuchen ging das zur Noth; als aber der trockene Kuchen an die Reihe kam, ergab es sich, daß er in seiner natürlichen Lage aller Bemühungen ungeachtet nicht in den Mund hineinpaßte, denn er war mit 2½ Zoll Dicke für das normale menschliche Gebiß etwas reichlich zu hoch angelangt.

Missionsfeste waren zu jener Zeit für die betr. Gemeinde arbeits- und ereignisreiche Tage, denn es strömten zu diesen Festen von weit und breit hunderte, ja tausende von Theilnehmern zu Fuß und zu Wagen herbei, deren Bewirthung der Privatwohlthätigkeit zufiel; namentlich in den Pfarrhäusern war bis in die finsterste Nacht hinein für Jedermann, ob er bekannt war oder nicht, offene Tafel. Aber auch die sonstigen Ortsbewohner wetteiferten, ihren wirthschaftlichen Verhältnissen entsprechend zahlreichen Besuch aufzunehmen und zu bewirthen.

Abgesehen von dem Pfarrhause übte in Craja die Familie Steuber die uneigennützigste Gastfreundschaft. Der dicke Julius Steuber war ein gebildeter Landwirth und Besitzer des vornehmsten Gutshofes im Dorfe. Mit dieser Familie pflegten meine Eltern regen, freundschaftlichen Verkehr, der auch noch später aufrecht erhalten wurde, als wir Craja längst verlassen hatten. Eine in der Wirthschaft hervorragend thätige ältere Dame, die Pathe Schneppe, war auch bei uns die allgemeine Familientante, die überall gern zufaßte und mit Rath und That da aushalf, wo es nöthig war.

Die Familie Steuber war im Besitz eines alten berühmten Geheimmittels, des sog. Steuber'schen Pflasters, mittelst dessen man nach allgemein verbreiteter Ansicht Wunden, die sich von selbst nicht schließen wollten, Entzündungen der Epidermis, ja selbst Knochenfraß heilen konnte. Aus welchen Bestandtheilen das Allerweltspflaster hergestellt wurde, erfuhr man nicht, es war eine schmutzig gelbe, harzige, stark nach Terpentin duftende Schmiere, die von Steubers jedem der darum bat, gegen Erstattung der Selbstkosten abgegeben wurde. Auch in unserer Familie wurde das Wundermittel vielfach bei Panaritium, oder veralteten Schnittwunden angewandt und soll gute Dienste geleistet haben.

Ich selbst habe noch nach vielen Jahren, als mein Sohn Otto an chronisch eiternden Fingernägeln litt, und kein gegen dies Übel angewandtes Mittel helfen wollte, von den mühsam ermittelten Rechtsnachfolgern der Steuber'schen Familie einen großen Topf dieses Pflasters bezogen und Ottos Finger damit verkleistert, ohne den geringsten Heilerfolg zu erzielen.

Nachdem meinen Eltern zuerst ein Töchterlein geboren war, das todt zur Welt kam, schien es längere Zeit, als wenn dem jungen Ehepaare der Kindersegen überhaupt versagt bliebe. Mein Vater, der am liebsten sämtliche Pfarrstellen der Grafschaft mit Pastoren seines Geblütes besetzt hätte, war hierüber untröstlich und allen Ernstes drauf und dran, ein Kind zu adoptieren. Meine Mutter mußte gut zureden, daß er nur noch einige Jahre warten möge und sie behielt recht, denn in einem Zeitraume von 10 Jahren von 1841–51 brachte der Klapperstorch 6 Geschwister ins Pfarrhaus: Karl, Marie, Paul, Johanne, Fritz und Otto, meine Winzigkeit.

Daß bei einem so reichen Kindersegen das kümmerliche Einkommen der Pfarre Craja bald unzulänglich wurde, liegt auf der Hand. Trotz der größten Sparsamkeit, deren sich die Eltern befleißigten, fehlte es oft am Nöthigsten. Die Mutter sorgte zwar unausgesetzt dafür, daß die Kinder stets reinlich und anständig angezogen waren, aber die Kleiderstoffe waren zu seiner Zeit kostspieliger wie heute und wurden dadurch nicht haltbarer, daß sie gewohnheitsmäßig von dem Älteren auf den Jüngeren vererbt wurden je nach dem fortschreitenden Wachsthume. Wenn den älteren Brüdern gefällig aussehende Anzüge geschenkt wurden, so war das jedesmal auch für mich, als dem prädestinierten künftigen Besitzer derselben eine besondere Freude.

Wurde aber mal ausnahmsweise für mich selber ein neues Stück angeschafft, so mußte der Schneider so reichlich Maß nehmen, daß der Anzug, solange er neu, mir viel zu groooß war und ich mich erst mühsam hineinwachsen mußte. Sehr traurig war aber die viel beschäftigte Mutter, wenn die wilden Buben von ihren Raufereien und Kletterübungen an Bäumen, Hecken und Mauern mit zerrissenen Hosen und Jacken heimkehrten. Zagend beichtete man den Defect und war entsetzt ob der Drohung, daß man im Wiederholungsfalle vom Tischler schwarz angestrichen und mit gelben Sophanägeln verziert werden solle.

Da die Einkünfte der Pfarre zum weitaus größeren Theile aus dem Pachtzinse der Pfarrländereien bestanden, so bemühte sich mein Vater, das Land möglichst vortheilhaft zu verpachten. Zu diesem Zwecke bot er die Fläche in zahlreichen kleineren Parzellen zur Pacht aus und erzielte dadurch eine erhöhte Concurrenz, die die Pachtgebote etwas in die Höhe brachte. Dabei mußte er darauf Werth legen, daß die Pachtgebote pünktlich eingingen, was bei der irrigen Meinung der kleinen Leute, daß der Pastor viel Geld habe, und warten kann, nicht ganz leicht zu erreichen war. Er packte sie aber beim point d'honneur und veranstaltete alljährlich eine kleine Festlichkeit, zu der nur die pünktlichen Zahler geladen wurden. Da man nun allgemein darauf Wert legte, im Dorfe als rendit- und zahlungsfähiger Mann zu gelten, so bemühte sich jeder durch pünktliche Pachtzahlung in die Reihe der zum Pächteressen ins Pfarrhaus Geladenen aufgenommen zu werden. Bei diesem frugalen Mahle machte Vater in humorvoller Weise den liebenswürdigen Wirth und verstand es meisterhaft, sich die Leute nahe zu bringen.

Es kam regelmäßig ein Riesen-Kalbsbraten auf den Tisch, der mit viel Sauce und Kartoffelsalat vertilgt wurde. Vater pflegte bei dieser Gelegenheit vorzuschneiden. Da er ein besonderer Liebhaber der Niere war, so pflegte er diese unbemerkt auf der Schüssel in Spähne zu schneiden und auf seinen Teller zu schieben. Nur einmal mußte er auf diesen Genuß verzichten, da sich ein ungebetener Gast gefunden, der die Niere vorzeitig weggeschnappt hatte. Das war ein großer schwarzer als Dieb und Einbrecher berüchtigter Kater, der anstatt Mäuse und Ratten wegzufangen, es vorzog, die Speisevorräthe der Frau Pastorin zu plündern.

Mit der Hausgelegenheit wohl vertraut, wußte der freche Räuber genau, daß die Hausfrau ihre eßbaren Schätze in einem großen schwarzbraunen Schranke auf dem untern Hausflure der Pfarre aufbewahrte. Dieser große Schrank, der sog. Brotschrank, war zwar an sich für seine Zweckbestimmung vorzüglich geeignet, hatte aber die Eigenthümlichkeit, daß sich das Schloß, von dem der große Schlüssel nie abgenommen wurde, sehr leicht schließen ließ. Diesen Mangel wußte sich der schlaue Kater zu nutze zu machen, er steckte die Pfote in den Griff des Schlüssels, setzte seine Körper in schlingernde Bewegung und bewirkte dadurch die Öffnung des rappeligen Schlosses. So geschah es, daß der Hausherr diesmal den Kalbsbraten ohne Niere zerlegen mußte.

So eng verwachsen der Vater mit seiner Gemeinde war, so schwer ihm auch eine Trennung von dem ihm lieb gewordenen Wirkungskreise wurde; der Selbsterhaltungstrieb gebot ihm, sich um eine besser dotirte Pfarrstelle zu bewerben, und das that er mit der ihm eigenthümlichen zielbewußten Energie. Offen und klar, aber geflissentlich jeden Schein von Unterwürfigkeit und Liebedienerei vermeidend, setzte er dem Consistorium seine Verhältnisse auseinander und bat, daß ihm die Pfarrstelle in Gross-Wechsungen, deren bisheriger Inhaber im Wege des Disziplinarverfahrens aus dem Amte entfernt worden war, übertragen werden möchte. Nachdem dieser Antrag genehmigt worden war, verließ er im Herbste 1852 schweren Herzens die Stätte seiner langjährigen Thätigkeit, der er die besten Kräfte seines Jünglings- und Mannesalters gewidmet hatte. Auf der Versetzungsreise fuhr die Familie in 2 Wagen auf der Landstraße gen Lipprechtrode. Als die sich unterhalb des Japan befanden, hub ein allgemeines Tücherschwenken an, und die Alten riefen: „*Krumbein raus*"*!*

[illegible] zogen die Familien in 2 Wagen auf der Landstraße von Lipprechtsrode. Als sie sich unterhalb des Dorfes befanden, hub ein allgemeines Zurückschauen an, und die Alten riefen: „Krummbein raus!“, die Kleinen aber, denen Krummbein ein unbekannter Begriff war, schrien: „Krummschwanz raus“!

7.

Groß-Wechsungen

Gross Wechsungen ist ein größeres, westlich von der Kreisstadt Nordhausen, wenige Kilometer von der Halle-Casseler Chaussee entfernt liegendes Dorf mit etwa 1000 Einwohnern, die vorzugsweise Ackerbau treiben. Es giebt dort eine große Anzahl von ansehnlichen Bauernhöfen und mehrere Rittergüter, von denen sich zwei, nämlich das von Arnstedt'sche und das von Manderode'sche noch im Besitze adliger Familien befinden. Die Gemarkung des Dorfes ist dementsprechend weit ausgedehnt, der Boden sandiger, z. B. schieferhaltiger roter Lehm) schwerer

7. Gross-Wechsungen

Gross-Wechsungen ist ein größerer, westlich von der Kreisstadt Nordhausen, wenige Kilometer von der Halle-Casseler Chaussee entfernt liegendes Dorf mit etwa 1000 Einwohnern, die vorzugsweise Ackerbau treiben. Es giebt dort eine große Anzahl von angesehenen Bauernhöfen und mehrere Rittergüter, von denen sich zwei, nämlich das von Arnstedt'sche und das von Manderode'sche noch im Besitze adeliger Familien befanden. Die Gemarkung des Ortes ist dementsprechend weit ausgedehnt, der Boden (sandiger, z. Th. schieferhaltiger rother Lehm) schwer und ertragsfähig, aber wenig abwechslungsreich, da Wald gänzlich fehlt und das Terrain nur mäßig coupiert ist. Die Bevölkerung ist im Allgemeinen arbeitsam, treu, nüchtern und zufrieden bei ländlichem Wohlstand und königstreuer Gesinnung. Von trostlosem Elend, bitterer Noth und Armuth, wie man sie in eng bevölkerten Industriedistricten vielfach antrifft, war in Gross-Wechsungen wenig zu merken

Die Leute haben ein stark ausgeprägtes Heimathsgefühl, und wenn einmal einer in der Fremde sein Heil versucht hatte, so pflegte er doch früher oder später in die Heimathlichen Fluren, die ihm Arbeit und Auskommen boten, gern zurückzukehren. Rings von Gärten umgeben, macht der Ort selbst einen freundlich, behaglichen Eindruck, die Wohnhäuser sind zwar meist klein und unscheinbar, werden aber äußerlich wie inwendig sauber gehalten und sehen nicht gerade ärmlich aus. Neben wenigen Neubauten sieht man nur alte, zum Theil recht alte Häuser, deren Wände – dünne Fachwerkswände – aus dem Loth gewichen sind und deren Dachfirste seltsam krumme Linien zeigen.

Auch das an den alten Kirchhof grenzende Pfarrhaus ist einer von diesen recht alten Fachwerkbauten, es stammt, wie eine auf dem halbkreisförmigen Außenbalken der vorderen Hausthür eingegrabene Inschrift ergiebt, aus dem Jahre 1662.

Trotz dieses hohen Alters, trotz seiner selbst geringen Anforderungen an den Confort eines Wohnpalastes wenig Rechnung tragenden Einrichtung war's doch gar behaglich, traut und anheimelnd in diesen niedrigen Räumen. Die Zahl der letzteren war mehr als reichlich, aber die Dimensionen der einzelnen Gelasse nach heutigen Begriffen durchaus unzureichend, einzelne im Erdgeschoß gelegene Zimmer dabei so feucht, daß man heute Bedenken tragen würde, sie dem Dienstpersonal als Aufenthaltsort zu überweisen, geschweige denn selbst darin zu wohnen. Aber zu seiner Zeit, als meine Eltern das Haus bewohnten, hatte man noch wenig Auffassung für die in sanitärer Beziehung an einen Wohn- insbesondere Schlafraum zu stellenden Anforderungen.

Ich kann es heute nicht begreifen, wie meine Eltern und auch wir Kinder es viele Jahre ausgehalten haben, in einem nicht Unterkellerten, fast sous terrain belegenen, mit Estrichfußboden versehenen, stets feucht kalten Raume, dessen Wände im Winter von Eiskristallen glitzerten und von denen bei feuchtem Wetter das Wasser herabtroff, sodaß die Tapeten abfielen und die Betten schimmelten, zu schlafen, ohne unmittelbaren Schaden an der Gesundheit zu nehmen. Längst bin ich freilich davon überzeugt, daß die Ursache des schmerzhaften Leidens und frühzeitigen Todes meines Vaters, der chronischen Katarrhe und Hustenanfälle meiner Mutter auf die Benutzung jenes Loches als Schlafraum zurückzuführen ist, aber zu jener Zeit war man, wie erwähnt, noch nicht zu der

Einsicht gelangt, daß der schönste Raum eines Hauses gerade gut genug fürs Schlafzimmer sei, und so haben dann meine Eltern, und auch wir Buben Fritz und Otto, die wir, nur durch einen leichten Wandschirm von den Eltern getrennt, ein 2schläferiges Bette benutzten, Jahre lang Winter für Winter gefroren und gezittert wenn wir zu Bette gingen und vielleicht noch mehr geschaudert, wenn wir aufstanden, uns in den zugefrorenen Waschschüsseln mühsam oberflächlich wuschen und ankleideten. Daß es erlaubt und möglich sei, einen Schlafraum, um ihn bewohnbar, oder doch behaglicher zu machen, mittelß Ofens zu heizen, dieser Gedanke hatte damals im Volke und auch bei meinen, sonst so einsichtsvollen Eltern noch nicht Eingang gefunden. Sie benutzten in dem geräumigen Pfarrhause für sich und ihre Kinder nur das Erdgeschoß zum wohnen und schlafen. Links von der Eingangsthür befanden sich Vaters Studir- und Mutters Wohnzimmer, die durch einen in die Wand eingelassenen großen eisernen Ofen geheizt wurden, und wiederum links von diesen 2 wenige Stufen tiefer gelegene Schlafzimmer, die nur von den Wohnzimmern aus betreten werden konnten und, wie oben erwähnt, sehr feucht waren. Rechts grenzte den Flur die geräumige Küche nebst Mädchenkammer und Backofen und nach der Hofseite hinaus 2 durch eine Thür verbundene sog. gute Stuben, in denen Gäste empfangen und Familienfeste gefeiert wurden. Die größere dieser Stuben hatte 4 Fenster, von denen 2 nach dem Hofe, 2 nach dem Gemüsegarten führten. Diese letzteren wurden stets geschlossen gehalten, da unmittelbar unter ihnen ein mächtiger Komposthaufen ragte, der seine Nahrung vorzugsweise aus der nahebei angelegten weder gemauerten, noch gepflasterten, noch auch cementirten Abortgrube erhielt. War das für verwöhnte Nasen nicht besonders erfrischend, so lieferte doch dieser ominöse Haufen einen vorzüglichen Dünger, der dem Gemüsegarten zugute kam und dessen Erträge an Erbsen, Bohnen, Blumen und anderem Kohl, an Beeren- und Baumobst wesentlich erhöhte. Das weit gesündere Obergeschoß wurde von meinen Eltern nicht bewohnt. Außer 2 Fremden-Schlafzimmern lag 1 Treppe hoch die Speise- und Räucherkammer, eine kleine scherzweise „der Taubenschlag" genannte Schlafkammer für meine Schwestern, die Stube des Herrn Marschall, die Schulstube, Abort und Schlafsaal für die Zöglinge.

Damit komme ich auf die Privatschule, die mein Vater schon in Craja begonnen, in Gross-Wechsungen aber weiter entwickelt und zu höchst anerkenneswerthem Erfolge geführt hat. Als die Söhne über den in der Dorfschule ertheilten Elementar-Unterricht hinaus wuchsen, konnte sich mein Vater nicht entschließen, sie noch in zartem Knabenalter der elterlichen Obhut zu entziehen und auf ein Humanistisches Gymnasium zu schicken, er hegte vielmehr den auch aus finanziellen Erwägungen sehr berechtigten Wunsch, sie im Haus soweit vorzubilden, daß sie die Reife für die Tertia gymnasii erreichten. Wenn er noch einige gleichaltrige Knaben aus dem Kreise seiner Verwandtschaft mit zum Unterricht heranzog, so hoffte er selbst bei Anstellung eines Privatlehrers die Ausbildung seiner Söhne billiger bewirken zu können, als wenn er die in einer benachbarten Gymnasialstadt unterbrachte. Zur Verwirklichung dieses Gedankens bot sich ihm die beste Gelegenheit dadurch, daß sein alter Freund und Studiengenosse Wilhelm Marschall gerade disponibel war und eine ähnliche Beschäftigung suchte.

Marschall war eine jener ängstlichen Naturen, die bei allem Fleiße und aller Gewissenhaftigkeit vor lauter Bedenken und Mangel an Selbstvertrauen zu nichts kommen. Er hatte fleißig

Theologie studiert, aber nicht den Muth gefunden, ein Examen abzulegen. Als ihn nun gar noch das Mißgeschick ereilte, daß er, im Begriff, seine erste Predigt zu halten, vollkommen die Besinnung verlor und tief beschämt die Kanzel verlassen mußte, da war es für immer aus mit der Theologie. Von Haus aus mit geringem Vermögen ausgestattet, suchte er ein seiner Heimathstadt Bleicherode durch Ertheilen von Privatunterricht seine Einnahmen zu vermehren, bis ihn seine in Katzhütte verheirathete Schwester veranlaßte, bei ihr zu wohnen und ihre heranwachsenden Kinder für die höheren Lehranstalten vorzubilden. Diese Aufgabe hatte Marschall gerade in dem Augenblicke erfüllt, als mein Vater auf den Gedanken kam, einen Lehrer ins Haus zu nehmen. Das Anerbieten seines alten Freundes kam Herrn Marschall daher wie gerufen und so siedelte er dann bereits in Craja ins dortige Pfarrhaus über und begann mit meinen Brüdern Karl und Paul, so wie mit 2 gleichaltrigen Vettern, Wilhelm und Karl Kunze, Schwestersöhnen meines Vaters, den Unterricht. Aus diesen Anfängen entwikkelte sich in Gross-Wechsungen ein auch in weiteren Kreisen geschätztes Alumnat, das – uns Söhne eingerechnet – zu Zeiten 15 Zöglinge hatte.

Dasselbe stand unter staatlicher Aufsicht und wurde des öfteren von dem Regierungs- und Schulrath Bilk aus Erfurt, einmal auch von dem dortigen Regierungspräsidenten Duvigneau inspizirt. Die Schwierigkeit für Lehrer und Lernende bestand darin, daß die gleichzeitig unterrichteten Knaben bei weitem nicht alle auf derselben Stufe der Ausbildung standen, daß also kleine Knaben, die soeben erst die Anfangsgründe der Elementarfächer gelernt, in derselben Stunde mit solchen unterrichtet werden mußten, die vielleicht schon die Reife für Quarta erlangt hatten.

Noch unzuträglicher war es für den Unterricht, daß mein Vater aus Gefälligkeit auch mitunter solche Knaben aufnahm, die auf einer öffentlichen Schule nicht recht fortkommen konnten, oder geistig minderwerthig waren. Da hatte Herr Marschall oft seine liebe Noth und rang verzweiflungsvoll die Hände, wenn es ihm trotz aller Mühe und Arbeit nicht gelang, die Knaben in erwünschter Weise zu fördern und wenn er erkennen mußte, daß die begabteren Knaben im normalen Fortschreiten durch die Dummköpfe aufgehalten wurden.

Pfarrhaus in Großwechsungen Aufnahme ca. 1930

Haustür des Pfarrhauses mit der Jahreszahl 1662
in Großwechsungen Aufnahme: Karlgeorg Hoefer ca. 1980

lastend darin, daß die gleichzeitig unterrichteten Buben bei weitem nicht alle auf derselben Stufe der Ausbildung standen, daß also kleine Buben, die soeben erst die Anfangsgründe der Elementarfächer gelernt, in derselben Stunde mit solchen unterrichtet werden mußten, die vielleicht schon die Reife für Quarta erlangt hatten. Noch unzuträglicher war es für den Unterricht, daß mein Vater aus Gefälligkeit auch mitunter solche Buben aufnahm, die auf einer öffentlichen Schule nicht recht fortkommen konnten, oder geistig minderwertig waren. Da hatte Herr Marschall oft seine liebe Noth und rang verzweiflungsvoll die Hände, wenn es ihm trotz aller Mühe und Arbeit nicht gelang, die Buben in erwünschter Weise zu fördern und dann er erkennen mußte, daß die begabteren Buben im normalen Fortschreiten durch die Dummköpfe aufgehalten wurden.

8. – Vorschule –

Als ABC schütze wurde ich selbstverständlich noch nicht der Ehre theilhaftig, an dem regelmäßigen Unterrichte

8. Vorschule

Als ABC Schütz wurde ich selbstverständlich noch nicht der Ehre theilhaftig, an dem regelmäßigen Unterrichte in der Privatschule theilzunehmen. Vom 5. Lebensjahr ab wanderte ich vielmehr nebst einigen bevorzugten Kameraden aus dem Dorfe: Arthur v. Arnstedt, Willy v. Manderode, Bruno Hindersin und Wilhelm Unger, täglich zum Kantor Fischer, der uns einige Privatstunden gab und spielend Lesen, Schreiben und Rechnen beibrachte. Nebenher mußten wir dem von meinem Vater beiden Geschlechtern gemeinsam in der Dorfschule ertheilten Religionsunterrichte beiwohnen. Das war sehr heilsam, denn wir wurden dadurch von vorn herein an die von meinem Vater sehr streng gehandhabte Schuldisziplin gewöhnt, lernten ohne Mühe eine große Zahl herrlicher Gesangbuchlieder und wichtiger Bibelstellen und wußten schon als ganz kleine Knaben im Luther'schen Katechismus, sowie in der Bibel selbst trefflich Bescheid. In diesen Unterrichtsstunden unaufmerksam zu sein, war gänzlich ausgeschlossen. Durch seine Unterrichtsmethode, durch die Macht seiner kräftigen Persönlichkeit wußte mein Vater selbst die kleinen Kinder derart zu fesseln, daß sie gespannt aufpassen mußten und abschweifenden Gedanken nicht Raum geben konnten. Dadurch erreichte er, daß die Kinder beim Unterricht selbst den Gedächtniskram in sich aufnahmen und sich nicht allzuviel mit häuslichem Auswendiglernen quälen brauchten. Wenn er aber einmal zu seiner Betrübnis feststellen mußte, daß ein Kind allotria getrieben hatte und nichts wußte von dem, was er uns mühsam eingebläut, da strafte er unnachsichtig und es kam ihm auf eine Hand voll kräftiger Maulschellen nicht an. Je seltener sie vorkam, umso abschreckender wirkte solche Strafe. Durch die Theilnahme an dem gemeinsamen Unterricht in der Oberschule erwuchs für mich aber der fernere unschätzbare Vortheil, daß ich mit den Dorfbewohnern, namentlich mit der Schuljugend Haus bei Haus bekannt, zum Theil befreundet und beliebt wurde. Jedermann im Dorfe kannte „Pastorsch Otton", der – damals noch in dunklem Lockenhaar – gern auch bei kleinen Leuten und in dürftiger Hütte der Armuth vorsprach und durch sein sorglos heiteres *„Morgen"* Arme, Alte und Kranke erfreute. Mit solchen guten Leuten umzugehen, mich in ihren Verhältnissen zurechtzufinden, mit ihnen zu fühlen und zu denken, lernte ich bald meisterhaft, zumal es mir durchaus keine Mühe machte, mich im hohensteinschen Dialect mit Jung und Alt zu unterhalten. Am liebsten verkehrte ich mit dem Alter, bejahrten Männern und Weibern und lauschte andächtig deren Erzählungen aus längst vergangenen Zeiten, oder auch den Sagen und Märchen, die sie hie und da zum Besten gaben. Als eine besonders lebhafte und das Kindergemüth tief begeisternde Erzählerin steht mir ein altes zusammengeschrumpftes Mütterchen, genannt Male, vor Augen, die zur Aushilfe bei leichteren häuslichen Handarbeiten, als Mus- und Seifekochen, Federnschließen, Bettenklopfen, aber auch bei der Krankenpflege von meiner Mutter herangezogen wurde. Es war allemal ein besonderes Fest für mich, wenn Male im Hause war. Da vergaß ich Schularbeiten und das lustige Spiel mit den Kameraden in Hof und Garten. Stundenlang, saß, hörte und plauderte ich im Kreise der arbeitenden Frauen, die mich dafür liebevoll in ihre Herzen schlossen und auf ihren Otto, *„der so schöne Strope kunnte"*, nichts kommen ließen.

Mit unseren Dienstmädchen: der Bertha, der Miene und wie sie alle hießen, stand ich auf sehr freundschaftlichem Fuße und wurde deshalb nie aus der Küche herauskomplimentirt, wenn ich topfgucken kam, oder nachschaute, ob nicht etwa ganz heimlich ein leckerer Bissen für mich abfiele.

Ja, damals hatten die Dienstmädchen noch Liebe und Achtung für die Herrschaft, scheuten sich vor keiner Arbeit und leisteten das Vierfache von dem, was man heute einer modernen von sozialistischen Ideen und Ansprüchen erfüllten Köchin zumuthen darf. Was sie ihrer Herrschaft an den Augen absehen konnten, das thaten sie gern und willig, sie waren hocherfreut über jedes anerkennende Wort, aber tief beschämt, wenn einmal ein Tadel ausgesprochen werden mußte, und dabei so kindlich anspruchslos: mit einem Jahreslohn von 12 Thalern waren die tüchtigsten Mädchen durchaus zufrieden. Meine Eltern hatten nichts dagegen, daß ich diesen Gehilfinnen im Hause Freundschaft und Liebe entgegenbrachte und verwiesen es mir keineswegs, als ich ob des Trennungsschmerzes von meiner lieben Bertha, die sich an einen mir wenig sympathischen Maurer Karl Zornemann verheirathete, Tage lang bittere Thränen vergoß. Besonders gerne führte ich Botengänge ins Dorf aus, namentlich wenn es sich darum handelte, bei befreundeten Familien Bestellungen angenehmen Inhalts auszurichten, oder Kranken und Bedürftigen Unterstützungen und Erfrischungen zu überbringen: Wenn es der Zustand des Kranken gestattete, so erfreute mein Vater ihn gern mit einer Flasche Wein aus seinem Keller, den er unter persönlichem Verschluß hielt. In solchen Fällen mußte ich aber der Familie des Kranken einschärfen, daß ja die leere Flasche zurückgebracht würde. Wohl den Inhalt, aber nicht das Gefäß wollte mein Vater entbehren, leere Flaschen waren ihm deshalb besonders wertvoll, weil er den Wein möglichst von Produzenten in Fässern bezog und selbst abfüllte. Ging bei diesem Geschäfte mal eine Flasche in die Brüche, was bei der ihm geläufigen Art des Verkorkens ohne Maschine nicht selten vorkam, so war er untröstlich.

Im Schulhause, das nur wenige Schritte von der Pfarre entfernt lag und dessen Giebel an unsern Gemüsegarten stieß, verkehrte ich mit Vorliebe. Nicht allein meinem Spezial-Lehrer, den Kantor Fischer, der die Knabenschule hatte und damals noch unverheirathet war, galten meine Gefühle, ich war auch ein gern gesehener Gast bei dem Mädchenschullehrer, dem hochbetagten Kantor Wenzel und dessen Frau, die – nur durch eine Brandmauer geschieden – mit Fischer unter einem Dache wohnten.

Aus geriebenen Mohrrüben und Mehl pflegte die alte Frau bei festlichen Gelegenheiten ein seltsames Gebäck, sog. Möhrenstriezel herzustellen. Dies Backwerk war sicher ein höchst zweifelhafter Genuß, wurde aber von mir ganz besonders geschätzt, wahrscheinlich weil es etwas Apartes war, was ich in Mutters Küche nicht erhielt. Wenn ich daher ahnte – und meine Divinationsgabe ließ mich in dieser Beziehung selten im Stiche – daß Frau Kantor Möhrenstriezel vorrathig hatte, da fand ich mich so verloren, wie ganz zufällig bei den alten Leuten ein, fing mit ihnen ein Schwätzchen an und plauderte so lange, bis Frau Kantor zaghaft mit ihren Möhrenstriezeln vorrückte. Ich that dann ganz erstaunt ob der ungeahnten Schätze, ließ mich aber nicht lange nöthigen und langte kräftig zu. Wenn dann zu Hause das Abendessen nicht schmecken wollte und ich schuldbewußt bekennen mußte, daß ich mir den Magen mit bei der Frau Kantor erbettelten Möhrenstriezeln überladen hatte, da wurde mir bis auf weiteres der Besuch bei der gütigen Frau untersagt.

Solches Gebot gerieth aber zum Glück immer bald wieder in Vergessenheit. Der alte Kantor war übrigens ein pläsirlicher Mann, dem ich manche frohe Stunde verdanke. Er weihte mich ein in die Mysterien der Bienenzucht, lehrte mich die grooße Thurmuhr aufzuziehen und Abends um 6 Uhr auf dem Kirchthurmboden das sog. Stimmen, das durch 9-maliges Anschlagen des Klöphels an die große Glocke geschah, zu bewirken. Für das Läuten der Glocken war ich noch zu schwach, das habe ich später als Jüngling in Feindesland besorgt.

Während des Gottesdienstes mußte Fischer, ein vorzüglicher Organist, der noch heute in der Reglerkirche in Erfurt als solcher amtirt, die Orgel spielen, während der alte Wenzel als Vorsänger fungirte und den Gesang intonirte. Das geschah regelmäßig durch ein laut näselndes „*Oe*", womit er bei jedem Liede einsetzte, mochte es beginnen wie es wollte.

Als ich etwas heranwuchs, behinderten mich die auf die Schultern herabfallenden Locken in meiner Bewegungsfreiheit sehr wesentlich, auch war es mir fatal, daß mich ob dieses Haarschmuckes die Leute oft fragten, ob ich ein Junge oder ein Mädchen sei. Ich bettelte daher bei meiner Mutter so lange und eindringlich, bis sie es zuließ, daß ich mir von dem alten Barbier Westfeld, der mit seinem Scheerbeutel gerade vorüber ging, die Haare nach Jungens Art kurz schneiden lassen durfte. Daß Vater nichts gegen diese veränderte Toilette einzuwenden hätte, stand fest, denn er pflegte, wenn er einen Jungen mit langen Haaren sah, zu sagen: „*lange Haare und kurzen Verstand*". Aber viele meiner Bekannten im Dorfe waren mit dieser Veränderung nicht einverstanden, mancher erkannte mich überhaupt nicht, und ein mir zugethanes altes Mütterlein schlug bei meinem Anblicke die Hände über dem Kopfe zusammen und rief: „*Ja, Junge, wär hätt dich dänn so schimpirt*"? Ach, wie manchen lieben Freund hatte ich doch im Dorfe und wie seltsam bethätigte sich oft diese Anhänglichkeit! Jeder wollte mich beschenken: ein halbwüchsiges Mädchen fragte mich: „*Otto, witte dänn gebrotte Bonn*"? (gebratene Bohnen, ein sehr fragwürdiger Genuß), ein älterer Knabe: „*Otto, witte dänn en Bottervogel*"? (Schmetterling); eine Nachbarin verehrte mir einen selbstgestrickten Ball zum Schlagballspiel, ein Hirtenjunge eine aus Holunder fabrizirte Stritzebüchse.

Aus der Hinterthür des Pfarrhauses gelangte man, eine große überdachte Freitreppe hinabsteigend, auf den geräumigen Hof, der auf der Schmalseite durch Waschhaus und Schweineställe, auf der Breitseite durch Pferdestall, Kuhstall und Scheune begrenzt wurde. An der dem Waschhause gegenüber liegenden Schmalseite befand sich der Hühnerstall und das mächtig große hölzerne Hofthor nebst Eingangspforte für Fußgänger. Auf dem Hofe selbst stand eine Schilderhausartige hölzerne Pumpe nebst Trog, die unsern Wasserbedarf reichlich lieferte und den Überschuß an 2 oft häßlich duftende etwas tiefer gelegene stagnirende Tümpel: den großen und kleinen Atal, abgab. Auf diesen schmutzigen Wasserflächen tummelten sich im Sommer Gänse und Enten, die meine Mutter stets in größerer Zahl hielt, und den übrigen Theil des Hofes bevölkerte eine große Hühnerschaar, die ihre Eier bestimmungsmäßig im Hühnerstalle, wo für diesen Zweck eigens bequeme Nester angebracht waren, legen sollte, dieser Anordnung aber nicht immer entsprach, sodaß wir bösen Buben auf unsern Streifzügen durch Scheune und Ställe mitunter auf ein verschwiegenes mit frischen Eiern gefülltes Nest stießen, dessen Inhalt wir in den meisten Fällen sofort heimlich verzehrten und nur ausnahmsweise, wenn uns ein besserer Geist beseelte, in der Küche ablieferten. Da mein Vater keine Landwirtschaft betrieb, so standen Pferde- und Kuhstall leer, nur Schweine wurden in größerer Zahl gemästet und zur Winterzeit eingeschlachtet.

Während meine Mutter für gewöhnlich den Bedarf und Ankauf der einzustallenden Läuferschweinchen in gemeinsamer Berathung mit dem Hausherrn festsetzte und ausführte, hatte sie einmal außer der Zeit, als Vater gerade nicht bei Gelde war, sie selber aber über einen kleinen Überschuß in der Wirtschaftskasse verfügte, heimlich ein niedliches Läuferschweinchen angeschafft und in einem, sonst unbenutzt stehenden kleine Stalle unter der Freitreppe untergebracht. Das Thierchen entwickelte sich unter der sorgsamen Pflege meiner Mutter und Schwestern, die ihr Geheimniß gut zu wahren verstanden, prächtig, ohne daß Vater von seiner Existenz eine Ahnung hatte. Als nun der Herbst herankam und um den 31. Oktober herum die Kirmeß gefeiert werden sollte, da trug sich der Hausherr, der sehr gern das Haus voll Gäste hatte und mit ihnen fröhlich war, mit den ausschweifendsten Plänen, wollte alle Welt zur Kirmeß einladen und wandte sich an die fürsorgende Hausfrau mit der Anfrage, ob die Vorräthe in Küche und Keller die Veranstaltung eines solchen Festes gestatteten, ohne allzu tief in den Beutel greifen zu müssen. Die kluge Mutter wandte ein, dass dies unmöglich sei, wenn nicht für allerlei Braten, Schüsseln und Kuchen erhebliche Geldopfer gebracht werden sollten. Das war nun meinem Vater, der selbst wenn er's hatte, nicht gern Geld ausgab, sehr zuwider, er wurde kleinlaut, ließ die Flügel hängen und suchte sich ins Unvermeidliche zu schicken, daß diesmal die Kirmeß ohne Gäste gefeiert werden müsse, da nahm ihn Mutter am Arm, führte ihn die Hoftreppe hinab, ohne daß er sich dessen versah, flugs die Thüre des verschwiegenen Ställchens – und behaglich grunzend wälzte sich das kleine blitzsaubere, wohl gemästete Borstenthier, das verlockend die herrlichsten Braten, Schinken und Würste in Aussicht stellte, auf den Hof. Tief gerührt umarmte der Kirmesvater sein treusorgendes Weib, und es ist wohl nie eine köstlichere Kirmes im Pfarrhaus Gross-Wechsungen gefeiert worden, wie in jenem Jahre.

Wenn dann zu geeigneter Stunde nach dem Mittagessen der Pater Weiß aus Gratzungen auf der Bildfläche erschien und mit magyarischer Begeisterung die Fiedel strich, wenn er einen bekannten Walzer intonierte, und seine schwarzäugigen Töchter dazu die Harfe schlugen, da war des Jubels kein Ende. Schränke und Tische wurden vom Hausflur entfernt, und die begeisterten Paare flogen nur so über den rauhen Ziegelsteinfußboden dahin, als ob er glattes Parket gewesen wäre. Stimmte der alte Naturvirtuose aber sein Bravourstück, den Ländler an, den er alljährlich einmal am Zarenhofe in Petersburg vorgetragen hatte, dann wars, als wenn der Alte und sein Instrument eins wären, er verdrehte die Augen und wußte seiner Amati so behagliche Töne zu entlocken, daß alles hingerissen war und Vater dem Künstler mit besonderem Danke einen halben Thaler in die Hand drückte.

9. Hof und Garten

Die große Scheune pflegte mein Vater gleichzeitig mit den Pfarrländereien zu verpachten. Auf dem Dachfirst war ein altes Wagenrad horizontal befestigt. Das diente einem Storchenpaar, das sich alljährlich einfand, als Fundament für das kunstvoll selbst geflochtene Nest.

Wie jubelten wir, wenn die Sommergäste ankamen und damit den nahenden Frühling verkündeten! Wie gespannt begleiteten wir sie bei all' ihren Arbeiten, dem Instandsetzen der Nester, der Polsterung derselben für die Aufnahme der Eier, dem Brutgeschäfte und der Fürsorge für die Schaar der Jungen! Die Galanterie des männlichen Storches für das brütende Weibchen erweckte unsere Bewunderung. Rührend war anzusehen, wenn er zur Jagd ausgezogen war und mit der Beute, einem saftigen Frosch im langen Schnabel heimkehrte. Flatternd ließ er sich auf dem Nestrande nieder und legte seiner besseren Hälfte den erbeuteten Leckerbissen hin. Bevor diese aber zulangte, legte das seltsame Ehepaar regelmäßig Hals und Kopf in den Nacken und führte ein weithin schallendes Klapperduell aus. Das war die Freude des Wiedersehens und der Dank für die dargereichte Speise. Das Aufwachsen, Flüggewerden und Anlernen der Jungen beobachteten wir mit der größten Theilnahme.

Wir kannten jedes Einzelne genau und wußten, wer am besten fliegen konnte und wer noch der Nachhilfe bedurfte. Wenn sie aber nach langen Vorübungen die lange Reise übers Meer antraten, da waren wir betrübt und riefen ihnen aus vollem Herzen nach: *„Lebewohl und auf frohes Wiedersehen im nächsten Frühjahr!*

Aber auch unter dem Scheunendach gab's mancherlei Kurzweil. Da kamen zur Erntezeit die vollen Erntewagen in regelmäßigen Abständen auf die Tenne gefahren, kräftige Knechte reichten mit zweigarbigen Heugabeln die schweren Garben den lustig jauchzenden Hofmädchen zu, die ihrerseits den Erntesegen in die Fache pansten, sodaß regelmäßige, bis an die Dachsparren reichende Stapel entstanden. Die Arbeit mußte so flugs verrichtet werden, daß der Wagen entladen Tenne und Hof verlassen hatte, bevor der nächste volle aus dem Fälde ankam. Wenn in dieser Weise mehrere Tage lang von früh bis spät gearbeitet worden war, dann hatte der Pächter die Scheune voll, schloß das Thor ab und befestigte daran das schwarz lackierte Blechschild der Gesellschaft, bei der er das Getreide als vorsichtiger Haushalter gegen Feuergefahr versichert hatte. War nun auch auf dem offiziellen Wege nicht in die Scheune zu gelangen, so hatten wir doch bald heraus, daß von der angrenzenden Stallung aus durch ein Loch in der Fachwerkswand Zutritt in den abgeschlossenen Raum genommen werden konnte.

Von hier aus unternahmen wir höchst gewagte Kletterpartien auf die Getreidestapel bis unter den Dachfirst, legten innerhalb der einzelnen Stapel horizontal und vertikal verlaufende Höhlen an, spielten verstecken und rutschten waghalsig von der Höhe bis zur Tiefe hinab, was für uns sehr ergötzlich, für die Haltbarkeit der Hosen aber höchst unzweckmäßig war. Sobald die Ernte der Halmfrüchte beendet war, begann die Arbeit auf der Scheunentenne. Diese wurde sauber gefegt, und es traten mit den durch langen Gebrauch glatt polierten Flegeln die Drescher an. Ein stets anheimelnder Klang wars, wenn das lustige klipp klapp aus der Scheune schallte, am lustigsten war es, wenn gleichzeitig 6 Arbeiter in Thätigkeit waren, da konnte man aus der schnellen zeitmäßigen Aufeinanderfolge der Schläge eine richtige Melodie heraushören. Die Drescher waren in der Regel umgängliche Leute uns sehr geneigt, zumal in den Frühstückspausen, sich mit mir zu unterhalten. Gern wurde mir auch gestattet, selbst einmal den Flegel zu hand-haben, der sich in der Hand des Arbeiters spielend auf und nieder zu bewegen schien. Wie war ich aber betroffen und enttäuscht, als ich mich kaum im Stande fühlte, den Flegel in die Luft zu heben, geschweige denn kraftvoll und tactmäßig damit auf die Ähren zu schlagen!

Bei dem kräftigen Dreinschlagen flog manch Körnlein über das Schutzbrett der Tenne auf den Hof und diente Hühnern, Enten, Gänsen und Spatzen als willkommene Zukost.

Pläsierlich war es anzusehen, wenn es dem mit gedrechselter Grandezze gravitätisch einherstolzierenden Hahn geglückt war, ein Körnchen aufzufinden. In echter Selbstverleugnung verschmähte er es, den letzten Bissen selbst zu verzehren, überließ ihn vielmehr großmüthig seinen bescheiden gackernden Gattinnen, die er durch sein stereotypes Kommando zum Sammeln; tack tack tack herbeirief. Weniger rücksichtsvoll waren die Gänse und geradezu gefürchtet 9 Gänseriche (Hohensteinisch: Gahnzerte), die sich meine Mutter zeitweise hält, damit sie ihr die zur Ergänzung ihrer Bettvorrathes nöthigen Federn liefern sollten. In meinem kindlichen Gemüthe erschien mir dies Verfahren allerdings wie eine arge Quälerei, denn die Thiere wurden von Zeit zu Zeit eingefangen und ihrer weißen Daunenfedern beraubt, die dann wieder langsam nachwuchsen, um von Neuem ausgerupft zu werden. Als ich meine Gedanken gegen die gute Mutter äußerte, erklärte diese, daß die Gänseriche nach der weisen Einrichtung der Natur ihre Federn genau so gut für den Gebrauch der Menschen hergeben müßten, wie die Schafe ihre Wolle und daß das Rupfen der

Gänse keine größeren Schmerzen verursache wie das Scheren von Schafen. Diese Belehrung beruhigte mich vollkommen, und ich betrachtete in der Folge auch die andere grausame Manipulation für eine Naturnothwendigkeit, mittelst derer die Gänse fett gemacht wurden, nämlich das Fracken oder Nudeln. Aus guter Weizenkleie wird ein fester Teig bereitet, aus diesem werden kleine Walzen in der Größe und Dicke eines kräftigen Fingergliedes hergestellt und scharf ausgebacken. Vor dem Gebrauch werden diese sog. Fracken mit Wasser angefeuchtet und täglich mehrmals den auf Mast stehenden Gänsen gewaltsam durch die Speiseröhre in den Magen dirigiert. Der Erfolg solcher Mastkur war augenfällig und lohnend, aber die Quälerei der Thiere doch recht inhuman. Hierbei blieben natürlich die erwähnten 9 Gahnzerte verschont, sie litten aber durchaus keinen Mangel, verschlangen alles, was ihnen vor den Schnabel kam und waren mir besonders deshalb sehr verhaßt, weil sie mich, sobald ich mich in ihre Nähe wagte, mit vorgestrecktem Halse und Schnabel feindselig anzischten. Nun begab es sich, daß aus dem an den Hof grenzenden Gemüsegarten das Unkraut ausgejähtet werden mußte. Zu letzterem wurde auch eine große Anzahl von Mohnstauden, die zwischen Bohnen, Kohl und Rüben wild wucherten, gerechnet und gleichzeitig mit den sonstigen Schmarotzerpflanzen ausgerupft und auf den Hof geworfen. Wie ausgehungerte Krähen fielen die Gahnzerte auf die aus dem Garten gespendeten Genußmittel her und verschlangen im Umsehen die Mohnstauden, die ihrer Geschmacksrichtung am meisten zusagen mochten. Dieser Vorgang war von den Hausbewohnern unbeachtet geblieben, aber der Erfolg rief allgemeinste Bestürzung hervor. Denn die Thiere lagen ausnahmslos wie todt auf dem Hofe und rührten kein Glied. In der Annahme, daß sie einen Hitzschlag erlitten hatten und verendet seien, legte man sie vorläufig in einem

Stalle nieder; meine Mutter aber war tief bekümmert ob des schweren wirtschaftlichen Verlustes. Wer beschreibt aber das Erstaunen, als nach Verlauf von wenigen Stunden ein lautes Gik Gak aus dem Stalle drang, in dem die Gänseleichen lagen. Hals über Kopf wurde geöffnet und heraus marschierten in genau abgemessenen Abständen von je einem Schritte die wiederauferstandenen 9 Gahnzerte, umkreisten eine Stunde lang in demselben gleichmäßigen Tempo ohne Unterbrechung den kleinen Stall und stürzten sich dann über den mit Wasser gefüllten Brunnentrog, den sie bis auf die Nagelprobe leertranken. So endete der Bomben Opiumrausch des federspendenden Federviehs!

War diesen Hausthieren auf dem Hofe ausgedehnteste Bewegungsfreiheit gestattet, so blieb ihnen andererseits ihr Zutritt zum Garten oder richtiger zu den Gärten aufs strengste untersagt und Jedermann war gehalten, ungebetene Gäste, die sich etwa verwegen über den Staketenzaun geschwungen hatten, rücksichtslos hinauszutreiben.

Ausgedehntes Gartengelände umgab das Pfarrhaus auf 3 Seiten, und man konnte nicht allein von der Vorderfront, sondern auch vom Hofe aus durch je 2 Thüren in den Garten gelangen. Die Benutzung der letzteren Zugänge war aber, um das Federvieh vom Garten auszuschließen, streng untersagt, insbesondere durfte der Obstgarten, der sich in beträchtlicher Größe hinter dem Waschhause ausdehnte, niemals vom Hofe aus betreten werden. Die dorthin führende Thür war stets verschlossen und der zugehörige Schlüssel hing zur ausschließlichen Benutzung für die Eltern im Hausflur. Eines Tages war nun dieser Schlüssel verschwunden und trotz angestrengten Suchens nirgends aufzufinden, die angestellte Untersuchung führte zu dem Ergebniß, daß mein von Natur etwas vergeßlicher Bruder Fritz und ich zuletzt im Garten gesehen worden waren, und so blieb dann der Verdacht, den verbotenen Schlüssel benutzt und verbracht zu haben, auf uns beiden hängen. Mein Vater, der, wenn es sich um Bestrafung von Zuwiderhandlungen gegen ausdrückliches Verbot handelte, kurzen Prozeß zu machen pflegte, langte nach dem gefürchteten Kantschuh, einer dicken, ledergeflochtenen Hundepeitsche mit Rehpfote, die ihren Platz ständig hinter der Thür seines Studirzimmers hatte, und verwies uns nachdrücklich den vermeintlichen Ungehorsam ungeachtet der freiwilligen Betheuerungen meiner Unschuld. Nachdem uns auf solche Art das Fell gehörig gegerbt worden war, fiel es meinem Bruder Faselhans endlich ein, eine gründliche Revision seiner Hosentaschen vorzunehmen und den verloren geglaubten Schlüssel mit verschmitztem Grinsen zu produziren. Der Fall war damit erledigt, aber die unschuldig erhaltenen Prügel nahm mir niemand wieder ab; ich sollte, sagte man zu meiner Beruhigung, die unverdient erlittene Strafe für solche Fälle annehmen, wo ich thatsächlich strafbar gewesen, aber ohne Prügel davon gekommen wäre. In der That ein schwacher Trost!

Dieser Obst- oder Grasgarten, so genannt, weil unter und zwischen den zahlreichen Obstbäumen nur Gras wuchs – war der eigentliche Spielplatz für die Jugend und bot uns ausgiebige Gelegenheit zur Unterhaltung und allerlei Zeitvertreib. An Reck und Barren wurden die gewagtesten Turnübungen durchgeführt, alte Bäume bis zum höchsten Gipfel erklettert, mit besonderer Vorliebe aber die damals üblichen Arten des Ball Spieles betrieben. Da ereignete es sich oft, dass beim Einschenkspiel der gut getroffene harte Gummiball weit über die Grenzen des Gartens flog und mühsam, oft auch erfolglos gesucht werden musste. Einmal hatte ich das Malheur, daß mir ein sehr kraftvoll geschleuderter besonders harter Ball direkt ins rechte Auge traf, sodass ich schwindelnd umsank und erbrechen mußte. Meine Eltern, die durch meine blasse Gesichtsfarbe aufmerksam gemacht, von dem Vorfalle Kenntnis erhielten, waren sehr besorgt und packten mich ins Bett, aus dem ich mich aber schon am nächsten Tage munter und wohlbehalten erhob. Als eine Folge jener Erschütterung ist es aber anzusehen, dass ich schon mit früher Jugend auf dem rechten Auge weitsichtig bin und beim Lesen und Schreiben ein das Sehvermögen beider Augen ausgleichendes Glas benutzen muß. Wenn nicht Spaziergänge ausgeführt wurden, so verlebten wir jede freie Stunde auf dem Kirchhofe, aber noch häufiger in dem besagten Grasgarten, kannten jeden Baum nach seiner Ertragsfähigkeit aufs genaueste und hatten uns auf einem dieser zu erklimmenden behagliche Sitzplätze eingerichtet, die durch häufige Benutzung wie ein Stuhl blankgescheuert waren. Während wir auf Spatzen mit dem Blaserohr eifrig Jagd machten und jedes irgend erreichbare Nest vernichteten, schonten wir die Singvogelnester aufs gewissenhafteste und suchten sie vor den Besuchen ungebetener Gäste, namentlich der Katzen zu schützen. So hatten wir zahlreiche kleine Sänger, namentlich Rotkehlchen und Rotschwänzchen, aber auch Meisen in verschiedenen Gattungen, Hänflinge und Finken im Garten, die fleißig brüteten und uns durch die große Zahl ihrer niedlichen Jungen ergötzten. Zogen sie dann im Herbste wärmeren Gegenden zu, da war unsere Trauer groß und wir zählten die Monate bis zu ihrer Wiederkehr. Ein anderer seltsamer Zugvogel, der leider nicht singen, sondern nur kunstvoll pfeifen und spielen konnte, pflegte sich alljährlich ein-, auch 2mal im Pfarrhause einzustellen. Das war ein fahrender Klavierstimmer Namens Steeger, ein verkrachter Schulmeister, dessen Heimath die Landstraße und dessen Beruf es war, vagabundierend von Ort zu Ort die Musikinstrumente in Ordnung zu halten.

Er gastirte rechtzeitig zum Mittagessen ein, stimmt im Laufe des Nachmittags die vorhandenen 2 Klaviere, kampirte auf dem Heuboden und setzte, reichlich belohnt, am anderen Tage seine Reise fort. Weil er anregend zu erzählen verstand und namentlich wiederholt eine rührende Geschichte von einem kleinen Küchlein, das er aus großer Liebe und Zärtlichkeit ans Herz, dabei aber zu Tode gedrückt hatte, zum besten gab, so mochten wir Kinder den Fahrenden gern und erbettelten für ihn von meinem Vater regelmäßig einige Cigarren, die er sehr schätzte. Dabei wurden wir aber von den besorgten Eltern, die den bei seiner vagabundierenden Lebensweise wohl begründeten Verdacht hegten, daß er kleine Reisegefährten mit sich führte, gewarnt, ihm ja nicht zu nahe zu kommen. Als er einst im Januar in dünnem Röckchen und mit zerrissenen Schuhen bei einem gelandet war, wo man keinen Hund vor die Thür zu schicken wagt, da jammerte es meinen Vater, den Heimatlosen, der vor Frost klapperte, auf der öden Landstraße weiter gehen zu lassen und er schlug ihm vor, bei uns zu bleiben und, da nicht alle Tage Klaviere gestimmt werden konnten, seine freie Zeit mit nützlichen Arbeiten in Haus und Garten auszufüllen. Mit Freuden blieb Steeger am warmen Ofen, er wurde mit getragenen Kleidungsstücken frisch equipirt, und erhielt von meinem Vater sogar eine lange Pfeife nebst Tabak und fand sich in seiner Rolle als Diener anfangs sehr gut zurecht.

Als aber die Frühlingssonne zum Fenster hineinschien, da erwachte sein Wandertrieb, er zeigte eine auffallende Unruhe, pfiff beim Kleiderreinigen Wanderlieder und sandte sehnsüchtige Lieder in die Ferne. Besonders widerwärtig war ihm aber die ruhige Gartenarbeit und als ihm eines Morgens meine Mutter den Auftrag gab, einige Beete im Gemüsegarten umzugraben, da packte ihn unerklärliche Wuth, die ihn besinnungslos den Spaten gegen meine sanfte Mutter emporheben ließ. Nun konnte freilich seines Bleibens im Pfarrhause nicht länger sein, er nahm den bestaubten Wanderstab zur Hand und ist nicht mehr zurückgekehrt.

unerklärliche Wut, die ihn bei jedem Wiedersehen den [illegible] gegen meine sanfte Mutter [illegible] ließ. Nun konnte freilich seines Bleibens im Pfarrhause nicht länger sein, er nahm den bestaubten Wanderstab zur Hand und ist nicht mehr zurückgekehrt.

10.

Der Ertrag des Pfarrgartens an Gemüse und Obst war unter der sachgemäßen Bewirtschaftung durch meine Mutter ein sehr erheblicher. Wenn auch für den großen Haushalt Gemüse noch hinzugekauft werden mußte, so deckte doch die eigene Erzeugung an Obst unseren Bedarf reichlich. Besonders ergiebig pflegte die [illegible] Zwetschenernte zu sein, da mein Vater diese Frucht sehr liebte und vorzugsweise Zwetschenbäume anpflanzen ließ. In den letzten Oktobertagen entwickelte sich eine fieberhafte Tätigkeit im Hause: Tag und Nacht wurde Mus gekocht. Und in Dutzende der mächtigen Steintöpfe eingefüllt, lange weidengeflochtene Hürden wurden reihenweise mit Früchten belegt und zum Dörren in den Backofen geschoben. Mächtige [illegible] Burgen und so zerstreuen

10. Gute Freunde

Der Ertrag des Pfarrgartens an Gemüse und Obst war unter der sachgemäßen Bewirtschaftung durch meine Mutter ein sehr erheblicher. Wenn auch für den großen Haushalt Gemüse noch hinzugekauft werden mußte, so deckte doch die eigene Creszenz an Obst unsern Bedarf reichlich. Besonders ergiebig pflegte die Zwetschenernte zu sein, da mein Vater diese Frucht sehr liebte und vorzugsweise Zwetschenbäume anpflanzen ließ. In den letzten Oktoberwochen entwickelte sich eine fieberhafte Thätigkeit im Hause: Tag und Nacht wurde Mus gekocht und in dutzende von mächtigen Steintöpfen eingefüllt, lange weidengeflochtene Hürden wurden reihenweise mit Früchten belegt und zum Dörren in den Backofen geschoben. Mächtige Tonnen bargen das so gewonnene Backobst. Ein vräsiger, köstlich duftender Zwetschenkuchen entschädigte für die schwere Arbeit, die solchen Erntetagen der ganzen Familie auferlegte.

War uns so im eigenen Heim reichlich der Tisch gedeckt, durften wir der edeln Gottesgabe nach Herzenslust zusprechen, so hinderte das durchaus nicht, daß wir auch den Nachbargärten, ob eingeladen oder nicht, ob durch die Gartenthür, oder durch eine verschwiegene Zaunthür unsern Besuch abstatteten und die Güte der dort wachsenden Früchte unserer Beurteilung unterwarfen. Und merkwürdig: das fremde Obst, besonders wenn wir es uns rechtswidrig angeeignet hatten, schmeckte allemal weit besser wie das eigene, das uns in den Mund wuchs. So rotbäckig wie bei Nachbar Ilwang waren unsere Äpfel lange nicht, so würzige süße Zwiehalsbeeren, wie sie der knorrige Kirschbaum der steinalten Wittwe Wernecke trug, waren im Pfarrgarten nicht anzutreffen.

Solche kleinen Eigenmächtigkeiten und Übergriffe störten übrigens das freundschaftliche Verhältnis in keiner Weise, wir Nachbarkinder beschenkten uns, wo wir uns trafen und zeigten uns gegenseitig die schwachen Punkte im Gartenzaun, die eine gefahrlose Grenzverletzung gestatteten. Mit Ferdinand, Günther und Bertha Ilwang habe ich stets auf freundschaftlichem Fuße verkehrt, von letzterer Jahre lang einen köstlich bunt gestrickten Ball aufbewahrt und mit ersterem manch kräftigen Skat gespielt, manch würzigen Punsch gebraut. Das ausgedehnte Gartengelände war nur auf der kurzen Strecke zwischen dem Pfarr- und Schulhause mit einem altersschwachen Staketenzaun, im Übrigen aber mit einer lebenden Hecke eingefriedigt. Die Instandsetzung der letzteren durch Einsetzen und Verflechten von Weidengesträuch mußte zeitig im Jahre, zu meist schon im März geschehen, damit die nun eingesetzten Büsche angehen und die Lücken ausfüllen konnten.

Ein würdiger, aber noch rüstiger Greis mit faltenreichem Gesichte und knorrigen Händen pflegte diese etwa 1 Woche in Anspruch nehmende Arbeit zu verrichten und wurde während dieser Zeit in unserm Hause verpflegt. Er hieß Steinmetz, war ein alter Freiheitskämpfer und genoß deshalb unsere besondere Hochachtung, zumal er im Gegensatz zu unseren alten Veteranen seine Kriegserlebnisse interessant zu erzählen wußte. Hielt er in der Gesindestube seine Frühstücks- oder Mittagsmahlzeit ab, da gesellte ich mich gern zu ihm, oder unterstützte ihn durch Zuweisung von Material bei der Arbeit selbst und ließ mir seine Heldenthaten berichten. Über seine Theilnahme an den Ereignissen des Jahres 1806 äußerte er resigniert: *„Ich hä bie Jäna met verspeelt"*. Unweit des Dorfes Lübichan habe er gerade in einer Erlasskiste gesessen und sich Erleichterung verschafft, *„do klung de Glocken"*, nämlich die Glocke auf dem Kirchthurme zu Lübichan, die von einer französischen Vollkugel getroffen und zertrümmert war. Dann schilderte er die Retirade und seinen Dienst als Soldat des Könighauses Westfalen. 1812 mußte er mit der Grande-Armee nach Rußland marschiren, erlebte den Brand von Moskau und die entsetzlichen Schrecken der Flucht durch die russischen Schneefelder. Den mörderischen Übergang über die Beresina (er legte die Betonung auf die vorletzte Silbe), deren Brücke unter der Last von 1000den fliehender Soldaten zusammenbrach, wußte er lebhaft zu schildern.

Er selbst befand sich unter den in den reißenden Fluß gestürzten Flüchtlingen, wurde wie durch ein Wunder gerettet und geriet in russische Gefangenschaft. Die Russen behielten aber nur die eigentlichen Franzosen als Kriegsgefangene zurück und ließen die Deutschen, die in der westfälischen Armee dienend, am Feldzug hatten theilnehmen müssen, laufen. Um nun mit Sicherheit Deutsche von Franzosen zu unterscheiden, ließen die Russen von jedem Kriegsgefangenen das Wort „*Hundsfott*" aussprechen.

Da die französische Zunge unfähig ist, das Wort korrect zum Ausdruck zu bringen, so wurden die Franzosen leicht an der verkehrten Aussprache erkannt und festgehalten, während man die Deutschen mit den Worten: „*lauf dich Muttern*" ihrem Schicksal überließ. Wußte der alte Steinmetz diese seine Kriegserinnerungen und namentlich auch die Leiden während der endlosen Wanderung von der Beresina in die Heimat fesselnd zu erzählen, so fand ich leider bei den wenigen übrigen Veteranen, die noch in Gross-Wechsungen lebten, nicht eine annähernd gleiche Geistesfrische. Sie waren alle vom Alter und den erlittenen Strapazen körperlich tief gebeugt und geistig so stumpf, daß sie so gut wie nichts mehr von den Kriegsereignissen berichten konnten; auch unser nächster Nachbar, der alte Langershansen, der gegenüber der Kirchhofsthür in einem verfallenden Lehenhäuschen auf den Altentheil saß, hatte nur noch eine schlechte Erinnerung an Napoleon I, den er einmal zu Gesicht bekommen. *„E hotte en Kopp wie en Köwbes (Kürbis) und ene Nasen wie en Schuch“* – so lautete seine Personalbeschreibung des korsischen Tyrannen.

Bei den Veteranen angelangt, will ich dem historischen Gange meiner Erzählung vorgreifen und einer besonderen Ehrung gedenken, die ihnen Dank dem patriotischen Eifer meines Vaters am 50. Jahrestages der Schlacht bei Leipzig zu Theil wurde. Das war ein Festzug ersten Ranges in Gross-Wechsungen, an dem sich Jung und Alt mit gleicher Begeisterung betheiligte: Nachdem am Vormittag des 18. 10. 1863 der Gottesdienst in gewohnter Weise abgehalten worden war, rückte die aus Landwehrleuten gebildete Schützenkompagnie Punkt 2 Uhr mit fliegender Fahne und klingendem Spiele von ihrem Alarmplatze, dem Plane, aus, holte die einzelnen Veteranen – es waren wohl noch 6 an der Zahl – aus ihren Wohnungen ab und führte sie zunächst auf das Ortsschützenamt, den Hakenhof. Dort schlossen sich mein Vater, der Ruhlzes Schulze und alle übrigen bei dem Feste Mitwirkenden – unter diesen auch ich – dem Zuge an. Die Veteranen wurden mit Lorbeer bekränzt und im Triumpf durch die mit Tannengrün und Blumen geschmückten Straßen geleitet. Das war der erste Festzug, in dem ich vollberechtigt schreiten durfte, ein seltsames Hochgefühl erfüllte den 12jährigen Knaben, der sich krampfhaft bemühte, die kleinen Füße nach dem Marschtempo der Musik tactmäßig aufs Pflaster aufzusetzen und in seiner Vermessenheit wähnte, daß aller Augen auf ihn, nur auf ihn allein gerichtet seien. Nur mit halbem Ohre hörte er auf das Geplauder des neben ihm schreitenden Steuereinnahmensmann Spangenberg, der als Knabe die große Zeit miterlebt hatte und von den Russen, die unter Tschetschernischaff (so nannte er ihn) in Wechsungen einquartirt gewesen waren, unglaubliche Dinge zu erzählen wußte. Zum Empfange dieser befreundeten Gäste hatte seine Mutter schöne große kreisrunde Eierkuchen gebacken und diese den Soldaten in der Erwartung vorgesetzt, daß sie Ihnen damit einen besonderen Genuß bereiten würde. In dieser Hoffnung sah sie sich aber arg getäuscht, denn die Russen verschmähten die leckern Pfannkuchen gänzlich, tapezirten mit ihnen die kalkgestrichenen Stubenwände und verlangten energisch Kapuster und Wutki. Das wurde ihnen dann auch zubereitet und vorgesetzt, aber der landesübliche Schnaps war ihnen viel zu milde und sagte ihren ausgebrannten Kehlen erst dann zu, als er gehörig mit feingestoßenem spanischem Pfeffer versetzt worden war.

Das musikalische Empfinden des alten Einnehmers wurde während des Festmarsches jedesmal arg verletzt, wenn die Kapelle pausierte und die Trommeln das Markieren des Marschtempos übernahmen; dann äußerte er, unwillig mit dem Kopfe schüttelnd: *„de ollen Hummeln kann ich nich liede“*.

Die öffentliche Feier fand auf dem Plane statt und hier versammelte sich das ganze Dorf, nachdem der Festzug angelangt war und sich in der Mitte aufgestellt hatte. Von hoher Rednertribüne herab hielt mein Vater eine von edler Begeisterung getragene Festrede, den Ruhm und Erfolg der preußischen Fahnen verherrlichend. Nach ihm trat der Schulze auf und verlas die Stiftungsurkunde einer Jubiläumsmedaille, die den Veteranen der Freiheitskriege zu ihrer Kriegsdankmünze verliehen wurde und die er ihnen persönlich an die Ordensschnalle anheftete. Begeistert wurde die Preußenhymne angestimmt und von der Festversammlung entblößten Hauptes gesungen. Jetzt kam die Reihe an mich: auf einem vor der Kindertribüne errichteten Podium stand ich ganz alleine unter

Gottes freiem Himmel und deklamirte mit weithin schallender Kinderstimme das bekannte Gedicht: „*Generalmarsch wird geschlagen zu Wesel in der Stadt*". Reicher Beifall lohnte, als ich geendet, diesen meinen ersten rhetorischen Vortrag.

Gehobenen Hauptes verließ ich die Bühne, um mich aufs Lebhafteste an dem nunmehr beginnenden Kindertanze, in dessen Verlaufe auf Gemeindekosten Brezeln verabreicht wurden, zu betheiligen. Das war ein Fest, wie ich es mir nicht schöner ausdenken konnte. Jahrelang ist mir dieser Tag in freudigster Erinnerung geblieben. Wenn ich vorhin des alten Steuereinnehmers Spangenberg als meines Partners im Festzuge Erwähnung gethan habe, so muß ich eines Possenspiels gedenken, das wir garstigen Buben, mein Bruder Fritz und ich, mit dem alten Manne trieben: Zum ¼jährigen Fälligkeitstermine der Staats- und Kommunalsteuern pflegte mein Vater einen von uns mit der Ablieferung des schuldigen Steuerbetrages an den Einnehmer zu beauftragen. Nun hatten wir die Beobachtung gemacht, daß es dem alten Manne mit seinen in harter Handarbeit steif gewordenen Fingern schwerfiel, den Steuerzettel zu entfalten und in das unregelmäßig gefalzte, widerspenstige Papier den Quittungsvermerk mit den Gänsekiel einzutragen. Anstatt ihm nun diese Arbeit zu erleichtern und den Zettel schön geglättet zu überreichen, rollten wir das harte Bütten-papier auf dem Wege zum Einnehmer geflissentlich zu einer steifen Rolle zusammen und hatten einen unsinnigen Spaß daran, wenn der Alte sich erfolglos abmühte, den Zettel aufzurollen, mit seinen spinnenartigen Fingern auf der Tischplatte festzuhalten und den kurzen Eintrag zu machen. Weit gefehlt, uns Missethätern einen Vorwurf zu machen, fluchte er wie ein Pandur über das ungefüge Papier und die miserabeln Gänse-federn, die von Jahr zu Jahr schlechter wurden.

Neben ihm wohnte der Bäcker Hund, kenntlich durch ein in die Hauptstraße hineinragendes, schön blau gemaltes Schild mit 2 grimmigen gelben Löwen, die sich um eine große gelbe Brezel rissen. Auch zu diesem Künstler, der täglich große runde schwartbraune Roggenbrote und wöchentlich 2mal (Mittwochs und Sonnabends) frische Franzbrötchen buk und verkaufte, führte uns oft der Weg. Die frischen Franzbrötchen insbesondere waren für uns, die wir in der Regel Schwarzbrot aßen, eine Delikatesse, zumal wenn sie mit Zwetschenmus, oder gar Schweineschmalz bestrichen wurden. Meine gute Großmutter, die sehr schnell meine Vorliebe für das Backwerk erkannt hatte, steckte mir oft 2 Kupferdreier aus ihrer Ledertasche zu mit der freundlichen Aufforderung: *„Dot, Otto, keif' dich ein poor Franzbrütchen"!* Noch heute wirt in der ganzen Welt kein so wohlschmeckendes Weißbrot hergestellt, wie es Bäcker Hund in meinen Knabenjahren verkaufte. Franzbrötchen werden gewar auch jetzt in Nordhausen und Heiligenstadt gebacken, sie duften und schmecken aber lange nicht mehr so gut wie ehedem.

Bei Bäcker Hund habe ich erstmals die practische Anwendung des Kerbholzes, das wohl jetzt gänzlich aus dem geschäftlichen Verkehre verschwunden ist, kennen gelernt: Jeder regelmäßige Abnehmer von Schwarzbrot, der nicht allemal bar bezahlen wollte, hatte in der Verkaufsstube sein Kerbholz hängen. Dieser höchst sinnreiche, unbedingt zuverlässig funktionierende, für Analphabeten unentbehrliche Schuldencontrolapparat wird in folgender Weise kostenlos hergestellt: Man nimmt ein möglichst astfreies ½ m langes, 2 cm starkes Lattenstück und schneidet aus demselben ein durch Längsspalt und Seitenschnitt gewonnenes Theilstück von 43 cm Länge heraus, sodaß letzteres genau in das Reststück hineinpaßt und, lose an dasselbe angefügt, dessen ursprüngliche Form ergänzt. Das Reststück wird vom Verkäufer, das Theilstück vom Käufer aufbewahrt und beim Kauf von Brot mitgebracht. Jetzt wird das Theilstück mit dem Reststück zu seiner früheren Form zusammengeschoben und über beide mit dem Messer ein Kerbschnitt gezogen. Jeder Kerbschnitt bedeutet ein unbezahltes Brot.

Auf diese Weise gelangen beide Parteien in den Besitz einer unfehlbaren Urkunde ihres Credit und Debets.

Noch i. J. 1884 habe ich in einem Orte des Thüringer Waldes bei einem Bäcker die Anwendung des Kerbholzes konstatiert, seit dem nicht mehr. Wenn aber heute die Redensart gebraucht wird: *„er hat etwas auf dem Kerbholze“*, so weiß kein Mensch, was das eigentlich zu bedeuten hat.

Ich habe daher meinen Söhnen längst ein solches Kerbholz angefertigt und sie mit dessen Gebrauch bekannt gemacht.

Sie haben es mit auf die Hochschule genommen und schon manchen Kommilitonen belehrt, was es heißt, etwas auf dem Kerbholz zu haben.

Hier darf ich ins Gedächtnis zurückrufen, daß meine Großmutter Hoefer zur Zeit da ich ABC Schütze war, als Wittwe in Gross-Wechsungen wohnte. Sie hatte ihr freundliches Quartier im Hause des Gutsbesitzers Gottfried Schulze 1 Treppe hoch mit Aussicht nach dem Plane: Dort habe ich sie fast täglich besucht, denn sie mochte mich gern und war erfreut, wenn sie von ihrem gewohnten Fensterplatze neben dem freundlich grünen Schalter mich über den Plan trollen sah. Ihr Hauswirth war ein wohlhabender Mann und einer von den vielen Schulzes, die in Wechsungen wohnten und die man durch Zufügung des Vornamens oder eines zutreffenden Zusatzes näher kennzeichnete. Außer ihm gab es: Karl, Fritz,

Theodor, David Schulze, ferner den Staketen, den Buchbörner, den Kirchgässer, und den Teich-Schulze, aber auch einen Pelz- und einen Sauf-Schulze. Selbst der Ortsschulze hieß Schulze und wurde entweder der Schulz-Schulze, oder weil er den Hakenhof besaß, der Hakenhöfer Schulze genannt. Letzteren nannte mein Vater Vatter und duzte sich mit ihm, ohne selbst angeben zu können, in welcher Art er mit ihm verwandt war. Es bestand wohl mehr eine Verwandtschaft der Gesinnung, denn der Hakenhöfer war ein untersetzter, biederer, grundehrlicher Mann von bescheidener Bildung, aber practischem Sinn und ausreichender Geschäftsroutine. War ihm in Bezug auf sein Amt etwas zweifelhaft, so holte er gern den Rath meines Vaters ein, scheute sich andererseits aber auch nicht, in kirchlichen Dingen practische Vorschläge zu machen. Wenn während der Erntezeit nach langer Regenperiode endlich einmal sonntags die Sonne warm und heiter schien und zum Einfahren des Getreides geradezu herausforderte, veranlaßte er meinen Vater, von der Kanzel herab das Arbeiten auf dem Felde für den Nachmittag offiziell zu erlauben.

Damit sanctionirte er ausnahmsweise eine wirtschaftlich nothwendige Arbeit, die er ohnedies nicht verhindern konnte, aber unter gewöhnlichen Verhältnissen als Sonntagsentheiligung hätte brandmarken müssen.

Wöchentlich einmal kam der Gendarm aus der Kreis-Stadt auf den Hakenhof geritten und brachte außer den amtlichen Mittheilungen auch sonstige Neuigkeiten aus Stadt, Grafschaft und Land. War er dann abgefertigt und wieder fortgeritten, da war der erste Gang des Schulzes zu meinem Vater, mit dem er die Ereignisse bei der Pfeife Tabak ausgiebig erörterte. Eines Tages brachte er die Nachricht, daß unser Arzt, Dr. Unger, in Erlangen promovirt sei. Mein Vater bezweifelte die Richtigkeit dieses Gerüchtes, da ihm Unger, mit dem er befreundet war, von seiner Absicht, die Doctorwürde zu erlangen nichts gesagt hatte. Der Vatter Hakenhöfer beseitigte aber die von Vater erhobenen Bedenken durch die Mittelung: „*E hotte s Diplomat in der Taschen*“. Mit meinem Vater harmonirte der brave Ortsvorsteher auch insofern, als beide gute Patrioten und durchaus konservativ waren. Daß in Gross-Wechsungen für die Wahlen zum preußischen Abgeordnetenhause nur konservative Wahlmänner durchgebracht wurden, war selbstverständlich.

Als aber 1867 für den Reichstag des norddeutschen Bundes in directer geheimer Wahl Abgeordnete gewählt werden mußten, da setzten die beiden Vattern alle Hebel in Bewegung und sahen es als eine Ehrensache an, daß die Wahlurne nur Stimmzettel für den konservativen Kandidaten, den Landgrafen von Davier, enthielt. Nun begann die Fortschrittspartei, die in der Stadt Nordhausen längst dominirte, eine wüste Agitation auf dem Lande, die sich in den als konservativ bekannten Ortschaften zunächst auf Vertheilung von Wahlaufrufen und Stimmzetteln beschränkte. Eines Tages, kurz vor der Wahl kam der Schulze athemlos ins Pfarrhaus gestürzt und berichtete seinem Vatter, daß 2 Kerls aus Nordhessen in der Schänke säßen, die 2 mäßig große Pakete mit Flugblätter und Wahlzetteln für Eugen Richter im Dorfe vertheilen wollten. Nach kurzer Berathung begaben sich mein Vater und der Schulze ins Wirtshaus, gesellten sich zu den Zettelträgern, ließen ihnen gehörig einschenken und veranlaßten sie zum Schluß, die für Wechsungen bestimmten Drucksachen ihnen Behufs weiterer Verwendung da zu lassen. Weitere Verwendung fanden diese Pakete und Stimmzettel auf verschwiegenen Orten des Pfarrhauses, wo Eugen Richter Jahre lang den Gegenstand beschaulicher Betrachtung bildete. Dieser verstand aber keinen Spaß, sondern beschuldigte meinen Vater öffentlich in der nordhäuser Zeitung, daß er den Boten die Zettel „abgenommen“ hätte. Daraus entstand ein langwieriger Beleidigungsprozeß, in dem mein Vater unter Beweis stellte, daß ihm die Zettel von den Leuten „gegeben“ worden seien.

In der 1. Instanz wurde die Klage abgewiesen, in der 2. Richter verurtheilt. Während der Prozeß in der 3. Instanz schwebte, wurde der Rechtsstreit, der dem armen Vater sehr viel Ärger, Unruhe und Kosten verursacht hat, durch einen Vergleich aus der Welt geschafft. Am Wahltage selbst war mein Vater und der Schulze in fieberhafter Thätigkeit. Gegen Mittag wurden die ausweislich der Wählerlisten noch nicht Erschienenen durch zahlreich entsandte Boten aus ihren Häusern geholt und an die Wahlurne geschleppt. Ich selbst mußte den alten Nachbarn Lungershausen, der nicht mehr recht gehen konnte und keine Ahnung von der Bedeutung des Actes hatte, mühsam über den Kirchhof in die als Wahllokal dienende Schule schleifen.

an die Wasserrinne geschleppt. Ich selbst musste den alten Nachbarn Langershausen, der nicht mehr recht gehen konnte und keine Scheu vor der Berührung des Toten hatte, mühsam über den Kirchhof in die als Notlazarett dienende Schule schleifen.

11. [illegible] Nachbarn

In Großmutters Stübchen am kleinen Hofe sah es stets blitzsauber und sehr behaglich aus. Die Dielen waren sorgfältig gescheuert und zeigten selbst gegen Ende der Woche keine Schmutzflecken. Großmutter handhabte im Sommer fleißig die Fliegenklappe und suchte sich auf diese Weise die in einem Bauernhofe besonders zahlreichen Quälgeister vom Leibe zu halten. Ihr Fensterplatz mit dem Blick auf den Hof bot ihr mancherlei Unterhaltung, von dort aus konnte sie mit ihren Augen fast alles, was im Dorfe geschah, übersehen. Kam ich dann zurück zum Mittagessen, dann berichtete sie mir oft mit geheimnisvoll wichtiger Miene, was sich ereignet hatte: „Otto, Eichfeld ist auf dem Hofe, es hält ein Wagen so groß wie ein Haus." Das [illegible]

11. Getreue Nachbarn

In Großmutters Stübchen am Plane sah es stets blitzsauber und sehr behaglich aus. Die Dielen waren sorgfältig gescheuert und zeigten selbst gegen Ende der Woche keine Schmutzflecken. Großmutter handhabte im Sommer fleißig die Fliegenklappe und wußte sich auf diese Weise die in einem Gutshofe besonders zahlreichen Quälgeister vom Leibe zu halten. Ihr Fensterplatz mit dem Blicke auf den Plan bot ihr mancherlei Unterhaltung, von dort aus konnte sie so ungefähr alles was im Dorfe passirte, übersehen. Kam sie dann zu uns zum Mittagessen, dann berichtete sie mir wohl mit geheimnisvoll wichtiger Miene, was sich ereignet hatte: *„Otto, Eisfeld üß uff en Plane, n hätt en Wagen sa graß, wie en Huß“*. Das electrisirte mich mächtig, denn Eisfeld war für mich eine gar wichtige Person, die selbst im Traume mit meinen schönsten Vergnügungen verknüpft war. Eisfeld war ein Karusselbesitzer, der alljählich, mindesten 2 mal: zum Schützenfeste und zur Kirmeß sein prachtvolles Karussel auf dem Plane aufstellte. Mit lebhaftem Interesse betrachtete ich die großen gelben Wagen, in denen der seltene Mann mit seiner Familie wohnte und die einzelnen Theile seines Schatzes aufbewahrte. Da ich der Aufstellung des Wunderwerkes wiederholt von a – z beiwohnte, so war mir seine Zusammensetzung und sein Mechanismus genau bekannt, ich wußte, wie die einzelnen Pferde und Kutschen aus-sahen, mit welchen Farben sie angestrichen waren und erkannte sofort beim Auspacken der Sachen, ob sie sich seit der letzten Anwesenheit verändert hatten. Eisfelds Karussel war nicht wie die jetzt üblichen mit einem Boden versehen, der sich mit den darauf befindlichen Pferden und Wagen im Kreise drehte, sondern die Reitthiere und Fahrzeuge schwebten, an mächtigen Eisenstangen hängend, vom Erdboden ca. ½ m entfernt, frei in der Luft. Das machte einen natürlicheren Eindruck, auch erforderte das Auf- und Absitzen einen gewissen Grad an Geschicklichkeit. Der wurde aber durch fleißige Übung bald gewonnen, ja unserm Thatendrange genügte sehr bald das ruhige Sitzen und Reiten auf den Holzpferden nicht mehr. Man stellt sich auf den Sattel, man setzte sich rücklings darauf, man voltigirte während der Fahrt aufs Handpferd und – was das Prunkvollste – man saß während der Fahrt ab und schwang sich auf ein anderes, das in schnellstem Tempo vorbeisauste. Dutzendmal hatte ich das Manöver ohne die geringste Schwierigkeit ausgeführt; einmal aber mißrith es. Ich hatte mich wohl zu nahe an den Kreislauf gestellt, plötzlich wurde ich heftig angerannt, umgeworfen und befand mich im Nu mitten unter den Hufen der Pferde, von denen ich jedes mal, wenn ich mich zu erheben versuchte, einen Tritt erhielt. Meine Situation war umso fataler, als Eisfeld, anstatt mir zu helfen, ob meiner Unvorsichtigkeit halber fluchte und schimpfte: *„Der Bengel hat zu viel Kartoffeln gefressen“!*

Diese und andere Schmeicheleien mußte ich aus dem bewunderten Munde vernehmen: Doch ich drückte mich platt auf den Sand, benutzte die glatte Bodenfläche einer gerade über mir befindlichen Kutsche und schob mich unter deren Schutze mit plötzlichem Ruck zur Seite, sodaß ich mich erheben konnte, ohne gestoßen zu werden. Aber, ach, wie sah ich aus! Mein schöner neuer schwarzer Sammetkittel mit weißen Knöpfen und ebensolchen Borten war von Schmutz völlig besudelt und das Höschen an verschiedenen Stellen zerrissen. Tief beschämt und begleitet von den Schimpfreden meines Gönners Eisfeld, drückte ich mich still nach Hause und schlich leise, ganz leise auf den Taubenschlag, wo die guten Schwestern Marie und Johanne, von Berthe über meinen Unfall unterrichtet, sich liebevoll meiner annahmen, mich trösteten und den

Schaden, so gut es ging, ausbesserten, sodaß ich mich wieder bald sehen lassen konnte. Die Eltern haben nie etwas von meiner Schmach erfahren, sie wurden auch von mir bald verschmerzt, denn am nächsten Tage war ich schon wieder eifriger, wenn auch minder waghalsiger Karusselfahrer, und Eisfeld hatte seinen Groll längst verschlafen, oder durch einen kräftigen Schluck hinuntergespült, er war wieder der große, von mir verehrte und bewunderte Mann, der wie ein Feldherr, mit vertrocknetem faltenreichem Gesicht, seiner Adlernase, durchdringendem Blick den Gang seiner centrifugal wirkenden Maschine beobachtete und die volltönende große Drehorgel mit silberner Trompete schmetternd accompagnirte. In den Ohren trug der Mächtige silberne Ringe, seine über den negativen Bauch gespannte Uhrkette war aus dutzenden, zum Theil thalergroßen seltenen Silbermünzen gebildet. Hatte ich auch seit Monaten Pfennig auf Pfennig gespart und dankbarst jeden in froher Stimmung von Großmutter, Eltern und Geschwistern gespendeten Dreier dem Schatze beigefügt, so reichte Derselbe zur völligen Befriedigung meiner Passion längst nicht aus. Ich verlegte mich also aufs Ringstechen und gewann auch wiederholt den Preis, der mit einmaliger Gratisfahrt honorirt wurde.

Auch verschmähte ich es nicht, die rings um den Mast angelegte, nach außen durch mächtige bunt bemalte Blechplatten verdeckte Gallerie zu erklimmen und schiebend und laufend das Karussel in Bewegung zu setzen. 5 maliges Drehen wurde durch einmalige Freifahrt vergütet.

Kam aber mein Onkel aus Mehlra (allgemein der Mehler'sche genannt) auf seinem Schimmel ins Dorf und auf den Pfarrhof geritten, dann brauchte ich solche Dienste nicht mehr zu leisten, denn dieser hatte eine ganz besondere Freude daran, seinen Großneffen in generösester Weise die Börse zu spicken und den Belustigungen der Jugend zuzuschauen, wenn er lange genug mit den Erwachsenen beim Glase Wein oder Brusselchen (so nannte Vater seinen beliebten Sect) gesessen hatte.

Der Mehler'sche war der jüngste Bruder meiner Großmutter, ein zwar ergrauter, aber recht stattlicher Mann, der viel auf sein Äußeres gab und, wenn er zu Pferde kam, stets silberne Sporen trug. Im Ehestande fand er wohl wenig Befriedigung, denn seine Frau blieb stets zu Hause, saß, in Decken gehüllt, hinterm Ofen und blies Trübsal. Umso lieber suchte der Onkel frohe Gesellschaft, gab sich sehr vornehm und wußte sich den Damen gegenüber hervorragend liebenswürdig zu machen.

Sein Pathenkind, meine Schwester Johanne, hatte er besonders ins Herz geschlossen und verehrte ihr fast bei jedem Besuche einen Doppelfritzen. Ritt er wieder heim und man trug ihm Grüße für seine Frau auf, so brauchte er, sich würdevoll verneigend, die stereotype Redewendung: *„Ich werde es zu rühmen wissen"*.

Der brave Großonkel hat ein hohes Alter erreicht, er bewohnte, nachdem er seine Frau begraben und sich zur Ruhe gesetzt hatte, eine bescheidene Wohnung zu Mühlhausen i./Th., woselbst seine einzige Tochter Frau Amtmann Rohde, angesessen ist. Dort habe ich ihn in den 80er Jahren, als mich mein Dienst des öfteren nach Mühlhausen führte, wiederholt besucht und ihm durch mein Erscheinen große Freude bereitet. Selbst in seinem Greisenalter hat er unserer Familie eine besondere Hochschätzung bewahrt, für meine Mutter empfand er wohl etwas mehr wie äußere Verehrung. Ihr würde er den verwaisten Platz in seinem Herzen und Hause eingeräumt haben, wenn ihn nicht Mutters Widerstand und sein hohes Alter gehindert hätten. Sehr gefällig angelegt, empfand er eine große Freude daran, uns Jüngere vornehm zu empfangen und zu bewirten.

Verabschiedete ich mich nach kurzem Besuche von ihm, so fragte er regelmäßig: *„Otto, wannehr kommet denn wieder“?* Auf meine Antwort: *„Wahrscheinlich im nächsten Frühjahr“*, lud er dann schon im Voraus zu einer Wagenfahrt nach dem waisten Hause und einer Flasche Schampannier ein.

Außer ihm pflegten noch andere liebe Gäste im Pfarrhause anzusprechen, unter ihnen der ehemalige Vormund meiner Mutter, Justizrath Schröder aus Bleicherode, ein kleiner, sorgfältig gekleideter hagerer Herr, und seine liebenswerthe Frau, die mich besonders ins Herz geschlossen hatte und meine Gegenliebe durch Zuwendung von zahlreichen neuen Kupferdreiern zu wecken und zu erhalten wußte; ferner der alte würdige Pastor Fickel, ein leidenschaftlicher Skatspieler, der stets einige lateinische Brocken auf Lager hatte, der Onkel Emmelmann, damals Pastor in Wülfingerrode und viele andere. Gern ließ sich mein Vater für den Kirmesgottesdienst von einem Amtsbruder vertreten, denn es war ihm nicht besonders sympathisch, an diesem ausgesprochenen Freß- und Sauffeste die Andacht zu halten. In der Regel wurde als Kirmeßtext die Epistel von Zachäus, der auf einen Baum klettert, um Jesum zu sehen, gewählt. Wenn dann nach dem Gottesdienste ein Bauer den anderen fragte: *„Worübber hätte denn gepräddiget“? So antwortete dieser: „n hotte Zachäussen“.*

Gar manche von diesen Leuten verfügten über einen angeborenen Mutterwitz und hatten die Lacher auf ihrer Seite. Damit mußte der Pfarrer rechnen, auch sonstige Gepflogenheiten der Gemeindeglieder mit freundlichen Mienen dulden, die nach allgemeiner Sitte nicht zu rechtfertigen waren. So war gar nichts gegen den Brauch zu machen, daß die Leute stets mit brennender Pfeife zum Pastor kamen – und was für ein Kniller wurde gepafft! Thüren und Fenster mußten nach solchen Besuchen geöffnet werden, um dem Studirzimmer wieder erträgliche Luft zuzuführen. Aber das gehörte zum guten Ton, den der Pastor respectiren mußte, wollte er es nicht mit der Gemeinde verderben.

Eines Tages erschien ein Wittwer, der erst vor wenigen Monaten seine Frau verloren hatte, um Behufs Wiederverheirathung das Aufgebot zu bestellen.

Vater wandte ein, daß es doch nicht schicklich sei, vor Ablauf des Trauerjahres eine neue Ehe zu schließen, worauf der Gemüthsmensch erwiederte: *„Herr Pastor, ich muß eine Frau hä, die mich flickt un leppt"*.

Ein anderer Spaßvogel mit dem Spitznamen Fiddam erklärte meinem Vater, verschmitzt lächelnd: *„Herr Pastor, ich wulle se bitte, daß sie bi mich en poor Tage taifa fullen"*? Auf die erstaunte Frage, was das denn zu bedeuten habe, erwiederte der Schlaukopf: *„Herr Pastor, Hotzen, Molln und Backetroch sin voll"*. Dem Beklagenswerten waren Zwillinge bescheert worden, er ertrug aber diesen allzureichen Segen mit beneidenswertem Humor. Dafür hatte mein Vater, der selber gerne einen Scherz machte, Auffassung und erließ dem armen Schelm die zuständigen Taufgebühren.

Das unbeschränkte Vertrauen, dessen sich mein Vater allgemein erfreute, die unumstößliche Überzeugung von seiner streng rechtlichen, unparteiischen Gesinnung brachte es mit sich, daß die Leute, wenn sie miteinander in Streit gerathen waren, nicht gleich ans Gericht gingen, sondern gern kostenlos die Vermittlung des Herrn Pastors in Anspruch nahmen. Die Rolle des Versöhnungsengels übernahm mein Vater sehr gerne und hatte in den meisten Fällen die Freude, Friede und

Eintracht unter den feindlichen Brüdern und Nachbarn hergestellt zu haben.

Waren freilich schwere Beleidigungen gefallen, oder handelte es sich gar um die schwerste, die in den wegwerfenden Worten: „*So was*“ erkannt wurde, da mußte er die volle Überredungskraft einsetzen, um den Beleidigten durch förmliche vor Zeugen geleistete Abbitte des Gegners zu begütigen. Im Allgemeinen befolgten die Eingeborenen den Grundsatz sofortiger Wiedervergeltung, der in den Worten: „*Worscht übbern Zuhn, Worscht wüdder rübber*“ zum Ausdruck kam, sodaß in den meisten Fällen wechselseitige Beleidigungen vorlagen, die sich Compensirten.

Auch in Herzensangelegenheiten wandten sich die Leute gern an ihren Herrn Pastor, war er doch dafür bekannt, daß die unter seiner Mitwirkung und Sanktion geschlossenen Ehebündnisse besonders glücklich und segensreich seien. Freilich prüfte er in jedem Falle genau, nicht allein ob sich Herz zum Herzen fände, sondern auch ob die äußeren Verhältnisse der beiden Parteien die Grundlage einer glücklichen Verbindung garantirten. „*Blinger tsuk de Augen auf, Fraien ist kein Pferdekauf*“, mit dieser Ermahnung stattete er die Heirathskandidaten aus, die sich bevor sie auf die Faiste gingen, seinen bewährten Rath erbaten. Als überaus practischer Mann schwor er auf den Satz: „*Die Liebe steckt im Kochtopfe*“, er erachtete also die befriedigende Lösung der Existenzfrage als unerläßliche Vorbedingung für den Abschluß eines Verlöbnisses. Nach diesem Grundsatze hat er manchem Brautpaare, das sich sonst nicht gefunden hätte, zum Glück verholfen.

Es hatten meine Eltern ein junges Mädchen, Natalie Heidecke aus Bleicherode, deren Vater plötzlich gestorben war, und sie als hilflose Waise zurückgelassen hatte, ins Haus genommen. Dank ihrer Bescheidenheit, ihrem gesetzten, frommen, stets freundlich aufopfernden Wesen hatte sie sich bald die Herzen aller Familienmitglieder, namentlich aber der Kinder gewonnen, die sie verehrten und liebten, wie eine Schwester. Was sie uns an den Augen absehen konnte, das that sie uns willig und gern zu Liebe, sie war fröhlich mit den Fröhlichen, traurig mit den Trauernden, die sie durch frommen Zuspruch und inbrünstiges Gebet zu trösten wußte.

Wie oft hat sie mir die bittern Thränen getrocknet, wenn mir ein Leid widerfahren war, wie liebevoll kleidete sie mich aus, trug mich ins Schlafzimmer und warf mich mit sicherm Arm kräftig ins Bett, daß ich lachen und die mich umgebende unbehagliche Kälte und Feuchtigkeit vergessen mußte! Hatte sie dann mit mir gemeinsam das Nachtgebet gesprochen, dann schlich sie leise hinaus, brachte mir dann aber noch einen würzigen Apfel ans Bett, bei dessen Genuß ich sanft einschlummerte.

Dieser edeln Seele eine freundliche Zukunft zu sichern, lag meinem guten Vater sehr am Herzen. Nachdem sie bei meiner Mutter die Wirthschaftsführung leicht und gründlich erlernt hatte, verschaffte er ihr eine passende Stellung als Vertreterin der Hausfrau in der hinterm Fronderöder Holze gelegenen Oberförsterei Königsthal, machte aber gleichzeitig den Kantor Fischer, den er als besonders fähig, ruhig und zuverlässig schätzen gelernt hatte, aufmerksam, daß er nichts besseres thun könne, als Nataliens Zuneigung zu gewinnen. Dieser Einsicht konnte sich Fischer zwar nicht verschließen, aber es wurde dem ernsten, stillen Manne doch äußerst heuer, sich dem jungen Mädchen zu nähern und ihr gar einen Antrag zu machen. Diese Schwierigkeiten wußte mein Vater aber sehr geschickt aus dem Weg zu räumen, und gar bald vernahm man, daß ein lebhafter Verkehr zwischen Gross-Wechsungen und Königsthal stattfand.

Nach kurzem Brautstande und nachdem Fischer durch Vaters Fürsprache eine weit besser dotirte, seinen Fähigkeiten mehr entsprechende Lehrerstelle in Erfurt erhalten hatte, wurde das junge Paar in unserer Kirche von meinem Vater getraut. Die einfache, würdige Hochzeit, die im Pfarrhause ausgerichtet wurde, und bei der ich, als Küferlehrling eingekleidet, meiner geliebten Freundin viele hölzerne Küchengeräthe überreichte, steht mir noch in lebhafter, ungetrübter Erinnerung, ebenso der schmerzliche Abschied von der treuen Seele, der ich stets in Dankbarkeit gedacht habe und die ich noch heute hoch schätze und verehre.

Vergessen darf ich nicht eines edlen Samariterdienstes, den sie in unserer Familie geleistet: Im Winter vor ihrer Hochzeit herrschte im Dorfe eine Masernepidemie, die auch im Pfarrhause fast alle Kinder aufs Krankenlager warf.

Ich allein war noch verschont geblieben, wurde aber doch zu meinem bereits erkrankten Bruder ins Bett gesteckt, damit auch ich bei dieser Gelegenheit die Krankheit durchmachen und für die Zukunft gegen sie immun werden sollte. So war das Pfarrhaus plötzlich ein großes Lazaret geworden, in dem Dr. Unger täglich ein- und ausging, die unmittelbare Krankenpflege aber vorzugsweise von Natalie besorgt wurde. Nach damaliger Therapie war besonders darauf zu halten, daß die Haut des Patienten nicht austrocknete, sondern durch Einreibungen geschmeidig erhalten wurde. Dementsprechend bewegte sich die freundliche Samariterin, mit einem großen Schmalztopfe bewaffnet, von Bett zu Bett und sorgte dafür, daß wir dauernd über den ganzen Körper mit einer dichten Fettschicht überzogen waren.

Da meine Mutter in dem wohlverdienten Rufe einer tüchtigen Hausfrau stand, so wurden ihr gerne junge Mädchen aus nahe stehenden Familien zur Ausbildung in der Wirthschaft anvertraut. Schon zur Zeit meiner Geburt war Henriette Otto, Tochter des bekannten Rectors in Mühlhausen, ein schönes, schlankes, schwarzhaariges Mädchen, in unserem Hause gewesen, sicher mit bestem Erfolge, denn sie wurde von meiner Mutter gebeten, bei mir Pathenstelle zu übernehmen; sie war später als Frau Rector Tollbrecht eine perfecte Hausfrau und treu sorgende Mutter und ist noch heute, als Wittwe bei ihrer Schwester in Görmar wohnend, eine vornehme, verehrungswürdige Dame.

Eine andere Hausgenossin war Richchen Holzborn, die als Frau Lehrer Frank lange Zeit in guten Verhältnissen zu Erfurt gelebt hat und vor einigen Jahren dort gestorben ist. Auch sie war eine stattliche Erscheinung, überaus tüchtig und berühmt durch peinlichste Accuratesse und Sauberkeit im Haushalte. Da sie zur Zeit ihrer Anwesenheit in Gross-Wechsungen nicht mehr allzu jung, dabei aber eine respectabele Dame war, die für die Stellung einer Pfarrersfrau vorzüglich geeignet schien, so hatte mein Vater die Absicht, daß sein alter Freund und Nachbar, der Pastor Stilke in Haferungen, in ihr eine passende Ehefrau finden könne. Hindernisse standen von keiner Seite der Verwirklichung dieses Gedankens entgegen, er ist aber – wie so mancher Vorsatz und Entwurf im menschlichen Leben – ein schöner Gedanke geblieben, und Nachbar Stilke ist in hohem Alter als Junggeselle gestorben.

Dieser seltsame Mann war Original durch und durch, sein Bild steht mir noch heute, nach mehr als 30 Jahren so lebhaft vor Augen, daß ich ihn malen könnte, ja, ich höre, wenn ich an ihn denke, seine krächzende Stimme und sehe ihn in frisch gescheuerter, nach Buttermilch duftender Stube am Schreibpulte stehen. In früher Jugend hatte ihn das Unglück betroffen, daß ihn seine Kindermagd zur Erde fallen ließ. Dadurch hatte sich die Wirbelsäule so arg gekrümmt, daß sie die Gestalt einer

C-Feder eines Kutschwagens annahm und den Verunglückten mit einem mächtigen Höcker ausstattete, der fast bis an die Höhe des Scheitels emporragte. So verunstaltet, war Stilke durchaus nicht klein, er wäre, wenn ihn jener Unfall nicht betroffen, ebenso wie sein Vater und seine Brüder, sicher ein auffallend großer Mann geworden, hatte starke Glieder, kräftige Knochen und erschien noch immer von Mittelgröße.

Durch den Verdruß war er keineswegs in seiner Bewegungsfähigkeit behindert, noch mit Schmerzen behaftet, er war im Gegentheil stets lustig und guter Dinge; ich glaube nicht, daß mir im Leben wieder ein Mensch begegnet ist, der so zufrieden, ja glücklich und froh gewesen wäre, wie er.

Sein Kostüm war nicht minder auffallend und merkwürdig wie sein Körperbau. Im langen schwarzen Rocke glich er zwar seinen Amtsbrüdern, aber er vermied in Ermangelung eines Halses die damals allgemein übliche Halsbinde, trug vielmehr Klappkragen mit schwarzem Bündchen. Das freundlich blikkende Auge war mit einer scharfen Brille in schwerem ¼ zölligem silbernem Gestell bewaffnet und den mächtigen Schädel mit üppigem, griesgelbem Haarwuchs bedeckte eine große schwarze aufrecht stehende Mütze mit rechteckigem Rande und riesigem, unten grün lackiertem Schirme. Bei der kurzen Entfernung zwischen Gross-Wechsungen und Haferungen kam er, auf seinen Krückstock gestützt, gar häufig Nachmittags übers Feld zu seinem Freund und Nachbarn Hoefer gewackelt, besprach mit diesem Amtliches, Politisches und Sonstiges, um gegen Abend den Rückweg anzutreten.

Hatte er die Haustür zugemacht, dann rief er mit durchdringender Stimme nach Marschall's Zimmer hinauf: *„Schällichen"!* Dieser hatte längst geahnt, daß sein Studiengenosse im Hause sei und nur auf das bekannte Signal gewartet, um sich schleunigst fertig zu machen, herabzusteigen und den Freund auf den Weg zu bringen. Der Weg führte unfehlbar am Wirthshause des Kaufmanns Wenzel an der Ecke des Planes und der fetten Gasse vorbei. Da es besagter Kaufmann sich angelegen sein ließ, neben Schnaps, Käse, Semmel, Bindfaden, Lackritzen, Kandiszucker, Schießpulver, Schuhwichse auch Nordhauser Lagerbier zu verkaufen, so versäumten es die Brüder in Erinnerung an die gemeinsame Studentenszeit niemals, den Wirth zu mehrfachen Umdrehungen des Bierfaßkrahnes zu veranlassen und auf solche Art in seinem Geschäfte zu unterstützen. Das Nordhauser Bier stürmte aber zu jener Zeit sehr und es wurde allgemein gemunkelt, daß die fetten Bierbrauer, um schnell reich zu werden, nicht sowohl Malz und Hopfen, als vielmehr Weidenschale, Glyzerin und Kartoffelsprit, der an Ort und Stelle billigst hergestellt wird hineinthaten.

Thatsache bleibt, daß Schällichen von solchen Begleitwegen des Neppen Stilke stets mit rotem Köpfchen heimkehrte und wenig Appetit für's Abendessen zeigte.

Stilke war von Natur sehr gesellig und hatte nichts lieber, als Besuch in seinen 4 Pfählen. Wir waren stets liebe und – das merkte man sofort – gern gesehene Gäste in seinem Hause und machten häufig den Spaziergang übers Feld, um ihn in seiner Häuslichkeit zu sehen, oder eine Bestellung auszuführen. Da half kein Sträuben, wir durften uns nicht verabschieden, bevor wir nicht eine mächtige Brotschnitte, die die blitzsaubere, ehrerbietig dienstbeflissene Haushälterin Rinke, mit selbstbereiteter Butter dick bestrichen, freundlichst anbot, aufgegessen hatten. Rinke hielt 1–2 Kühe, melkte und fütterte selbst, besorgte überhaupt das Hauswesen der Pfarre mit seltener Umsicht und Virtuosität, sodaß es dem guten Nepper an nichts fehlte und er sein Cölibat nicht als einen besonders entbehrungsvollen Zustand empfand.

Jedem unbefangenen Besucher fiel es, wenn er in sein Studirzimmer trat, sofort ins Auge, daß auf der peinlich sauber gescheuerten Stubendiele zwischen dem Sophatische und dem Stehpulte eine diagonal durchs Zimmer führende handbreite schwarze Straße vorhanden war. Die Entstehungsursache und den Zweck dieser ungewöhnlichen Dekoration vermochte ich lange Zeit nicht zu ermitteln, bis ich eines Sonnabends den Herrn Pastor mitten in den Vorarbeiten für die Sonntagspredigt antraf. Da stand der alte Herr am Fensterplatze aufrecht, gestützt auf das für seine gekrümmte Gestalt viel zu hoch erscheinende Stehpult und schrieb mit vollbefiedertem Gänsekiel an seiner Predigt. War die Feder trocken, oder der Gedankengang unterbrochen, so bewegte er sich fast mechanisch quer durchs Zimmer gegen den Sophatisch, tunkte mit Würde seinen Gänsekiel in das dort stehende Tintenfaß und begab sich auf demselben Wege, die gefüllte Feder gespreizt von sich ab haltend auf seinen Arbeitsplatz am Stehpulte zurück, um den suspendirten Faden wieder aufzunehmen. Auf diesem Rückwege nun fielen regelmäßig einige Tropfen schwarzen Saftes aus der Federpose herab und verdichteten sich im Laufe der Jahre zu der rätselhaften, unauslöschlichen schwarzen Straße auf der blanken Diele zwischen Sophatisch und Stehpult. Zu wieviel kostbaren Gedanken mußte die Construction dieser Straße dem Haferunger Pastor wohl verholfen haben!

Den Rückweg von Haferungen nach Hause nahmen wir gern über die Flarichsmühle, eine freundliche am Ufer der Helme gelegenen Mahlmühle, in deren Nähe wir im Sommer angeln und baden durften. Leider war das Angeln wenig ergiebig, denn das träge sich dahinwälzende Flüßchen führte nur kleine Schmerlinge, höchstens mal einen mäßig großen Weißfisch; auch das Baden bot keinen vollen Genuß, da das Wasser uns Buben kaum bis an den Rumpf reichte und dabei immer zu besorgen stand, daß uns ein durch unser Geplätscher in seiner Ruhe gestörter Krebs in die Waden zwickte.

Hatten wir Zeit, so überschritten wir die Helme und stiegen bergan nach den Seelöchern, die in etwa 1 Stunde von Gross-Wechsungen zu erreichen sind. Das große und das dicht dabei liegende kleine Seeloch sind trichterförmig abfallende, fast kreisrunde Bodensenkungen, deren mächtig hohe Ufer eine majestätisch ruhige, düstere Wasserfläche einschlossen. Das Aussehen des Wassers erinnert an den Mummelsee bei der Hornisgrinde im badischen Schwarzwalde, das der Ufer an die bekannten Maren in der Eifel. Ohne jede Voreingenommenheit muß ich gestehen, daß der Anblick der Seelöcher mich fast trübe gestimmt hat und auch auf die Dauer den Eindruck des Trostlosen in mir zurückgelassen hat. Die sich regelmäßig verjüngenden kahlen Ufer, in deren sterilen Wänden nicht einmal ein Strauch Wurzeln schlagen und gedeihen kann, das unheimlich ruhige, tintenschwarze Wasser, das nicht munteren Fischen, wohl aber trägen Blutegeln als Aufenthalt gefällt, erweckte unwillkürlich traurige Gedanken und Todesschauer, die sich selbst fröhlichen Knaben wie ein Alp aufdrängen. Nach der Sage erhält ein wilder Bauernknabe aus Hochstedt von seinem Vater den Auftrag, ein junges Fohlen auf die Weide zu bringen und tags über zu beaufsichtigen. Dieser Befehl war ihm sehr zuwider, da er viel lieber mit seinen Kameraden im Dorfe gespielt hätte. Er zog von dannen und trug Zorn und Haß im Herzen gegen seine Eltern, zumal gegen seine Mutter, die ihm statt der geforderten frisch gebackenen Striezel ein Stück trockenes Schwarzbrot auf den Weg gegeben hatte. Am Weideplatze angelangt, band er das Fohlen an den einen, das Stück Brot an den andern Baum, schnitt eine fingerdicke Ruthe vom Haselstrauch und begann damit abwechselnd auf das unschuldige Fohlen und das Stück Brot einzuschlagen. Plötzlich erhob sich ein gewaltiger Sturm, riß dem wütenden Knaben den Hut vom Kopfe und ließ ihn in mäßiger Entfernung zur Erde fallen. Der Erdboden aber wankte und rutschte in die Tiefe, Knaben, Fohlen und Brot mit sich ziehend, die ebenso wie der Hut spurlos verschwunden sind. Dort wo der Knabe versank, entstand das große, wo der Hut in die Tiefe verschlungen, das kleine Seeloch. Über zwei unheimlich düstern Abgründen wogt noch heute häßlich schwarzes Wasser.

Wenn aber die Bauern aus Hochstedt in dortiger Flur zu schaffen haben, oder vorübergehen, dann schlagen sie nach der Richtung der Seelöcher das Kreuz.

Doch zurück aus der Unterwelt, voran in die fruchtbaren Gefielde, ins Leben, zu den Menschen, die frisch und froh ums Dasein kämpfen und am Werktage nicht Zeit haben, an Märchen zu denken. Bei der Kartoffelernte treffen wir wohl bekannte Landsleute. Dicht gestapelte Reihen gefüllter Kartoffelsäcke zeigen an, daß die Ernte ergiebig war. Drob freut sich der Landmann, bietet ihm doch solcher Gottessegen die Gewähr, daß er und sein Vieh im Winter nicht zu hungern braucht. Kartoffelkraut und Quecken sind zu mächtigen Haufen aufgestapelt und dienen lustig flackerndem Kartoffelfeuer zur Nahrung.

Jetzt die Kartoffeln – schöne, eirunde, gesunde Kartoffeln in die glühende Asche gelegt, dann giebts in wenig Minuten ein herrliches Abendessen, wozu Gott selbst unterm blauen Himmelszelt den Tisch gedeckt.

„Do kümmet ja Pastorsch Otto“! Höre ich den Hintersättler Schönemann seiner Frau zurufen, und bald luden mich die freundlichen Leute mit den Worten: *„Otto, witte denn en poor Brotkartuffeln“?* Zu ihrem frugalen Nachtessen ein. Flugs das Taschenmesser hervorgeholt und die schwarz verkohlte Kruste

leicht abgekratzt, dann einen bohnengroßen Stich Schweineschmalz mit grobkörnigem Salze, das die Gastgeber in der Tiefe des Tragekorbes mit sich führten, der so präparirten Kartoffel beigefügt – und wir genießen Souper, das uns weit besser gefällt, mundet und bekommt wie die feinsten im Salon des Ministers aufgetischten Delikatessen. Was bringt denn Frau Schönemann in der Steinkruke angeschleppt, welch bräunliches Naß gießt sie in das mit der Schürze sauber gewischte, bunt bemalte Tassenköpfchen? *„Dot, Otto trink mol, 's üß mant kofant"*. Mit einem Zuge leere ich den mir gereichten Trunk, der, ob er auch fade, süß, säuerlich und wäßrig ist, doch in der freien Luft trefflich mundet und erfrischt.

Die Sonne sinkt und vom nahen Kirchthurme hat die große Glocke Feierabend angesagt. Schnell werden die Kartoffelsäcke auf die bereitstehenden Dunghortswagen geladen, die Pferde ziehen an und in scharfem Tempo kehre ich, auf dem höchsten Kartoffelsacke reitend, in unser Dörflein heim.

Mein Vater sitzt in schwarz wattirter Hausjoppe und das obligate Käppchen burschikos auf dem Kopfe, behaglich die lange Pfeife rauchend Kreuzzeitung lesend, unter der großen Akazie vor der Hausthür mit dem Blick auf den Kirchhof und verkündet mir, nachdem ich berichtet, was ich getrieben, gesehen und gehört, daß am nächsten Tage eine Wagenfahrt nach der neuen Mühle bei Worbis zu seinem Freunde Biermann ausgeführt, und ich mitgenommen werden soll.

12. Eichsfeld

Das ist eine unerwartete Freude, denn was geht einem Knaben über eine möglichst weite Wagenfahrt!

Anfangs besaß mein Vater nur einen Kutschwagen, der nach Art der Postkutschen gelb angestrichen halb verdeckt und mit grobem blauen Tuch ausgeschlagen war. Dieser Wagen war recht alt und klapperig, wurde aber bei schlechtem Wetter und grundlosen Wegen auch dann noch benutzt, als ein feinerer, ganz verdeckter 4sitziger Landmann mit grüner Polsterung angeschafft und zum gelben Rumpelkasten in die Remise geschoben war. Sobald meine Mutter, oder Schwestern mitfuhren, oder wenn es galt, eine Anstandsvisite zu machen, wurde stets der neue, besser federnde und ausgiebigeren Schutz gegen die Witterung gewährende Wagen benutzt.

Mein Vater liebte es, bei Ausfahrten, die er oft und gern unternahm, den Wagen möglichst auszunutzen, und war immer dafür, daß die Kinder mitgenommen werden sollten, denn – sagte er – je mehr Personen mitfahren, umso billiger stellt sich die Fahrt für den Einzelnen!

Dies scherzhafte Calcül vermochte ich in meiner jugendlichen Unschuld zwar nicht zu erfassen, da doch mein Vater der einzige Zahlende war, ich gab mich aber gern mit der Thatsache zufrieden, daß ich stets bereitwillig mit in die Kutsche gesteckt wurde. Wie erwähnt, hielt mein Vater keine Pferde, er hatte aber bei Verpachtung des Pfarrlandes einem oder mehreren der Pächter die Verpflichtung auferlegt, auf Wunsch und zu mäßigem Preise, der bei Zahlung des Pachtzinses aufgerechnet wurde, Vorspannpferde zu stellen, die vor die Pastorkutsche vorgelegt wurden.

Stellte der Amtmanne Bock, oder nach dessen Tode sein Schwager Skabell die Pferde, so fuhr der Kutscher Fritz

Stahlhut. Wurden die Pferde des Bauerngutsbesitzers Haake in der fetten Gasse bestellt, so fuhr dieser persönlich. Beide Rosselenker waren zugängliche Leute und knüpften mit mir, wenn ich auf dem Bocke sitzen durfte, gern eine nützliche Unterhaltung über Landwirthschaft, insbesondere über Verpflegung, Wartung, Tugenden und Untugenden der ihrer Obhut anvertrauten Pferde an.

War Fritze Stahlhut mit dem Anspannen fertig, dann wollte mein Vater nicht länger warten, er trieb energisch zur Eile und konnte sehr ungemüthlich werden, wenn einer oder die andere mit der Toilette im Rückstand war.

Er selbst wurde bei diesem Geschäfte von meiner Mutter unterstützt, die ihm dem Zwecke der Reise entsprechende Bekleidungsgarnitur herausgab und das feine weiße Halstuch, das ohne Kragen direct auf den Hemdenbund gebunden wurde, falzte und umlegte. Dann stülpte er den glänzend gebürsteten Cylinderhut, etwas nach rechts geneigt, auf den Kopf, ergriff den Gehstock mit der Elphenbeinkrücke und examinirte sich, ob die wichtigsten Reiserequisiten: Geld, Cigarren, Taschentuch nicht vergessen wären. Das Geld trug er in einer recht unbequemen, von grüner Seide wie ein Kaffeekännchen gehäkelten Börse, die er mittelst eines am Henkel befindlichen Goldringes schloß. Als Tagesbedarf an Cigarren führte er eine 10 Stück aufnehmende geräumige Tasche bei sich, steckte aber außerdem 6 Stück sog. Kutschercigarren lose in die äußere Paletottasche und verabfolgte von diesem Vorrathe jedes mal eine an den Kutscher, sooft er selbst eine neue anbrannte. Eine Wagenfahrt ohne fortgesetztes Cigarrenrauchen war nach seinem Begriffe ein Unding und er unterließ das Kettenpaffen seiner schweren schwarzen Cigarren selbst dann nicht, wenn der Wagen bis aufs kleinste Winkelchen angefüllt war und die Fenster wegen Unwetters nicht geöffnet werden durften.

Die sich nun entwickelnde nikotinhaltige Luft wirkte auf meine Magennerven so ungünstig ein, daß mir, der ich ohnehin das Rückwärtsfahren nicht gut vertragen konnte, regelmäßig übel und wehe wurde.

Ich wagte nichts über meinen Zustand zu sagen. Aber an der kreidebleichen Gesichtsfarbe erkannte meine Mutter sehr schnell die Nothwendigkeit, mich zur Vermeidung ernsteren Unheils schleunigst an die frische Luft auf den Bock zu befördern, wo ich mich trotz Sturm und Regen behaglicher befand, als drinnen in der stickenden Kutschen- und Tabakatmosphäre. Mein Vater war sicher mit einem ganz vorzüglichen Magen begnadet, sonst hätte er das schwere Kraut auf die Dauer nicht vertragen können. Mitleidig betrachtete er in späteren Jahren die gelben leichten Glimmstengel, die sich die schwächere Generation seiner Söhne und Schwiegersöhne leistete, und konnte sich der sehr geringschätzigen Äußerung nicht enthalten: *„Da raucht ja Stroh“!* Seine Massenconsumcigarre nannte er scherzweise *„El Seelo“*, weil ein Landsmann aus Craja Namens Seele sie ihm aus Gefälligkeit in seinen Freistunden anfertigte und gegen Erstattung der Selbstkosten zusandte. Als nämlich mein Vater noch junger Pfarrer in Craja war, hatte sich ein ihm bekannter Fabrikant mit der Anfrage an ihn gewandt, ob er einen besonders zuverlässigen, anstelligen Jungen aus seiner Gemeinde empfehlen könne, der Lust hätte, als Laufbursch in die Fabrik einzutreten. Vater schickte den eben confirmirten, blutarmen, verwaisten Seele; dieser gewann sehr bald das Vertrauen seines Herrn, zeigte sich brauchbar und gewissenhaft, bildete sich in allen Zweigen des Betriebes aus und stieg sehr schnell zum Werkmeister empor. Anfangs in der Tabaksfabrik beschäftigt, nahm er später einen verantwortungsvolleren

Posten in der Textilbranche ein, heirathete eine ihm von meinem Vater empfohlene sehr wirthschaftliche Jungfrau aus der Grafschaft und lebte mit ihr in voller Zufriedenheit in einem niedlichen, freundlich ausgestatteten Häuschen der Vorstadt Linden bei Hannover nahe bei seiner Fabrik. Dort habe ich ihn vor 33 Jahren auf der Durchreise einmal aufgesucht und in seiner Familie die allerfreundlichste Aufnahme gefunden. Er war ein kernfester, in der Arbeit groß gewordener Mann und erfüllt von Dankbarkeit gegen meinen Vater, ohne dessen Vermittlung er lebenslang ein armer Tagelöhner geblieben wäre. Um dieser Dankbarkeit Ausdruck zu geben, hatte Seele seinem Wohlthäter einst eine Kiste selbst gefertigter Cigarren zu Weihnachten verehrt. Mein Vater ließ es sich nicht nehmen, ihm die höchst bescheidenen Selbstkosten zu erstatten und vermochte ihm dadurch zu umfangreicheren Anfertigungen und Zusendungen der Producte seines häuslichen Fleißes. Seele kaufte guten Tabak engros an, sortirte und verarbeitete ihn so, wie er es in der Cigarrenfabrik gelernt hatte, selbstverständlich ohne Maschinen und ohne in der Lage zu sein, die Tabake derart mundgerecht zu laugen und zu fermentiren wie es in der Fabrik geschieht. Dadurch kam es, daß die Cigarren durchgehends ein recht dunkles Aussehen behielten und für den Durchschnittsraucher zu schwer waren.

Die Kutschercigarren waren echte Landskinder, wohl aus dem badischen Oberlande oder in der Pfalz gewachsen und nur in altis montibus und extra muros zu ertragen. Da diese von meinem Vater nicht unter Verschluß gehalten wurden, so waren sie mir besonders gut bekannt und bildeten das vornehmste Versuchsobject für meine Rauchstudien, sofern nicht gerade ein leichter zu ertragender Rohrstock zu haben war.

Im Dorfe waren zwar die wichtigsten Verkehrsadern, nämlich die Hauptstraße und die fette Gasse gepflastert, das Pflaster war aber aus so geringem und ungleichmäßigem Material hergestellt, und wies in Folge dessen so zahlreiche Löcher auf, daß sich der darüber fahrende Wagen in fortwährender bedenklicher Schwankung befand, und die Insassen sich glücklich schätzten, wenn sie das Dorf im Rücken und den Feldweg gewonnen hatten. Dieser führte durchs Rieth in Wechsunger Gemarkung bis zur Halle Casseler Chaussee, die man zu Fuß in ½ Stunde erreichte. Das Rieth selbst liegt ziemlich tief, wird durch einen seichten Wassergraben berieselt und hält zumeist fruchtbare Ackerflächen, der angrenzende Riethberg dagegen, eine mäßig ansteigende Erhebung, hat sterilen Schieferboden mit dünner Ackerkrume und ist in normalen Jahren so wenig ertragsfähig, daß sich für das zum Pfarrgute gehörige Gelände kein Pächter fand, und Vater gezwungen war, es für eigene Rechnung bewirtschaften zu lassen. Der dort wachsende Hafer war freilich so kümmerlich wie auf den kahlen Bergen der Eichsfelder und lohnte kaum der Einernten.

Die Halle Casseler Chaussee war zu jener Zeit eine der wichtigsten Verkehrsstraßen in Deutschland, sie vermittelte den Güteraustausch zwischen dem Osten und Westen, speziell zwischen Elbe und Rhein und es bewegten sich auf dieser Heerstraße fortgesetzt schwer beladene Frachtwagen, die von Leipzig Wolle, Kleiderstoffe, Wachs, Öl und Sämereien nach Cöln fuhren und von dort vorzugsweise Wein, Obst und Colonialwaren zurückbrachten. Es verging selten ¼ Stunde, ohne daß ein solcher mit mächtiger Plane geschützter, meist mit 4 Pferden bespannter blau angestrichener Frachtwagen passirte. An dem Geklingel der kleinen Schellen, die an den schweren, pelzverbrämten Kummeten hingen, erkannte man schon von Weitem das Herannahen eines großen Gespannes, dessen Führer der bei schönem Wetter bunt mit der Peitsche knallte und ein lustig Stücklein pfiff. Die Frachtkutscher waren weltgewandte, kräftige, aber durchaus zuverlässige Leute in mittleren Jahren, die im Rufe außergewöhnlicher Grobheit standen, jedenfalls aber nach rheinischer oder sächsischer Sitte meisterhaft fluchten und schimpften, wenn die althergebrachte Straßendisziplin sei es aus bösem Willen oder Unkenntniß von einem andern Rosselenker verletzt wurde. Sie waren in den zahlreichen Wirthshäusern der Landstraße wohl bekannte, gern gesehene Gäste und hielten an jedem einzelnen an, und wenn es auch nur geschah, um guten Tag zu wünschen und einen echten Nordhauser Kornschnaps zu genehmigen. Entsprechend der mächtigen Verkehre mit Lastfuhrwerk wurde die Landstraße dauernd vorzüglich im Stande erhalten, sie erhielt fortgesetzt Auffüllungen von zerkleinertem Chausseestein, der Grauwacke, und hatte das Charakteristische, daß sie auf beiden Seiten mit weithinsichtbaren, hohen Pyramidenpappeln, die auf Veranlassung Napoleons I. angepflanzt sein sollen, eingefaßt war. Eine elektrische Telegraphenleitung führte zu jener Zeit noch nicht längs der Chaussee, sie wurde erst wenige Jahre später angelegt und wie ein Weltwunder von uns angestaunt.

Um dem Einsetzen der kräftigen Telegraphenstangen beizuwohnen, das Einschrauben der pfeifenkopfähnlichen Isolatoren und das Befestigen des Drahtes zu beobachten, wurde jede Freistunde ausgenutzt und die Entfernung vom Dorfe nach der Arbeitsstelle im Dauerlaufe zurückgelegt. War die Leitung geschlossen, da horchte man gespannt an der Telegraphenstange, ob nichts von den Telegraphen zu vernehmen sei, ja der Hakenhöfer Schulze, dem die Telegraphie ein Welträthsel, sprach seine Meinung dahin aus, daß die Übermittlung der Buchstaben von Ort zu Ort durch Drehung des Telegraphendrahtes erfolge.

Die erste Etappe unserer Wagenfahrt war der Schern, das ist ein größeres Wirthshaus an besagter Chaussee, das den Bewohnern der umliegenden Ortschaften, namentlich den Wechsungern als beliebtes Ziel ihrer Ausflüge diente, weil es nicht allzuweit entfernt lag und von einer sehr gewandten und freundlichen Wirtin, der Wittwe Wirotzky, erfolgreich geleitet wurde. Dort gab es köstlichen Broihahn, ein weißbierähnliches, süßliches Getränk, das aus blaubemalten, dickbauchigen Steinkrügen geschänkt wurde und vorzügliche Zimmetbrezeln, die Frau Wierotzky in einer futterkistenähnlichen gelblackirten Lade neben der Schänkstube aufhob.

Ein Stengelglas voll kohlensäurehaltigem Broihahns und eine recht braune, knusprige Brezel war eine sehr begehrenswerthe Erfrischung für den müden Wanderer.

Die Bewirthschaftung der zum Hause gehörigen ausgedehnten Ländereien besorgte der Sohn der Frau Wirotzky, ein vierschrötiger, übermäßig korpulenter junger Mann, der leider von den feinen Allüren seiner allgemein geschätzten Mutter wenig angenommen hatte und dessen Lieblingsbeschäftigung in der Ausübung der in jener Gegend wenig ergiebigen Jagd bestand. Bei seiner Verheirathung bereitete er meinem in sittlicher Beziehung sehr streng urtheilenden Vater insofern Verdruß, daß er sowohl wie seine Braut, des angesehenen buchbörner Schulze Tochter, die observanzmäßig nach der Unbescholtenheit gestellte Frage bedingungslos bejahte. Demgemäß wurden sie in der Kirche mit allen Ehren, d. h. als Junggesell und Jungfrau aufgeboten und unter Anlegung des Myrthenkranzes getraut. Nachdem aber durch die vorzeitige Geburt des ersten Sprößlings der Beweis geliefert war, daß dem amtirenden Geistlichen eine wissentlich falsche Angabe gemacht worden, blieb meinem Vater nichts übrig, als die

Bescholtenen unter Namens-Nennung von der Kanzel herab öffentlich an den Pranger zu stellen.

Von Schern fällt die Poststraße sanft ab, kreuzt die von Mörbach nach Mitteldorf, Oberdorf, Bleicherode führende Chaussee und berührt bald darauf das Dorf Pustleben. Dort wohnten zahlreiche Handelsjuden, die mit ihren Bleicheröder Glaubensgenossen in engem geschäftlichem Verkehre standen. Als sich einst der Jude Isidor Schleringer zu einem Gange über Land anschickte und von Weib und Kind verabschiedete, fragte der kleinste Bocher seinen Ernährer: *"Tate, wo geiste hin"?* *„Nach Pustleben bei Picht"*. – *„Tate, was bringste mit"?* – *„Ä Lumpelmännche"!*

Zur Linken die Domänen Kinderrode und Nohra, zur Rechten den Galgenberg liegen lassend, überschreiten wir die Wipper und gelangen bald danach zu dem kleinen Kirchdorfe Elende, wo Pastor Bötticher mit seiner stattlichen Frau residirte. Jetzt traten links die Höhen der Hainleite, gekrönt von der Domäne Amt Lohre, hart an die Landstraße heran, während rechts die Bleicheröder Berge: Die Löwenburg und der Auskirren sichtbar wurden. Auf der erstgenannten Höhe ragt ein weithin erkennbares eisernes Kreuz, das die Mahnung trägt: *„O Land, Land, höre des Herrn Wort"!*

Ohne Aufenthalt gehts durch Nieder- und Obergebra – mit dem derzeitigen Besitzer der Hoefer'schen Güter, dem sog. Hundekunze hatte mein Vater keinen näheren Verkehr und bald befinden wir uns zwischen Sollstedt und Wülfingerode in der Porta Eichsfeldica, die durch den Geigenrück auf der rechten und den Katzenstein auf der linken Seite gebildet wird. Bei meinem Onkel Emmelmann, Pastor in Wülfingerode, wurde kurz Halt gemacht, und eine kleine Erfrischung angenommen. Das war ein überaus wohlwollender, freundlich braver Mann mit ausgeprägtem Familiensinn, dabei aber reichlich umständlich, unpractisch und weichlich, sodaß er in dieser Hinsicht mit meinem Vater wenig harmonirte, der ihm aber vorzugsweise wegen seiner, von der Firma Schneider bezogenen sauern Weine möglichst aus dem Wege ging. Durch die armen Dörfer und Fluren der Eichsfelder rollt der Wagen rasch dahin wir passiren die rein katholischen Ortschaften Breiten- und Kirchworbis und erfreuen uns eines in bestem Tacte und ländlicher Harmonie ausgeführten Straßenconcertes.

Da der vielfach sterile Boden des Eichsfeldes nicht ausreichenden Ertrag liefert, so sind seine Bewohner genöthigt, andere Erwerbsquellen zu suchen; man findet sie daher in den entlegensten Provinzen, ja selbst im Auslande, vorzugsweise mit Flanell, Woll- und Leinenstoffen, die in der Heimath billig angefertigt werden, hausiren gehen und auf diese Weise ihren Lebensunterhalt gewinnen. In einigen Ortschaften aber, vorzugsweise in Hundeshagen und Breitenworbis, wird die Musik kultivirt. Schon als kleine Knaben erhalten die Dörfler ein Musikinstrument in die Hand, und die Eltern halten mit Strenge darauf, daß jede freie Stund mit Musikübungen ausgefüllt wird. Sind sie zu derben Burschen herangewachsen, so werden sie in eine heimatliche Musikbande einrangirt und ziehen mit dieser im Frühling, Sommer und Herbst von Ort zu Ort, von Provinz zu Provinz, um sich durch Straßenconcerte zu ernähren und einen Nothgroschen für den Winter zu gewinnen. Oft haben sich die Banden eine Art Uniform angelegt, die im Frühling glänzend, im Herbste aber recht abgetragen und schäbig aussieht. Sie spielen in der Regel recht geläufig, namentlich Märsche und Tänze, legen aber den Schwerpunkt weniger auf Harmonielehre, als vielmehr auf unentwegtes Tacthalten, mag's hageln, donnern, blitzen, oder erdbeben.

Jede Gelegenheit, etwas zu verdienen, wird wahrgenommen, selbst wenn der Brockenzug auf Station Drei Annen

Hohne wenige Minuten halten muß, steigen die betriebsamen Leute aus, spielen auf dem Perron einige Stücke auf und sammeln mit halb zusammen gerolltem Notenblatte bei den Insassen der Coupée's ein, die umso reichlicher spenden, je schöner das Wetter und je fröhlicher die Stimmung ist.

Die Entfernung von Kirchworbis nach der Kreisstadt Worbis beträgt nur wenige Kilometer, das Ziel unserer Wagenfahrt ist aber schon früher erreicht, denn dort, wo die Chaussee wiederum auf die Wipper trifft, liegt das Besitzthum des alten Herrn Biermann, die neue Mühle.

Nicht allein das Wasser der Wipper sondern auch Dampfkraft wird in dieser großen Anlage nutzbar gemacht, in der außer der Mehl- und Ölmüllerei auch Spinnerei und Weberei fabrikmäßig betrieben wird. Aus dem umfangreichen Häusercomplex ragen hohe Schornsteine gen Himmel, man vernimmt das Rauschen der Mühlräder, das Stampfen der Kolben, das Rütteln der Spindeln und Haspeln, das Sausen der Webstühle. Inmitten dieser Stätten menschlicher Betriebsamkeit liegt in ruhiger Vornehmheit, umgeben von einem wohlgepflegten Zier- und Gemüsegarten das außen wie innen einfach ausgestattete Familienwohnhaus. Schon am Thore erblickt man die Seele dieses umfangreichen Betriebes, den behaglich freundschaftlichen, wohlwollend verschmitzt lächelnden alten Herrn Biermann, dem die Freude über den unerwarteten lieben Besuch aus dem Gesichte abzulesen ist.

Wie die innige Freundschaft zwischen diesem prächtigen, geradezu vorbildlichen Vertreter der Industrie und meinem Vater sich entwickelt hat, vermag ich nicht auszugeben, weiß nur, daß beide Männer, verbunden durch tiefe Harmonie in ihren Lebens- und philosophischen Anschauungen, einander gegenseitig die größte Hochachtung zollten und sich herzlich zugethan waren. Biermann hatte unter Vaters Beistande in 2ter

Ehe eine Fräulein Hugo geheirathet, die früher im Lehrfache Tüchtiges geleistet hatte, hochbegabt, aber auch sehr leicht erregt und dann unberechenbar war. Den Kindern aus erster Ehe; einem Sohne und zwei Töchtern, eine vorzügliche Mutter, mag sie ihrem ausgezeichneten Manne doch wohl manchmal das Leben recht schwer gemacht haben. Dieser faßte aber zu seinem Heile unerwartete Meinungsverschiedenheiten oder gar Zornesausbrüche seiner besseren Hälfte nicht sehr tragisch auf, sondern ertrug sie mit humorvollem Gleichmuthe. Schalkhaft lächelnd und mit vielsagendem Augenzwinkern gegen die Unfehlbare half er sich über peinliche Situationen mit dem Bonmot hinweg: „*Der Mann der ist das Haupt, nach ihm muß alles gehen, die Frau die ist der Hals, sie weiß den Kopf zu drehn*".

Mein Vater war des öftern Zeuge solcher spontanen Gemüthserregungen der Hausfrau Biermann gewesen und verstand es meisterhaft, ihre sonderbaren Zustände zu karrikiren. Das Seltsamste sei, so erzählte er, daß, während bei anderen kolerischen Menschen die Zornesröthe auf der Stirne zum Vorschein komme, bei der Frau Biermann sich ein nahender Wutanfall dadurch signalisirte, daß sie sich unter den Ohren bis zu den Schultern herab braun verfärbte.

Trat diese Couleur der bezeichneten Stelle in Erscheinung, so wußte mein Vater Bescheid, daß Tante Biermann was quer genommen hatte und drückte sich geräuschlos bei Seiten. Trotz dieser menschlichen Schwäche erkannte Frau Biermann eine ihrer vornehmsten Aufgaben darin, einen ernst christlichen, von tiefer Frömmigkeit durchdrungenen Geist in ihrem Hause zu pflegen und zu erhalten. In diesem edlen Streben wurde sie von der jüngeren Tochter aus 1. Ehe, Luise Biermann, die später meines Onkels Ludwig Renner treu besorgte Lebensgefährtin ward, erfolgreich unterstützt. Selten ist mir ein so sanftes, echt weibliches, von aufopferungsfähiger edler Nächsten- und

Christenliebe getragenes Gemüth begegnet, wie es Luischen Biermann hatte. Schier wie ein Engel nahte sie meinem Kinderherzen und wußte drin, als wenn es sich von selbst verstände, in kürzester Zeit derart Anker zu fassen und Einfluß zu gewinnen, daß sich die herzlichsten Beziehungen zwischen ihr und dem Kinde ergaben. Niemand wußte aber auch die köstlichen Heilslehren und biblischen Geschichten so einfach, klar und fürs Kindergemüth faßlich, überzeugend und rührend zu erzählen wie sie. Die werthvollen Kupfer, auf denen sie mir den breiten Weg, der zum Verderben, und den schmalen, der zur Seligkeit führt, zeigte, könnte ich heute noch malen.

Dieser fromme Hauch, der das biermannsche Heim durchwehte, hinderte aber keines wegs, daß dort harmloser, gesunder Humor in köstlicher Blüthe stand. In dieser Beziehung war der alte Herr Biermann unübertrefflich, er wetteiferte darin mit seinem Freund Hoefer, dem eine natürliche Fröhlichkeit und ein heiterer Schwank als wohlthuende Unterbrechung seiner Berufsarbeit Lebensbedürfnis war. Ergötzlich wußte Biermann zu erzählen von seinem alten biedern Inspector Hühne, der den äußeren Dienst, vornehmlich aber die Bewirthschaftung der umfangreichen Ländereien zu besorgen hatte. Dieser Brave pflegte in seinen Äußerungen sehr drastisch zu sein und wie solches von einem ordentlichen Inspector erwartet werden muß, gehörig zu übertreiben. Auf eine Frage seines Herrn nach dem Stand des Weizens im Bruch antwortete er, mit beiden Händen seine umfangreichen Oberschenkel umfassend: *„Herr Biermann, so dicke wie meine Bein“!* Ein andermal hatte er den Auftrag, zur Verwendung in der Müllerei einen Posten Weizen anzukaufen. Er berichtete hierüber an seinen abwesenden Chef: *„Der Weizen, den ich für Sie im Auge hatte, ist mir aus der Nase gegangen“.*

Mein Vater wußte ähnlich heitere Episoden humorvoll zum Besten zu geben, in denen vielfach die Persönlichkeit des Wirthes im römischen Kaiser am Kornmarkte in Nordhausen eine Rolle spielte. Nach allem, was ich von diesem alten Herrn gehört habe, muß er ein seltenes Original gewesen sein. Schade, daß es in unsern modernen Hotels solche Exemplare von Wirthen nicht mehr giebt!

Einer seiner Gäste hatte das Mißgeschick, daß ihm, als er sich aus dem Fenster lehnte, um nach dem Wetter zu schauen, hörbar das Fell zu kurz wurde. Der im Zimmer anwesende Wirth that zwar so, als sei nichts Eigenartiges vorgefallen, erwiderte aber dem beschämten Gaste, als er sich verlegen nach den Wetteraussichten erkundigte, trocken und vielsagend: *„Wemma den Wind behole, do kriem me bole Dräck"*.

Einen Blumennarren, deren es zu jener Zeit in Stadt und Land gar viele gab, führte er einmal gründlich aufs Glatteis. Weber wußte genau, daß dieser regelmäßig in seinem Lokale verkehrende Herr hinter jeder seltsamen Blume oder Pflanze her war wie der Habicht hinter der Taube. Daher pflanzte er einen elenden winzig kleinen Sprößling von der ganz gemeinen Korbweide in einen Blumentopf. Nach Weidenart schlug das Stöckchen sehr schnell Wurzel und trieb üppige Blätter. In diesem Zustande reihte Weber den Topf unauffällig in den Bestand seiner Zimmerflora ein und wartete ab, daß der Spürsinn des fanatischen Blumenfreundes diese ihm unbekannte species entdecken sollte. Das geschah sehr bald, und nun wurde Weber mit Fragen bestürmt, was denn das für ein seltsames Blümchen wäre. Der erwiderte höchst indifferent, und gelassen, er wisse das selber nicht, ein Reisender, der direct aus Brasilien gekommen, habe es ihm zur Aufbewahrung und Pflege übergeben.

Seit dem ließ es dem Blumennarren keine Ruhe, täglich eilte er in den Kaiser und drangsalirte den Schalkswirth: „*Weber, Weber, wo ist das Blümchen? Ich muß das Blümchen haben*“, bis sich Weber entschloß, an den großen Unbekannten zu schreiben und bei ihm anzufragen, ob er das seltene Blümchen verkaufen wolle. Und richtig, eines schönen Tages war die freudige Mitteilung da, daß der edle Menschenfreund aus purer Güte das Object der Sehnsucht des Sammlers an diesen zu dem erstaunlich mäßigen Preise von 2 Pfund Sterling abzugeben geneigt sei. Freudestrahlend blechte Hans Lutz die Goldfüchse und schleppte das seltene Blümlein heim, um nach wenigen Monaten der weiteren Entwicklung klar und deutlich zu erkennen, daß er glücklicher Züchter einer saftigen Weidenrute sei.

Für solche und ähnliche Schwänke, wegen derer Weber berühmt oder besser berüchtigt war, beschloß nun die regelmäßig im römischen Kaiser verkehrende Stammgesellschaft, ihrem possenliebenden Gasthalter heimzuzahlen, und das geschah in so gründlicher, ich möchte sagen frivoler Weise, daß Weber lebenslang mit Schaudern an die ausgestandene Noth und Angst gedacht hat. Wenn seine Gäste Solo oder Schafskopf spielten (Skat war zu jener Zeit noch nicht im Schwange) liebte es der Wirth, den Kiebitz zu markiren, bei dieser geistvollen Beschäftigung aber sehr bald nach kurzer Zeit als Vorübung für die ausgibigere Bettruhe ein Nickerchen zu riskiren. Diese Gepflogenheit sollte ihm theuer zu stehen kommen, denn als eines Abends regelmäßige kräftige Schnarchgeräusche verriethen, daß der Kiebitz sanft entschlummert war, löschten die Gäste sämtliche zur Erleuchtung des Zimmers dienende Lampen, schlossen die Fensterläden sorgfältigst ab und verursachten eine egyptische Finsterniß in der Gaststube. Dabei thaten sie aber so, als wenn sie im Glanze der Kerzen säßen. Der

Alte sagte dem Pastor ab und wurde bête, drauf Toly de volo grandissimo, das unter lautem Hallo gewonnen wurde, da der Spieler die Spitze bis zuletzt cuchirte.

Bei dem entsetzlichen Lärm, Lachen und lautem Klatschen der Karten war der Schläfer längst erwacht, rieb sich die Augen, da er absolut nichts sehen und doch an dem Getriebe der Gäste nicht darüber im Zweifel sein konnte, daß das Spiel im vollen Gange war. Endlich ermannte er sich und fragte schüchtern: *„Was macht Ihr denn, Ihr spielt ja im Dunkeln"! „Laßt den Schlafratz doch laufen, warf' einer wie beiläufig dazwischen;" „Der schwätzt ja im Träume Blech"!* Und das Spiel nahm seinen Fortgang, die Spieler schimpften und fluchten, wenn einer nicht aufgepaßt und einen Fehler gemacht hatte, sie tranken einander zu und forderten sich gegenseitig auf, den Docht der Lampe zu putzen oder höher zu schrauben.

Da wurde es Webern Gewißheit, daß er seine Sehkraft eingebüßt hätte, er jammerte entsetzlich und beschwor seine Gäste, doch das Spiel zu unterbrechen und ihm, dem plötzlich Erblindeten Hilfe und Beistand zu leisten. Die thaten nun, als ob sie völlig niedergeschmettert von dem tragischen Anblick ihres geschätzten Gastfreundes wären, beratschlagten lange und laut, was in diesem schweren Falle zunächst geschehen müsse und kamen zum Schluß dahin überein, daß Patient zunächst völlige Ruhe finden und mit fest verbundenen Augen aufs Sopha gelegt werden solle. Inzwischen wolle einer der Anwesenden den nahebei in der Kranichstraße wohnenden Augenarzt Dr. v. Bloeden herbeiholen. Dieser war schon vorher über den Anschlag verständigt, erschien sehr bald im dunkeln Gastzimmer, entfernte die Binde, untersuchte die Augen aufs genaueste – natürlich bei voller Dunkelheit – und sprach dem so plötzlich Erkrankten Trost zu. Den hatte dieser sehr nöthig, denn er jammerte entsetzlich, bettelte und beschwor den Arzt, ihm doch zu helfen, daß er sein Augenlicht wieder gewönne. Das konnte ihm der Arzt zwar nicht versprechen, aber es sei so erzählte er, neuerdings ein Geheimmittel entdeckt und ihm zugeschickt worden, das bei solch acuten Erblindungsanfällen – sofort angewandt – vollen Heilerfolg erzielt haben solle. Inständigst bat nun der Kranke, ihn mit diesem Heilmittel zu behandeln und er gelobte, die Stammesgesellschaft zu einer riesigen Ananasbowle einladen zu wollen, falls er die Sehkraft wieder erlangen würde. Um die heilkräftige Salbe zu holen entfernte sich Dr. Bloeden, hielt sich einige Minuten im Nebenzimmer auf, erschien dann wieder bei dem Kranken, bestrich dessen Augenlider mit einer indifferenten Fettsubstanz und legte den völlig abschließenden und undurchsichtigen Verband wieder an. 5 Minuten mußte gewartet werden, ehe man erkennen könne, ob das Mittel gewirkt habe.

Geräuschlos wurden nun sämtliche Zimmerlampen wieder angezündet, die Pfeifen in Brand gesetzt und die Spieltische in gewohnter Weise arrangirt. Als nun nach Verlauf von 5 Minuten der Arzt die Binde vorsichtig löste, und die Augen sanft mit warmem Schwämmchen auswusch, da umstanden die Gäste erwartungsvoll den Patienten und brachen in ein überlautes Jubelgeschrei aus, als Weber, aufs Höchste beglückt, erleichtert und freudestrahlend seine gewohnte Umgebung erkennen und jede Person und Sache richtig unterscheiden konnte. Des Glückwünschens war kein Ende, Weber gab im Übermaß seiner Freude an Stelle der versprochenen Bowle ein glänzendes Fest und hat erst nach vielen Jahren Kunde erhalten, welch argen Streich ihm seine lieben Stammgäste gespielt. Bei solch erheiternden Gesprächen konnten die beiden alten Freunde stundenlang sitzen und sich gegenseitig von den Mühen und Sorgen der Werktagsarbeit erholen. Das ging nun freilich nicht so trocken zu, wie es bei den Disputationen der modernen

Studenten der Fall zu sein scheint. Nein, die beiden Herren wußten einen guten Tropfen wohl zu schätzen und freuten sich, wenn sie einander etwas besonders Feines vorsetzten konnten. Mit Kennermiene prüften sie dann, das edle Naß bedächtig über die Zunge schlürfend, die Güte des Trankes, verweilten mit besonderer Vorliebe bei dem Thema der Weinkultur und empfahlen sich gegenseitig ihre Bezugsquellen. Mein Vater hatte damals durch einen günstigen Zufall auf einer Weinauction ein Oxhoft ganz vorzüglichen 56er Rüdesheimer erstanden, mit dem er nicht allein bei seinen Freunden, sondern auch bei ferner stehenden Nordhäuser Bekannten, die eigens nach Wechsungen kamen, um den sog. Rothbungen (er schillerte etwas ins Rötliche) zu probiren, Furore machte. Auch Biermann hatte an diesem Göttertranke großes Wohlgefallen gefunden und wollte sich nun dadurch revanchiren, daß er eine Flasche ganz alten Rheinweines, den er wohl 20 Jahre lang im Keller aufgehoben, entkorkte und seinem Freunde vorsetzte. Um die Wirkung, die der Genuß dieses Weines auf meinen Vater machte, zu beobachten und ein objectives Urtheil von diesem zu erhalten, sagte Biermann, als er einschenkte, keine Silbe davon, daß er ein ganz besonderes Tröpfchen kredenze, sondern prüfte besonders scharf den Gesichtsausdruck seines Partners, als dieser ihn trank, mit Kennermiene über die Zunge gleiten ließ und erwartete zuversichtlich eine außerordentliche Beifallskundgebung des Freundes. Dieser aber trank das Glas in mehreren Absätzen aus und setzte es mit gleichgültigem Gesicht auf den Tisch, ohne ein Wörtlein zu äußern. Da ließ es Biermann keine Ruhe: mit vielsagendem Augenzwinkern fragte er: *„na, Hoefer, wie schmeckt denn der“*? Hoefer hatte aber nur ein wehleidiges Kopfschütteln, er erwiderte trocken in Hohensteiner Mundart: *„Biermann, he äß alle's äß Waschwasser“!* Damit wollte er sagen, daß der Wein in Folge seines Alters firn geworden sei und nicht mehr schmeckte. So unerwartet dem Gastgeber diese Kritik war, so mußte er sie bei eingehender Prüfung des Stoffes doch als berechtigt anerkennen. Darüber belehrt, daß der älteste Wein nicht allemal der beste ist, stöpselte er resignirt die mit Staub und Schimmel bedeckt Flasche zu und tischte dafür einen jüngeren Jahrgang auf.

Die neue Mühle war zu seiner Zeit eine von den gewöhnlichen Betrieben abweichende, deshalb sehenswerthe Anlage. Im Gegensatz zu den landesüblichen Mehl- und Ölmühlen war hier ein combinirtes System angeordnet, so zwar daß, falls der in der trocknen Jahreszeit oft niedrige Wasserstand der Wipper für den Betrieb ausreichende Wasserkraft nicht darbot, mit Dampf gearbeitet werden konnte; selbst in der ungünstigsten Zeit war damit einem Stillstande des Räderwerkes vorgebeugt.

Aber der alte Biermann setzte einem besonderen Stolz darauf, daß nicht allein in der Mühle, sondern auch in den sonstigen Fabricationszweigen seines Werkes stets die besten Maschinen aufgestellt und die neuesten Erfindungen verwerthet wurden. Zu jener Zeit stand die Technik in Deutschland noch nicht auf der Höhe wie heute, wo sie mit England erfolgreich konkurrirt. Man hatte sich damals mit der Thatsache abzufinden, daß, sollte eine wirklich gute, dauerhafte, exact arbeitende Maschine aufgestellt werden, sie aus England bezogen werden mußte. So hatte auch Biermann eine neue Maschine in England bestellt, die einzelnen Theile waren bereits eingetroffen, lagerten in einem Schuppen der Fabrik und harrten des Monteurs, der sie zusammensetzen und aufstellen sollte. Dieser Künstler war aber an dem Tage, für welchen er von der englischen Firma angemeldet worden, auf der neuen Mühle nicht erschienen, und der alte Biermann ging noch spät Abends ärgerlich über die Bummelei des Ausländers und gespannt darauf, wie sich die neue Acquisition anlassen würde, in seinem Zimmer auf und ab, als plötzlich kraftvoll gegen das Hofthor gedonnert wurde. In der Meinung, daß der sehnlichst erwartete Monteur verspätet eintraf, und Einlaß begehre, öffnete Biermann das Fenster und rief hinaus: *„ist denn der Engländer da“?* Darauf antwortete eine recht bekannte Stimme, die selbst in dieser einen Silbe den ausgeprägt hohensteinischen Dialect nicht verleugnen konnte: *„Yes“!* Mein Vater war nächtlicher Weile von Worbis, wo er einen Termin wahrgenommen, herausgewandert, um bei seinem Freunde Nachtquartier zu erbitten, das freilich in Folge der Überraschung und Freude des Wiedersehens erst in sehr vorgerückter Stunde aufgesucht wurde.

verlieh eine recht bekannte Stimme, die selbst in dieser einen Bilbacher ausgeprägt schwäbischen Dialekt nicht verleugnen konnte: "Ja!" Mein Vater war nämlich Weile der Wache, als er einen Tornister hergenommen, herausgewandert, um bei seinem Freund Nachtquartier zu erbitten, das freilich in Folge der Überraschung und Freude des Wiedersehens erst in sehr vorgerückter Stunde aufgesucht wurde.

13. -Orgel

Langsam schiebt sich der Vorhang vor das liebliche Bild von Lichtenfelde. Jetzt heißt es: zurück in die Heimat, an die streng geregelte Arbeit und Zeiteinteilung. Vorüber ist die goldene Zeit des ABC-Schützen, ein umfangreiches, schier unübersehbares Repertoire wissenschaftlicher Betätigung eröffnet sich dem Knaben, der nun nicht mehr mit Schreibtafel und Schieferstift bewaffnet zum Kantor eilt, sondern zu den Füßen des hochgelehrten Herrn Marschall vom Born der Erkenntnis trinken soll. Denn der für die Privatschule ein für allemal festgestellte Stundenplan wurde Jahr aus Jahr ein nicht geändert,

13. Privatschule, Orgel

Langsam schiebt sich der Vorhang vor das liebliche Bild von Eichsfelde. Jetzt hieß es: zurück in die Heimath, an die streng geregelte Arbeit und Zeiteintheilung. Vorüber ist die goldene Zeit des ABCschützen, ein umfangreiches schier unübersehbares Repertoir wissenschaftlicher Bethätigung eröffnet sich dem Knaben, der nun nicht mehr mit Schreibtafel und Schieferstift bewaffnet zum Kantor pilgert, sondern zu den Füßen des hochbelehrten Herrn Marschall vom Borne der Erkenntnis trinken soll.

An dem für die Privatschule ein für alle mal festgestellten Stundenplan wurde Jahr aus Jahr ein nichts geändert, abgesehen davon, daß der Unterricht im Winter um 8, im Sommer um 7 Uhr begann. Eingeleitet wurde derselbe durch eine von meinem Vater gehaltene Morgenandacht, zu welchem Zwecke sich die Schaar der Zöglinge nach beschleunigtem Genuß einer Tasse Milchkaffee in die Parterreräume begab. In der guten Stube stand eine prächtige weiß und gold gestrichene Handorgel, deren Bälge von einem größeren Schüler getreten wurden. Später wurde diese weiße Orgel durch eine ebenso schöne in Eichen-Naturholz ersetzt, an deren Stelle zuletzt ein häßlich kreischendes tafelförmiges Harmonium trat, das klein genug war, um in Vaters Studierstube Platz zu finden. Lieferant dieser Musikwerke war der Orgelbauer Herwig aus Gebesee, der alle Jahre mindestens einmal in Gross-Wechsungen erschien, um die Kirchenorgel zu stimmen. Als Kantor Fischer das Organistenamt übernommen hatte, erkannte er bald, daß die alte, sehr kleine Orgel weder für seine musikalischen Leistungen, noch für den verhältnißmäßig großen Kirchenraum ausreichend sei und er setzte alle Hebel in Bewegung, daß sich die Kirchengemeinde entschließen solle, eine neue, voller und schöner tönende Orgel anzuschaffen. Mein Vater, der viel Sinn für gute Kirchenmusik hatte, unterstützte seine Bestrebungen aufs Kräftigste, doch kostete es bei der ablehnenden Stellung eines Theils der Gemeindekirchenrathsmitglieder, die die altehrwürdige Orgel für gut genug hielten, manchen harten Kampf, bis sich die Majorität in der Kirchenvertretung umstimmen ließ und die erforderlichen Mittel zur Beschaffung einer neuen unter Angabe der alten Orgel bereitgestellt wurden.

Herwig brachte die in ihre einzelnen Theile zerlegte neue Orgel auf einem großen Möbelwagen angefahren und hatte mehrere Wochen lang mit dem Abbruch des alten und dem Aufbau des neuen Werkes zu schaffen. Alle diese Arbeiten wurden von mir aufs sorgfältigste mit dem größten Interesse kontrolirt, und es existirte wahrscheinlich keine Pfeife in der wechsunger Kirchenorgel, deren Ton ich nicht mit meinem natürlichen Blasebalge probirt habe. Nur wenige Leute wissen, daß die prächtig glänzenden Metallpfeifen, die die Vorderansicht einer Kirchenorgel bilden, für das Spielwerk selbst gar keine Bedeutung haben, sondern nur ein äußerer Zierrath sind, der technisch „Prospect“ heißt. Die eigentlichen Orgelpfeifen stehen, vertikale, querstehende Säulen bildend, mit dem Mundstücke nach unten, hinter diesem Prospect und sind aus gehobeltem Naturholze hergestellt. Das Stimmen der Orgel geschieht in der einfachsten Weise durch Verlängern oder Verkürzen dieser hohlen Säulen, genauso wie man es im Frühlinge als munterer Knabe zu thun pflegt, wenn man eine im Safte stehende Weidenruthe schneidet, dieselbe am vorderen Ende einkerbt und durch: *„Kloppe, Kloppe Piepen, witte nich gerothe, kämmet der Mann von Schlote (Schlotheim), schlött dich uff den dicken dicken Kopp, Kopp, Kopp“!* so lange bearbeitet, bis sich die Rinde über das Holz wegziehen läßt und nun einen hohlen mit Schalloch versehenen Cylinder darstellt. Setzt man vorne ein bis zur Kante des Schallrohres reichendes abgeplattetes Stückchen Holz ein, so ist die Pfeife fertig, deren Ton umso heller wird, je weiter man das Holz der Weidenruthe in den Rindencylinder hineinschiebt. Nach diesem Prinzip verfährt auch der Orgelbauer. Soll der Ton tiefer werden, so verlängert er den Pfeifenschaft, indem er ein Stück ansetzt, soll er höher werden, so schneidet er mit einer sehr scharfen kleinen Säge ein Stück davon ab. Es erfordert naturgemäß große Übung und musikalisches Gehör, genau zu treffen, wie viel im einzelnen Falle an die Pfeifen angesetzt oder davon abgenommen werden muß. Das gelang aber Meister Herwig vorzüglich. Wie im Gehör, so hatte er es auch im Griffe, daß er nicht zu viel und nicht zu wenig wegschnitt. Die Pfeifen werden nämlich grundsätzlich zu lang angeliefert, damit es beim Aufbau der Orgel nur nöthig ist, davon abzuschneiden, das komplizirte Ansetzen dagegen auf Ausnahmefälle beschränkt bleibt.

Nachdem Meister Herwig seine mühevolle Arbeit beendet hatte, prangte die neue Orgel in ihrem hellen Glanze und diente zur Zierde der Kirche. Ihr Ton war gewaltig und wurde unter den geschickten Händen des bewährten Organisten zu voller Kraft entfaltet. Zu ihrer Einweihung arrangirte mein Vater ein großes Volksfest, das sog. Orgelfest, bei dem in der Kirche Fischer sein bestes leistete, und nach dem Gottesdienste draußen auf dem Plane allerhand harmlose Volksbelustigungen: Kindertanz etc. stattfanden, sodaß die ganze Gemeinde der Freude über die neue Kirchenorgel voll war.

Außer diesem amtlichen Verkehre hatte mein Vater auch privatim Geschäfte mit dem bewußten Orgelbauer, dem er eine größere Geldsumme dargeliehen hatte. Als Unterpfand für das Darlehen dienten die in der guten Stube aufgestellten Hausorgeln. Letztere wurden von ihm zurückgenommen, als er seine Schuld abgetragen hatte. Das Harmonium, das zuletzt in unserem Besitze geblieben ist und mich noch nach Danzig begleitet hat, war wohl ein Geschenk, das Herwig meinem Vater für dessen Beistand in der Noth gemacht hat. Der Meister selbst wollte nach N. Amerika – Illinois auswandern, ist aber wahrscheinlich mit dem Segelschiffe, das er der größeren Billigkeit wegen zur Überfahrt benutzte, zu Grunde gegangen, denn man hat nie etwas von ihm erfahren, obwohl er aufs Bestimmteste versprochen hatte, Nachricht zu geben. Die Producte der Herwig'schen Kunst dienten meinem Vater dazu, unsern Morgenchoral zu begleiten. Wenn das geschehen, las er eine Andacht vor, oder sprach eine solche frei, um nach dem Vaterunser sich noch einmal ans Instrument zu setzen und einige Volks- oder andere Lieder meist fröhlichen Inhalts anzustimmen. Damit erreichte er seinen Zweck, in uns Knaben die Freude am Gesange zu wecken, vollkommen. Wenn es hieß, daß gesungen werden solle, da waren wir alle sofort bei der Hand, bettelten wohl auch, wenn wir sahen, daß Vater bei guter Laune war, er möge aus seinem dicken, braun gebundenen Liederbuche ein besonders lustiges, oder sonst beliebtes Liedchen wählen. Je schneller und lebhafter der Rhythmus war, umso lieber sangen wir, gröhlten wohl auch aus lauter Vergnügen gar zu laut.

Besonders begeistert wurden von uns die bekannten Lieder: *„Hoch vom Dachstein an"; „Es zogen 3 Burschen wohl über den Rhein und kehrten beim Gastwirth zu Ingelheim ein"; „Ich bin der Schneider Kakadu"; „n Schlosser hat n Gselle gehot, der hot gar langsam gfeilt"*... gesungen, aber auch ernstere waren beliebt, so das Lied von der Wurmlinger Kapelle: *„droben stehet die Kapelle"*, ferner das wunderherrliche Naturlied, das jetzt kaum mehr gesungen wird: *„Es singet ein Vögelein witt witt witt, komm mit, komm mit"!* endlich das friedliche Abendlied: *„In dem Dörflein da drüben vom Thurm herab"*... Mein Vater huldigte

Luthers Grundsatz: „*Einen Pfarrer, der nicht singen kann, den sieht man nicht am Wege an*“, sang selber gern und verhältnißmäßig rein, besonders feierlich aber im Festgottesdienste die Liturgie und vor dem Abendmahle die Einsetzungsworte. Lust und Liebe zum Gesange verlangte er von allen und er konnte ernstlich böse werden, wenn er wahrnahm, daß einer nicht mitsang. War einer oder der andere ohne musikalisches Gehör und brüllte daneben, so nahm er das nicht weiter übel, stellte ihn dann aber neben einen guten Sänger, damit dieser ihn überschreien und die Mißtöne verwischen sollte!

Letzteres Amt fiel in den meisten Fällen mir zu, denn ich hatte von Jugend auf ein sehr gutes Gehör und wußte meisterhaft zu treffen. Diese Begabung veranlaßte, daß ich nicht allein beim häuslichen Gesange, sondern auch in der Kirche mich sehr bald zum Vorsänger emporschwang und an hohen Festtagen, namentlich aber in der Christmette am ersten Weihnachtstage früh Morgens um 5 Uhr vom Orgelchor herab unter zarter Sphärenmusikbegleitung mit meiner hellen Knabenstimme solo singen mußte.

In der Christmette wurde nur eine kurze Ansprache vom Altare her gehalten, im übrigen war dieser Gottesdienst liturgisch, aber durch Einschaltung seltener, alterthümlicher Gesänge besonders ausgezeichnet. Er verfehlte niemals, einen eigenartig feierlichen Eindruck bei der zu früher Morgenstunde vollzählig versammelten, von Frost bebenden Gemeinde hervorzurufen, wenn der stimmungsvolle mittelalterliche Wechselgesang: „*Den die Hirten lobten sehre*“ von paarweise in allen Ecken und Nischen der Kirche aufgestellten Kindern angestimmt wurde. Dabei that es der andächtigen Wirkung wenig Eintrag, daß die Mehrzahl der Sänger nach Sitte der Jahreszeit heiser war und entsetzlich krächzte.

Nach vielen, vielen Jahren habe ich diesen eigenthümlichen Gesang in der Garnisonskirche in Danzig von einem geschulten Chor meisterhaft vortragen hören und wurde dadurch lebhaft an die heimathliche Christmette erinnert. Von dem Oberpfarrer, Consistorialrath Witting, erfuhr ich dann, daß dieser Cantus im Kreise der Amtsbrüder unter dem seltsamen Namen: „Quemper" bekannt ist. Diese Bezeichnung wurde nach den ersten Worten des früher lateinisch gesungenen Liedes: *„quem pastores"* vom Volke erfunden.

Als Solostücke wurden für mich gewählt: *„Es ist ein Reis (Ros) entsprungen"* und das in besonders hoher Lage gesetzte, sonst wenig bekannte: *„Lobt den Herrn, die Gnadensonne..."* Außer bei meinem treuen Begleiter, dem Kantor Fischer, fand ich auf dem Heimwege bei einzelnen Kirchgängern erwünschte Anerkennung und konnte von manch frommem Mütterlein, ohne daß es bei der Dunkelheit meine Anwesenheit ahnte, die Bemerkung hören: *„Pastorch Otto hätt ober mol schäne gesungen"*. Mein Vater verlor über solche Bagatelle kein Wort.

An den häuslichen Morgengesang schloß sich unmittelbar der Unterricht an. Mein Vater beschränkte sich auf die Fächer: Religion, Geographie, und Mathematik, alle übrigen Unterrichtsgegenstände: Schreiben, Lesen, Rechnen, Geschichte, Deutsch, Lateinisch, Französisch und Griechisch wurden von Herrn Marschall dozirt. Die Lehrer präsidirten an einem die ganze Länge des Schulzimmers einnehmenden, aus gewöhnlichen Tannenbrettern kräftig gezimmertem Tische auf rundem, mit Leder bezogenem, die Luft blasebalgartig aus- und einlassenden Armsessel, dem sog. Präzeptorstuhle sitzend, während den Schülern Bänke einfachster Art ohne Rückenlehne als Sitz dienten. Die kleinsten Schüler mußten an einem Nebentische Platz nehmen.

Wie in der Dorfschule, so hielt auch bei diesem Unterricht mein Vater straffe Disziplin, verlangte unbedingte Aufmerksamkeit und strafte kräftig, wenn das, was er uns mühsam eingeramst hatte, aus Gleichgültigkeit dem Gedächtnisse wieder zu entschwinden drohte.

Für den Geographieunterricht war eine mächtige Wandkarte vorhanden, die vor der Stunde über die Wandtafel herabgelassen wurde. Unter Zuhilfenahme dieser Karte von Europa und eines prächtigen, sorgfältig in einer Kiste aufbewahrten Erdglobus trug mein Vater aus dem großen Kannabich vor. Dabei mußten wir vor der Karte stehen und die behandelten Staate und Städte dort aufsuchen.

Anfangs hielt ich das für eine sehr kurzweilige Beschäftigung und betrachtete die Karte oberflächlicher, als bei dem Ernste der Sache geboten war. Das änderte sich aber sehr bald, nachdem mich mein Vater bei einem sehr großen Unwissen ertappt hatte. Aufgefordert, die skandinavische Halbinsel auf der Karte zu bezeichnen, beschrieb ich mit meinem kleinen Händchen einen Vertikalstreifen, der von Reikjavik bis nach Messina reichte, sodaß der Phantasie der corone hinsichtlich der Lage jener nordischen Halbinsel der weiteste Spielraum gelassen wurde. Da kam ich aber bei meinem Vater schön an, mit seiner kräftigen, fleischigen Hand ahmte er den von mir konstruirten Strich nach, aber nicht auf der Karte, sondern auf meinem Corpus, indem er ausrief: *„So, da liegt sie? Na, warte, ich werde dir zeigen, wo sie liegt"!* Dabei bearbeitete er mich so nachdrücklich, daß ich noch Tage lang hinterher Skandinaviens Spuren in meinen Knochen fühlte.

In ähnlicher Weise verstand er es, uns in die Anfangsgründe der Mathematik einzuweihen. Das trifft freilich nur für die Geometrie zu, die er uns sehr klar machte, obschon er in Ermangelung eines großen Tafelzirkels oft entsetzlich krumme

Würste freihändig ankreidete, die Kreise darstellen sollten. Aber die Kongruenzsätze, ja selbst den Pythagoras konnten wir im Schlafe konstruiren und beweisen. Die Arithmetik dagegen lag ihm nicht, und so geschah es, daß auch seine Schüler nicht allzuviel von dieser wichtigen Disziplin profitirten.

Rechnen war überhaupt nicht meines Vaters Sache. Das mußten für ihn andere besorgen: Zur Aufstellung der Kirchenrechnung zog er anfangs den Kantor, später seine heranwachsenden Söhne heran; die Abrechnung für die von ihm verwaltete hohensteinsche Predigerwittwenkasse mußte der Kardinal Baumbach, ein Rechenkünstler der Nordhäuser Kämmereikasse, der zu diesem Zwecke von Zeit zu Zeit über Sonntag ins Pfarrhaus kam und in der guten Stube bei vorzüglicher Verpflegung ungestört arbeitete, besorgen; zur Erledigung seiner umfangreichen Rechnungsarbeit endlich, nämlich der Vormundschaftsrechnung über das Vermögen der von Arnstedt'schen Minorennen hatte er den Universitätssekretär Rose in Halle gewonnen. Das geschah, weil jene Rechnung dem Halle'schen Kreisgerichte vorgelegt werden mußte, Rose also in der Lage war, nomine des Vormundes dem Gerichte jede erwünschte Auskunft persönlich zu ertheilen, ohne daß mein Vater mit der Sache behelligt wurde.

14. Herr Marschall

Friedlicher und behaglicher ging es in den Unterrichtsstunden des Herrn Marschall zu. Dieser, ein leidenschaftlicher Raucher, dozirte nie anders, als mit der langen Pfeife, oder einem Cigarrenstummel im Munde, und schon diese Angeflogenheit genügte, um seinem Unterricht einen gemüthlichen Anstrich zu geben.

Aber er verfügte auch nicht über die donnernde Stimme meines Vaters, die uns Kleinen oft Furcht und Schrecken eingejagt hat und namentlich in der Kirche so gewaltig dröhnte, daß man im Sommer bei geöffneten Kirchenthüren mitten im Dorfe, in der fetten Gasse die Stimme des wetternden Predigers hören konnte.

War mein Vater ein fast übermäßig dicker Mann mit zwar wohlwollendem, aber, wenn's sein mußte, sehr ernstem, martialisch, feistem Gesichte, so erschien Herr Marschall als kleines, zartes, dünnliches Männlein, aus dessen schmalem, mit gelbem Kotelettenbarte verbrämtem Antlitze eine gewaltige hakenförmige Adlernase recht unvermittelt hervortrat, die im Verein mit den dicht und lang übers Auge fallenden gelben Augenbrauen dem Gesichtsausdruck etwas ungemein Komisches verlieh. Diese Verschiedenheit in der Gesichterbildung der beiden Universitätsfreunde nahm Herr Marschall als Grund dafür in Anspruch, daß er die übliche Gesichtswäsche Morgens nach dem Aufstehen nur mit einer Hand ausführte, während die Linke einen übernächtigen, nikotinhaltigen Cigarrenstummel hielt, der in Brand erhalten werden mußte.

Auf diese Absonderlichkeit von meinem Vater, der mit ihm auf einer Harzreise ein Zimmer theilte, mit den Worten hingewiesen: *„Ja Marschall, du wäschst dich ja nur mit einer Hand"!*

antwortete dieser: “*Wenn ich so'n großes Gesichte hätte, wie du, da müßte ich mich auch mit zwei Händen waschen*“!

Gleichwohl konnte auch Herr Marschall sehr zornig werden, wenn er merkte, wenn ein Schüler unfolgsam war, oder gar sich über ihn lustig machte. Da war seine stehende Drohung: „*Wart' ich werd' das Röhrchen holen*“! und richtig: mit aufgeregt beschleunigtem Schritte begab er sich in sein Wohnzimmer, das von der Schulstube nur durch einen gemeinschaftlichen eisernen Ofen mit durchbrochenen Thüren getrennt war, holte hinter seinem Bette ein etwas wackeliges Rohrstöckchen hervor und versetzte dem Delinquenten damit einige mäßig wuchtige Streiche mit dem ständigen Warnungsrufe: „*Jeder Zorn bald verraucht, und der Lehrer und Schüler schnell vergessen*“. Eine viel größere Freude bereitete es ihm, wenn er Gelegenheit hatte, seine Anerkennung auszusprechen, einen Schüler zu loben und zu belohnen. Als sein Pathenkind hatte ich eine gute Nummer bei ihm und er hat mich wohl oft, zumal ich ihm auch sonst gern einen Gefallen that, und mit besonderer Vorliebe für ihn, auch 2 Seidel Bier vom Kaufmann Wenzel holte, den andern gegenüber bevorzugt.

Hatte ich ein gutes lateinisches Exercitium fabrizirt, oder mir eine besonders vorzügliche mündliche Leistung zu Schulden kommen lassen, so drückte er gerne seine Anerkennung in dem Geschenke einer Stahlfeder, auch wohl eines blanken Silbersechserchens aus. Eine solche Dedikation konnte er mit seinem Pathenamte mir und den anderen gegenüber rechtfertigen; sein Großmuth ging aber so weit, daß er, der es wahrlich nicht übrig hatte, mir zu Weihnachten und zum Geburtstage regelmäßig einen blanken Thaler nebst einer Papeterie verehrte. Ja, er war ein guter Mann der Herr Marschall! Und doch, wie manchen Ärger, wie schweres Leid hat er von uns unbändigen Schlingels ertragen müssen, wie schlecht ist ihm mitunter seine stets gleichmäßige Gelassenheit gelohnt worden! Mein Bruder Fritz hatte sich einst eine Ungezogenheit zu Schulden kommen lassen und sollte dafür eine Maulschelte beziehen. Um nun die Heftigkeit des Schlages abzuschwächen, schützte er seinen Kopf mit der Rechten, in der er die noch mit Tinte gefüllte Stahlfeder hielt. Marschall sah das nicht, schlug zu und verletzte sich derart in der Handfläche, daß er an der schwer heilenden Wunde Wochen lang Schmerzen aushalten mußte.

Hugo Öhme, ein wenig begabter, dabei zu allerhand Albernheiten aufgelegter Knabe, beschäftigte sich eines Winterabends damit, ein dem Lehrmittelbestand entnommenes eisernes Lineal im Stubenofen glühend zu machen und Hyroglyphen in den Arbeitstisch einzubrennen. Durch den bei dieser Arbeit entwickelten brenzlichen Geruch, noch mehr aber durch das fortgesetzte Klappern an der Ofenthür aufmerksam gemacht, erschien Herr Marschall auf der Bildfläche und überraschte den Holzbrenner in dem Augenblick, als er gerade das glühend gemachte Eisen mittelst einer Zange aus dem Feuer geholt hatte und von sich abhielt. Herr Marschall, der den bedenklichen Hitzegrad des Lineals nicht vermuthete, herrschte den Ruhestörer an: *„was treibst du denn am Ofen? Gieb mal gleich das Lineal her“!* und griff bei diesen Worten nach dem Corpus Delicti. Um eine Verletzung des Lehrers zu verhüten, verbarg Öhme das Eisen krampfhaft hinter sich, versäumte aber, auf den gefährlichen Zustand desselben aufmerksam zu machen.

Marschall suchte umso eifriger in den Besitz der Spielerei zu gelangen, je geflissentlicher Öhme sie ihm entzog.

Schließlich geschah das Unheil: Mit kühner Wendung erfaßte er das Lineal, um es schmerzerfüllt sofort wieder fallen zu lassen. Noch lange aber zeugten eiternde Brandwunden in seiner Hand von Öhmes Unthat.

In der Hecke zwischen dem Pfarrgarten und dem alten Kirchhofe wuchs und gedieh prächtig ein weit verzweigter Haselnußstrauch, dessen Pflege und Aberntung kraft stillschweigenden Gewohnheitsrechtes Herrn Marschall vorbehalten war. Vorsichtig wartete er mit der Ernte, bis die Nüsse völlig reif und kastanienbraun gefärbt waren. Dann nahm er sie ab und verwahrte sie in einem Schubfache seines Stehpultes, um damit im Laufe des Winters gute Leistungen seiner Schüler zu belohnen. Obwohl uns dieser gute Zweck sehr wohl bekannt war, konnten wir der Verführung doch nicht widerstehen, eines Tages, als Herr Marschall nicht zur Stelle war, ihn um die Hälfte seiner Ernte zu berauben. Dieser böse, unüberlegte Streich that uns nachträglich sehr leid und erfüllte uns mit umso größerer Reue, als der Geschädigte der Sache mit keiner Silbe Erwähnung that, sich vielmehr darauf beschränkte, uns Bösewichter, denen das schlechte Gewissen aus den Augen sah, tief bekümmert anzuschauen.

Heiterer verlief ein Scherz, der sich eines Abends nach dem Nachtessen in der Schulstube ereignete: Ein für sein Alter sehr spielerisch angelegter Knabe Namens Breyding war die Zielscheibe kleiner Neckereien und Bosheiten. Diesem hatten einige Spaßvögel eine aus Stroh, Heu, Kissen und alten Kleidern hergestellte Puppe ins Bett gelegt, damit er, wenn er schlafen ginge, beim Öffnen des Bettes einen heillosen Schrekken kriegen sollte. Der Zufall fügte es aber, daß Breyding sich schon vorher einmal in den Schlafsaal, die sog. Burg begab, an seinem Bette herumtastete und den blinden Passagier entdeckte. Nun fand er nichts eiligeres zu thun, als den ungebetenen Gast unterm Arme ins Schulzimmer zu schleifen und mit ihm jubelnd um den Arbeitstisch herumzutanzen. Der erregte natürlich großes Gaudium und ein gewaltiges Hallo der Kinderschaar, sodaß Herr Marschall aufmerksam wurde und sein Zimmer verließ, um die Ursache des Heidenlärms zu ermitteln.

In diesem Moment warf Breyding den ihm zugedachten Schlafkameraden unter den Tisch und gesellte sich, als ob nichts geschehen sei, seinen Mitschülern zu, die um das Tanzpärchen eine Corona gebildet hatten.

Herr Marschall sah die Puppe unterm Tische liegen, wähnte, es sei ein Allotria treibender Schüler und herrschte ihn an: „*Willst du wohl aufstehen*“! Als dieser sich aber selbst auf die 3mal wiederholte Aufforderung nicht vom Flecke rührte, ergrimmte Marschall, schritt mit den Worten: „*Wart, ich werd' das Röhrchen holen*“ seinem Zimmer zu und erschien sehr schnell, baculus bewaffnet, wieder im Schulzimmer. Nun erst gewahrte er seinen Irrtum, wurde zwar Anfangs fürchterlich böse, da er argwöhnte, daß er von uns absichtlich gehänselt worden sei, mußte aber zum Schluß herzlich lachen, nachdem er sich von der Harmlosigkeit des Scherzes überzeugt hatte.

Daß Marschall ein leidenschaftlicher Raucher war und Tags über abgesehen von den Mahlzeiten Pfeife oder Cigarre nicht ausgehen ließ, habe ich schon erwähnt. Höchst originell war aber die Art, wie er die Cigarre ausnutzte. Er rauchte nämlich nicht blos, sondern er verstärkte sich den Tabaksgenuß noch dadurch, daß er das Mundstück der Cigarre etwa Zoll lang kaute. Auf diese Weise hatte es in jedem Stadium den Anschein, als ob er einen Stummel rauchte.

Gleichzeitig gewährte ihm diese Gewohnheit den Vortheil, daß er beim Rauchen die Cigarre nicht aus dem Munde zu nehmen brauchte, ja selbst beim Lachen entledigte er sich des Glimmstengels nie, er überdeckte in diesem Falle vielmehr das zerkaute Stück mit seiner großen Zunge und balancirte das intact gebliebene brennende Ende auf der Lippe. Das gewährte einen urkomischen Anblick. Die so bearbeiteten Cigarrenreste warf er nicht etwa fort, sondern er trocknete sie Sommers sorgfältig in der Sonne, im Winter dagegen in der Ofenröhre und bereitete sich mit diesen nikotinhaltigen Stummeln einen besonderen Hochgenuß, wenn er Morgens sein leveé hielt und Toilette machte.

Aber selbst diesen harmlosen Genuß trachteten wir bösen Buben dem treuen Lehrer, Berather und Erzieher zu vergällen. Fanden wir auf der Straße, oder in irgendwelchem obscuren Winkel einen Cigarrenstummel fragwürdiger Herkunft, dann reinigten wir ihn, gaben ihm mit den Fingern eine ähnliche Gestalt, wie die von Marschall gekauten hatten, und lancirten ihn von der Schulstube aus durch die gegitterte Thür der Ofenröhre, sodaß er sich den von Marschall dort zum Dörren ausgelegten Leidensgenossen anreihte und zu gelegener Zeit konsumirt wurde. Auch machten wir uns kein Gewissen dadurch, jene Cigarrenreste mittels eines in Tinte getauchten Stäbchens zu imprägniren und dadurch ihren Wohlgeschmack zu erhöhen. Besonders argwöhnisch war Herr Marschall, daß er bei seinen intimen Verrichtungen von einem naseweisen Schüler beobachtet werden könnte. An der äußeren Seite des zwischen Schulstube und Burg angeordneten Estrichflures war zur Benutzung durch ihn und die Zöglinge hinter einem hohen Bretterverschlage ein primitiver Abort eingerichtet. Durch einen weiten Schacht fielen die Fäcalien aus der Höhe unmittelbar neben den im Garten aufgethürmten Komposthaufen hinab im Winter, wie im Sommer ein höchst fataler Aufenthalt, zumal dessen peinliche Sauberhaltung trotz aller Sorgfalt des Hauspersonals nicht gelingen wollte. Die Ecken machten stets einen wenig unappetitlichen Eindruck und es wurde allgemein angenommen, daß unser Mentor selbst, der stets, namentlich aber früh Morgens, wo er seine ausgedehnten

Sitzungen abzuhalten pflegte, an starken Schleimabsonderungen litt, nicht wenig zu dem unsauberen Aussehen jener Ecken beitrüge.

Als daher während der Herbstferien die Abortwände frisch mit einer freundlichen gelben Farbe gestrichen wurden, hatte meine erfindungsreiche Schwester Marie den höchst genialen Einfall, mit großen, schönen, schwarzen Lettern folgenden Sinnspruch an die innere Thür anzuschreiben:
„Hast du gefunden hier Erleichterung und Ruh, so mache hübsch die Thür und auch die Klappe zu, halt auch die Ecken rein und laß sie nicht ein Spucknapf sein"!

Ob sie mit dieser Inschrift den erstrebten Zweck größerer Reinhaltung erreicht hat, möchte ich freilich stark bezweifeln, denn Herr Marschall leistete im Spucken und Niesen gewaltiges, es wurde ihm sogar nachgesagt, er habe einst bei meinem Onkel Hirschfeld, dem Bleichenröder Rathskellerwirth, als dieser noch studirte, eine im Fenster sitzende Wachtel fort gespuckt. Ob das Wahrheit oder Dichtung ist, weiß ich nicht, das aber kann ich bestätigen, daß er seine Auswurfstoffe sehr weit zu schleudern liebte und den vor seinem Zimmer ragenden Zwetschenbaum weit und breit mit schwebenden Gardinen animalischen Ursprungs dekorirte, sodaß kein Mensch im ganzen Pfarrhause sich an den Früchten dieses Zwetschenbaumes vergreifen mochte.

Sein Niesen war aber geradezu klassisch und so erschütternd, daß es weit im Dorfe gehört wurde und vielfach Nachahmer fand, die aber Marschalls Kraftleistung bei weitem nicht erreichten. An dem bewußten Bretterverschlage hatten nun herumhängende Mitschüler in Reichhöhe einen Ast entdeckt und an demselben solange gepötert, bis er wackelig wurde, sich hin und herschieben ließ, ja sogar herausgenommen werden konnte, sodaß eine runde Öffnung entstand. Diese Spielerei war völlig harmlos und es war in der That Niemandem in den Sinn gekommen, durch das winzige Guckloch Herrn Marschall zu beobachten. Aber dieser war von solchem Verdachte nicht zu kuriren und hielt mit Eifer darauf, daß der wackelige Ast stets in seinem Loche steckte, ja mit Leim darin befestigt war. Eines Nachmittags hatte sich nun mein Bruder Fritz nach Kinderart die Zeit damit vertrieben, daß er den Ast in seinem Loche hin und herschob und es war ihm dabei das Unglück widerfahren, daß der Ast bei einem plötzlichen Stoßen heraus und direct in die Brillenöffnung flog, sodaß er unwiederbringlich verloren ging. Anstatt nun das Loch mit einem Kork, oder einem anderen Gegenstand zu schließen, hatte Fritz nichts böses ahnend, das Feld seiner rühmliche Thätigkeit geräumt und sich unsern Spielen im Freien angeschlossen, als plötzlich zu ungewohnter Stunde von Marschalls Fenster her das mit einer hell klingenden Handschelle gegebene Signal zum Sammeln ertönte.

Wir eilten schleunigst auf den Alarmplatz, die Schulstube, und befanden uns zu unserem Entsetzen dem vor Aufregung zitternden, vor Ärger rot angelaufenen Lehrer gegenüber, der ein Verhör anstellte, um zu ermitteln, wer den unschuldigen Ast aus seinem natürlichen Platze entfernt hatte. Ohne das geringste Schuldbewußtsein bekannte sich Fritz als Thäter, bezog seinen Lohn mit dem Röhrchen und wurde obendrein verurtheilt, schleunigst Ersatz für den verbrachten Ast zu schaffen. Seit dem wagte es niemand mehr, an dem verhängnisvollen Verschlage Albereien zu treiben.

15. Mahlzeiten

Nun mag es genug sein, der Bubenstreiche, der Leser könnte sonst zu dem unberechtigten Argwohn verführt werden, daß wir in der Privatschule nichts als Albernheiten getrieben hätten. Ich fahre in der Tageszeiteintheilung fort und berichte, daß nach der ersten Unterrichtsstunde Morgens um 8 bezw. 9 Uhr das Frühstück eingenommen wurde. Das bestand aus ziemlich derben mit Butter oder Schmalz bestrichenen Brotschnitten und wurde auf einem mächtig großen Tablett in die Schulstube gebracht. Besonders beliebt war das Kantenstück, der sog. Knust, und um diesen zu erhalten, stürzte sich die hungrige Kinderschaar auf die Frühstücksschüssel, in dem jeder, wenn nicht den Knust selber, so doch ein möglichst günstiges Stück mit reichlich viel knuspriger Rinde zu erhalten suchte.

Daß bei diesem Wettrennen leicht Zank und Streit entstand, und trotz thunlichst gleichmäßigen Zuschnitts der Frühstücksportionen doch kritische Vergleichungen und Äußerungen der frühstückenden Kinder unvermeidlich waren, so entschlossen sich die Hausdamen, ungeachtet der daraus erwachsenden Mühewaltung auf jede Brotschnitte einen kleinen Zettel zu legen, der den Namen des Brotempfängers enthielt. In Folge dieser sinnreichen Einrichtung vollzog sich nun die Frühstücksaustheilung in vornehm ruhigen Bahnen. Berücksichtigt man, daß auch Nachmittags um 3 Uhr als Vesperbrot eine ebensolche Abfütterung mit Schwarzbrotschnitten stattfand und daß selbst zum Mittag- und Abendessen kleine Brotscheiben gereicht wurden, so wird man den Consum an Schwarzbrot in meinem Elternhause ungefähr beurtheilen können. Meine Mutter hätte wöchentlich ein- auch zweimal backen müssen, um den Bedarf zu decken. Thatsächlich war das aber seltener, mitunter sogar erst alle 14 Tage nöthig, da eine ganz beträchtliche Anzahl Brote Kraft althergebrachter Observanz von den Ortseinwohnern an die Pfarre in natura geliefert wurde. Jeder Feuerstelle lag es ob, alljährlich 2 Brote ins Pfarrhaus zu bringen.

Nun kam es vor, daß ein Termin für diese Abgabe nicht bestand, daß sich in wenig Tagen eine übermäßig große Menge Brote bei uns anhäufte, dessen Verbrauch im besten Willen unmöglich war. Andererseits fehlte es mitunter daran, wenn meine Mutter darauf gerechnet hatte, und die Leute nichts brachten. Da über Quantität und Qualität der Ware keine Vorschriften bestanden, waren die Brote von gar verschiedenem Umfange und theilweise aus einer Sorte Brot hergestellt, die uns wenig behagte. Daß dem Roggenmehl in mäßigem Mischungsverhältniß Erbsen- und Bohnenmehl beigeknetet wurde, war eine gebräuchliche Erscheinung.

Wenn aber das Brot fast ausschließlich aus diesen Leguminosen hergestellt war, wollte es uns durchaus nicht munden und noch viel weniger bekommen; dann waren wir sehr damit einverstanden, daß das Volumen solcher Zinsbrote ein möglichst bescheidenes war und über die Größe eines Groschenbrotes nicht wesentlich hinausging. Die leckersten und größten Brote lieferten Amtmann Bock und Dr. Unger. Die aus der Häuslichkeit der letzteren kommenden hatten einen Durchmesser von mindestens 2 Fuß und wurden extra groß als Pfarrzinsbrote hergestellt.

Noch evidenter trat die Verschiedenheit nach Größe und Beschaffenheit – abgesehen von den Hühnereiern – bei den sonstigen Naturallieferungen für die Pfarre hervor.

Manche Häuser waren tributpflichtig auf eine Wurst, andere auf eine Gans, eine Ente, einen Hahn, ein Paar Tauben, u. s. f. Da wanderten mitunter seltsame Exemplare ins Pfarrhaus ein: Kleine Nierenwürstchen, die den Kindern ums Mäulchen angemessen werden, alte ausgediente Hähne, die Tage lang bei 200°+C. gekocht werden durften, ohne an ihrer Zähigkeit einzubüßen, rappeldürre Enten, die kein Loth Fleisch auf der Brust hatten, widerspenstige Gänseriche, denen Schrot und Korn auf ihrem langjährigen Lebenswege ein unbekannter Begriff geblieben war. Andere Zinspflichtige – und das war, wie ich gern anerkenne weitaus die Mehrzahl – sahen eine Ehre darin, oder machten sich eine Freude daraus, nur das ausgesucht Beste in die Pfarre abzuliefern. Die ellenlangen saftigen Bratwürste, die nach dem Schlachtfeste vom Hakenhofe geliefert wurden, die prächtigen, wie Läuferschweine großen Fettgänse, mit denen Gottfried Schulze aufwartete, die zarten, mit Welschkorn gemästeten Kapaune des Teichgutes wurden mit Jubel begrüßt und mit größtem Behagen verzehrt.

Schade, daß all' diese Naturalleistungen, die nach meinem Empfinden ein gewisses Abhängigkeitsverhältniß der einzelnen Dorfbewohner dem Pfarrherrn gegenüber practisch zum Ausdruck brachten, im Laufe der Jahre durch einmalig Geldabfindungen abgelöst worden sind.

Erinnerte dieser Zustand auch an mittelalterliche Verhältnisse, wurde er von einem Theile der Bevölkerung, wohl auch von feinfühlenden Geistlichen lästig empfunden, so knüpfte er doch das natürliche Band, das in der Landgemeinde zwischen dem Pfarrer und seinen Gemeindegliedern bestehen soll, unmerklich enger und verschaffte beiden Theilen eine in den meisten Fällen erwünschte Gelegenheit zu freundlichem Entgegenkommen.

Die drei auf das Frühstück folgenden Unterrichtsstunden wurden von Herrn Marschall ertheilt. Er legte auf die Erlernung der zur humanistischen Bildung nothwendigen Sprachen: Deutsch, Lateinisch, Griechisch besonderen Werth, mit dem Französischen dagegen wars nicht weit her und mit der Geschichte erst recht nicht. Er wußte sie zwar interessant genug vorzutragen und durch Einschaltung kleiner Anekdoten mundgerecht zu machen, leider sorgte er aber nicht mit nachhaltiger Strenge dafür, daß das von ihm Erzählte bei uns auch festsaß; und so kam es, daß der Ernst und die Wichtigkeit dieser Disziplin von uns Knaben nicht erfaßt wurde.

Er war doch auch zu drollig und würde selbst bei reiferen Männern einen Heiterkeitsaffect verursacht haben, wenn Herr Marschall die Frage: „*Wann lebte Ly Kurg*"? Dadurch accentuirte, daß er bei der letzten Silbe des großen Gesetzgebers durch plötzliches Zurückwerfen des Kopfes ein mit Daumen und Zeigefinger festgehaltenes Haar von dem üppigen Wachsthum seiner Nasenhöhle heraus riß.

Als Grundlage für den lateinischen Unterricht dienten die Grammatik von Otto Schulz, sowie dessen Übungsbücher:

Das tirocinium zum Übersetzen aus dem Lateinischen ins Deutsche und die militia mit deutschen Übungsstücken, die von Fortgeschrittenern ins Lateinische übertragen werden mußten. Man mag fachmännischerseits über den Werth dieser Bücher urtheilen wie man will, ich kann sie nach meiner practischen Erfahrung als äußerst zweckmäßig empfehlen und würde sie, wenn ich darüber zu bestimmen hätte, unbedingt dem langweiligen, schwer verständlichen Ellendt-Seyffert, der heute wohl allgemein das Feld behauptet, vorziehen. Die herrlichen Genusregeln, die auswendig zu lernen und herzuleiern selbst dem Dümmsten nicht allzuschwer fiel, hat man durch belehrende, in Prosa gehaltene Grundregeln ersetzt, damit der Schüler nicht mechanisch auswendig lernen, sondern mit dem Verstande arbeiten soll. Ja, wenn er das nur thäte! In dem frühen Alter, wo er die Genusregeln anwenden muß, lernt er viel leichter und sicherer auswendig, als daß er den Verstand fortgesetzt anstrengt.

Die mechanisch auswendig gelernten Regeln bleiben aber lebenslang festsitzen, während der prosaische Gedächtnißkram sehr bald verschwitzt ist. Ich möchte behaupten, daß zu unserer Zeit lange nicht so viele grobe, grammatische Böcke geschossen worden sind wie heutzutage und daß wir überhaupt die lateinische Sprache viel sicherer handhabten, wie die moderne Jugend. Das tirocinium hatte aber den besonderen Vorzug vor anderen gelehrten Handbüchern, daß es dem Kindergemüthe zugänglich, leicht faßlich und vielfach drollige Stücke brachte, die wir auch außerhalb des Unterrichtes gern rekapitulirten. Unvergeßlich ist mir die Morgenunterhaltung zwischen Hausherrn und Langschläfer: Leni, Leni, Christine, expergircese, tempus est eundi in scholam, auditne? – non audio – ubi haber aures? In lecto ac somno! So erdreistet sich der freche Faulpelz zu antworten, bis er durch ein kräftiges Schimpfwort: furcifer du Galgenschwengel, zur Ordnung gebracht wird. Gleichen Zweck verfolgt das bekannte Morgensprüchlein: vurge, joner, mane früh, guande bubulcus – treibt die Ruh, guande rubulcus treibt die Schwein,' sollt du schon in Thole sein! Zwang- und mühelos prägen sich solche Sätzchen dem Gedächtnisse ein, und wie viel lernt man an ihnen! Am leichtesten und am sichersten dringt m. E. ein Schüler in die Fremdsprache ein, wenn er spannende, leicht faßliche und gut zu übersetzende Kapitel mit Vergnügen auswendig lernt. Im Anhang zum kleinen Ploetz (französ. Schulgrammatik) ist ein Scherzgedicht abgedruckt, das ich spaßeshalber auswendig lernte, um Herrn Marschall durch dessen Vortrag zu überraschen, es lautet: du pain sec et du fromage, c'est bien peu pour dejeuner; on me donnera – je gage – entre adore à mon dieu, car bidon dieu, dit on, de dos j'un dodu dindon. Diese unscheinbaren Verse sind mir während meines Aufenthalts in Frankreich sehr werthvoll gewesen.

Unsere schriftlichen Arbeiten: Exercitien und Extemporalien censirte Herr Marschall sehr human und es war keine Seltenheit, daß er sie durch ein gefällig geschriebenes „bene“ auszeichnete. Die besten häuslichen Arbeiten lieferte wohl Vermöge des dem weiblichen Geschlechts angeborenen Hanges zur Häuslichkeit meine Schwester Johanne, die als einzige Vertreterin des schönen Geschlechtes an allen Unterrichtsstunden Theil nahm und es so weit brachte, daß sie vor ihrer Confirmation die Aufnahmeprüfung für die tertia gymnasii mit Glanz hätte bestehen können. Ihre dauernde Anwesenheit in der Schulstube war entschieden von sehr heilsamem Einfluß, der zwanglosesten Ungezogenheit legte sie sanfte Fesseln an, und nur so ist es zu erklären, daß sich die tollsten Streiche in der Privatschule erst dann ereigneten, als meine Schwester ihre Studien beendet hatte und in der Wirthschaft thätig war. Doch darüber später!

War der Vormittagsunterricht (um 11 bezw. 12 Uhr) beendet, so bewegten wir uns kurze Zeit im Freien nahe beim Pfarrhause, um auf Marschalls Klingelzeichen sofort wieder auf unsere Plätze in der Schulbank zurückzukehren, wo inzwischen für das Mittagessen gedeckt war. Diese letztere Aufgabe lag meiner Schwester Johanne ob, der aber fast immer freundliche Mitschüler, mit Vorliebe Bruno Keydel aus St. Andreasberg, bei diesem Geschäfte assistirten.

An das obere Ende des großen Arbeitstisches wurde ein etwas kleinerer für die Familienglieder, einschließlich des Herrn Marschall, angesetzt, und die so gebildete große Speisetafel mit mächtig langen Tischtüchern überdeckt. Wir benutzten ausschließlich Zinngeschirr: flache und tiefe Teller, Gemüse-, Braten- und Suppenschüsseln, die für gewöhnlich abends wie Porzellan abgewaschen und nur Sonnabend Nachmittags mit feinem Sand und Taubenkopf (Schachtelhalm) blank gescheuert wurden, sodaß sie Sonntags wie Silber glänzten. Die Suppenschüssel war von riesigem Umfange und bedurfte kräftiger Armmuskeln, wenn sie in gefülltem Zustand aus der Küche die Treppe hinaufgetragen werden sollte. Auffüllen und Tranchiren übernahm, nachdem mein Vater das Tischgebet gesprochen hatte, die sorgende Hausfrau. Suppe und Fleisch wurde Jedem zugetheilt, die Gemüse-, Salat- und Kartoffelschüsseln circulirten zur Entnahme à Discretion. In der Regel wurde Suppe, Fleisch und Gemüse gereicht, aber durchaus nicht immer Bouillon, die gab es nur bei gekochtem Rind-, Kalb- oder Hammelfleisch, dagegen vielfach Kartoffel-, Erbsen- und Bohnensuppe und als besonders beliebtes Gericht Restepflaumensuppe mit Mehlblöckchen.

Auf die zuletzt genannte Suppe folgte – allgemein als Lieblingsspeise anerkannt – die Heringspfanne. Das war ein Gemisch von fein gewiegtem Hering, Fleisch und Quark nebst Butter und Salat mäßig geschnittenen Kartoffeln. Das ganze wurde, gut vermengt, in großen eisernen Tragpfannen so lange gebacken, bis es rings eine schöne braune Kruste zeigte. Letztere mußte, soweit sie mit der Pfanne in Berührung war, sorgfältig herausgeschabt werden und galt als größte Delikatesse; selbst Herr Marschall mochte diese Geschmacksrichtung theilen, denn er liebte es, von den ihm gereichten Schüsseln stets nur die oberen, angebräunten Lagen mit zitternder Auffüll-bewegung auf seinen Teller zu schieben. Äußerlich war schon an dem gedeckten Tische sofort zu erkennen, wann Heringspfanne gereicht wurde.

In diesem Falle wurden nämlich nur Tischgabeln, nicht Messer, aufgelegt. War diese Thatsache konstatirt, dann entstand unter der jüngeren Kinderschaar fanatisches Jubelgeheul. Bei Tische wurde aber derart reingehauen, daß nie ein Rest in der Schüssel übrig blieb. Sehr beliebt waren auch weiße Bohnen, als Gemüse mit Kartoffeln und Backobst zusammengekocht und mit ausgelassenem Speck übergossen, zumal wenn dazu eine derbe Scheibe selbsteingeschlachteter, geräucherter Blutwurst gereicht wurde. Einige erklärten sich bei diesem Gerichte in Permanenz und ließen Marschall's dringende Mahnung zur Mäßigkeit unbeachtet, bis er im Hinblick auf den am Nachmittag bevorstehenden Mathematikunterricht mit den Worten des Pythagoras: „abstine fabis" zu ertheilen pflegte. Schlimm erging es bei solcher Gelegenheit dem hungrigen Hugo Öhme. Der hatte erst mit einer Portion aufgeräumt und verschnaufte nur ein wenig, um sich für die Vertilgung einer vermehrten Auflage seines Lieblingsgerichtes zu präpariren, als Herr Marschall sein geräuschvolles Luftschnappen als eine untrügliche Äußerung gänzlicher Sättigung erkannte und dem armen Schmachtlappen trotz seiner Betheurung, daß er noch nicht halb satt sei, weiteres Zulangen verbot.

Sonntags gab es zu Mittag nur Reissuppe und gekochtes Rindfleisch nebst Rosinensauce. Zur Erhöhung der Feierlichkeit cirkulirte am Tische ein größerer, mit Weißwein gefülltes Pokalglas, von dem der einzelne aber nur ein wenig nippen durfte, damit das zuständige Quantum reichte. Weil mein Vater nach dem Mittagsessen noch den Nachmittagsgottesdienst abhalten mußte, wurde der eigentliche Sonntagsbraten erst zu Abend gereicht und bestand fast immer aus einer riesigen Kalbskeule, die ebenso wie der zugehörige saftige Hoefer'sche Kartoffelsalat, ungetheilten Beifall fand.

Nur wenige Gerichte waren es, die entschiedener Abneigung auf Seiten des Vertilgungskomitées begegneten und bei denen die Hausfrau auf die Aufforderung zum Zulangen statt des üblichen laut und freudig geäußerten „bitte" ein verschämtes „danke" vernehmen mußte.

Schon der fade, säuerliche Geruch, der im Laufe des Vormittags von der Küche in die Schulstube drang, ließ nichts gutes ahnen, wenn nun gar ein pfiffiger Spion an einer Ritze der Küchenthür gelauscht hatte und mit dem Schreckensrufe in die Stube stürze: *„Heute giebts Hachée"*, *„'s giebt Kalbsinster"*, da wurden die Gesichter lang und die Bauchriemen enger geschnallt. Im Laufe der Jahre pflegt sich ja die Geschmacksrichtung zu ändern, und ich kenne Speisen, die ich als Knabe nicht riechen konnte, aber als Mann mit Vorliebe genossen habe – dahin gehören Spargel, Spinat und Sellerie –; bei Hachée und Inster trifft das aber nicht zu. Das sind Gerichte, die mir noch heute, wenn ich in die Lage kommen sollte, dazu genöthigt zu werden, widerlich sein würden. Das erstere wird aus fein gewiegter Rindslunge, das letztere aus Kalbskaldaunen hergestellt. Gemeinsam ist beiden, daß sie säuerlich und weichlich sind und nicht über die Zunge rutschen wollen. Abgesehen von ihrem faden Geschmack besitzen diese Speisen absolut keinen Nährwerth und sind aus diesem Grunde ebenso wie die sonst ja nicht übel schmeckende Kalbsleber von dem Küchenzettel meines Haushaltes ausgeschlossen geblieben.

Recht wenig erbaulich war der Nachmittagsunterricht der von 1 – 3 Uhr stattfand und zumeist von meinem Vater ertheilt wurde. Oft mußte konstatirt werden, daß plenus venter non studet libenter und wir es an der von dem Lehrer unbedingt verlangten Aufmerksamkeit fehlen ließen. Aber auch diese Stunden gingen vorüber, und eine Tasse Milchkaffee nebst einem Butter-, Schmalz-, oder Musbrot ließ Kummer, Angst und Noth schnell vergessen. An Schmalz und Pflaumenmus besaß meine Mutter stets reichlichen Vorrath, es waren davon in der Speisekammer stets mehrere Sectionen riesiger Steintöpfe in Reih und Glied aufmarschirt. Schwarzbrot mit Pflaumenmus kann nach meinem Geschmacke nicht gerade als Delikatesse gelten, und diese Empfindung mochte wohl auch Felix Isenburg, ein verwöhnter Offiziersbub, theilen, denn nach kurzem Wortwechsel mit einem Kameraden drückte er diesem sein soeben empfangenes Musbrot so geschickt an die Backe, daß es zum größten gaudium der corona daran haften blieb und somit seinen Beruf verfehlte.

Bei gutem Wetter machte Herr Marschall nach Beendigung des Vesperbrotes mit uns einen etwa einstündigen Spaziergang. Mit dem obligaten grauen Cylinderhute angethan und mit einem zierlichen, biegsamen Spazierstöckchen bewaffnet, setzte er sich an die tête und führte an dem neu angelegten Friedhofe und dem Schingeleichsgraben vorbei an den Eichelsweg, der in der weiteren Fortsetzung ins Fronderöder Holz führt; wir aber schwenkten links ab, durchschritten die Wüstung Gliebingen und drangen auf unserer Feldwanderung vor bis zur einsamen Pappel in der Rückung nach dem Wirthshause am Schern. Unter Vermeidung des letztern kehrten wir dann auf einem andern Feldwege ins Dorf zurück und landeten dort auf der Hauptstraße in der Nähe des Hakenhofes. Dies war die regelmäßige Tour, als er aber zur Abwechslung einmal, um ins Dorf zurückzugelangen, einen unbekannten Harkenweg eingeschlagen hatte, gerieth er arg in die Büsche, denn dieser Pfad führte auf ein Privatgartengrundstück, dessen Besitzerin ein heilloses Keifen und Zanken anstimmte, als sie unser ansichtig wurde. Ihre Vorwürfe und Verwünschungen richteten sich naturgemäß gegen unseren Führer, den sie für unser unberechtigtes Eindringen in ihren Garten mit den Worten zur Verantwortung zog: „*gäht dänn hier en Wäck? Hier gäht kein Wäck! Was had dä uch dünn hier rumzutriebe? Rumtriebe sind e, stählt den lieben Gott de Tage wäck*“? Darauf würdevoll

Marschall: „*Aber Frau, hier führt doch ein Weg*“! „*Was, das sall en Wäck sie? Wär hätt en denn gemacht? Ha hätt en gemacht*“! Und in dieser Tonart gings weiter, sodaß wir vorzogen, uns schleunigst rückwärts zu konzentrieren und es für die Folge, wenigstens unter Marschalls Führung, unterließen, neue Wege auszubaldovern. Diese Spaziergänge dienten aber wesentlich zu unserer Belehrung in landwirthschaftlichen Dingen, und so kam es, daß wir schon in früher Jugend die Früchte des Feldes in ihren einzelnen Entwicklungsstadien genau kannten, sie zu unterscheiden wußten und über ihre Kultur und Zweckbestimmung orientirt waren. Das kam uns später im Naturgeschichtsunterricht sehr zu statten und gab uns einen wesentlichen Vorzug vor den Stadtkindern, die der Mehrzahl nach von so naheliegenden Dingen bis ins hohe Alter hinein keine Ahnung haben.

Von 4 – 6 Uhr fand Arbeitsstunde statt und an sie schloß sich das Abendessen an, das sich in derselben Weise vollzog wie das Mittagessen. Materiell war es höchst einfach und bestand, abgesehen von den Sonntagen, meistens aus einer Suppe und einer mäßigen Brotschnitte mit Käse.

Am beliebtesten war die Braunemehlsuppe, in der namentlich die flach geschnittenen Schwarzbrotscheiben – weil geröstet – besonders lecker schmeckten, auch gegen Milch- und Wassersuppe mit Semmelbrocken bestand keine Abneigung, nur an die Riwwelsuppe – eine nichtssagende Mehlsuppe mit Klüterchen wollte niemand gerne heran, aber gegessen wurde sie darum doch.

2 mal in der Woche wurden an Stelle der Suppe Pellkartoffeln gekocht, die namentlich dann mit besonderer Vorliebe geschält und massenweise vertilgt wurden, wenn dazu als Sauer ausgelassener Speck mit Zwiebeln, oder Grieben von Schmeer zirkulirten. Der schrankenlosen Unersättlichkeit einzelner

hatten wir den Befehl zuzuschreiben, daß mehr als 30 Kartoffeln auf einmal nicht geschält werden durften.

Wurde die Kartoffel im Laufe des Frühlings wässerig, so brauchte der Consum deshalb nicht eingeschränkt zu werden. In diesem Falle fand anstelle des gewöhnlichen Kochprozesses das Dämpfen der Kartoffeln statt; halb gar gekocht, wurden sie abgegossen, der Topf umgedreht Und ohne Deckel wieder auf die Herdplatte geschoben.

Dadurch bildet sich eine etwas angekohlte Kruste um die Kartoffel, die ihre Feuchtigkeit verliert und ausgezeichnet schmeckt. Herr Marschall legt sie, in Scheiben geschnitten, aufs Butterbrot und behauptete, das schmecke besser, als wenn man hart gekochte Eier mit Butterbrot genösse.

Nach dem Abendessen durften wir uns noch 1 – 2 Stunden im Freien bewegen, mußten aber um 9 Uhr wieder zu Hause sein und schlafen gehen. Diese Stunden waren die schönste des Tages, sie wurden verwandt zu ausgedehnten Spielen, zum Spazieren, zu Besuchen und Unternehmungen im Dorfe und der Umgebung. Die Vorliebe für das Soldatenspielen hatte der bereits erwähnte Felix Isenburg geweckt, der, selbst zum Soldaten prädestinirt, in den Garnisonen seines Vaters Gelegenheit genug gehabt hatte, dem Exerzieren auf den Übungsplätzen auch im Gelände beizuwohnen. Er hat später in den Feldzügen 64, 66, 70/71, wirkliche Lorbeeren geerntet und schon als Premierleutnant das eiserne Kreuz 1. Classe erworben.

Wir hatten eine Fahne, deren Tuch aus grober Leinwand mit aufgemaltem Adler bestand, ein arg zerbeultes Signalhorn, und an der Seite trug jeder Krieger ein kräftig aus Buchenscheitholz gearbeitetes Schwert, das um geringen Preis von unserm Nachbar, dem Stellmacher Gliving, angefertigt wurde. Dieser bewohnte mit seinem Bruder, dem Tischlermeister, einträchtig ein an unsern Hof grenzendes Grundstück, und beide waren uns wohlgesinnt, ja liebe Freunde, die wir gerne bei Ausübung ihres Handwerkes beobachteten und die uns bereitwillig aushalfen, wenn wir bei einer Handarbeit, die in ihr Fach schlug, mit unserm primitiven Handwerkszeuge nicht zu Schick kommen konnten.

Mit solchen Waffen und Emblemen zogen wir in militairischem Gleichschritt durchs Dorf und besetzten eine in der Nähe gelegene arg zerklüftete Schlucht, von uns die Alpen genannt, weil man bei einiger Phantasie auf diesem wüsten Terrain schroffe Felsen und grausige Abgründe unterscheiden konnte. Die eine Partei hielt sich auf steil abfallendem Hügel verschanzt, während die andere unter Trompetenstößen mit fliegender Standarte zum Sturmangriff vorging. Das war ein heißes Ringen. Wuchtige Hiebe wurden ausgetheilt und manch edles Schwert brach in Stücke. Schmachvoll wars, ein Schwert, an dem keine Spuren des Kampfes zu ermitteln, heimzubringen. Je mehr Splitter, umso forscher. Als ein Held aber galt der, dem beim wuchtigen Zweikampf nur das Heft in der Hand geblieben war.

16.

Einen eifrigen Aufschwung nehmen die militairischen Spielereien, nachdem wir im Herbste 1861 4 Wochen lang ein richtiges Soldatenspiel in der Nähe unseres Dorfes erlebt und beobachtet hatten. Zuvor hatte der Schulze einmal der Kriegserklärung bekanntgemacht, diese Mittheilung war aber aus Unverstand von uns wenig Beachtung geschenkt worden. Umso mehr staunten wir, als eines guten Tages die Fouriere auf den Hof geritten kamen und nach Besichtigung der guten Stuben und Stallungen das Pfarrhaus für den Stab des Dragoner-Regiments No. 6 in Beschlag nahmen. Das war etwas Großes, etwas ganz Neues für uns, die wir bisher Soldaten nur gesehen hatten, wenn sie an den hohen Festen im Sonntagsanzuge in der Kirche erschienen. Und das waren ja nur Urlauber von dem 71. Regiment aus Erfurt und ohne Gewehr. Diese hier aber saßen auf stolzen Rossen, hatten an der einen Seite einen mächtigen Schleppsäbel und an der andern, am Sattel festgeschnallt, ein kleines Gewehr, das die freundlichen Leute „Karabiner“ nannten und das am Anfang

16. Manöver

Einen riesigen Aufschwung nahmen die militairischen Exerzitien, nachdem wir im Herbste 1861 4 Wochen lang ein richtiges Soldatenspiel in der Nähe unseres Dorfes erlebt und beobachtet hatten. Zwar hatte der Schulze einmal von Einquartierung gequasselt, dieser Mittheilung war aber aus Unverstand von uns wenig Beachtung geschenkt worden.

Umso mehr staunten wir, als eines guten Tages die Fouriere auf den Hof geritten kamen und nach Besichtigung der guten Stuben und Stallungen das Pfarrhaus für den Stab der Dragoner-Regiments N°6 in Beschlag nahmen. Das war etwas Großes, etwas ganz Neues für uns, die wir seither Soldaten nur gesehen hatten, wenn sie an den hohen Festen im Sonntagsanzuge in der Kirche erschienen. Und das waren ja nur Infanteristen vom 71. Regiment aus Erfurt und ohne Gewehre. Diese hier aber saßen auf stolzen Rossen, hatten an der einen Seite einen mächtigen Schleppsäbel und an der andern, am Sattel festgeschnallt, ein kleines Gewehr, das die freundlichen Leute „Karabiner" nannten und das am Anfang des Laufes nicht etwa einen Hahn hatte, wie die uns bekannten Flinten, sondern einen Knopf, denn es war ja ein Hinterlader, ein Dreyse'sches Zündnadelgewehr, von dessen Vorzügen wir mit Staunen gehört hatten, ohne uns einen Begriff von solcher Mordwaffe machen zu können. Und nun hatte jeder der einziehenden Soldaten ein solches Wunderwerk an seinem Sattel! Ein Schauer durchrieselte unsere jungen Glieder, wenn uns ein gesprächiger Reitersmann gestattete, sein Zündnadelgewehr anzufassen, es in die Hand zu nehmen, den Knopf zu befühlen. Diesen mit kräftigem Schlag von rechts nach links zu werfen, zurückzuziehen und damit die Kammer zur Aufnahme der Patrone zu öffnen, wollte unsern schwachen Kräften freilich nicht gelingen; aber die freundlichen Dragoner unterstützten gerne unsere auf Befriedigung der Wißbegierde gerichteten Bemühungen und theilten selbstbewußt aus dem Schatze ihrer Instructionskundenweisheit mit.

Die 6. Dragoner gehörten zu den in den Conflicts gut neu formirten Regimentern, erfreuten sich der unbekannten Landstädtchen Schmiedeberg, Kemberg, Gräfenheinichen als Garnison und waren, wenn sie die Pferde abgegeben hatten, schwer als Kavalleristen zu erkennen. Da nämlich der Landtag die zu ihrer Formirung nöthigen Mittel abgelehnt hatte, so war es noch nicht möglich gewesen, für sie Dragoneruniformen anzuschaffen, man hatte sich vielmehr vor der Hand damit beholfen, sie aus überschießenden Beständen der Infanterie einzukleiden, und so kam es, daß die Mannschaften wie berittene Infanteristen aussahen, die hellblaue Dragoneruniform aber zunächst nur von den Offizieren und einjährig Freiwilligen getragen wurde.

Wie schon früher erwähnt, gab es in Gross-Wechsungen eine Reihe ansehnlicher Rittergüter, deren Wohnhäuser allgemein einen weit stattlicheren Eindruck machten wie die altersschwache Pfarre. Und so mochte wohl der im Dienste ergraute Regiments-Kommandeur, Oberstwachtmeister Krug von Nidda nebst seinem Adjutanten, dem länglichen Leutnant Erich beim Einrücken ins Kanntonnement sehr erstaunt gewesen sein, daß die Quartiermacher für den Stab die unscheinbare Landpfarre und nicht vielmehr ein viel versprechendes Rittergut bestimmt hatten. Die Sache hing so zusammen, daß die Rittergutsbesitzer, oder richtiger deren Frauen sich mit Händen und Füßen dagegen gesperrt hatten, einen Herrn von so hohem Range, wie ihn ein Kavallerie-Regimentskommandeur in den Augen der simpeln Landleute nun einmal hat, als Quartiergast aufzunehmen, da sie sich außer Stande fühlten, ihn standesgemäß zu verpflegen und in seinen Bedürfnissen an Bequemlichkeit etc. zufrieden zu stellen.

Meine Mutter als überaus tüchtige Hausfrau war aber einer solchen – in der That recht schwierigen – Aufgabe vollauf gewachsen, und so übernahmen es denn meine Eltern als begeisterte Patrioten und unerschütterliche Verehrer der Armee nicht ungern, den Regimentsstab während der 4 wöchigen Übungen zu beherbergen. Dank der Aufmerksamkeit und Zuvorkommenheit meines Vaters, der unermüdlichen Thätigkeit und Aufopferung meiner Mutter trug die Anwesenheit der Kommißgäste die Signatur einer ununterbrochenen Reihe von Festtagen.

Täglich fand große Mittagstafel mit mehreren Gängen statt, an der es sich nicht allein unsere Einquartierung, Krug von Nidda und Erich wohl sein ließ, sondern auch auf Vaters Einladung andere im Ort und Umgebung weniger gut verpflegte Offiziere umso bereitwilliger Theil nahmen, als der vorzügliche Tisch meiner Mutter, nicht minder aber der ausgezeichnete Rüdesheimer des Herrn Pastors sehr bald in den Offizierskreisen des Regiments, der Brigade, der Division eine voll berechtigte Berühmtheit erlangt hatte. Es war in jener Zeit offenes Haus bei uns. Wer das Bedürfniß fühlte, mal gut zu essen, oder zu trinken, der sagte sich zum Mittagsmahle in der Pfarre an und war meinen Eltern willkommen. Ja selbst der Landrath v. Darier, gleich meinem Vater ein strammer Conservativer, hatte in Nordhausen von den lukullischen Gastmählern in Gross-Wechsungen Kunde erhalten und erschien eines Tages nebst einem piekfeinen Regierungsreverendar bei uns zu Mittag, um sich persönlich von dem Stand der Dinge zu überzeugen. Das practische Ergebnis dieses landräthischen Besuchs war, daß mein Vater vom nächsten Jahre ab erheblich in der Einkommensteuer gesteigert wurde. Dies der Dank für die patriotische Gesinnung und Opferwilligkeit meiner Eltern, die wohl noch lange und schwer an den durch die Quartierlast verursachten Ausgaben zu tragen gehabt haben und durch das gewaltige Loch, das die durstigen Reiter in den edeln Rüdesheimer getrunken, immer von neuem an die lieben Kommißgäste gemahnt wurden.

Nicht minder wie den Offizieren gefiel es den in unserm Hause untergebrachten Mannschaften in Mutters Küche und Gesindestube. Besonders dankbar für die gute Kost war der Civildiener des Oberstwachtmeisters, der jeden Morgen durch ein laut schnarrendes „Frederich" zu seinem Herrn befohlen wurde. Außer der Sorge für diesen lag dem guten Friederich auch die Pflege des Affenpintschers Schnaps, des Regimentsstabsköters, ob. Von seinen Mahlzeiten warf Friedrich dem struppigen Schnapspets einige Brocken zu; nur wenn es sein Leibgericht: Pellkartoffeln nebst ausgelassenem Speck und Zwiebeln gab, verzehrte Friedrich die ganze Portion für sich allein und erklärte hartherzig dem gierig dreinschauenden Pintscher: *„Schnaps, das ist viel zu gut für dich"!* Friedrich war ein schicker, unverdrossen dienstbeflissener Bursche, dessen Arbeitskraft durch die regelmäßige Inanspruchnahme Seitens seines Herrn bei weitem nicht ausgenutzt wurde, zumal der Letztere, ein vornehm bescheidener Mann, keine außergewöhnlichen Bedürfnissen hatte. Die zur Instandhaltung und Reinigung der militärischen Bekleidungs- und Ausrüstungsstücke zweckmäßigen Verrichthungen und Handgriffe lernte ich auf diese Weise frühzeitig kennen und fühlte mich hoch geehrt, wenn Friedrich in seinem Vertrauen auf meine Geschicklichkeit sich soweit herabließ, daß er mir Helm, Säbel oder Epauletten des Herrn Oberwachtmeisters überließ, um sie mit frischem Glanze zu umgeben. Die Achselstücke waren zu jener Zeit noch nicht erfunden, die Offizire mußten vielmehr zu jedem Dienste die schwerfälligen Epauletten anlegen. Wie diese und zumal die Stabsoffizir-Epauletten nach einem heißen staubigen Manövertage aussahen, davon hat man heutzutage keinen Begriff. Der Helm war, namentlich wenn's nicht geregnet hatte, schon leichter blank zu kriegen, besonderes Vergnügen bereitete es mir aber, wenn ich ihn Morgens mit einem frisch geschnittenen Eichenbüschchen, das sorgfältig unter dem Helmadler befestigt wurde, schmücken durfte. Damals wurden die beiden Parteien dadurch gekennzeichnet, daß die eine mit, die andere ohne grünen Busch im Manövergelände erschien. Das gewährte einen frischen, freundlichen Anblick, muß aber doch wohl nicht so practisch gewesen sein wie der unter dem neuen Regimen eingeführte prosaische Helmüberzug.

Gegenstand besonderer Verwunderung bildete die seltsame Fußbekleidung des Kommandeurs. Während der eine Stiefel normal gearbeitet war, zeigte der andere eine etwa 2 Zoll dicke Sohle. Dadurch wurde erreicht, daß die ungleiche Beinlänge des Majors bei oberflächlicher Betrachtung und namentlich dann nicht ins Auge fiel, wenn er zu Pferde war. Die Verkürzung des einen Beines war für Krug v. Nidda eine bittere Reminiszenz an das Jahr 1848. Er hatte damals als Kürassier-Rittmeister in Erfurt und Halle die zweifelhafte Ehre, den Anger von den dort zusammengerotteten Revolutionshelden zu säubern. Bei dieser Gelegenheit erhielt er in felici e regione einen Schuß ins Fußgelenk, der dank der unvollkommenen Chirurgie seiner Tage eine dauernde Verunstaltung des wackern Offiziers herbeiführte.

Außer der Regimentsstandarte befand sich selbstverständlich auch die Regimentskasse während jener Manöverwochen im Pfarrhause. Dieser geräumige, eichene, schwer mit Eisen beschlagene und mit 2 mächtigen Vorhängeschlössern verwehrte Kasten erinnerte lebhaft an jene berühmte Truhe, die dem ablaßspendenden Tezel bei Jüterbog abgenommen worden ist. Ins Innere dieser geheimnißvollen Kiste habe ich zwar nicht schauen dürfen, aber es muß ein riesiger Schatz drin gelegen haben, denn 3mal habe ich es erlebt, am 1., 11., und 21. September, daß die 5 knasterbärtigen und verwetterten Wachtmeister in der guten Stube antraten und sich bald darauf mit schweren Goldstücken von dort entfernten, um die klingenden Thaler, Acht-, Vier- und Zweigutegroschenstücke an die Mannschaft der zum Löhnungsappell versammelten Schwadron auszutheilen.

Vielfach zog sich das Manöver ganz in die Nähe von Gross-Wechsungen. Wenn der Donner der Feldgeschütze und das Pelotonfeuer der Infanterie anzeigte, daß sich der Kampf in der Nähe abspielte, dann war's mit der Aufmerksamkeit vorbei, dann hatten aber auch mein Vater und Herr Marschall ein Einsehen, daß sie den Unterricht aussetzten und die begeisterte Kinderschaar ins Manövergelände führten, dorthin, wo der Kampf am heftigsten tobte. Ohne gräßliche Flüche und niederschmetternde Schimpftirade der Herren der Civilisation gings freilich nicht ab, wenn wir in unserm kriegerischen Thatendrange zwischen die feuernden Parteien geriethen und das Manöverbild zu stören drohten.

Aber das gehörte nun einmal zu einem richtigen Manöver und beeinträchtigte unsern Elan ebensowenig wie etwaige Kolbenstöße avancirender Jäger, in deren Schußfelde wir uns unbeabsichtigt befanden.

Als in einem sehr heißen, trockenen Sommer in Feld und Flur das Ungeziefer überhand zu nehmen drohte, haben wir fleißig der niederen Jagd obgelegen. Durch Gemeindebeschluß war die Dorfjugend angehalten worden, Feldmäuse einzufangen und zu tödten, es wurde Gift gelegt und mit Fallen, glatten

Gruben etc. dem Übel zu Laibe gerückt, ja mein Vater zahlte den Kindern für das Schock eingebrachter junger Mäuse wenige Pfennige aus. Diese kleinen zum Theil noch nackten Nagethiere wurden den Enten zum Futter vorgeworfen, doch hatte man mit deren unersättlicher Gier und Vielfräßigkeit nicht gerechnet; meine Mutter mußte den Verlust mehrerer werthvoller Enten, die sich bei dem vorhandenen Überfluß übernommen hatten, beklagen und ordnete nunmehr an, daß die abgelieferten kleinen Raubthiere vergraben werden sollten. Interessanter gestaltete sich die Jagd auf die ebenfalls in großen Mengen auftretenden Hamster.

Da zogen Bauern und Knechte mit Spaten und Hafersäcken ausgerüstet, nach Feierabend aus, um diesen Räubern dem Garaus zu machen und das von ihnen gestohlene Gut zu gewinnen, denn es gilt noch heute Kraft Gewohnheitsrechtes der Satz, daß der Fänger des Hamsters das Eigenthum an dessen Raube erwirbt. Voll überschwänglichen Muthes und mit den seltsamsten Waffen: Knütteln, Säbeln, Hacken, Pickeln, Spaten, ausgestattet, schlossen wir uns unserem Contractskutscher, dem Hintersättler Haake aus der fetten Gasse zur Hamsterjagd an, bestürmten ihn auf dem Marsche nach der Haferstoppel am Haferunger Wege mit Fragen über die Ausübung dieser gefährlich Jagd und betheuerten mit dem Brusttone der Überzeugung, wie thätigen Antheil wir bei dem Fange des Raubzeuges nehmen und wie muthig wir demselben mit unseren Mordinstrumenten zu Laibe gehen wollten. Mitleidig blickte der alte trockene Landmann, der nichts als Spaten und Sack bei sich führte, auf unsere Anstalten und dämpfte unsere übel angebrachte Großsprecherei mit der lakonischen Bemerkung: „*Wänn se kummen, do rißt de allehope uhs*". Er selbst riß aber keineswegs aus, sondern grub, nachdem er mit fachkundigem Blicke den Verlauf des komplizirten Hamsterbaues festgestellt und einen Nothausgang abgeschnitten hatte, ruhig drauf los, bis er ans Ende des Ganges kam, wo der Räuber mit seiner zahlreichen Familie kauerte und seines Schicksals wartete. Haake ließ die Thiere einzeln herauskommen, hielt sie mit dem Spaten hinter den Ohren fest und lancirte sie in einen vorgehaltenen Hafersack, sodaß die ganze Bande, alt und jung, 8 an der Zahl, lebendig im Sacke gefangen saß. Ein anderer Sack wurde mit dem in verschiedenen Kammern gefundenen Raube: Hafer, Weizen, Gerste, Pferdebohnen, Wicken bunt durcheinander und wohl einen Zentner schwer, angefüllt, und nun ging es mit endlosem Jubel ins Dorf zurück, wo am nächsten Brunnen das Urtheil an den unverbesserlichen Felddieben vollstreckt wurde.

Der Gastfreundschaft, die von meinen Eltern in aufopfernder Weise geübt wurde habe ich schon vorhin gedacht. Das Bild wäre unvollkommen, wenn ich bei dieser Gelegenheit nicht des freundlichen Entgegenkommens Erwähnung thun wollte, dessen sich mein Vater respectabeln Fremden gegenüber, die in unser stadtfernes Dorf verschlagen waren, befleißigte. Er mochte wohl aus seiner Vicariatszeit die Erinnerung beibehalten haben, wie kümmerlich in einem Dorfwirtshause selbst die bescheidensten Ansprüche an ein frugales Mittagessen befriedigt werden und er schleppte daher, oft zum Entsetzen meiner Mutter, kurz vor der Mittagsstunde Gäste ins Haus, die er zufällig im Dorfe aufgelesen hatte und denen er einen anständigen Happen Fleisch zum Mittagessen gönnte. Da aber längst nicht für jeden Tag auf dem Küchenzettel des Pfarrhauses ein Gericht figurirte, womit man Gäste regaliren konnte, so gerieth die Hausfrau durch solche unzeitigen Überraschungen oft in die peinliche Verlegenheit, aus der sie nur ihr unvergleichliches Wirthschaftstalent retten konnte. Wenn gar nichts da war, dann mußte schleunigst ein halb ausgewachsener Gockel sein junges

Leben lassen, oder es wurden einige angeräucherte Knackwürste aus dem Rauchfange geholt und kunstvoll zu einem polnischen Hafen verarbeitet, der dann den Bratengang markirte. So wußte sich meine Mutter stets herauszureißen, ja mit Ruhm zu bedecken und von den à la fortune du pot ins Haus geschneiten Gästen, die in keinem Falle unbefriedigt vom Tische aufstanden, ungeheuchelte Lob zu ernten.

Ihre aufopfernde Gastfreundschaft wurde ihr aber nicht immer in der Weise gedankt, wie sie es als vornehme Dame von vornehmen Gästen erwarten durfte, ja sie mußte von solch unangemeldeten, oft wenig legitimirten Passagieren mitunter Verstöße gegen das gesellschaftliche Wohlverhalten dulden, die wohl der Mehrzahl unserer Hausfrauen die Freude an der Gastfreundschaft gründlich vergällt haben würden. Einst hatte mein Vater zwei Feldmesser, die gelegentlich der Verkoppelung der Gemarkung im Orte weilten, in der bewußten überraschenden Weise zum Mittagessen mitgebracht. Um das Menü glanzvoller zu gestalten, ließ meine Mutter in aller Eile einige Stachelbeerbüsche ihrer noch nicht halb ausgewachsenen Früchte berauben und es gelang ihr auf diese Weise, ein kleines Schüsselchen mit Stachelbeercompot, dem ersten im Jahre, zu füllen und den Gästen zu offeriren. Der erste von diesen, ein Gemüthsmensch, kam der Aufforderung, von dem Compot zuzulangen, in der nicht sehr gewöhnlichen Form nach, daß er einfach die Compotschüssel umdrehte und den ganzen Inhalt auf seinen Teller schüttete. Meine Mutter mißgönnte zwar Niemandem etwas; in diesem Falle hat sie aber nicht besonders freundlich zugeschaut, als der ungeschliffene Patron mit der unbefangensten Miene den übrigen Gästen das Extragericht vor der Nase wegschnappte.

17.

Während der Wintermonate spielte sich das Leben im Pfarrhause ähnlich ab wie zur Sommerzeit. Wenn auch der Wind unangenehm durch die Fugen des in Fachwerk und Lehm ausgeführten Hauses pfiff und schauerlich an den schlecht schließenden, in Blei gefaßten Fensterscheiben rüttelte, wenn auch fast stets früh Morgens das Wasser in der Waschschüssel fast zugefroren war und eine nur spärliche Toilette gestattete, so fühlten wir uns gleichwohl höchst behaglich in unsern 4 Pfählen und begrüßten den ersten Schnee, die ersten Eiskrusten mit lautem Jubelgeschrei. Da hieß es, die kleinen primitiv aus wenigen Holzbalken zusammengefügten Rennschlitten aus dem Gerümpel des Holzstalles herausgesucht und nöthigenfalls unter Betheiligung der entgegenkommend freundlichen Handwerksmeister, des Stellmachers Gliering und des Schmieds Wiederhold

17. Winter

Während der Wintermonate spielte sich das Leben im Pfarrhause ähnlich ab wie zur Sommerzeit. Wenn auch der Wind vornehmlich durch die Fugen des in Fachwerk und Lehm ausgeführten Hauses pfiff, und schauerlich an den schlecht schließenden, in Blei gefaßten Fensterscheiben rüttelte, wenn auch fast stets früh Morgens das Wasser in den Waschschüsseln fest zugefroren war und eine nur fragwürdige Toilette gestattete, so fühlten wir uns gleichwohl höchst behaglich in unsern 4 Pfählen und begrüßten den ersten Schnee, die ersten Eiskrusten mit lautem Jubelgeschrei. Da hieß es, die kleinen primitiv aus wenigen Holzbrettern zusammengefügten Rennschlitten aus dem Gerümpel des Holzkellers hervorgesucht und nöthigenfalls unter Betheiligung der entgegenkommend freundlichen Handwerksmeister, des Stellmachers Glierung und des Schmieds Wiederhold frisch verdübelt und beschlagen. Jeder von uns Knaben hatte sein eigenes Schneegefährt und war eifersüchtig besorgt, daß sich kein Unbefugter eines Eingriffs in sein ausschließliches Benutzungsrecht zu schulden kommen ließ. Je stärker und schärfer die Stahlkufen gearbeitet waren, um so schneller sauste der Schlitten den Berg hinab und umso höher stieg er in der Werthschätzung der Sachverständigen.

Der Pfarrhof selbst bot die ausgiebigste Gelegenheit zur Ausübung des Schlittensports. Sank das Thermometer Abends unter 0, dann war es Zeit, die Rennbahn zu präpariren. Dann wurden alle entbehrlichen und nicht entbehrlichen Eimer, oder auch anderweite, zum Schöpfen frischen Brunnenwassers sonst nicht benutzte Henkelgefäße hervorgesucht, am Brunnen voll gepumpt und auf der Höhe des Waschhauses auf den von dort nach dem großen Atel abfallenden, ungepflasteten Hof entleert, sodaß sich eine mächtig breite Wasserrinne ergab, die sich fast über die ganze Länge des Hofes hinzog. Hielt die Kälte während der Nacht an, so hatte wir am nächsten Tage eine spiegelglatte Schlitterbahn, auf der wir uns nach Herzenslust tummelten, indem wir uns am Waschhause aufsetzten und sachgemäß steuernd, über die beide Atel hinweg bis gegen den Hühnerstall über den ganzen Hof sausten.

Die Eltern und die erwachsenen Geschwister hatten ihre Freude an solchem Vergnügen der Jugend, und wenn mein Vater gerade bei guter Laune war, dann stellte er sich, angethan mit dem obligaten grauen, blaugefütterten Taillenschlafrocke, einem dicken baumwollenen Halstuche und seinem schwarzen Tuchkäppchen, auf selbem Wege rechts seitwärts der Fahrbahn auf, faßte den herabsausenden Fahrer mit sicherem Griff am rechten Fuße und setzte ihn durch kräftigen Schwung in eine kreisende Bewegung, sodaß er mehrere Volten um seine eigene Achse beschrieb und dann die Fahrt zu Thal fortsetzte.

Das war der Glanzpunkt des Schlittenvergnügens, dem sich nach ausgiebigem Schneefall im Grasgarten wüthende Schneeballschlachten würdig anreihten.

Da wurden zunächst durch fleißiges Lawinenrollen mächtige Schneeblöcke konstruirt, auf- und aneinandergesetzt und zu einer schußsichern Schanze geformt, hinter der sich eine Partei aufstellt, während die andere als Sturmkolonne das Werk zu nehmen suchte. Auch an diesen Kämpfen beteiligte sich mein Vater ab und zu activ, und es gereichte uns zu besonderem Gaudium, wenn es gelang, ihm bei solcher Gelegenheit die Kappe vom Haupte zu schießen. Für solche Attacke rächte er sich dann bitter durch einen wohlgezielten Schneeballschwung; er schleuderte die Bälle mit riesiger Kraft und die von ihm applizirten Treffer schmerzten empfindlicher, als sonstige Blessuren, galten deshalb aber auch für ehrenvoller.

Von früh an wurde auch das Schlittschuhlaufen geübt, und ein Paar Schlittschuhe war uns schon als kleinen Knirpsen ein erwünschtes Weihnachtsgeschenk. Auf tiefgründigen Wiesen bildeten sich im Winter unabsehbare Eisflächen, und hier war es, wo wir die ersten Studien im Schlittschuhsport machten. Dabei kam es weniger auf die Eleganz der Bewegungen, als auf die Fixigkeit im Laufen an. Kunstvolle Bogen, Zirkel und Achten, wie man sie jetzt aller Orten auf den belebten Eisbahnen von beiden Geschlechtern ausführen sieht, waren damals noch nicht üblich, ja es hätte wahrscheinlich den größten Unwillen der Läufer und Zuschauer erregt, wenn es sich ein Mädchen hätte beikommen lassen, sich Schlittschuhe unter die Sohlen zu schnallen und übers Eis zu schweben. Freilich war damals auch die Ausübung dieses Sports nicht so bequem wie heute, wo die eleganten Holländer mit einem Handgriffe unter dem Schuh befestigt werden; im Gegentheil, die langen, den ganzen Stiefel eng einschnürenden Riemen, die die einzige Verbindung des Holzschlittschuhes mit dem Fuße des Läufers bewirkten, drückten auf die Dauer derart empfindlich auf den vor Frost starrenden Fuß, daß man laut hätte schreien mögen. Das that man aber durchaus nicht, herrisch verbiß man den grimmigen Schmerz und träumte sich, mit kühnem Anlaufe hinter einem wehmüthigen Erlenstrauche debouchirend, im Schmucke des rothen Kobpeks und des gleichfarbigen Burnus als der leibhaftige Ziehten aus dem Busch.

Noch andere Kurzweil brachte der Winter: Wenn die Tage kurz wurden und die Abende lang, da mußte man nach dem Abendessen hübsch daheim bleiben, dann wurden aber die Stunden bis zum Schlafengehen mit allerlei Handarbeiten zur Herstellung von Weihnachtsüberraschungen nutzbringend angewandt. Mit ungeübten Fingern und noch ungeschickterem Handwerkszeug, das in der Regel nur aus einem schartigen Taschenmesser bestand, galt es, aus erbettelten Cigarrenkisten niedliche Handarbeitskästchen für Mutter und Schwestern zu zimmern, sie mit schön bunt glänzendem Papier faltenlos zu bekleben und mit werthvoller Goldborte zu verzieren. Das ächzte, quietschte, hämmerte in der Schulstube, das brodelte, dampfte und duftete nach echtem Tischlerleim, daß einem Hören, Sehen und Riechen verging. Aber erquicklich und ergötzlich war doch diese Heimlichthuerei, dies Verstekken ganz harmloser Brettchen, oder Papierfitzel, sobald ein Erwachsener in der Stube erschien, dies Prahlen, daß man besser wie andere wisse, was der Weihnachtsmann bringen würde. Kam dann der 6. Dezember heran, da war der Teufel los im Pfarrhause. Von Alters her wurde der Nikolaustag dadurch gekennzeichnet, daß nach Beendigung des Nachtessens eine scheußlich vermummte und maskirte Erscheinung mit einem riesigen Quersack und einem noch schrecklicherem Prügel bewaffnet antrat und jedem einzelnen der geängsteten Kinder mit fürchterlicher Gebärde und Stimme die Frage vorlegte: „*Kannst du beten*“? Ließ Angst und Schrecken es zu, ein kleines Gebet aufzusagen; dann wurde das Kind mit Pfefferkuchen, Äpfeln und Nüssen, die der Schreckliche aus dem Sacke hervorholte, belohnt, andernfalls gabs entsetzliche Wichse mit dem Prügel. Die Spane löste sich zu allgemeinem Wohlgefallen in einem dampfenden Punsche auf, der nebst dem Inhalte des vom Knechte Ruprecht abgenommenen Sackes dankbarst genossen wurde. Vielfach vergaß auch der schlimme Nikolaus erst nach dem Gebete zu fragen, sondern beschränkte seine Thätigkeit darauf, die Kinder aus einer Ecke in die andere zu treiben. Da gab's nichts zu lachen, der Kinder bemächtigte sich vielmehr eine heillose Angst, die zuweilen mit nassen Höschen endete.

In der Weihnachtszeit, wenn das Wetter klar und kalt war, fand das Schlachtefest statt. Von den im Laufe des Jahres gemästeten 4 Schweinen wurden je 2 auf einmal geschlachtet, das 2. Paar einige Wochen später als das erste.

Schon einige Tage vor diesem wichtigen Ereigniß konnte man die Vorbereitungen dazu mit Augen und Nase wahrnehmen. Die Holzspieße und Bänder für die Würste wurden zugeschnitten und geknüpft, die Gewürze im Mörser gestoßen und gemischt, sodaß das ganze Haus nach Majoran roch.

Am Tage der Execution wurde es sehr früh im Hause lebendig. Bei völliger Dunkelheit erschien mit einigen handfesten Helfershelfern geheimnißvoll zuschelnd, Meister Kühlerrind und begab sich beim Scheine einer elenden Stalllaterne an den Schweinekasten, um das ihm von meiner Mutter bezeichnete Schlachtopfer zu greifen und herauszuziehen.

Bei seiner Taperigkeit, die er durch fortgesetztes *„pst, pst"* zu maskiren suchte gelange ihm dieser kühne Griff in der Regel so unvollkommen, daß einer seiner unerschrockenen Gehilfen einspringen und den Delinquenden aus dem Bereiche der schützenden Bretter heraus complimentiren mußte. Ohne ohrenbetäubendes Gequieke ging das freilich nicht ab, das genirte aber nicht weiter, das Opfer wurde schleunigst auf ausgebreitetes Stroh geworfen, von den Gehilfen unter Anwendung der Knien kräftig an die Erde gedrückt und von Meister Kühlewind abgestochen, während ich es mir nicht nehmen ließ, zur Beruhigung des armen Thieres seinen Schwanz festzuhalten. War es verendet, so wurde die gleiche Manipulation bei dem 2ten Schlachtthiere vorgenommen, das sich aber in Folge der ausgestandenen Angst noch schwerer greifen und bändigen ließ wie das erste.

Das Sträuben half ihm aber nichts und bald lagen die regungslosen Kadaver in mächtigen Wannen, um unter fortgesetztem Begießen mit kochendem Wasser mittelst kräftig gehandhabter Metallschellen ihrer Borsten entkleidet zu werden. Es liegt mir ferne, hier eine Beschreibung von dem Verfahren der Hausschlachterei zu liefern, nur das will ich erwähnen, daß meine Mutter die Arbeiten bis ins Detail selbst leitete, die Würze für die Würste bereitete, das Pökeln und Räuchern keinem andern überließ. Meister Kühlewind kippte gern einen hinter die Binde; zog daher stark gesalzene und gepfefferte Speisen den milde schmeckenden vor und war von der irrigen Meinung nicht abzubringen, daß Mutter zu wenig Salz und Gewürz verwende. Viel Kurzweil verursachte die Herstellung des Füllungsmaterials für die Cervelat- und Knackwurst. Da standen in der Gesindestube alle disponibeln Männlein und Weiblein, mit spatenförmigen, über Kreuz gefügten Stampfmessern um einen mächtigen, kreisrunden, etwa 2 Füße hohen Hackeklotz herum und verarbeiteten durch gleichmäßiges Aufstoßen der Messer die für die Schlackwurst bestimmten Fleischstücke zu Mus. Dabei wurden fröhliche Volkslieder gesungen und dem Schnapsglase eifrig zugesprochen.

Wie dies scharf ätzende Getränk, wenn auch homöopathisch genossen, den Leuten aus dem Volke zusagen mochte, habe ich nicht begreifen können, glaube auch nicht, daß der Fusel den Trinkern Genuß bereitete, vermuthe vielmehr, daß der Arbeiter nur aus lieber Gewohnheit dem Schnaps huldigt. Heutzutage, denke ich, hat wenigstens in Süd- und Mitteldeutschland das Schnapstrinken wesentlich nachgelassen. In meiner Kindheit gehörte es aber nun einmal dazu, daß der Handarbeiter, wenn er ein Stück Brot oder sonst etwas Festes verzehrte, auch seinen Schnaps dabei haben mußte. Dieser Angewohnheit mochte, oder konnte sich auch das Pfarrhaus nicht widersetzen, und als statistische Merkwürdigkeit hätte ich wohl gern festgestellt, wieviel Schnaps im Laufe eines Jahrs bei uns wohl verbraucht worden ist. Er wurde in einem dick bauchigen braunen Steinkruge aufbewahrt und an alle männlichen Arbeitsleute, die Frühstück erhielten, auch an den Landpostboten und an die Waschfrau, die Klaren, glasweise verabreicht. Und was für Gläser! Nicht etwa solche Finkennäpfchen, in denen man den Cognac schänkt, nein ordentliche blaugeränderte Römer von 1/10 Liter Fassungsvermögen. Dank der Güte meiner selbstlosen Schwester Johanne ist das letzte Schnapsglas dieser Sorte, das sie aus dem elterlichen Haushalte gerettet und sorgfältig aufbewahrt hatte, unlängst in meinen Besitz übergegangen. Beim Anblicke dieses unscheinbaren Glases werden biedere Gestalten aus längst vergangenen Tagen vor meinem geistigen Auge lebendig. Ich sehe den verrunzelten Veteranen Steinmetz, den erfrorenen Landbriefträger, die wetterfesten Fuhrleute, die in zahlreichen Erntewagen den erheblichen Winter-Holzbedarf des Pfarrhauses aus den Forsten der Oberförsterei Lohre angefahren hatten – alle dirigirten zu dem ihnen aus der Küche gereichten handfesten Butterbrote dieses derbe Schnapsglas mit schwieligen Fingern zum Munde und verbreiteten dabei den characteristischen, nur bei kräftigen Landleuten heimischen Duft, der aus einer Mischung von Roggenbrot und Kornbranntwein entstand. Ja, wenn es nur Kornbranntwein gewesen wäre, jenes leichtgelbe, klare Getränk, das unter dieser vertrauenerweckenden Bezeichnung in den Handel kam! Der aus Korn, also Roggen gebrannte Schnaps galt schon zu jener Zeit als eine seltene Delikatesse, gleichwertig mit echtem Cognac und viel zu theuer für den regelmäßigen Genuß des kleinen Mannes.

Dieser hatte sich längst an den minderwertigen und sehr wohlfeilen Kartoffelfusel gewöhnt, der in den zahlreichen Brennereien Nordhausens fast ausschließlich hergestellt wurde, vielfach sogar auf kaltem Wege durch Mischung von reinem Kartoffelsprit und Brunnenwasser. Da zur innigen Mischung dieser beiden Flüssigkeiten die Mischfässer auf dem Brennereihofe hin- und hergerollt, gekullert wurden, so hieß dies gemeine Gesöff im Volksmunde „Kullerschnaps". Die rauhen Nordhäuser Brennereibesitzer, von denen ich die Gebrüder Kuntze, zwei besonders große und dicke Herren, zu meinen entfernten Verwandten zählte, genossen selbst solch' entsetzliches Zeug nicht, bei ihnen bekam man noch den echten Nordhäuser Korn, das „echte Gotteswort", wie ihn der übermüthige Volkshumor bezeichnete.

In kulinarischer Beziehung erhielt der Abend des Schlachtefestes dadurch eine besondere Weihe, daß zum Nachtessen Würstesuppe und frische Bratwurst nebst Kartoffelsalat gereicht wurde. Um erstere besonders kräftig und wohlschmekkend zu gestalten, ist es nöthig, daß beim Kochen der Blut-Leber- und Weißwürste einige im Kochkessel platzen und ihren Inhalt der Suppe mittheilen. Die Hausfrau und der Fleischer sahen das zwar nicht gern und suchen übergroßer Dampfspannung und kochenden Würsten durch fleißiges Einstechen mit scharfen 2zinkigen Gabeln in Darm vorzubeugen. Für uns finanziell nicht interessirten Zuschauer und Wurstsuppenliebhaber war es aber ein stilles gaudium, wenn ein dumpfer Knall im Wurstkessel verrieth, daß sich der präsumptive Wurstertrag um ein Stück vermindert hatte. Gegen Abend, zur Zeit, wo bei normalem Betriebe die Wurst gar wird, fanden sich zahlreiche Kinder und auch Frauen aus dem Dorfe auf dem Pfarrhofe ein, um in ihrem geräumigen Henkeltöpfen die von Jedermann gerne gespendete Abgabe an die Armen: eine Portion Wurstsuppe in Empfang zu nehmen. Besonders Bedürftigen wurde wohl auch ein kleines Würstchen beigelegt, wie solche der alte

Kühlewind in mehreren Exemplaren für die Kinder des Hauses anzufertigen pflegte.

Man wird erkennen, daß meiner Mutter bei solchem Schlachtfeste eine sehr schwierige und anstrengende Aufgabe oblag, aber sie war dabei stets guter Laune und voller Humor, wenn sie sich auch hinterher noch Tage lang matt und angegriffen fühlte. Sie behält aber den Ruhm, daß die unter ihrer Leitung hergestellten Fleisch- und Wurstwaren stets ganz ausgezeichnet schmeckten und daß nie etwas verdorben.

welchem Schlachtefeste eine sehr schwierige und anstrengen-
de Aufgabe oblag, aber sie war dabei stets guter Laune
und voller Humor, wenn sie sich auch hinterher noch
Tage lang matt und angegriffen fühlte. Sie behielt
aber den Ruhm, daß die unter ihrer Leitung hergestell-
ten Fleisch- und Wurstwaaren stets ganz ausge-
zeichnet schmeckten und daß nie etwas verdorben ist.

18. – Brüderlein –

Im Winter 1860/61 konnte sie sich freilich nicht in der
gewohnten Weise an solcher Arbeit activ betheiligen,
denn sie gebar – der nur völlig unerwartet – am 17.
Januar 1861 einen muntern Knäblein; ich hatte
einen jüngeren Bruder erhalten und war damit der
meiner fast 10 Jahre lang ungestört behaupteten
Stellung als Nesthäkchen endgiltig depossedirt. An
die Möglichkeit, daß es in unserer Familie noch einen
Jüngeren als meine Wenigkeit geben könnte, hatte
ich in meiner Harmlosigkeit nicht entfernt gedacht und war
sprachlos und ungläubig wie Thomas, als meine
Schwester Marie einen kleinen rothen Schreihals, den sie

18. Brüderlein

Im Winter 1860/61 konnte sie sich freilich nicht in der gewohnten Weise an solcher Arbeit richtig betheiligen, denn sie genas – von mir völlig unerwartet – am 17. Januar 1861 eines muntern Knäbleins; ich hatte einen jüngern Bruder erhalten und war damit von meiner fast 10 Jahre lang ängstlich vertheidigten Stellung als Nesthäkchen endgültig depossedirt. An die Möglichkeit, daß es in unserer Familie noch einen Jüngeren als meine Wenigkeit geben könnte, hatte ich in meiner Harmlosigkeit nicht entfernt gedacht und war sprachlos und ungläubig wie Thomas, als meine Schwester Marie einen kleinen rothen Schreihals, den sie in faltenreichem Kattunmantel in die Schulstube brachte, und den ich Unschuldslamm für den Jüngstgeborenen der Waschfrau Kruse hielt, als meinen rechtmäßigen Bruder proklamirte. Schließlich halfen alle meine Bedenken nichts und ich mußte mich wohl oder übel mit der Thatsache abfinden, daß trotz der heillosen Januarkälte des Jahres 1861 der Klapperstorch den Weg aus dem milden Süden in unser, von Schnee und Eis starrendes Pfarrhaus gefunden hatte. In der Stube der Wöchnerin, die sonst als Fremdenzimmer diente und im Winter selten benutzt wurde, mußte der dort befindliche eiserne Etagenofen Tag und Nacht geheizt werden. Beim ersten Anheizen erfolgten plötzlich hintereinander mehrere sehr heftige Detonationen, sodaß es den Anschein hatte, als würde das ganze Haus in die Luft gesprengt. Als Ergebniß einer sofort angestellten eingehenden Untersuchung fand sich aber, daß eine mit Taschin-Patronen angefüllte Schachtel explodirt war. Mein Bruder Karl hatte sich während der Universitätsferien eifrig der Spatzenjagd gewidmet und bei der Wiederabreise ins Semester nach Erlangen vergessen, die übrig gebliebene Spatzenmunition aus dem für die Wintermonate nicht besonders empfehlenswerthen Aufbewahrungsorte, der Ofenrohre, zu entfernen. Ein Glück für ihn, daß er im Moment der Explosion viele hunderte Meilen vom Schusse entfernt war, sonst hätte ihm sicher der Hausherr ungeachtet der unmittelbar bevorstehenden Vaterfreuden gründlich den Kopf gewaschen.

Ja, die Kälte war grimmig im Januar 1861, das merkten nicht allein die lebenden Wesen, insonderheit Spatzen und Krähen, die, von Frost erstarrt, spontan aus der Luft herabfielen und dort liegen blieben; auch die von zähem Metall gegossenen Glocken auf dem Kirchthurme mußten darunter leiden, und die große Glocke, die Jahrhunderte lang zu Freud und Leid ihre feierliche Stimme hatte erklingen lassen, wurde plötzlich stumm. Das geschah während des Trauerläutens, das wegen des Todes König Friedrich Wilhelm IV. in jenem Januar täglich von 12 – 1 Uhr stattfand. Statt des sonoren Klanges der großen Glocke hört man plötzlich einen dumpfen jämmerlichen Mißton, als wenn auf einen großen, mit der Öffnung auf den Erdboden gestülpten eisernen Kochkessel geschlagen würde, und bald meldete Kantor Kiel, daß in folge des andauernden Läutens bei außergewöhnlich strammer Kälte ein Stück Metall so groß wie ein Pferdekopf aus der Peripherie der Glocke herausgesprungen und außerdem ein großer, vertikal verlaufender Sprung entstanden sei. Nun wars natürlich für den Rest des Winters mit dem Läuten vorbei, man mußte sich mit den zwei übrigen höher gestimmten Glocken begnügen und an das klägliche Gebimmel dieser gewöhnen. Inzwischen fanden im Gemeindekirchenrathe langwierige Berathungen statt, in welcher Weise am Vortheilhaftesten der durch vis major verursachte Schaden zu repariren sei. Nach dem Vorbilde der damals erfundenen und zum Theil in der Armee eingeführten gußeisernen Krupp'schen Kanonen glaubten einige, daß auch eine Glocke aus Gußstahl die Stelle der alten, aus bewährtem Glockengut hergestellten, einnehmen könne. Wenn man das werthvolle Material der letzteren veräußerte, meinten sie, würde eine gußstählerne Glocke ohne wesentlichen Kostenzusschuß zu beschaffen sein. Diesem ernstlich erwogenen Vorschlage wurden von der Majorität schwerwiegende Bedenken entgegengesetzt. Erstens war es keineswegs erwiesen, daß der Ton einer aus Gußstahl gegossenen Glocke ebenso voll und rein klingt wie der der allgemein verbreiteten Kirchenglocken, zum andern war das finanzielle Bedenken zu berücksichtigen, daß eine aus Gußstahl hergestellte Glocke nur so lange ein nennenswerthes Kapithal repräsentirt, als sie völlig intact ist. Sollte ihr ein ähnliches Mißgeschick zustoßen wie ihrer Vorgängerin, so müßte sie als werthloses Material zum alten Eisen geworfen werden. Dementsprechend wurde beschlossen, die berühmte Glockengießerfirma Ulrich in Lauda mit der Aufstellung eines Kostenanschlages für das Umgießen der alten defecten Glocke unter Beigabe neuen Materials (Kupfer und Zinn) zu beauftragen. Die Höhe der ermittelten Kosten überschritt zwar bei weitem das limitum, das sich die sparsamen Kirchenältesten gesteckt hatten, doch mußten sie schließlich in den sauern Apfel beißen und die veranschlagte Position bewilligen, wurde ihnen doch allsonntäglich und bei jeder feierlichen Gelegenheit durch das jämmerliche Gebimmel vom Kirchthurme herab das unabweisbare Bedürfniß schleuniger Wiederherstellung eines würdigen Glockengeläutes eindringlich vor die Ohren geführt. Zunächst mußte nun die unbrauchbare Glocke von ihrem hohen Stuhle herab auf die Erde befördert werden.

Das war ein schweres Stück Arbeit und bedingte die Erweiterung eines der Schalllöcher am Thurme, durch welches die aus dem Achsenfutter gehobene Glocke auf einem kräftigen

Balkengerüste ins Freie geschoben wurde. Nun schwebte sie fast frei zwischen Himmel und Erde, noch ein kräftiger Stoß – da verlor sie den Halt dort oben und sauste, sich in der Luft überschlagend, herab auf den Kirchhof, in dessen weichem Rasen sich das Kronenstück viele Fuß tief eingrub.

Monate vergingen, bis die Nachricht von Meister Ulrich einlief, daß der Guß der rediviva vorzüglich gelungen sei und daß sie in nächster Zeit montirt werden sollte. Das Aufziehen der neuen Glocke war naturgemäß schwieriger als das Herabwerfen der alten und machte die Aufstellung eines durchaus tragfähigen Gerüstes sowie die Anwendung eines schweren einwandfreien Flaschenzuges nöthig. Doch auch diese Arbeit gelang zur allgemeinen Zufriedenheit, die neue Glocke schwebte am sichern Platze der alten, und am 8. Sonntage nach Trinitatis im Jahre 1861 rief nach 7monatiger Unterbrechung zum ersten Male der voll und harmonisch tönende Glockendreiklang die andächtige Gemeinde zum Gottesdienste.

Der Bedeutung des Tages entsprechend wurden die üblichen 3 Pulse des Kirchenläutens solange ausgedehnt, als es die Kräfte der läutenden Burschen gestatteten, sodaß die Gemeinde ausgiebig Gelegenheit fand, sich an dem Wohlklange der großen Renata zu erfreuen. Am Nachmittage aber wurde das Glockenfest in ähnlicher Wiese wie das Orgelfest durch Vertheilung von Brezeln an die Dorfjugend gefeiert.

Um die Reihe dieser extraordinären durch Vorgänge in und an der Kirche bedingten Volksfeste voll zu machen, will ich schon hier des Knopffestes gedenken, wenn schon dies erst einige Jahre später wie das Glockenfest feierlich begangen wurde. Ein gewaltiger Orkan von einer Stärke, wie sich deren die ältesten Leute im Dorfe nicht erinnern konnten, hatte es nämlich außer anderen Teufeleien fertig gebracht, den auf der Spitze des Thurmhahns thronenden Knopf nebst der darüber ragenden eisernen Wetterfahne, einen fliegenden Hahn darstellend, herunterzureißen. Der von unten winzig aussehende Thurmknopf wies die respektabele Größe von 2 Fuß im Durchmesser auf, ließ sich öffnen und barg in bleierner Kapsel außer den Dokumenten über die Erbauung der Kirche und des Thurmes die damals üblichen Goldmünzen in je einem Exemplare. Der Knopf wurde ausgebeult neu im Feuer vergoldet, die gänzlich verrostete Wetterfahne durch eine neue ersetzt, der Inhalt der Kapsel durch gültige Münzen und neue Dokumente ergänzt, und die so hergestellte, verschönerte Thurmzier eines Sonntagsnachmittags durch den kühnen Dachdeckergesellen Hartleb in schwindelnder Höhe wieder an ihren Platz gebracht. Unerschrocken stieg er, mit den schweren Metallzierrathen belastet, aus dem obersten Schallloche des Thurmes heraus und auf einer angehakten Dachdeckerleiter leicht und sicher bis zur Spitze hinauf. Wie spielend befestigte er, oben angelangt, die Thurmbekrönung sachkundig auf der Spitze des Thurmhelms, hielt, sich auf den Knopf stellend, eine zunft-

Kirchturm Gross-Wechsungen aufgenommen 1973

mäßige Ansprache an das tief unter ihm stehende Publikum, trank aus einem, in der Rocktasche mitgeführten Glase einen Schluck Branntwein und warf das geleerte Gefäß sausend zur Erde. Dann stieg er kaltlächelnd herab und mischte sich bald wieder unter seine Kameraden, als ob nichts nennenswerthes geschehen sei.

Still vollzog sich am 2ten Sonntage nach seiner Geburt die Taufe meines Bruders Hans in der bitter kalten Kirche. Mein Vater hätte den kleinen Weltbürger wohl gerne in der warmen Stube getauft, um ihn nicht der naheliegenden Gefahr einer Erkältung auszusetzen. Die Rücksicht auf seine Gemeindeglieder, bei denen er unter normalen Verhältnissen daran festhielt, daß die Taufe in der Kirche stattfinden mußte, bewog ihn jedoch, bei seinem eigenen Sohne keine Ausnahme von der Regel zu machen. Meine Schwester Marie hielt in Vertretung der auf der Hochschule weilenden Brüder Karl und Paul, die neben ihr zu Pathen bestellt worden waren, den vor Frost zitternden und jämmerlich schreienden Täufling über das Becken, er wurde gründlich naß geplanscht, und die Ceremonia optima forma und ohne Abkürzung zu Ende geführt.

Ein besonderes Tauffest im Hause fand nicht statt, einmal weil meine Mutter noch nicht in der Lage war, das Wohnzimmer zu verlassen, andererseits weil es bei der außergewöhnlichen Kälte Verwandten und Freunden nicht zugemuthet werden konnte, eine Reise nach Gross-Wechsungen zu unternehmen. Nur der Amtmann Bock, ein langgeschäfteter, einsilbiger Dürrländer, war Abends erschienen und half uns, die obligate Sonntagskalbskeule verzehren. Wie gerade dieser zu dem Vorzuge gelangt war, unser Gast am Taufabende zu sein, ist mir nicht recht begreiflich, da er durchaus nicht zu den nächsten Freunden der Familie gezählt werden konnte und für gewöhnlich nur geschäftlich mit meinen Eltern verkehrte.

Auch erfreute er sich nicht des allerbesten Leumundes, ja die böse fama behauptete, daß er mehr illegitime wie legitime Kinder besitze. Jedenfalls wurden sein Hofmeister und sein Kutscher: Louis und Fritze Stahlhut allgemein als die natürlichen Söhne ihres Brotherrn angesehen.

Bald nach jener Kindtaufe ist er gestorben und mit besonderer Feierlichkeit begraben. Da der neue Friedhof nicht weit vom Dorfe entfernt war, so wurden unter gewöhnlichen Verhältnissen die Leichen mittelst einer hölzernen Bahre von befreundeten Männern auf den Schultern zu Grabe getragen. Jeder Träger hatte ein der freien Hand einen ruderähnlichen schwarzen Holzstab, der am oberen, breiten Ende halbkreisförmig ausgesägt war. In diese Vertiefung wurde, wenn die Träger müde waren, der Holm der Bahr von den Schultern herabgelassen, sodaß die Last auf den Stäben ruhte, während die Leute selbst stillstanden und frische Luft schöpften.

Solcher Pausen wurden je nach der Entfernung des Trauerhauses vom Friedhofe und nach dem Körpergewichte des Entschlafenen 3, auch 4 eingelegt. Solange der Sarg unterwegs war, läuteten die Glocken, dem Conduit voranschritten aber die Schulkinder und sangen unter des Kantors Leitung Sterbelieder. Der Pastor, der Kantor und die Leichenträger erhielten im Trauerhause je eine Zitrone und mußten diese so lang offen in der Hand tragen, als ihre und erweiten Dienstverrichtungen solches zuließen. So verlangte es die Observanz, die auch für sonstige geistliche Amtshandlungen die Spendung von Zitronen an den Pastor vorschrieb.

Bei jeder Trauung und Taufe erhielt mein Vater eine Zitrone und wenn, was sich nicht selten ereignete, Sonntags nach dem Nachmittagsgottesdienste eine ganze Reihe von Kindern getauft wurde, dann kehrte er mit unförmig aufgebauschten Talartaschen aus der Kirche heim und entleerte diese in der

Speisekammer, wo selbst in Folge davon stets Überfluß an dieser Südfrucht herrschte.

Im Gegensatz zu der geschilderten regelmäßigen Art des Leichenkonducts wurde der große Sarg des Amtmanns Bock mit Rücksicht auf dessen ehrenvolle landwirthschaftliche Laufbahn auf einem Erntewagen zu Grabe gefahren, und es gab aus dem großen Dorfe kaum eine Familie, die dem allgemein geachteten Herrn Amtmann nicht die letzte Ehre erwiesen hätte. Auf mich machte jede Beerdigung, so auch diese, einen tief erschütternden Eindruck. Daß es nicht der Mensch ist, was wir ins Grab legen, sondern nur sein vergängliches irdisches Kleid, zu dieser Höhe der Auffassung vermochte sich mein kindliches Gemüth trotz tiefsten Eindringens in die göttlichen Verheißungen noch nicht emporzuschwingen. Deshalb hatte für mich die Sitte, 3 Hände voll Erde ins Grab zu werfen, noch mehr aber das dumpfe Poltern der Erdschollen auf den Sargdeckel, wenn das Grab in Gegenwart des Trauergefolges zugeschaufelt wurde, etwas furchtbar Schreckliches und ich konnte an jenen Tagen, wo ich einer Beerdigung beigewohnt, nicht wieder froh werden, selbst wenn ich den Verstorbenen kaum gekannt hatte. In dieser Stimmung erschien es mir als unverzeihliche Pietätlosigkeit, daß nach Beendigung der Trauerfeier im Saale des Bock'schen Rittergutes ein solemnes Festmahl mit üppigen Delikatessen und Weinen abgehalten wurde. Ich prallte förmlich zurück, als ich, um eine Bestellung auszurichten, in den Festsaal gerieth und die reich besetzte Tafel erblickte mit all' den näher oder entfernter stehenden Verwandten, die es sich ersichtlich wohl schmecken ließen. Ich hätte, obwohl ich dem steifen, für Kinder wenig zugänglichen Amtmanne gar nicht besonders zugethan gewesen war, in diesem Moment keinen Bissen auf die Zunge nehmen können.

19. Jahrmarkt

In jener Periode fiel auch der Zeitpunkt, wo mich mein Vater für groß und würdig genug erachtete, die Pracht und seltsamen Eindrücke einer Stadt in mich aufzunehmen. Schon seit langer Zeit war es mein sehnlichster Wunsch gewesen, die 1½ Stunden von Gross-Wechsungen entfernt liegende Kreisstadt Nordhausen mit eigenen Augen zu sehen. Hatte ich doch schon so oft und viel von den Herrlichkeiten, die es dort gab, gehört und kennen gelernt! Wenn die tief gebückte Botenfrau, die alte Webern, mit ihren vielen Falten und ihrer lederartigen Gesichtsfarbe von den Marktgängen nach Nordhausen zurückgekehrt, im Pfarrhause vorsprach und aus der Tiefe ihres bejahrten, nach Kaffee, Cichorien, Schnupftabak, Hering, Käse, Branntwein, Brot, Essig und Fleisch duftenden umfangreichen Tragekorbes all' die Schätze produzirte, die in der Wirthschaft, oder auch vom Hausherrn gebraucht wurden und ihr früh Morgens zur Besorgung aufgetragen waren, da war des Staunens kein Ende. Wo man täglich, stündlich so schöne Dinge wie Bücher, frisches Fleisch aller Art, Weißbrot, Cigarren, Honigkuchen, Kaffee, Thee, ja Ringeltorten, Rosinen, Mandeln und Apfelsinen haben konnte, da mußte es ja wie im Paradise sein! Besonders zur Jahrmarktzeit, die auch uns Dorfbewohnern dadurch zum Bewußtsein kam, daß die aus der Stadt heimkehrenden Leute allerhand billigen Spielkram, Zuckerwerk, vor allem aber als Spezialität die berühmten Nordhäuser Jahrmarktswindbeutel, über die Gestöcke gezogen, heimbrachten, mußte man sich ja jenseits des Hohenspiegels ins Wunderland versetzt wähnen!

Wie klopfte also vor freudiger Erregung das Herz, als mein Vater uns versammelte, die Sonntagsgarderobe anzulegen befahl und den Abmarsch zum Jahrmarkte in Nordhausen auf

¼ Stunde später anberaumte! Da konnten wir mal fix in die guten Kleider kommen. 5 Minuten hätten zu dieser Verrichtung genügt, auf die sonst reichlich 20 Minuten verwendet werden. Glückstrahlend wurde die Reise angetreten, die uns soviel Neues enthüllen sollte!

Schattenlos führt der nicht befestigte, gleichwie der Humus der Flur rotbraun gefärbte Feldweg zwischen wogenden Kornfeldern, Kartoffel, Klee, Raps, und Rübenäckern durch die Ebene nach dem halbwegs zur Stadt gelegenen Kirchdorfe Hesserode, wo der dicke Pastor Riedel, ein Gesinnungsgenosse und Dutzfreund meines Vaters nebst seiner fein gebildeten, winzig kleinen Frau wohnte. Von dort gelangt man auf schmalem Fußpfad bald an die Helme, die durch einen noch schmaleren, wackeligen Steg, wohl nur eine von Ufer zu Ufer gelegte Eichenbole, überbrückt ist. Im Gänsemarsch wird das seichte, lehmig gelbe Gewässer überschritten, die Nordhausen-Northeimer Chaussee gekreuzt und auf steinigem Wege ein der Kreisstadt vorgelagerter Höhenrücken, der sog. Hohenspiegel, erklommen. Kurz bevor der Gipfel erreicht wird, hält mir mein Vater mit seiner weichen Hand die Augen zu und geleitet mich so bis zur Höhe.

Nun ertönt sein weithin tönendes „*Halt*", er läßt meine Augen frei, ich stehe wie geblendet und schaue fast übernommen von diesem großartigen Anblicke in eine traumhafte Märchenwelt.

Da liegt sie, terassenförmig gegen den Petersberg gelehnt, in ihrer ganzen Ausdehnung zu meinen Füßen, die stolze Metropole der Grafschaft Hohenstein mit ihren gewaltigen Kirchen, himmelhohen Thürmen und betriebsam rauchenden Fabrikschornsteinen. Seinen Abschluß findet das Häusermeer in dem schlanken, zu den Wolken emporragenden Kirchthurme des Pfarrberges, der mit seinen bis zu einem Viertel der Höhe geführten Seitenthürmen dem Bilde dieser mittelalterlichen Stadt des characteristische Gepräge verleiht. Die Atmosphäre ist erfüllt von dem kräftig belebenden Dufte der gedörrten Cichoria, die in mehreren Fabriken zu berühmten Nordhäuser Kaffeesurrogate verarbeitet wird, dessen walzenförmige, karmoisinrothe Päckchen über die ganze Erde verbreitet sind.

In der That erinnert dieser Geruch lebhaft an das Aroma frisch gebrannten Kaffees, und die Empfindung meines Vaters, der behauptete, hier oben auf dem Hohenspiegel brauche man nur eine Tasse heißen Wassers zu genießen und eine Semmel hineinzustippen, dann hätte man dasselbe, als wenn man richtigen Kaffee tränke, darf nicht in den Bereich allzu überschwänglicher Phantasie verwiesen werden.

In erwartungsvoll beschleunigtem Tempo bewegen wir uns bergab unserm Ziele entgegen, passiren einige Gehöfte, unter diesen eine unter der Firma „Landwehrmütze" bekannte Fuhrmannskneipe, überschreiten auf langem Holzstege das im Sommer fast wasserleere Flüßchen Zorge und betreten durch ein enges, alterthümliches Thorgebäude, das sog. Grimmelthor, die Stadt. Wenn auch dieser Stadttheil einen recht kleinbürgerlichen, ja krämerhaften Eindruck macht, so imponirte mir doch das lebhafte Treiben auf den schlecht gepflasterten Straßen, das gellend Ausschreien der täglichen Bedarfsartikel, der engen städtischen Straßen eigenthümliche Geruch nach Fleischwaren, Branntwein und Tabak, das geschäftige Hasten der Menschen, Pferde und Rollwagen ganz gewaltig. Mein ernstes Mißfallen erregte dagegen die Beobachtung, daß die vielen Menschen so gleichgültig, kalt und achtlos aneinander vorüber gingen, ohne einen Gruß auszutauschen. Eltern und Lehrer hatten stets darauf gehalten, und es war mir in Fleisch und Blut übergegangen, daß der Jüngere den Älteren, gleichgültig ob er ihn kennt oder nicht, höflich zu grüßen, daß der

Ältere auf diesen Gruß zu danken habe. Und hier mußte ich erleben, daß mich die indolenten Menschen nicht einmal beachteten, wenn ich mein Mützchen zog, geschweige denn sie von mir gebotenen Gruß erwiderten! Was half's? Wohl oder übel mußte ich selbst, solange ich in der Stadt war, die schlechten Angewohnheiten der Städter annehmen und mich der allgemeinen Sitte fügen.

Eine gewaltig hohe steinerne Treppe, Wassertreppe genannt, weil rechts von derselben ein Wasserlauf fließt, verbindet die untere mit der oberen Stadt. Hier ragt das wuchtige Massiv des Domes, dessen unmotivirtes Glockenläuten zu erkennen giebt, daß wir uns vor der Andachtstätte der Katholiken befinden. Der heraustretende Priester in langer Sutane gefällt mir gar nicht, er hat etwas überlegen Lauerndes in seinem Blick, ja selbst sein gemessener Gang scheint erzwungen, unnatürlich.

In der Oberstadt florirt das eigentliche Geschäftsleben, wir halten uns aber nicht lange hier auf, kaufen vielmehr in der Kranichstraße bei Kannegiesser Zwiebelwurst und bei Appenroth in der Rautenstraße Spitzbrötchen – beides Nordhäuser Spezialitäten – ein und hinaus geht's ins Grüne, in den Volkspark der Nordhäuser, das Gehege.

Das ist ein mäßig ausgedehnter, von breiten, wohlgepflegten Promenadenwegen durchgezogener Laubwald, der in nördlicher Richtung unmittelbar an die Stadt grenzt und von Alt und Jung, zumal im Sommer, als Erholungsort geschätzt wird. Das eigenartige an diesem Gehölz ist, daß alle Wege auf einen in der Mitte angelegten, 1 – 2 Hektare großen oblongen Platz münden, der auf der einen Schmalseite von einer massiven Tonhalle, auf den 3 anderen Seiten aber von 20 – 30 leichter gebauten Häuschen, sog. Buden abgeschlossen wird. Diese Buden befinden sich im Besitze von einheimischen Brauereien, oder Gastwirthen, haben sämmtlich geräumige Vorplätze zur

Aufnahme von Tischen und Stühlen für erholungsbedürftige Gäste und dienen als Restaurationslokale, in denen außer den von den Eigenthümern gebrauten resp. geführten Bieren auch anderweite Erfrischungen, ja sogar warme Speisen gereicht werden. An schönen Sommerabenden sind diese Buden voll besetzt, auf dem Platze selbst aber von lustwandelnden Damen und Herren, die, belebt durch die einschmeichelnden Töne der Unterhaltungmusik, zirkuliren, plaudern und allerlei Kurzweil treiben, sich auch wohl in der nahebei ausgestellten Schießbude zu Meisterschützen ausbilden.

Auf diesen seltsamen Platz führte uns mein Vater und kehrte in der Bude seiner Neffen Eduard und Wilhelm Kunze, Bierbrauereibesitzer in der Domstraße, oder, wie der Nordhäuser sagt, „*im Dune*“ mit der Schaar seiner Zöglinge ein. Hier wurde der vorzüglichen Zwiebelwurst und den gesäuerten Spitzbrötchen alle Ehre angethan, die aus der Stadt mitgebrachten Vorräthe verschwanden im Umsehen und dazu mundete das von unsern Vettern gebrauten Lagerbier trefflich. Zwar hat das Nordhäuser Bier allgemein die zumal für Knaben nicht zuträgliche Eigenschaft, zu stürmen, d. h. zu Kopfe zu steigen, nach dem kräftigen Marsche und der reichlichen Nahrungsaufnahme schadete uns aber diesmal ein Gläschen nichts, wenngleich unsere Stimmung nach der Erfrischungspause im Gehege eine merklich animirte wurde, die vielleicht dazu beigetragen hat, daß mir die bevorstehenden Eindrücke in etwas rosigern Lichte erschienen sind.

Der östliche Abhang des Geheges verflacht sich nach dem Altendorfe, der nördlichen Vorstadt Nordhausens, zu einem mäßig großen, von Kastanienbäumen beschatteten Platze. Dies ist der eigentliche Meßplatz der Stadt und zur Jahrmarktszeit mit Bretter- und Leinenwandbuden dicht besetzt. Machte diese Zeltkolonie an sich schon einen eigenartigen Eindruck, so waren besonders die mannichfachen verlockenden Waren, die dort Bude bei Bude zum Verkauf gestellt und laut angepriesen wurden, geeignet, ein unbefangenes Kindergemüth in namensloses Staunen zu versetzen. Hier brodelten die Schmalzkessel der zahlreichen Waffelbäckereien und verbreiteten in den engen Gassen ihren fragwürdigen Duft, dort ragten ansehnliche Pyramiden von Apfelsinen, Johannisbrot, Paranüssen, Rosinen und Krachmandeln, ganze Budenreihen boten Honigkuchen aller Sorten, Zuckerwerk und andere begehrenswerthe Süßigkeiten, andere wieder Backwaren, insonderheit die berühmten Nordhäuser Windbeutel zum Verkauf. Daneben waren Auslagen von nützlichen Gebrauchsartikeln: fertigen Kleidern, Schuhwaren aus Erfurt, Holzwaren für Küche und Landwirthschaft aus Benneckenstein, Eisen- und Mehlwaren aus Schmalkhalden aber auch Schmucksachen von Edelmetall, Talmi und Achat aus Oberstein an der Nahe und dort in unauffälliger Ecke ein bescheidener Stand, in dem nur die köstlich knusprigen Mondsblätter von Maring aus Heiligenstadt feil geboten wurden. Kurz, alles, was das Herz begehrt, konnte man hier haben, wenn man gehörig Geld in seinen Beutel gethan hatte. Auch für die Befriedigung von Hunger und Durst sorgte eine Reihe mit roh gezimmerten Tischen und Bänken ausgestatteter Schankzelte, in denen für koscheres Geld frische Bratwürste, Käse, Bier und Schnäpse gereicht wurden.

Einen sinnverwirrenden musikalischen Genuß boten zahlreiche Drehorgeln, die theils aus lustig kreisenden Karussellen heraustönten, theils selbständig vor scheunenthorgroßen, die neusten actuellen Kriminalfälle der Provinz darstellenden Ölbildern aufgebaut waren und die blecherne Stimme einer knöchernen Jahrmarktsdiva begleiteten. Mit solch' üppigen Karussellen wie sie hier aufgebaut waren, konnte sich Freund

Eisfeld freilich nicht messen, der hatte ja nur Pferde und Kutschen; hier konnte man aber alle nur erdenklichen Bestien und Vögel: Löwen, Tieger, Panther, Störche, Schwäne, Strauße besteigen und auf ihrem Rücken die Runde machen; ja ein Karussell fuhr mit schaukelnden Schiffen, ein anderes hatte zwei Stockwerke und wurde – Wunder über Wunder – durch Dampf getrieben. Doch die Illusion hielt nicht lange Stand, denn ein Versuch belehrte mich schnell, daß diese Karusselle zu unnatürlich waren, weil alle Thiere auf einem sich mit im Kreise bewegenden Bretterboden fest standen, das Reiten auf ihnen also durchaus keine Kunstfertigkeit erheischte; da war doch der alte brave Eisfeld, dessen Pferde frei in der Luft schwebten und von den Mädels nicht geritten werden konnten, entschieden vorzuziehen.

Doch auch solches Vergnügen erschien mir als eine bloße Windbeutelei gegenüber der üppigen Wirklichkeit, die uns jetzt geboten werden sollte. Schon von Weitem war mir ein sehr umfangreiches, kreisrundes, alle übrigen weit überragendes Zelt, dessen Dach aus geradlinigen blau und weißen Längsstreifen gebildet und von einem mächtigen schwarz roth goldenem Wimpel gekrönt wurde, aufgefallen. Über der Eingangspforte war in riesigen Lettern „Circus Hinne“ zu lesen. Dorthin lenkten wir jetzt unsere Schritte und durften, von der Dame an der Kasse freundlich begrüßt, nachdem uns mein Vater in pleno als Repräsentanten seiner Privatschule vorgestellt hatte, auf einem bevorzugten Platze ziemlich hoch oben und soweit von dem Hufschlage entfernt, daß wir nicht staubig werden konnten, dem Gange der Handlung zuschauen. Welch' ein Glanz in engem Raume! Die von zahlreichen Kronleuchtern verschwenderisch ausstrahlende Beleuchtung, die roth gepolsterte Bekrönung der Brustwehr, die sauber geharkte Eichenlohe der Manege, die vornehmen Herren in schwarzen Frack mit Silberknöpfen, die einschmeichelnde Musik der Circuskapelle – alles das machte einen verblüffenden Eindruck auf uns Knaben. Nun erschien gar der Aujust in seinem vorsintflutlichen Kostüm, mit seinen tölpelhaften Allüren und unsinnigem Gehabe. Einer der vornehmen Herren beachtet ihn kaum und verabfolgt dem Zudringlichen ein paar schallende Ohrfeigen, ebenso wie einem noch aufdringlicherem unter Geheul mit einigen Purzelbäumen in die Arme fallendem weiß getünchtem Clown. Ach Gott, ach Gott, was ist das nur? Sind wir denn noch auf der biedern, vernünftigen Erde, oder ist das riesige Zelt entrückt auf einen entfernten Planeten, in ein unbekanntes Feenreich, oder gar nach China, Japan, Siam. Doch zu solchen Betrachtungen bleibt keine Zeit. Unter schmetternden Fanfaren galloppirt auf feistem Apfelschimmel eine engelsgleiche Erscheinung mit nackten Armen und Beinen und wolkigem Tüllröckchen in die Manege und steht im Nu aufrecht auf einen länglich runden gepolsterten Brette, das die Stelle des Sattels vertritt.

Wahrlich, wären ihr Flügel gewachsen, sie müßte ein leibhaftiger Engel sein, sonst müßte sie doch unfehlbar von ihrem gefährlichen Standpunkte herabgleiten und die Glieder zerbrechen, während der Gaul im Kreise herumläuft! In der That ein anmuthiger Anblick, diese blühende, rosig angehauchte Kunstreiterin, ihre zierlichen Luft-, Reifen-, Bändersprünge graziös ausführend und nie den Boden der Plattform unter ihren zarten Füßchen verlierend! Doch will das nichts bedeuten gegen die Kunstfertigkeit und Leistungen des Jokei von Epsom, der jetzt die Arena betritt. Ansicht, Haltung und Allüren verrathen zwar auf den ersten Blick den jüdischen Jüngling, aber – alles was recht ist – springen und reiten kann er ganz vortrefflich. Nach einigen auf dem Sattel stehend ausgeführten Gallopprunden schnallt er, ohne aus dem Tempo zu kommen, den Bauchgurt los, sodaß das zierlich leichte Rennsättelchen unbefestigt auf dem Rücken des Berberhengstes aufliegt, dann verändert er seinen Sitz und saust, auf dem haltlosen Sattel knieend durch die Bahn, dann steht er wieder aufrecht auf dem schmalen Sattel, der ihm vermöge seiner gleitenden Bewegung einen höchst prekären Halt auf dem Pferderücken gewährt.

Auch der Sattel wird jetzt herabgeworfen, und nun steht er frei auf völlig nacktem Pferde, ja er macht kehrt und kommt trotz dieser unnatürlichen Stellung doch nicht aus der Balance. Den Hauptaffect erzielt er aber mit seinem kühnen Sprunge aus der Mitte der Reitbahn auf den gleichmäßig vorüber galloppirenden Hengst, sodaß er mit den Füßen auf der Kruppe des Thieres festen Halt gewinnt und noch einige Male ganze Bahn nimmt. In der That ein Meistersprung! Von Herrn Hinné selbst colongirt, reitet jetzt dessen hohe Gemahlin auf edlem Araber-Rapphengste in die Manege. Einen normalen Damensattel benutzend, trägt sie ein langes Reitkleid von dunkelblauem Velour, einen glänzend schwarzen Cylinderhut, silber, grau, gemslederne Stulphandschuhe und handhabt sicher eine zierliche Reitpeitsche mit goldenem Knauf. Die weit geöffneten, mit echter Spitze verbrämten Ärmel lassen einen üppig kräftigen, mit massig goldenen Bracelets geschmückten Arm diskret erkennen, den elastisch gewölbten Hals ziert ein feurig blitzendes Brillantencollier und das unter dem Reithute verschwenderisch hervorquellend Blondhaar wird von einer mit haselnußgroßen echten Perlen besetzten Gyraffe leicht zusammengehalten. Kann eine Königin, eine Kaiserin schöner aussehen? Und mit welcher Eleganz, welcher Sicherheit meistert sie das feurige Roß zu den schwierigsten Pass und Evolutionen der hohen Schule!

Als wenn Roß und Reiterin miteinander verwachsen wären, so schaut es aus. Keine Bewegung des Körpers, der Arme, kein Muskel des edel geformten, anmuthig lächelnden Antlitzes verräth, mit welcher Kraftanstrengung und Energie all' diese scheinbar spielend wechselnden Gänge des Vollbluts herausgebracht werden. Ja, Frau Hinné hatte es mir angethan. Noch Jahre lang nach jenem denkwürdigen Circusbesuche umschwebte mich ihr liebliches Bild, in dem ich das Ideal einer deutschen Frau zu erkennen wähnte, und es geleitete mich sogar in meine phantastischen Traumvorstellungen. Noch wußte ich nicht, daß nicht alles Gold ist, was glänzt!

Viel zu schnell für mich ging die Circusvorstellung zu Ende, wir mußten uns mit der nackten Wirklichkeit abfinden, und konnten uns umsoweniger schwärmerischen Jugendillusionen hingeben, als eine andere, für mich ebenso neue Schaustellung unsere volle Aufmerksamkeit in Anspruch nahm. Das war Hagenbeck's Manegerie, die in einem mächtigen Zeltbau neben dem Circus etablirt war. Den Eindruck zu schildern, den die vollzählig eingekerkerten Bestien der Wüste, des Ozeans und des Urwaldes, die ich bisher nur aus unvollkommenen Abbildungen kannte, auf mich machten, unternehme ich nicht. Nur eines Zwiegesprächs will ich gedenken, das zwei biedere, wohl nicht allzu schlaue Landbewohner angesichts eines riesigen siamesischen Elephanten, der vor einem gewählten Publikum seine Kunststücke zum besten geben mußte, miteinander führen: Der Eine: „*Wu üß dänn mant der Elephante*“? Der Andere: „*Na siest dänn nich das große schwarze Biest, wu der Affe druff sitzt*“? Der Eine: „*Wo hätte dänn mant sin Mul*“? Der Andre: „*Ja do, wu e das Hau rin wärget!* Der Eine: *Ach, das üß ja nich wohr, do hätte ja sinen Schwanz! Wu hätte dänn sinen Kopp*“? Der Andere: „*durt, wu de Nasen drübber hänger*“ – das Fassungsvermögen des „Einen“ war zweifellos für die Aufnahme so großen Objectes, wie ein Elephant dem Auge darbietet, nicht eingerichtet! Dieser war in der That ein höchst gelehriger, dabei drolliger Bursche und fesselte uns längere Zeit vor seinem Standorte. Wenn er von dem Publikum Leckerbissen haben wollte und seinen mächtigen Rüssel auf die vor seinem Podium aufgestellte Barriere legte, dann wetteiferte Alt und Jung, ihm alles, was an Mundvorrathigen aufzutreiben war, zu opfern: Schwarzbrot, Weißbrot, Honigkuchen, Äpfel, Apfelsinen, Nüsse, Mandeln: alles wurde mit gleichmäßig elegantem Rüsselschwunge in seinen unergründlichen Hades hinein-gesenkt. Wenn ihn aber jemand foppt, und ihm einen Stein, oder sonst etwas für ihn Ungenießbares bot, da wurde er ungemüthlich, fauchte, schlug mit dem Rüssel und spie dem falschen Freund Wasser ins Gesicht. Schlimm erging es unserm Kameraden Öhme.

In Ermangelung eines geeigneten Werthobjectes, das er dem allzeit hungrigen hätte darbieten können, begrüßte er ihn höflich mit seiner neuen Biberpelzmütze und klopfte ihm damit freundschaftlich auf den Rüssel.

Der hatte aber durchaus kein Verständniß für solchen Spaß, faßte vielmehr mit dem Finger seines Rüssels kräftig zu und hob, als Hugo sein werthvolles Eigenthum nicht preisgeben wollte, die Mütze nebst dem daran hängenden Jungen in die Luft. Jämmerlich wehklagend ließ dieser, als er die Vergeblichkeit seiner Bemühungen, dem unersättlichen Elephanten seine schöne Mütze zu entreißen, erkannte, endlich los, stand baarhäuptig vor dem Riesen und mußte durch die Fluth seiner Abschiedsthränen das Unerwartete, Entsetzliche mit eigenen Augen ansehen, daß die stolze Zierde seines Hauptes denselben Weg wanderte, den zuvor Franzbrötchen, Honigkuchen, Äpfel, Nüsse, Rosinen und Pommeranzen genommen hatten. Der Vorwitzige war zwar um seine geliebte Pelzmütze ärmer, aber um die Erfahrung reicher, daß man einen ausgewachsenen Elephanten nicht ungestraft zerrgen darf. Tertius gaudens war der stets lustig trällernde Mützenmacher Riemenschneider in der Judengasse, denn dieser erhielt an jenem denkwürdigen Nachmittage einen neuen Kunden, dessen sorgenschweres Haupt er mit seiner schönsten graugrünen Pennälermütze schmücken durfte.

In welcher Weise sich Öhme wegen des beklagenswerthen Pelzmützenverlustes mit seinem gestrengen Herrn abgefunden habe, darüber verlautete nichts, ich vermuthe aber, daß er ihm um nicht wegen seines vorwitzigen Verhaltens getadelt, oder bestraft zu werden, ein niedliches Ammenmärchen aufgebunden hat, denn er war dafür bekannt, daß er es mit der Wahrheit nicht allzu genau nahm und daß es ihm auf die unverschämteste Lüge nicht ankam, wenn er sich damit zu salviren hoffte. Eines Abends war ein Kieselstein gegen das Fenster geflogen, hinter dem mein Vater saß und an seiner Predigt studirte. Zornerfüllt erschien dieser, mit dem gefüchteten Kantschuh bewaffnet, auf dem Kirchhofe, um den Übelthäter zu züchtigen. Trotz peinlichsten Verhörs gelang es ihm aber nicht, den Schuldigen zu ermitteln, denn jeder wies den Verdacht, den verhängnißvollen Wurf gethan zu haben, weit von sich ab. Da ergrimmte mein Vater und drohte, den Kantschuh schwingend, einen nach dem andern von uns mit dem Marterinstrumente zu verarbeiten, mit mir aber die Execution zu beginnen, da ich, als der damals Älteste, dafür zu sorgen hätte, daß solch' grobe Ungehörigkeiten nicht vorkämen. In diesem Moment der höchsten Noth entfesselte sich der Angstruf eines vor Schrekken zitternden Unschuldlammes in den Worten: *„Herr Pastor, Öhme wird's gewesen sein, der lügt immer"*. Und richtig, auf die Zusicherung, daß er straffrei bleiben solle, bekannte sich monsieur Leichtfuß zu dem verhängnißvollen Steinwurfe, der um ein Haar 12 harmlos spielenden Bübchen eine unverdiente empfindliche Züchtigung eingetragen hätte.

Welch' seltsamer Kostgänger übrigens der angestaunte Elephant war, dafür lieferte er auf dem Weitertransporte der Menagerie in der Richtung auf Cassel einen viel belachten Beweis; nach der ersten Tagesreise wurde er zu Bleicherode in einer Scheune untergebracht, wo auch ein umherziehender Lumpensammler nächtigen wollte und 2 mit Lumpen angefüllte Säcke vorläufig eingestellt hatte. Auf die Kunde, mit welch gewichtigem Kameraden er sein Quartier theilen solle, hatte sich der Alterthumsforscher ein anderweites Unterkommen gesucht. Als er aber am andern Tage mit seinem Lumpenvorrathe weiter ziehen wollte, war nichts mehr vorhanden, was an seine Sammelthätigkeit in Bleicherode erinnern konnte und es ergab sich, daß der unverbesserliche Vielfraß beide Säcke nebst Inhalt in seinem gewaltigen Bauche hatte verschwinden lassen. Ihm hat diese etwas gewagte Nachspeise nichts geschadet, ob aber der arme geschädigte Lumpenmatz zu seinem Gelde gekommen ist, davon überliefert die Geschichte nichts.

Abgesehen von dem unserm Kameraden Öhme widerfahrenen Mißgeschick war die Wanderung auf den Jahrmarkt zu allgemeiner Befriedigung ausgefallen. Die Stadt, insonderheit auch ihr vor dem Rathause in martialischer Stellung wachthaltender Roland hatte auf mich einen tiefen bleibenden Eindruck gemacht und ich verstand jetzt die Vorliebe des Herrn Marschall für diesen Ort, die sich aus seinen zahlreichen Stadtbesuchen ergab. Besonders gern verwendete er die Nachmittage des Sonnabends zu solchen Expeditionen, für welche er sich sorgfältig, vielleicht sogar etwas stutzerhaft mit grauem Cylinder besserer Garnitur herausstaffirte und von dessen er in der Regel erst zu nachtschlafener Zeit heimkehrte. Auf dem Rückwege mags wohl mitunter schwer holperig und schlüpfrig gewesen sein, denn man konnte feststellen, daß er nach seinen Ausflügen in die Stadt auffallend viel an Kleidung und Hut zu bürsten hatte. Eines Abends ist es ihm aber bei arger Finsterniß häßlich ergangen. Auf dem schmalen Wege, der zwischen Hohenspiegel und Hesserode die Helme überbrückt, ist er ausgeglitten und plumps in das lehmig gelbe Flüßchen gestürzt Er selbst rettete sich mühsam ans Ufer und in seiner nassen Kladesche nach Hause, der graue Cylinderhut aber trieb stromab, wurde von dem Mühlgatter der Flarichsmühle aufgehalten und in bedenklichem Zustande dem betrübten Lohgerber zurückgebracht. Abgesehen von dem Verluste dieses schönen Castor, der nicht mehr reparaturfähig war und sich nachher einem Elsterneste ähnlich, noch Jahre lang auf dem Katzenboden umhertrieb, abgesehen von der Nothwendigkeit, die durchnäßte und beschmutzte Kleidung reinigen und aufbügeln zu lassen, hatte jenes unfreiwillige nächtliche Bad in der Helme für Herrn Marschall glücklicherweise keinen bleibenden Nachtheil, nicht einmal einen Schnupfen hatte er sich zugezogen, was darauf schließen läßt, daß er sich prophylactisch durch reichliche Alcoholzufuhr gegen Erkältungszustände aller Art gewappnet hatte.

20. Schlimme Streiche Dr. Unger

Jener verunglückte graue Cylinder mußte aber noch zu manchem Spaß herhalten und wurde bei komischen Verkleidungen etc. gern aus seinem Versteck hervorgeholt. Einst besuchte uns Großmutter Hoefer, die inzwischen nach Nordhausen verzogen war, für die Sommerferien. Sie verstand und machte gern mit uns Buben einen Scherz, und so nahmen wir keinen Anstand, ihr einen Boozemann zu setzen. In der Schulstube stand ein eigenartiges, meist verstimmtes, alterthümliches Pianoforte, dessen Saiten in einem vertikal an der Wand emporragenden, sich nach oben verjüngenden und nach der linken Seite abgerundeten Kasten angeordnet waren. Vor dieses Instrument, welches wegen seiner ungewöhnlichen Form die Giraffe genannt wurde, hatten wir einen Stuhl gerückt, letzteren mit 2 leeren in einen Schlafrock geknüpften Vogelbauern belastet und auf die so gebildete, keineswegs menschenähnliche Vogelscheuche den bewußten Cylinder gestülpt.

Als es nun zum Mittagessen ging, und Großmutter an der Giraffe vorbei passirte, täuschte sie ihr schwaches Augenlicht derart, daß sie annahm, ich hätte mich zum Scherz verkleidet und ans Klavier gesetzt. Mit den Worten: *„Ja, Otto“!* gab sie der wackeligen Puppe einen Klaps, sodaß diese jäh und polternd zusammenstürzte und der guten Großmutter einen von uns in der That unbeabsichtigten heillosen Schreck einjagte. Sie beruhigte sich zwar bald, als sie des Pudels Kern erkannte; ich habe mir aber doch bittere Vorwürfe gemacht, daß ich der alten Frau eine so plötzliche Aufregung, deren Folgen nicht vorauszusehen, verursacht hatte und aus diesem Vorkommniß die Lehre gezogen, daß man mit älteren Leuten, besonders solchen, denen man Ehrerbietung schuldig ist, keinen Schabernack treiben soll.

Die geschilderte Giraffe gelangte bald insofern zu einer zweifelhaften Berühmtheit, als sich vor ihr ein Drama abspielte, das um ein Haar einen höchst traurigen Abschluß gefunden hätte. Wilhelm Kuntze aus Bleicherode hatte – incredibile dictu – von seinem Vater zu Weihnachten ein werthvolles, ciselirtes Terzerol nebst Munition geschenkt erhalten und beeilte sich, aus den Ferien zurückgekehrt, mit großen Worten die Trefflichkeit dieser Waffe zu preisen und sich ruhmredig als vorzüglichen Schützen zu geriren. Er ging sogar mit der Pistole gegen die Giraffe in Anschlag und markirte das Zielen nach einem bestimmten Punkte. Zwischen ihm und dem Ziele stand Bruno Keydel und warnte mit erhobenem Finger: *„Spiele nicht mit Schießge“...* weiter kam er nicht, dann schon krachte ein Schuß, und die Kugel, die den Werner am Halse gestreift hatte, fuhr durch den grünen Vorhang, zersprengte 2 Saiten, bohrte ein Loch in den Raisonnanzboden der Giraffe und blieb in der Wand stecken. Zum Glück war Marschall zur Zeit dieses Vorfalles nicht in seinem Zimmer, sondern zur festlichen Bewirthung von Gästen in die Besuchsräume gebeten. Von dort aus hatte er zwar einen Knall und darauffolgenden Heidenlärm vernommen, daß aber ein Schuß gefallen sei, hatte er aus der Entfernung nicht feststellen können. Als er nun nicht allzu eilig heraufkam, um nach der Ursache des Lärms zu schauen, waren die Spuren der schwarzen That längst beseitigt: sämtliche Fenster aufgerissen, damit der Pulverdampf abziehen könne, die Waffe versteckt und das Loch in der Giraffe durch einen davor tretenden Knaben verdeckt. So wurde der leichtgläubige Herr Marschall hinters Licht geführt.

Als er wenige Minuten später herabstieg, beruhigt und wohlgefällig schmunzelnd seinen Platz beim Gastmahl wieder einnahm, war er fest davon überzeugt, daß ein schwerer dreibeiniger Schemel, über den Kunze im Begriff, Keydeln eins auszuwischen, gestürzt sei, den entsetzlichen Knall verschuldet habe. Als aber später das verrätherische Loch im grünen Tuche der Giraffe doch den schlimmen Fall ans Tageslicht zu bringen drohte, wurde wieder ein Ammenmärchen erfunden und geglaubt, nämlich daß Kunze aus Unvorsichtigkeit mit einem Lineale das Tuch durchstoßen hätte. Die böse That blieb ungebrochen, und bald stellte sich ihr Fluch, daß sie fortzeugend böses muß gebären, auch bei uns ein, denn gleich einer Epidemie erfaßte uns alle die Sucht, mit Pulver Allotrie zu treiben. Wenn irgendein Keller oder Vorratskammer, auf dem Boden oder in der Kirche, ja selbst unter altem Eisen auf dem Schmiedehofe ein großer hohler Schlüssel aufzutreiben war, er wurde annectirt und durch Eintreiben eines Loches in den hintern Theil des Stahlmantels zu einem Schießinstrument aptirt. Waren aber die Bemühungen um den Erwerb einer Schlüsselbüchse erfolglos, so mußte auch ein Weißbuchenknüppel genügen, der zu einem Stücke von ½ Fuß Länge gesägt und durch Meister Glierings kunstgeübte Hand mit Seele und Zündloch ausgestaltet wurde. Pulver und Feuerschwamm mußte für unsere saueren Ersparnisse Kaufmann Wenzel liefern. Im Schingeleichsgraben, mitunter auch im hinteren Garten wurden dann jene seltsamen Mordinstrumente geladen, mit einem Steine beschwert und durch ein auf das Zündloch gelegtes Stückchen Feuerschwamm zur Explosion gebracht. Da wir vorsichtig zu Werke gingen und, sobald wir den Zündschwamm angelegt, uns hinter eine Deckung zurückzogen, so hatten wir bei diesem gefährlichen Spiele lange Zeit keinen Unfall zu verzeichnen, bis es Willy Breyding, einem lang aufgeschossenen, zerfahrenen Bengel, wenige Tage vor der Kirmeß in den Sinn kam, sich in folgender unbedachter, alberner Weise die Zeit zu vertreiben: Er stellte eine mit Schießpulver angefüllte runde Pappschachtel auf den Nachttisch, zündete eine im Leuchter stehende Kerze an und nahm eine kleinere in die Hand. Letztere tauchte er in die Pulverschachtel, sodaß einige Körnchen am feuchten Docht kleben blieben, und hatte nun seine Freude daran, wenn diese geringe Pulvermenge an der brennenden Kerze, mit der er den Docht der kleineren in Berührung brachte, zischend explodirte. Dann blies er die Handkerze wieder aus und wiederholte das Manöver wohl 10 – 20mal. Einmal mochte er wohl den Docht nicht sorgfältig genug ausgelöscht haben, denn im Moment, wo er mit der Handkerze wieder in die Pulverschachtel fuhr, explodirte deren ganzer Inhalt unter heftigem Knall und verbrannte dem albernen unvorsichtigen Gimpel Gesicht und Hand vollständig, sodaß er schwarz wie ein Essenkehrer aussah, in seiner Angst den Kopf in die Waschschüssel steckte und, als das den Schmerz nicht linderte, die Brandstellen mit feuchter Gartenerde bedeckte. In diesem trostlosen Zustande traf ihn Marschall, der durch den dumpfen Knall auf's heftigste erschreckt, wie er ging und stand, an den Thatort eilte und die Bescherung vorfand. Zum Glück hatte das Feuer nicht das unmittelbar daneben stehende Bett ergriffen, sonst hätten wir noch einen Brand im Pfarrhause erlebt. Nachdem sich Marschall der Corpore Delicti bemächtigt und davon überzeugt hatte, daß keine Feuergefahr zu besorgen sei, steckte er den jämmerlich klagenden Delinquenten ins Bett und meldete den schlimmen Vorfall meinem Vater, der inzwischen von einem Ausgange ins Dorf heimgekehrt war. Nun erfolgte eine für uns alle höchst peinliche und beschämende Untersuchung des Thatbestandes, denn mehr oder weniger schuldig fühlte sich ein Jeder, wenn auch nur Einzelnen unmittelbar nachgewiesen werden konnte, daß sie mit Pulver gekokelt, oder mit Schlüssel oder Holzbüchsen polizeiwidrig geschossen hatten. Dem Kaufmann Wenzel wurde der Verkauf von Pulver und Feuerschwamm an uns aufs schärfste untersagt, uns Buben aber die äußerst empfindliche Strafe zudictirt, daß wir für die bevorstehenden Kirmeßtage Hausarrest haben sollten.

Bald darauf erschien Dr. Unger im Krankenzimmer und vollzog an dem Blessirten die langwierige, empfindlich schmerzhafte Operation, daß er die zahlreichen Pulverkörner, die durch die Kraft der Pulvergase in und unter die Epidermis gepreßt waren, einzeln mittelst spitzer Pinzette entfernte. Das mußte geschehen, weil sonst Breyding zeitlebens ein bläulich angelaufenes Gesicht und damit ein häßliches Andenken an seinen unverantwortlichen jugendlichen Leichtsinn behalten hätte. Nach Beendigung dieser mehrere Stunden in Anspruch nehmenden Thätigkeit legte Unger eine weiße Heilsalbe auf die Brandwunde und bedeckte das ganze Gesicht mit einer inzwischen von meiner Mutter aus Verbandwatte nach Maß gearbeiteten Gesichtsmaske, die nur die Augen frei ließ. So vermummt und unkenntlich gemacht, durfte sich das Opfer der Pulverexplosion im Freien bewegen, vor Schimpf und Schande wagte er sich aber nicht recht unter die Sterblichen, sondern drückte sich auf wenig betretenen Pfaden und Winkeln herum, um in diesem abschreckenden Zustande nicht gesehen zu werden. In der That er sah danach aus, um zart besaitete Seelen, oder auf seine geisterhafte Erscheinung unvorbereitete Passanten gruselig zu machen.

Das herrliche Wetter des Kirmeßsonntags, nicht minder aber die regelmäßig dröhnenden Paukenschläge, die Eisfelds große Karussellorgel begleiteten, zogen uns arme Sünder mit unwiderstehlicher Gewalt nach dem Plane, um an den sich dort abspielenden Volksbelustigung Theil zu nehmen. Aber wir durften uns ja nicht vom Hause entfernen und drückten uns wie verängstigte Hunde, die Prügel gekriegt haben und nun mit scheu seitwärts schielendem Auge verstohlen nach ihrem Herrn blicken, um zu erspähen, ob sich seine verfinsterte Stirne sich wieder glättet, in Hof und Garten umher, ohne den Muth und die Begeisterung zu einem zerstreuenden Spiele zu finden.

Mein Vater suchte uns zwar durch einen gemeinsam in die Felder unternommenen Spaziergang auf andere Gedanken zu bringen und den Hausarrest zu mildern, aber die trübe Niedergeschlagenheit, die uns Alle in dem Bewußtsein der für unsere Selbstbestimmung gezogenen Schranke befangen hielt, wollte auch da nicht weichen, und die selbst über das Weichbild von Gross-Wechsungen herübertönenden Paukenschläge des Festplatzes mahnten uns immer wieder von Neuem, daß wir bestrafte Subjecte waren, nicht würdig, an der allgemeinen Volksbelustigung Theil zu nehmen.

Wenn er auch mitunter barsch und abweisend sein konnte, so hatte mein Vater im Grunde doch ein freundliches Herz und ein weises Gemüth. Die Sorgen, Leiden und Freuden der Kinderseele verstand er gar wohl, und so geschah es dann, daß er gerührt durch unsere stille Entsagung, durch die kindlichen Fragen nach den Sehenswürdigkeiten und Vergnügungen, die sich in diesem Jahre ohne unser Beisein auf dem Plane abspielen sollten, uns für den 2ten Kirmeßtag die uneingeschränkte Betheiligung an den Festfreuden des Volkes gestattete. Jetzt war der Jubel und die Dankbarkeit groß. Mit vollen Zügen genossen wir die wiedererlangte Freiheit und holten am Montage reichlich alle diejenigen Vergnügungen nach, die wir am Sonntage versäumt zu haben wähnten.

Daß sich Breyding Dank der sorgsamen Behandlung durch Dr. Unger bald erholte und seine normale Gesichtsfarbe wieder erhielt, will ich nicht unerwähnt lassen, dabei aber dieses braven Volksarztes, treuen Freundes und Berathers unserer Familie eingehender als seither gedenken, denn dieser Mann verdient es wie kaum ein anderer, daß ihm volle Anerkennung und Achtung über das Grab hinaus bewahrt bleibt.

Aus kleinbürgerlichen Verhältnissen hervorgegangen, hatte Unger nicht die Mittel besessen, um sich die normale Vorbildung für den ärztlichen Beruf durch mehrjähriges Studium auf der Hochschule und practische Bethätigung unter bewährten Professoren leisten zu können, sondern er hatte, was zu jener Zeit noch möglich war, nur auf den Wundarzt studirt, hatte das Examen als Chirurgus 1. Classe bestanden und dann längere Zeit die Stelle als Regimentschirurgus bei einem Truppentheile versehen. In der Folge war es ihm gelungen, seine Kenntnisse auch auf die innere Medizin auszudehnen und die Approbation als practischer Arzt, Wundarzt und Geburtshelfer zu erlangen. Seine Collegen aus der Stadt, die den üblichen akademischen Bildungsgang durchgemacht hatten, wollten ihn zwar Anfangs als vollwerthig nicht anerkennen, mußten sich aber doch in der Folge von seiner Tüchtigkeit und Ebenbürtigkeit überzeugen und hinderten es nicht, daß er später zum Kreiswundarzt ernannt und dadurch mit amtlichem Character bekleidet wurde. Mit meinem Vater und Herrn Marschall war er von Alters her befreundet und hielt auch in Gross-Wechsungen, wo er sich in einem behaglichen Häuschen mit riesigem Gemüsegarten patriarchalisch eingerichtet hatte, treue Nachbarschaft. Ein hühnenhaft gebauter, kerngesunder Mann von edlem Schrot und Korn, bewältigte er seine riesige Landpraxis ohne je zu ermüden, oder über nächtliche Störungen ungehalten zu sein.

Da er – selbst ein Kind des Volkes – die hohensteinische Mundart meisterhaft beherrschte, und auch sonst mit den Bewohnern des platten Landes nach ihrer Gewohnheit umzugehen verstand, so war er in weitem Umkreise bekannt, gesucht und beliebt, sodaß er in seiner aufreibenden Thätigkeit volle

Befriedigung und reichliches Auskommen fand. Den kleinen Mann drückte er nicht, ja er half den Bedürftigen willig und gern um Gottes Lohn, auch die Jahreshonorare die er von den besser Situirten liquidirte, bewegten sich nach heutigen Begriffen in bescheidenen Grenzen, und doch gab ihm mein Vater in scherzhaft, lutherisch derber Weise Schuld, daß er bei dem Umsatz seines Wissens in klingende Münze allzu gewissenhaft verführe und das Konto seiner Patienten oft ungeahnt belaste. *„Wenn ich Unger sage: „Du, mir sitzt der Kohl der Quere", da schreibt er mir gleich 8 Groschen für ärztliche Consultation an"*, so scherzte mein Vater, wenn es galt, dem Doctor die Jahresrechnung zu bezahlen.

Ja, sparsam und wirthschaftlich war Dr. Unger, das muß man ihm lassen. Seine alte schwarze Rosinante, die kaum noch Zähne im Maule, aber sehr viel graues Haar hatte, behielt er bis in ihr hohes Alter als Reitpferd bei, schont und pflegte sie, soviel er nur konnte. Dafür dankte ihm das brave Thier durch rührende Zuverlässigkeit, Treue und Ausdauer.

Ritt er nach anstrengender Tagesarbeit müde wie ein Hund in den unergründlichen Feldwegen abends heim, da durfte er der Alten unbesorgt die Zügel auf den Hals legen und sich behaglich zu einem Nickerchen zurecht setzen. Während er in der ihn umgebenden Nacht und tiefen Ruhe der Natur rittlings einen erquickenden Dormus abhielt, trug ihn die wegekundige Rappstute, mit regelmäßigem Schritt durch den tiefen Lehmweg stapsend, sicher Heim und weckte den Schläfer erst dadurch auf, dass sie plötzlich mit hörbarem Ruck vor seinem Haus halt machte. Wie für sein Pferd, so war er auch für die Fruchtbarkeit seines Gartens und eines dazu erpachteten Stückchens Land sehr besorgt. Jedes auf der Straße achtlos verlorene und dort verwitternde Häuflein Dünger schien ihm werthvoll und er fand Mittel und Wege, solche Meliorationsobjecte seinem Grund und Boden zu gute kommen zu lassen. Alte zerlumpte Filzhüte, kläglich ausgetretene, als unbrauchbar fortgeworfene Schuhe und Stiefel entgingen seinem Scharfblicke nicht, er wußte sie mit seinem kräftigen Rohrstocke immer wieder vor sich her zu schlenkern, bis er sie auf sein Feld, oder in seinen Garten lanciren und dort vergraben konnte, damit sie ein rühmliches Ende finden und, den Humus verbessernd, wieder zu Erde werden sollten.

Als unser Hund Hans, ein zierliches Windspiel, aber unverbesserlicher Don Juan, bei einem zärtlichen tète à tète von einem überlegenen Rivalen tödlich verletzt und verendet war, bereitete ihm mein gerade in den Ferien anwesender Bruder Karl eine groteske Bestattungsfeier. In ernstem Conduct und bei gedämpftem Trommelschlag wurde der Kadaver des trotz seiner Untugenden allgemein beliebten Hundes in einer Kalktrage an die im Grasgarten aufgeworfene Grube getragen und dort nach einer tragikomischen Ansprache feierlich versenkt und begraben. Die Kunde von dieser seltsamen Feier war auch dem Dr. Unger zu Ohren gekommen. Er machte zwar meinem Bruder ob seiner köstlichen Idee die schmeichelhaftesten Elogen, konnte sich dabei aber nicht enthalten, seinem tiefen Bedauern darüber Ausdruck zu geben, daß die Beerdigung nicht in seinem Garten stattgefunden hätte.

Abgesehen von dieser kleinen, humorvollen Schwäche war Dr. Unger aber ein durchaus vornehmer, sittenreiner Mann, der meinen Vater in dem Bestreben, den guten Geist in seiner Gemeinde zu erhalten und zu befestigen, erfolgreich unterstützte.

Schweren Kummer bereitete meinem Vater in dieser Beziehung ein kleiner ausgemergelter Roué Namens Wenzel, ein alterner Junggeselle, der das von Maud Rode'sche Rittergut, das sog. Wahlgut, gekauft hatte und dort mit seiner Schwester, einer verwittweten Frau Hindersin, hauste. Da letztere für ihr Söhnchen Bruno, der mit mir zusammen ABCschütze war, meinen Umgang wünschte, so bin ich in der Wenzel'schen Familie gewesen, habe auf dem Gutshofe meine ersten Reitversuche auf Bruno's Ziegenbock und Esel gemacht und bin mit meinem Concurrenten von der Schiefertafel weidlich auf dem seltsam gerundeten Wahlberge umhergekraxelt, ohne die ursprüngliche Bestimmung dieses mit einer mächtigen Linde gekrönten grasbewachsenen Hügels ergründen zu können. Welch' schlimmer Passagier Bruno's Oheim war, welches Unheil fortgesetzt unter dem weiblichen Theile der confirmirten Dorfjugend anrichtete, davon ahnte ich nichts, hätte es auch in meinem unschuldsvollen Alter nicht verstanden.

Die drallsten Dirnen waren ihm die begehrenswerthesten, und die große Zahl der außerehelich geborenen Kinder wurde von einsichtigen Leuten auf sein Schuldconto gesetzt. Der Volkswitz hatte ihm, wahrscheinlich um damit seine unverwüstlichen Neigungen anzudeuten, den Spottnamen Wichsfritze beigelegt, er selbst nannte sich Assessor, welchen Titel die Einwohner in Aczässer umtauften, mein Vater und Unger aber nicht anerkannten, da sie erfahren hatten, daß er in der großen juristischen Staatsprüfung durchgefallen war. Offiziell nannten ihn diese daher: *„Referendarius außer Diensten“*, im internen Freundeskreise aber nur *„Lausewenzel“*.

Von diesem argen Sünder, der einen so übeln Einfluß auf die Gemeinde ausübte, den Aufenthalt in Gross-Wechsungen zu verleiden, donnerte mein Vater Sonntags unter unzweideutiger Anspielung auf gewissenlose Brotherren gegen die zunehmend Unsittlichkeit, Dr. Unger aber, ein vollendeter Gelegenheitspoet, ging dem Übel direct zu Leibe, fabrizirte ellenlange Pasquille, in denen er das Ding beim rechten Namen nannte und mit derbem Volkshumor bald den bösen

Wichsfritze, bald den schleichenden Lausewenzel verhöhnte, und heftete, gleichwie Luther seine Thesen, diese urwüchsigen Schmähschriften so, daß sie Jedermann ins Auge fallen mußten, am Thore des gleichzeitig als Arrest lokal und Todtenkammer dienenden Spritzenhauses auf dem Plane an. Durch diese unermüdlichen directen und indirecten Angriffe erreichten es die beiden Freunde schließlich, daß dem Musche Urina der Boden unter den Füßen zu heiß wurde. Urplötzlich hatte er sein Gut verkauft und war auf Nimmerwiedersehen verschwunden.

Auch seinem Gutsnachbarn, dem Juden Schönfeld, der nach dem Tode des Herrn v. Arnstedt das Teichgut gekauft hatte und dort mit seinem dicken, weißbewesteten Bauche den wohlwollenden, behäbigen Rittergutsbesitzer markirte, hat es nicht allzulange in Gross-Wechsungen behagt. Seine Bemühungen, kraft seines Reichthumes dort die erste Rolle zu spielen, mißlangen gänzlich und begegneten einem mitleidigen, duldsamen Lächeln der Ortseingesessenen. Er war im übrigen ein harmloser, gutmüthiger Gesell und machte aus seinem Herzen keine Mördergrube. So hatte er einst meinem Vater anvertraut, daß er aus Pietät zwar noch an den rituellen Gebräuchen seiner Vorfahren äußerlich festhalte, daß er aber im Grunde genommen keinen allzu großen Werth darauf lege und sehr gerne einmal, wenn sich die Gelegenheit dazu biete, ein saftiges Stück Schweinefleisch zu sich nähme. Die Kasteiung des Leibes in der langen Nacht mache er seinen Glaubensgenossen zu Liebe zwar mit, unmittelbar darauf kehre er jedoch in der Wirthschaft von Kannegiesser in der Kranichstraße ein und setze seinen Magen durch ein ganzes Pfund echten Nordhäuser Magenzippel in Erstaunen.

War gegen diesen harmlosen Hebräer nichts wesentliches einzuwenden, so lag die Sache anders bei dem Nordhäuser

Juden Zacharias, der das große Glück gehabt hatte, die Hand der reichen Wittwe Krause zu gewinnen und damit in die bedeutendste Cichorienfabrik Nordhausens einzuheirathen. Kein Mensch konnte begreifen, wie die immerhin noch reputirliche Wittwe sich hatte entschließen können, diesem ausgemergelten, schiefbeinigen Juden einmal ihr Herz zu schenken und ihr großes Vermögen mit ihm zu theilen.

Abgesehen von seinen augenfälligen körperlichen Mängeln war Jud Zacharias ein ekelhafter und unleidlicher Protz, von dem kein wohlgesinnter Bürger etwas wissen wollte. Dem Dr. Unger war er aber dadurch zu nahe getreten, daß er so böswillig das ehrenkränkende Gerücht ausgestreut hatte, durch Ungers falsche Behandlung sei ein Kind ums Leben gekommen. Von dieser übeln Nachrede zuverlässig in Kenntniß gesetzt, übte Unger, dem der Rechtsweg viel zu beschwerlich und langweilig dünkte, in folgender drastischer Weise gegen den Verleumder Vergeltung: Als er eines Vormittags die Rautenstraße entlang ging, kam ihm untergefaßt das Ehepaar Zacharias in den Wurf. Auf seine an den Ehemann gerichtete Aufforderung, mit ihm zu einer privaten Auseinandersetzung beiseite zu treten, lehnte dieser furchtsam solches Ansinnen ab und klammerte sich, nichts Gutes ahnend, krampfhaft an seine feiste Gattin, die ihren zierlichen Sonnenschirm als Deckung vor die Judenvisage des Geliebten ihres Herzens hielt. Unger beseitigte mit der Linken leicht das zerbrechliche Schutzdach und haute mit der Rechten seinem schwächlichen Widersacher mehrere kräftige Maulschellen herunter, sodaß dieser laut nach Hilfe schrie, das Publikum aber, das schnell um die Gruppe eine Corona gebildet hatte, dem schneidigen Rächer seiner Ehre Beifall jauchzte.

In dem darauf von dem Juden angestrengten Prozesse wurde die Verbalinjurie mit der Realinjurie als compensirt angesehen.

hafter Zank und unleidlicher Streit, den kein recht-gesinnter Bürger etwas wissen wollte. Dem Dr. Unger war er aber dadurch zu nahe getreten, daß er böswillig das ehrenkränkende Gerücht ausgestreut hatte, durch Ungers falsche Behandlung sei ein Kind ums Leben gekommen. Von dieser üblen Nachrede zuverlässig in Kenntnis gesetzt, übte Unger, dem der Rechtsweg viel zu beschwerlich und langweilig dünkte, in folgender drastischer Weise gegen den Verleumder Vergeltung: Als er eines Vormittags die Kaulenstraße entlang ging, kam ihm untergefaßt das Ehepaar Zacharias in die Quere. Auf seine an den Ehemann gerichtete Aufforderung, mit ihm zu einer privaten Auseinandersetzung beiseite zu treten, lehnte dieser furchtsam solches Ansinnen ab und klammerte sich, nichts Gutes ahnend, krampfhaft an seine dicke Gattin, die ihren zierlichen Sonnenschirm als Deckung vor ~~die [illegible]-~~ das Gesicht ~~visage~~ des Geliebten ihres Herzens hielt. Unger beseitigte mit der Linken leicht das gebrechliche Schutzdach und haute mit der Rechten seinem scheußlichen Wider-

Kaiser mehrere kräftige Maulschellen herunter, sodaß dieser laut nach Hilfe schrie, das Publikum aber, das schnell um die Gruppe eine Corona gebildet hatte, dem schneidigen Kaiser seinen Ehrbeifall jauchzte.

In dem darauf vor dem Juden angestrengten Prozesse wurde die Verbalinjurie mit der Realinjurie als compensiert angesehen.

21. – Gymnasium

Meine Ausbildung in den Wissenschaften der unteren Gymnasialklassen schritt inzwischen rasch voran. Schon Ostern 1864 sollte ich die Aufnahmeprüfung für die Tertia ablegen, aber mein Vater behielt mich noch ein Semester zu Hause, weil es ihm an einem geeigneten Leithammel für die Privatschule fehlte.

Die musikalischen Studien, die ich unter dem Nachfolger des verstorbenen Kantors Wenzel, dem biedern Kantor Kiel begonnen, hatte ich leider wieder aufgegeben, einmal weil mir die Fähigkeit mangelte, Noten vom Blatte zu lesen, ich vielmehr jedesmal erst das Vorsingen „fang an Carl es geht und“, es geht

21. Gymnasium

Meine Ausbildung in den Wissenschaften der unteren Gymnasialklasssen schritt inzwischen rasch voran. Schon Ostern 1864 sollte ich die Aufnahmeprüfung für die Tertia ablegen, aber mein Vater behielt mich noch ein Semester zu Hause, weil es ihm an einem geeigneten Leithammel für die Privatschule fehlte.

Die musikalischen Studien, die ich unter dem Nachfolger des verstorbenen Kantors Wenzel, dem biedern Kantor Kiel begonnen, hatte ich leider wieder aufgegeben, einmal weil mir die Fähigkeit mangelte, Noten vom Blatte zu lesen, ich vielmehr jedes mal erst das Versuchen *„fang an Carl es geht“* und *„es geht Hurtig durch Fleiß“* ansagen mußte, ehe es mir gelang, eine Note zu bestimmen, andrerseits weil meine Hände noch zu klein waren um eine Octave zu greifen.

Endlich aber kam in Betracht, daß Kiel wohl selber kein großer Musikant war, wenigstens keine übermäßige Lust zeigte, mir etwas Gediegenes beizubringen. Er lud lieber Mist auf und bestellte sein Feld, als daß er sich neben mich ans Klavier setzte, und wenn er letzteres that, so litt meine stets allzu empfindliche Nase unwiderstehlich unter den nicht sorgfältig genug beseitigten Spuren der landwirthschaftlichen Thätigkeit meines Lehrers.

Schade, daß es so kommen mußte, denn bei meinem vorzüglichen musikalischen Gehöre, das mich bis ins Alter begleitet und befähigt hat, ohne Notenkenntniß leichtere Musikstücke, insonderheit Choräle in Cdur harmonisch zurechtzustoppeln und leidlich sicher zu Gehör zu bringen, hätte es mir nicht fehlen können, spielend ein zweiter Liszt zu werden.

Auch das Sommersemester 1864 ging in ernster Pflichterfüllung vorüber, und mein sehnlicher Wunsch, in die nordhäuser Lateinschule aufgenommen zu werden und damit in die beneidenswerthe Stellung eines Gymnasiasten aufzurücken, reifte seiner Verwirklichung entgegen.

Inzwischen war mein kleines Brüderlein zur Freude seiner Eltern, Geschwister und Freunde aus dem Gröbsten herausgewachsen und war bald wegen seines kindlich heiteren Gemüths und seiner drolligen Einfälle der Liebling und Vorzug von Alt und Jung. Insbesondere hatte Herr Marschall seinen ausgelassenen Spaß an dem kleinen Nachkömmling, der sich ihm dafür in rührender Anhänglichkeit anschloß und ihn bei jeder Gelegenheit am Rockschoß zu fassen wußte. Mit Vorliebe titulirte ihn dieser: *„nasch Kalle“*, d. h. närrisches Karlchen und wuchtete ihn mit kräftigem Schwunge hoch über seinen Kopf. Dabei geschah es dann freilich mitunter, daß er ihn mit seinem unvermeidlichen Glimmstengel an der unmotivirt vorgestreckten Stirne oder Nase ein wenig ansengte. Solch kleines Mißgeschick that aber der unerschütterlichen Freundschaft zwischen diesen beiden ungleichaltrigen Bewohnern des Pfarrhauses weiter keinen Eintrag. Über den unfreiwilligen Humor, die urkomischen Betrachtungen und Bemerkungen seines nasch Kalle mußte Marschall oft unbändig lachen und er wurde nicht müde, solche bonmots, selbst wenn sie nicht vorbehaltlos für den Damensalon geeignet erschienen, in ungeniartester Weise zu kolportiren.

Nach gründlicher Prüfung einer auf dem entdeckten, ziemlich kreisrund geformten, grünlich braunen breiigen Masse rief nasch Kalle überlaut: *„Herr Marsall, kommalähr, da hat eine Kuh hingeschossen“!* Begeistert durch den melodiösen Klang eines in der Nähe sich produzirenden verstimmten Leierkastens machte er seinen Begleiter hierauf mit der Bemerkung aufmerksam: *“Herr Marsall, hoich hoich, Schient mat“*, sollte heißen: da wird Musike gemacht.

Von diesem kleinen Allerweltslieblinge zu scheiden, das Elternhaus, alle lieben Menschen und Stätten meines Heimathsdorfes zu verlassen, kam mir zwar bitter an, aber ich fand bald Muth und Trost, in die Fremde zu ziehen, weilte doch bereits fast 2 Jahre mein älterer Bruder Fritz, mit dem ich aufgewachsen war und nun wieder vereint werden sollte, zu den Füßen der von Weisheit erfüllten Meister auf der hohen Bildungsstätte der Kreisstadt.

Er hatte mir seine Erlebnisse, Erfolg und Mißgeschicke auf der Pennale mündlich und in ausführlichen Briefen mitgetheilt, ich selbst hatte ihn wiederholt in seinem trübseligen Hinterstübchen bei der Frau Hynitzoch in den Töpfern aufgesucht – so waren mir Licht- und Schattenseiten eines mit dürftigen Mitteln ausgestatteten Tertianers nicht gänzlich fremd. Aber die Anerkennung, die meinem fleißgen und wohl begabten Bruder bei Lehrern und Mitschülern zu theil wurde, spornte auch meinen Ehrgeiz an und ließ mich den Abschied von der lieben Heimath nicht allzu tragisch empfinden. Mein Vater legte besonderen Werth darauf, und ich selber hielt es für selbstverständlich, daß ich in die Tertia aufgenommen würde, und so sah ich denn meiner Vorprüfung fürs Gymnasium ohne besondere Bedenken entgegen. Aber obwohl der Director und die zuständigen Lehrer, die meinen Vater persönlich kannten, uns mit der größten Zuvorkommenheit entgegen kamen, so merkte ich doch an den wenigen, mir fast gesprächsweise vorgelegten Fragen, daß es mit meinen Vorkenntnissen durchaus nicht glänzend bestellt war und ich große Mühe haben würde, den Anforderungen der Tertia zu genügen. Weniger wegen der von mir in der Vorprüfung dargelegten Kenntnisse, als vielmehr um damit seinem ehemaligen, nunmehr in Stadt und Land wohl angesehenen Schüler einen Gefallen zu thun, nahm mich indessen der Director Schirlitz für die Untertertia an.

Ob das recht und wohl gethan war, möchte ich bezweifeln. Denn weil ich thatsächlich, namentlich in Griechisch und Arithmethik nicht auf dem Niveau der Klasse stand, so folgte für mich eine Enttäuschung auf die andere. Die griechischen Klassenarbeiten, namentlich die Formenextemporalien wimmelten von Fehlern, und die Schreibhefte sahen demzufolge äußerst rothbunt aus. In der Algebra gar konnte ich mangels der nothwendigen Grundlagen dem Unterrichte absolut nicht folgen, geschweige denn die gestellten Aufgaben verstehen, oder lösen. So war es nicht zu verwundern, daß mich gar bald eine gewissen Muthlosigkeit beschlich, die durch die losen Witze und Neckereien meiner besser vorgebildeten städtischen Mitschüler nicht vermindert wurde und die sich auch durch einen leider sehr viel bessern Erfolg in der Geometrie nicht erfolgreich bannen ließ.

Der neu Eingetretene nimmt selbstverständlich den untersten Platz in der Klasse ein und es ist seine Sache, durch eigene Leistungen heraufzurücken. Nach meinen geringen Kenntnissen wollte mir letzteres anfänglich absolut nicht gelingen. Als aber unser Mathematikus Dr. Kosack – der gefürchtete Schipper – den Beweis für den Pythagoras verlangte und außer mir keiner in der Klasse eine prompte Lösung an der Schultafel fertig brachte, da lobte mich der joviale Mann: *„seht mal den vom Dorfe, der kann's besser wie ihr, die ihr schon so lange die Stadtluft genießt"!* und gab mir den ersten Platz, den ich aber leider nicht allzu lange zu behaupten vermochte. Die kühnen, von allzu großem Optimismus dictirten Erwartungen meines vorwärts drängenden Vaters, daß ich die Unterteritia möglichst in einem Semester durcheilen sollte, mußte ich demnach von vornherein als unerreichbare Luftschlösser erkennen. Leider fehlte mir aber der Muth, diese Thatsache daheim zur Sprache zu bringen und dem Vater über den Stand der Dinge unverblümte Klarheit zu verschaffen. Daß volle Offenheit, namentlich den Eltern gegenüber noth thut, hatte ich damals noch nicht erkannt, war auch nicht in dem Sinne erzogen, daß ich Vater und Mutter als meine besten Freunde und Berather in allen meinen Angelegenheiten und Sorgen ansehen und achten müsse. Ängstlich besorgt, ja nicht seinen Unwillen, sein Mißfallen zu erregen, vermied ich es im Gegentheil geflissentlich, ihm frei und offen zu sagen: „*so und so steht es*", belastete vielmehr mein Gewissen mit einer uneingestandenen Unwahrheit und gab auf seine wiederholten Fragen, wie es in der Schule ginge, ausweichend Antworten. Es war dies die größte Dummheit, die ich machen konnte und die nur dadurch zu erklären ist und entschuldbar wird, daß wir den Vater mehr zu fürchten, als zu lieben gewohnt waren. In früheren Zeiten fühlten sich die Eltern, insonderheit die Väter den Kindern gegenüber wohl in Rolle als Respectspersonen, sie beachteten viel zu wenig die Mahnung des Apostels Johannes, daß die Liebe die größte Tugend sei, die ganz besonders sorgfältig in das Kinderherz gepflanzt, darin gehegt und gepflegt werden müsse.

Daß sie wohl daran thun, den Kindern volles Vertrauen entgegen zu bringen, sie immer von Neuem davon zu überzeugen, daß sie keine bessern, zuverlässigern Freunde auf Erden haben wie die Eltern, diese Weisheit hatten die Väter damaliger Zeit noch nicht erfaßt, sie waren viel zu sehr in dem Autoritätsprinzip befangen und diesem Irrthum mag es auch zuzuschreiben sein, daß sie ihren Eltern gegenüber nicht das familiär vertrauliche „Du" anwandten, sondern aus falsch verstandener Ehrerbietung Vater und Mutter mit „Sie" anredeten.

Die Auffassungen und Erfahrungen bei der Kindererziehung sind naturgemäß sehr verschieden, und ich bin weit davon entfernt, an dieser Stelle meinen lieben Eltern den leisesten Vorwurf zu machen, daß sie darin an uns Geschwistern etwas versehen hätten. Gottlob beweist ja der Erfolg das Gegentheil, denn es ist immerhin als eine hocherfreuliche Thatsache anzuerkennen, daß von uns 7 Kindern keines aus der Art geschlagen ist, keines in seiner Lebensbahn ernstlich Schiffbruch erlitten hat.

Aber aus meiner reichen Erfahrung darf ich mir doch nicht verhehlen, daß mein Lebensweg ebener gewesen wäre, daß ich manche Scylla und Charybdis geschickter vermieden haben würde, wenn mich mein Vater enger und vertrauensvoller ans Herz geschlossen, wenn er sich nicht aus natürlicher, aber m. E. falsch angebrachter Zurückhaltung gescheut hätte, dem heranwachsenden Jünglinge liebevoll, aber in voller ungeschminkter Klarheit diejenigen Lebensregeln ans Herz zu legen, alle jene Gefahren vor Augen zu führen, die dem ins Leben tretenden Sohne begegnen können und zu wissen nothwendig sind.

Es thut mir noch heute in der Seele wehe, wenn ich daran denke, daß ich meinem seligen Vater, den ich – ach zu früh – verlieren sollte, nicht mit der natürlichen, kindlichen Zuneigung verbunden gewesen bin, daß ich in seiner Gegenwart ein unbestimmtes beängstigendes Gefühl nicht los werden konnte und allemal froh war, wenn er von seinen oft unerwarteten Besuchen in Nordhausen wieder heimkehrte. Da er die üble Angewohnheit hatte, bei solchen Gelegenheiten auch unsere Lehrer aufzusuchen und bei diesen sich über unser Wohlverhalten in und außer der Schule, über Fleiß und Leistungen seiner Söhne zu unterrichten, so geschah es oft, daß er, in seinen optimistischen Erwartungen bitter getäuscht, in höchst gedrückter Stimmung zu uns kam und uns mit Vorwürfen überschüttete.

Als ich nun gar nach dem 1. Semester meiner Gymnasialzeit, anstatt, wie er in Verkennung meines Wissens gehofft, nach Obertertia versetzt zu sein, eine kümmerliche Censur nach Hause brachte und auch nach dem 2. Semester die Reife für die Versetzung noch nicht erlangt hatte, da war seine Enttäuschung groß, da hatte sein Mißmuth den Gipfel erreicht, da galt ich armer Unglückswurm für ihn als der unverbesserliche verlorene Sohn. Die Herbstferien, die ich damals im Elternhause verlebte, gehören zu den traurigsten Erinnerungen meines Daseins. Mein Vater strafte mich mit der härtesten Strafe, die ein Vater für seinen Sohn in Anwendung bringen kann: mit Verachtung, ich war für ihn Luft, er würdigte mich keines Wortes, sodaß ich – wohl ein unicum im Schülerdasein – sehnlichst den Schluß der Ferien und die Wiederaufnahme der Arbeit in der alten Klasse herbeiwünschte. In der Folgezeit habe ich dann aber recht erfreuliche Fortschritte gemacht, ohne mich übermäßig anzustrengen, bin niemals mehr sitzen geblieben, erhielt sogar ein praemium industrial ac morum und absolvirte die Prima wegen des Krieges gegen Frankreich in 3 Semestern.

Daß die nicht einheimischen Schüler unter Aufsicht und Pflege von vertrauenswürdigen Eheleuten oder Wittwen in Pension leben mußten, galt zu unserer Zeit noch nicht als Vorbedingung für den Besuch des Gymnasiums, wäre auch meinen Eltern, die damals gleichzeitig 4 Söhne außer dem Hause zu erhalten hatten, zu kostspielig gewesen. So hauste ich dann zunächst mit meinem Bruder Fritz und meinem Vetter Fritz Hirschfeld aus der Ammermühle zusammen im chambre garni bei dem Posamentier Göthe auf dem Königshofe oder Schweinemarkte, unfern dem Gymnasium, einem ehemaligen Cisterzienser Kloster.

Kaffee mit Milch als Morgengetränk, aber ohne alle sonstigen Zuthaten war in dem höchst bescheidenen Miethspreise einbegriffen; Mittagessen nahmen wir für 3 Silbergroschen in der ebenfalls am Königshofe gelegenen Gastwirthschaft von Steinecke ein, für alle übrigen Lebensbedürfnisse mußten wir selber sorgen und erhielten zu diesem Behufe pro Mann und Monat einen Thaler. Daß wir mit diesem Dispositionsfonds gewaltige Sprünge nicht machen konnten, uns vielmehr auf den Genuß von Schwarzbrot, allenfalls mit Schweineschmalz bestrichen und mit Salz bestreut, beschränken mußten, liegt auf der Hand. Gleichwohl trat mein findiger Bruder mit dem Vorschlage an mich heran, ich möge ihm meinem Monatsthaler geben, dafür wolle er mich ernähren. Darauf ließ ich mich aber nicht ein, glaubte ich doch Grund zu der Besorgniß zu haben, daß dann auch das Schmalz als Zubrot zum Schwarzbrote in Wegfall kommen möchte. Jedenfalls wurde mir, als dem Fuchs das Amt des Herbeischaffens unseres Brotbedarfs von vornherein aufgehalst, und ich mußte zu diese Behufe oft bei Wind und Wetter den weiten Weg zum Bäcker Rosenthal am Markte, der dafür bekannt war, daß er die größten 4 Groschenbrote lieferte, zurücklegen.

Ein solch' großes rundes Brot offen über die Straße zu tragen, glaubte ich aber mit der Würde eines Gymnasiasten nicht vereinbaren zu können, und so knüpfte ich dann an die Ausführung jenes mir octroyirten Botenganges die von meinem Bruder auch bereitwillig acceptirte Bedingung, daß ich bei solcher Gelegenheit seinen grünen Flausrock, der mir viel zu lang und weit war, anziehen dürfe.

Die Abmessungen dieses wärmenden Rockes reichten vollkommen aus, um ein umfangreiches 4 Groschenbrot darunter zu verbergen, indem ich es mir auf den Bauch knöpfte. Als dürrer Hering in seinem sehr auf Zuwachs berechneten

Rocke entwandelte ich zum Backhause und kehrte fein ausgepolstert mit einem ansehnlichen Bäuchlein zurück. Die freundlichen Bäckerleute, bei denen ich als regelmäßiger, bescheidener Kunde bald beliebt war, legten mir als Zugabe ein schön braunes, knusperiges Milchbrötchen bei, das ich als Botenlohn unterwegs zu verzehrten für mein gutes Recht ansah. Sobald aber mein Brüderlein von dieser Munifizenz der biedern Bäckersleute Wind bekommen hatte, heischte er seinen Antheil an dem Leckerbissen und zwar so energisch, daß ich mich für die Folge wohl oder übel mit der Hälfte bescheiden mußte.

Donnerstags waren wir ein- für allemal zum Abendbrot bei meiner Großmutter geladen, die inzwischen ihren Wohnsitz nach Nordhausen verlegt hatte und bei meinen Vettern Eduard und Wilhelm Kuntze in der Dombierbrauerei zur Miethe wohnte.

Dies Abendessen war denkbar einfach und bestand aus frischem Brot von feinerer Sorte und wechsunger Butter. Dazu wurde eine Karaffe Lagerbier aus der Brauerei heraufgeholt. Mit solch' bescheidener Bewirthung würde die Jugend von heute wohl schwerlich einverstanden sein; uns genügte das freundlich dargebotene aber vollkommen, wir warteten die ganze Woche sehnsüchtig auf den Donnerstag, traten pünktlich um 6 Uhr in Großmutters Stübchen an und vertilgten unglaubliche Mengen der leckern Butterschnitten. Trotz der militairischen Pünktlichkeit, die uns bei diesen Eßbesuchen auszeichnete, hatte uns Großmutter in ihrer Ungeduld schon immer lange vorher erwartet und den Tisch gedeckt, sie empfing uns mit der stets gleichmäßig wiederholten Bemerkung: „*ich döchte, de kümet nich*" und nöthigte dann reichlich zum Zulangen. Das ließen wir uns nicht 2mal sagen, denn wir verfügten über einen beneidenswerthen Appetit und thaten der Mahlzeit nicht nur mit Worten, sondern auch mit der That all Ehre an, worüber die gute Spenderin mit den Worten quittirte: „*Wanns uch mant schmeckt*". So eilig sie es mit dem Decken des Tisches hatte, so ängstlich war sie darauf bedacht, daß nach beendeter Mahlzeit alles schnell wieder abgeräumt, gesäubert und an Ort und Stelle verstaut wurde; kaum hatten wir den letzten Happen vom Teller genommen, da begann sie auch schon mit den Aufräumungsarbeiten, sodaß ihr Stübchen im Handumdrehen wieder das gewohnte, behagliche Aussehen zeigte.

Von ihrer landwirthschaftlichen Thätigkeit gewohnt, früh aufzustehen und sehr zeitig schlafen zu gehen, sorgte sie dafür, daß wir unsern Besuch nicht zu lange ausdehnten und gab, wenn wir nicht selbst an rechtzeitige Verabschiedung dachten, durch die Worte: „*wüllt da dänn wüdder furt*"? das Signal zum Aufbruch. Später, als sich Großmutter behaglicher in der Rautenstraße eingerichtet hatte, wurden auch diese Donnerstag-Abendmahlzeiten opulenter und durch Beifügung einer Knackwurst, oder eines Handkäses gehaltvoller gestaltet. Tag und Stunde blieben aber dieselben, und wenn es ihr mitunter am Donnerstage nicht paßte, uns zu bewirthen, so verlegte sie nicht etwa unsern Abendfreitisch auf einen andern Tag, sondern sie sandte uns durch ihre Aufwartefrau früh Morgens – Brot, Knackwurst und ein Achtgroschenstück mit der Weisung, uns mit dem Übersandten selbst zu verköstigen. Das kam uns oft sehr willkommen, da wir die gespendeten 10 Silbergroschen ja bei weitem nicht verkneipen konnten und einen erklecklichen Rest zur Deckung des chronischen Defizits in unseren Kasse übrig behielten.

22. Wohnung

In den Schulgesetzen, die der Director bei Beginn eines jeden Semesters vorlas, war zwar der Besuch von Gastwirthschaften aller Art verboten, dies bezog sich aber nicht auf den Mittagstisch, den wir in der Steineck'schen Wirthschaft einnahmen. Das Essen war gut zubereitet und bestand aus Suppe, Gemüse und Fleisch, oder Braten mit Salat bezw. Apfelbrei. Abends in diesem Lokal zu verkehren, war nicht erlaubt.

Wenn es aber doch einmal einer von unseren Tischgenossen riskirt hatte, persönlich nachzuschauen, was sich in den Abendstunden in unserer Speisewirthschaft zutrüge, so wußte er andern Tags Wunderdinge zu berichten.

Außer Lagerbier wurde in Nordhausen und zwar auf dem Hammer an der Sundhäuser Chaussee der sog. Broihahn gebraut. Dies Getränk wurde in hohen Stangengläsern und von Damen und sonstigen Feinschmeckern mit Musik, d. h. mit einer Beigabe von geriebenem Schwarzbrot, Zucker und Korinthen genossen. In diesem Falle diente zum Umrühren der Mischung ein langgestielter Löffel aus Zwetschenholz. Da der Broihahn in großen, festverschlossenen Steinkrügen geliefert wurde, so hielt er sich vermöge der ihm innewohnenden Kohlensäure verhältnißmäßig lange frisch, wurde in fast allen Bierkneipen verschänkt und von solchen Gästen bevorzugt, die dem Lagerbier wegen seines hohen Alkoholgehaltes abhold waren, oder sich gern ein erfrischendes Getränk bei möglichst geringem Kostenaufwand leisten wollten. Das große, ½ Quart haltende Stangenglas war überall für 9 d nach unserm Geld 7½ Pf. zu haben.

Als Muster eines sparsamen Stammgastes war der alte Rümpler bekannt, ein hoch aufgeschossener Dürrländer mit schlechter Haltung, ein Nordhäuser Urphilister, ein Schneider, mit dem alle Welt Schabernack trieb. Er besaß unweit des Gymnasiums in der Predigergasse einen kleinen Laden und verkaufte darin Schreibutensilien, war deshalb den Schülern wohl bekannt und mußte sich von diesem losen Völkchen allerhand Näckereien und Mogeleien gefallen lassen. Seine Ausgabe im Steineck'chen Lokale betrug 9 Silberpfennige, dafür kaufte er sich ein Stangenglas voll Broihahn; hatte er dies halb ausgetrunken, so ging er hinaus auf den Hof, (und) füllte es unter der Pumpe wieder voll und verdünnte auf diese Weise fortgesetzt sein an sich nicht allzu gehaltvolles Getränk, bis der Abend herum war und der Inhalt seines Glases kaum noch eine Spur von Weißbierfärbung zeigte.

Als Adjacent des Schweinemarktes bewegte er sich an den Vormittagen, wo die ländlichen Verkäufer von Schlachtbaren und Läuferschweinen ihre grunzende Ware feil boten, unter der Menge und erkundigte sich nach den Preisen, ohne jemals daran zu denken, glücklicher Besitzer eines für seine Verhältnisse viel zu kostspieligen Borstenträgers zu werden. Da kamen ihm zwei wohl situirte Genossen des Stammtisches zur Hilfe, sie proponirten ihm, daß er das Eigenthum eines blitzsaubern, rosaschimmernden Läuferschweines erwerben solle, wenn er dasselbe um die Mittagsstunde am Stricke durch die belebtesten Straßen der Stadt führen und bei dieser Prozession fortgesetzt in einen über dem Schwänzchen befestigten Spiegel schauen würde. Wider Erwarten erklärte sich Rumpler sofort zur Ausführung dieses Narrenzuges bereit, erfüllte die gestellten Bedingungen und gelangte auf diese originelle Weise in den unbestrittenen Besitz eines viel versprechenden Mastthieres, ohne nur einen Pfennig ärmer geworden zu sein.

Zu den Stammgästen im Steineck'schen Lokale gehörte auch mein Hauswirth, der Posamentier Göthe, ein Hühne von Gestalt, der dort mit seinem Sohne Nante ab und an Schafskopf kloppte. Letzterer hatte nicht viel gelernt und verstand auch das väterliche Handwerk nur mittelmäßig, dagegen war er ein firmer und unverwüstlicher Tabakraucher, besaß eine stattliche Collection kurzer, halblanger und langer Tabakspfeifen und betrachtete es anscheinend als seinen Lebenszweck, uns von der Arbeit abzuhalten und in den Anfangsgründen der Rauchkunst zu unterweisen.

Hiermit hat er bemerkenswerthen Erfolg gehabt, denn schon als Obertertianer besaßen wir gut gebohrte lange Pfeifen, mittels denen es uns besser gelang, allabendlich die Stube zu verstänkern, als deutsche Aufsätze zu fabriziren. Nante war auch sonst ein Pfiffikus, er behauptete und lieferte durch einen practischen Versuch den Nachweis, daß es unmöglich sei, mit einem rohen Hühnerei auf 15 Schritte Entfernung ein 1½ Fuß im Quadrat haltendes Brett zu treffen. Auch das Skatspiel, das sich zu jener Zeit erst ganz allmählich in unserer Gegend Eingang verschaffte, suchten sich Vater Göthe und Sohn anzueignen, aber mit nur mittelmäßigem Erfolge, da weder sie, noch wir Hausgenossen, die wir bei solchen in der Wohnstube ausgeführten Versuchen den 3. und 4. Mann abgeben mußten, damals die Grundprinzipien jenes edeln Spieles kannten. Da hierbei häufig von Grün und Roth die Rede war, so wähnte das kleine in der Ofenecke hockende und Strümpfe anstrickende Mütterchen Göthe, daß sämtliche Farben im Skatspiele vertreten seien und munterte mich einst zum gaudium der Mitspieler auf: *„Otto, machen se doch en Gelb“!* Diese kleine, unscheinbare, gänzlich verwachsene Gattin eines robusten Riesen, Mutter eines starknochigen, tölpelhaften, indifferenten Tagediebes, führte neben dem bezeichneten männlichen Theile der Familie Göthe ein gedrücktes, beklagenswerthes Dasein. Der für sie wahrlich treu besorgten Hausfrau Liebe und Achtung entgegen zu bringen, hielten weder Gatte noch

Sohn der Mühe werth. Und doch, welch' edle Seele barg sich in dieser elenden, gänzlich verkümmerten Hülle! Welchen unermeßlichen Reichthum besaß sie in ihrem starken Gottesglauben, in der rückhaltlosen Hingabe an den Heiland, welchen Trost in dem unmittelbaren Verkehre mit Ihm, in dem inbrünstigen Gebete, das sie täglich mit lauter Stimme zu Ihm emporschickte! Sicher war sie der Überzeugung, daß der Herr aller Gnade sie besser an- und erhören könne, wenn sie Ihn unter freiem Himmel anriefe, denn man hörte sie oft in der Dämmerung und des Nachts auf dem winzig kleinen Hofe, der den Zugang zu dem Abort und Schweinestalle bildete, wie sie kindlich fromm dem Herrn, ihrem Gott das tief bekümmerte Herz ausschüttete, galt doch ihr Gebet vorzugsweise dem Seelenheile ihres Mannes und Sohnes, um das sie besorgt war. Nie habe ich zuvor, nie nachher in meinem Leben eine solche Beterin gehört!

Aus welchem Grunde wir nicht während der ganzen Dauer unserer Schulzeit in diesem Hause wohnen geblieben sind, ist mir heute nicht mehr erinnerlich, vielleicht war es der widerlich süßliche Geruch nach Malzkeimen, einem beliebten Schweinefutter, der ständig das Haus erfüllte, oder eine andere nicht besonders bemerkenswerthe Ursache, jedenfalls war es keinesfalls eine Verbesserung, als wir nach etwa Jahresfrist ein von meinem Vater ausbaldovertes Parterrezimmer in der Grimmelstraße unmittelbar neben dem nunmehr beseitigten Grimmelthore bezogen. Die neue Behausung hatte von vornherein den Nachtheil, daß der Schlafraum unterm Dache im Mansardengeschoß lag, wir also von der Wohnstube 2 Treppen hinaufsteigen und einen von fremden Leuten bewohnten Flur passiren mußten, wenn wir schlafen gehen wollten. Ferner befand sich ebenfalls im Parterre und nur durch den Hausflur von unserer Stube getrennt, der Krämerladen des Hauswirths, in dem auch Schnaps und Bier verkauft wurde und dessen gellende Thürglocke sehr störend wirkte; endlich war die Krämerfamilie keineswegs geeignet, für unerfahrene, noch sehr der Leitung bedürftige Knaben als Schutz und Vorbild zu gelten: Der Geschäftsinhaber, Großvater Förstemann, war ursprünglich Bäcker gewesen, hatte sich ein kleines Vermögen erworben und damit den Kramladen eröffnet, der, von den Bauern und Marktweibern der umliegenden Dörfer gern besucht, einen erklecklichen Verdienst abwarf. Großvater Förstemann selbst war im Laden selten zu sehen, er bastelte vielmehr Tagsüber in seinem großen Garten, rauchte ohne Unterbrechung aus einer kurzen, in schwarzem, verhärtetem Sudder starrenden Pfeife, wobei er ungezählte Schwefelhölzer verbrauchte, und bestand auf seine alten Tage noch ab und an ein galantes Abenteuer mit freundlichen Nachbarinnen in höchsten Semestern. Die eigentliche Leiterin des Kramladens war seine Tochter, die zwar an den Förster Schomburg in Günzerode verheirathet war, mit diesem aber nicht zusammenwohnte, sondern aus Zweckmäßigkeitsrücksichten dem väterlichen Geschäfte vorstand und nur alle paar Wochen einmal von ihrem Manne, einem stillen pflichtbewußten Unterbeamten, besucht wurde. Ihre Kinder: einen furchtbar thörichten Sohn Karl, der nicht aus der Quinta herausfinden konnte und vom Sekundaner Schömann (zuletzt Professor in Danzig) eingepaukt wurde, und 2 kleine Mädels hatte sie bei sich. Weshalb diese Dame stets nur mit der Nachtjacke angethan und mit wirrem, ungekämmtem Haar im Verkaufslokale erschien, konnte ich lange Zeit nicht heraus-kriegen. Erst viel später kam es mir zum Bewußtsein, daß sie, was den Schnaps anlangt, selbst ihr bester Kunde war, unglaubliche Quantitäten davon gewohnheitsmäßig vertilgte und demzufolge sich fortgesetzt im Dusel befand. Wahrscheinlich ist dieser wenig weiblichen Passion ihr frühes Ende zuzuschreiben.

Mit der Wohnung wurde auch unser Mittagstisch verlegt. Ob dies etwa ebenfalls aus Sparsamkeitsrücksichten geschah, oder ob mein Vater von der durchaus irrigen Meinung beseelt war, daß gerade bei einem Fleischermeister die Nahrung eine besonders vorzügliche sein müsse, will ich unentschieden sein lassen. Jedenfalls hatte er unseren langjährigen bewährten Fleischlieferanten Stegemann überredet, daß er uns als Abonnenten an seinen Mittagstisch nahm, an dem außer der Familie des Meisters auch sämtliche Gesellen, Lehrlinge und Mägde beköstigt wurden.

War Herr Stegemann auch ein durchaus reputabler Mann, dessen Geschäft sich des besten Rufes erfreute, hielt er insbesondere mit Strenge darauf, daß am Tische ein angemessener Ton herrschte, so hatte sich mein Vater doch in der Annahme arg verrechnet, daß unsere Verköstigung in der Fleischerfamilie gegenüber dem Steineck'schen Mittagstische eine Verbesserung bedeute.

Abgesehen davon, daß der in Fleischergeschäften herrschende intensive Fleischgeruch sensibeln Naturen von vorn herein den Appetit verdirbt, kommt in Betracht, daß am Familientische des Meisters mit Vorliebe solche Stücke consumirt werden, die beim Publikum wenig beliebt und daher schwer verkäuflich sind. So kam es dann, daß wir häufig eine Kost vorgesetzt erhielten, die uns unbekannt und ungewohnt war und deshalb nur mit einer gewissen Überwindung genossen wurde.

Besonderen Abscheu erregten die wöchentlich mindesten einmal in großen Stücken mit widerlich süßlich brauner Brühe angerichteten Rindskaldaunen. Aber auch die wechselnde Gesellschaft und die durch die Nothwendigkeit der gleichzeitigen Bedienung im Ladengeschäfte bedingte Unruhe am Mittagstische behagte mir wenig, obwohl der biedere Fleischermeister mit seiner zierlichen Hausfrau wetteiferte, mir den Aufenthalt in ihrem Heim so angenehm wie möglich zu gestalten. Am Sonnabend, dem Hauptarbeitstage für das Fleischerhandwerk wurde zu Mittag gar nicht gedeckt, sondern nur Bouillon mit Weißbrot ex faustibus genossen; die Hauptmahlzeit war an diesem Tage auf den Abend verlegt und bestand aus ungezählten deutschen Beefsteaks mit Pellkartoffeln, für uns der Glanzpunkt des Wochenmenüs.

Solange mein Bruder Fritz auf der Schule war, wurde dieser fragwürdige Zustand unserer Unterkunft und Verpflegung beibehalten. Als dieser jedoch das Abiturium geleistet und mich allein in Nordhausen zurückgelassen hatte, glaubte ich, ein standesgemäßeres Dasein führen zu müssen und gab mich bei dem Notariatssekretair Wendt, einem kleinen beweglichen Männchen, mit dem Vater bei seinem Anwalt Oswald in Verbindung getreten war und der nebst seiner ziemlich jugendlichen Frau ein niedliches Häuschen an der Petersberger Treppe bewohnte, in Kost und Logis. Bestechend war für mich das kleine freundliche Parterrezimmer, in dem ich ungestört mit besonderer Energie arbeiten zu können hoffte. Das geräumige Schlafzimmer lag im ersten Stock und war von dem ehemaligen Schlafgemache nur durch eine Thür getrennt.

Voll froher Hoffnung und mit der Zuversicht, nun endlich ein meinen Wünschen entsprechendes Quartier bewohnen zu dürfen, siedelte ich nach den Osterferien in die gemiethete Wohnung über. Wie fand ich mich aber unangenehm überrascht und aufs höchste enttäuscht, als ich erkennen mußte, daß außer mir noch zwei junge Leute, Diätare der soeben in Betrieb gesetzten Bahn Halle – Nordhausen, im Neste saßen! Herr Wendt, den ich dieserhalb sofort zur Rede stellte, erklärte sehr kühl, er habe es für selbstverständlich angesehen, daß die zur Vermiethung gestellten Räume von mehreren Herren gleichzeitig bewohnt würden; bei dem vereinbarten Preise sei es eine Vermessenheit von mir gewesen, wenn ich vorausgesetzt hätte, daß ich die offerirten Räume allein benutzen würde. Item: der Fuchs – er hatte in der That rothes Haar – hatte mich gründlich hineingelegt, indem er mich bei der Vermiethung in dem Glauben gelassen hatte, daß ich die Wohnung für mich allein haben würde, daß mir an einem Mitbenutzungsrechte nichts gelegen sein könne, mußte er wissen.

Indeß die Sache ging besser, als ich gefürchtet. Meine Stubengenossen erwiesen sich als bescheidene junge Leute, die mich, weil sie Tags in den Dienst, Abends in die Kneipe gingen, wenig störten. Nur litten beide an chronischem Geldmangel und sahen sich unausgesetzt der Nothwendigkeit gegenüber, auf ihre bescheidenen Diäten Vorschuß nehmen zu müssen. Um billigeres Zubrot zu beschaffen, kauften sie frischen Quark auf dem Wochenmarkte billig ein und bereiteten daraus eigenhändig Käse, die, in einen steinernen Topf eingelegt, unterm Sofa in unserer gemeinschaftlichen Wohnstube gut werden sollte. Der sich hieraus ergebende Gestank war mir dann doch zu arg und ich setzte es nicht ohne heftigen Conflict durch, daß sie für ihre Käserei ein anderes Lokal suchten.

Ein weiteres Mittel, seinen derangierten Finanzen aufzuhelfen, hatte der Jüngere meiner Stubengenossen darin, daß er große Stöße von Formularen aus seinem Bureau mitbrachte und solche als Einwickelpapier an Fleischer und Krämer der Nachbarschaft verkaufte. Das bekam ihm aber sehr schlecht. Seine Behörde hatte Wind von diesem unverantwortlichen Treiben bekommen, und eine in unserer Wohnung vorgenommene polizeiliche Haussuchung lieferte so viel belastendes Material gegen den Sünder, daß er eine empfindliche Strafe erhielt und um ein Haar aus dem Dienste entlassen worden wäre.

Schon diese unerquicklichen Ereignisse würden mich veranlaßt haben, die Gemeinschaft mit den doch nicht ganz ebenbürtgen Eisenbahnern aufzugeben. Aber noch eine andere Kalamität kam hinzu, um meine reumüthige Rückkehr aus den höheren Regionen des Petersberges in das gewohnte Niveau des Grimmelthores zu beschleunigen. Zwar war es allgemein bekannt, daß manche ältere Häuser in Nordhausen mit Ungeziefer besetzt seien; daß aber das niedliche, blitzsaubere Häuschen des Sekretairs Wendt eine Brutstätte solcher den Menschen zur Verweifelung bringenden Thierchen sein könnte, das hätte ich nicht im Traume gedacht. Und doch war es so! Die Quaddeln, die ich bald an einzelnen Körpertheilen wahrnahm, konnten ja auch von Mücken oder Schnaken herrühren – dieser optimistischen Auffassung durfte ich aber nicht ferner Raum geben, nachdem mich der widerliche spezifische Geruch einiger zufällig zerdrückten Insecten darüber belehrt hatte, daß die an meinem Körper vorgefundenen Pusteln nur von Wanzenstichen herrühren könnten. Familie Wendt bestritt zwar energisch die Anwesenheit dieser häßlichen Einwohner, mußte sich aber bald durch Demonstratio ad oculos von der Haltlosigkeit ihres Protestes überzeugen, zumal uns nach längerer Abwesenheit in den Hundstagsferien die hungrigen Bestien beinahe aufgefressen hätten. Da half kein Abrücken der Betten von der Wand, kein Isoliren der Bettfüße durch Petroleum unterstützt, die schlauen Quälgeister wußten gleichwohl ihr Opfer zu fassen, sie verbargen sich am Tage in einer unzugänglichen Ritze, krochen in der Nacht an der Wand empor bis zum Plafond und ließen sich von dort klatsch auf die Bettdecke des Schläfers herabfallen. Dieser Zustand war entsetzlich, man fand keine Ruh bei Tag und

Nacht und wurde förmlich nervös. So erschien es mir eine Erlösung, daß sich meine früheren Wirthsleute gerne bereit erklärten, mich wieder in ihrem Hause aufzunehmen. Meine Rückkehr war ihnen umso willkommener, als sich inzwischen bei ihnen ein kleiner Schüler, der Sohn einer befreundeten Familie, als Pensionär eingefunden hatte, der sehr der Leitung durch einen Älteren und namentlich der Nachhilfe in Mathematik bedurfte. Auf diese Weise bekam ich gleichzeitig einen Stundenjungen und verdiente täglich, allerdings sehr mühselig und unter Aufbietung der größten Geduld, 2½ Silbergroschen.

Bevor ich mein neues Quartier bezog, das diesmal in einem leichten, rechtwinklig den Garten begrenzenden Anbau lag, mußte unser Dienstmädchen aus Gross-Wechsungen kommen und alle Spuren der Wanzenbrut aus meinen Habseligkeiten, namentlich aus der hölzernen Bettstelle entfernen und mit Schwefelsäure vernichten. Das hat sie ordentlich besorgt, denn ich bekam nun Ruhe.

Der alte Förstmann hatte während meiner Abwesenheit ein Geschäft in einen nebenan errichteten Neubau verlegt und entsprechend vergrößert. Ein geräumiges Zimmer gestatte ihm, nicht allein eine schwunghafte Restauration zu betreiben, sondern auch einzelnen Stammgästen Mittagessen im Abonnement zu verabfolgen. Zu letzteren zählten vorzugsweise Unteroffiziere und Kapitulanten des seit 1866 in Nordhausen garnisonirenden 56. Regiments, stille, bescheidene Leute, denen ich mich unbedenklich anschließen durfte. Leider entsprach das Mittagessen, was den Confort und die Art des Servirens anlangt, doch nicht vollkommen den Erwartungen und Anforderungen, die ich gewöhnt war und stellen zu dürfen glaubte. Die Eßbestecke waren abgenutzt und nicht immer sauber.

Was mich aber am meisten abschreckte, war die Gepflogenheit der die Speisen vorlegenden Frau Förster Schomburg, dem Gaste die Fleischportionen in der Art zukommen zu lassen, daß sie die aufgespießten Fleischstücke mit dem Daumen der rechten Hand längs der Gabel auf den Teller practizirte. Das war für mich ein zwar neues, aber keinesfalls appetitliches Verfahren, zumal sich die Frau Förster, wie erwähnt, stets nur in der Nachtjacke und mit ungekämmtem Haar präsentirte und deshalb von mir beargwöhnt wurde, daß sie mit ihrer Toilette überhaupt und so auch mit der Anwendung von Seife zur Reinhaltung ihrer im Geschäftsbetriebe mit allerhand anrüchigen Sachen, wie Käse, Heringe, Schuhwichse etc. ständig in Berührung kommenden Hände nicht allzu penibel sei. Da sie aber im Übrigen eine wohlthätige Frau war, mich auch gern einmal ohne besondere Vergütung Sonntags zu ihrem Abendessen heranzog, so mußte ich mich wohl oder übel mit jener seltsamen Art der Speisenaustheilung abfinden.

Mein erstes durch Privatunterricht verdientes Honorar legte ich zweckmäßig in einer üppigen, mit Metallbeschlägen verzierten Cigarrentasche an. Diese mußte selbstverständlich diskret aus der äußeren Rocktasche herausragen und verlieh durch ihren Glanz meiner Persönlichkeit den aparten Nimbus eines anerkannten Rauchers. Als solchen durfte ich mich jetzt bezeichnen, denn mein Vater selbst hatte mir zu meiner größten Freude auf der letzten Kirmeß einen Glimmstengel gereicht und sogar ¼ 100 (25) von seinen beliebten El Seelo mit auf den Weg gegeben. Damit war ich in den unbestreitbaren Besitz der licentia fumandi in altis montibus et extra muros gelangt und nutzte diese nach Kräften aus, wenn schon es für mich dauernd, ja noch in meiner Studentenzeit, eine schwierige Aufgabe blieb, eine von Vaters schweren Cigarren bis auf den Stummel zu Ende zu rauchen.

... meiner Persönlich-keit dem zarten Nimbus eines anerkannten Rau-chers. Als solchen durfte ich mich jetzt bezeichnen, denn mein Vater selbst hatte mir zu meiner größten Freude, da auch der letzten Firmasse einen Glimmstengel ge-reicht und sogar 1/4 100 von seinen beliebten El Sela mit auf den Weg gegeben. Damit war ich in den unbestreitbaren Besitz der licentia fumandi in allis montibus et extra muros gelangt und nutzte diese nach Kräften aus, wenngleich es für mich dauernd je noch in meiner Studentenzeit, eine schwierige Aufgabe blieb, eine von Vaters schweren Zigarren bis auf den Stummel zu Ende zu rauchen.

23. — Bei Großmutter —

Die Wohnung im Fördemannschen Hause habe ich bei-behalten, bis meine Großmutter, die jetzt einige Zimmer in dem Hause ihrer nach Bielefeld verzogenen Tochter, der Tante Kuntze, bewohnte, dass Bedürfnis und den Wunsch äußerte, bei ihrem zunehmenden Alter dauernd

23. Die Großmutter

Die Wohnung im Förstemann'schen Hause habe ich beibehalten, bis meine Großmutter, die jetzt einige Zimmer in dem Hause ihrer nach Bielefeld verzogenen Tochter, der Tante Kuntze, bewohnte, das Bedürfniß und den Wunsch äußerte, bei ihrem zunehmenden Alter dauernd eine männliche Stütze bei sich zu haben. Sie mochte damals bereits das 80. Lebensjahr überschritten haben, verließ ihre Wohnung nur nothgedrungen und bewegte sich selbst in ihren Räumen auf einen derben Stock gestützt. Gern willigte ich in ihr Anerbieten, die Wohnung mit ihr zu theilen, ein und habe diesen Entschluß nicht bereut, zumal ich von nun an bis zum Verlassen der Schule ein materiell sorgenfreies Dasein führen durfte: Durch Aufstellung einer spanischen Wand wurde die Möglichkeit geschaffen, mein Bett in Großmutters Schlafzimmer mit unterzubringen, damit ich stets zur Stelle sein könne, falls ihr Nachts etwas zustoßen sollte.

Die Nützlichkeit dieser Maßnahme ergab sich in einer Frühlingsnacht. Schwer atmend erwachte ich gegen meine Gewohnheit in der ersten Tagesstunde und nahm, zum Bewußtsein gekommen, einen intensiven Rauchgeruch wahr. Ich fuhr schleunigst in die Beinkleider, öffnete das Fenster und beruhigte die inzwischen ebenfalls wach gewordene und vor Schrecken zitternde Großmutter, so gut es in der Erregung ging. Darauf eilte ich auf den mit Rauch angefüllten Flur, entnahm der Küche einen Eimer voll Wasser und stürmte damit die Treppe hinab, da es schien, daß der Rauch vom Erdgeschoß heraufdringe. Schon war der in demselben Hause wohnende Sekundaner v. Reuss zu meiner Unterstützung herbeigeeilt, und unsern beiderseitigen Anstrengungen gelang es, die nach der Treppe führende Küchenthür der Parterrewohnung einzutreten und den Herd des Feuers: eine im Winkel unter der Treppe in Brand gerathene Kiste mit Sägespähnen zu ermitteln und auszulöschen. Der Lärm und das Gepolter der einstürzenden Thür hatte nun auch die übrigen Hausbewohner männlichen und weiblichen Geschlechtes mobil gemacht, die in den unwahrscheinlichsten Kostümen auf der Bildfläche erschienen, um sich am Rettungwerke zu betheiligen, nachdem die Gefahr beseitigt war. Nur der Vater des besagten Mitschülers, Gerichtsrath und stöckeriger Rückenmärker, wagte sich nicht aus dem Schlafzimmer heraus, beschränkte vielmehr seine Betheiligung darauf, daß er mit überlauter Stimme zum Fenster hinaus auf die Straße schrie: *„Hilfe, Feuer! Hier in diesem Hause Rautenstraße N° 341 bei C. G. Kuntze brennt's"!* und mit diesem Alarmrufe fortfuhr, obwohl längst der letzte gefahrdrohende Funke zu glimmen aufgehört hatte.

Rührend war Großmutters Dankbarkeit, als ich thunlichst schnell zu ihr zurückeilte und melden konnte, daß jede Gefahr beseitigt sei. Meinen ihr geleisteten Beistand bewerthete sie viel zu hoch, denn, wenn nicht ich, so hätten sicher andere Hausbewohner den Brand rechtzeitig entdeckt und gelöscht. Aber gute Nerven hatte die alte Frau, denn, obwohl aufs äußerste erregt und geängstigt, fand sie, nachdem die Ruhe im Hause wieder hergestellt war, noch einen langen erquickenden Schlaf bis zum Sonnenaufgange.

Unsere Beköstigung war, den Gepflogenheiten der Großmutter entsprechend, einfach, aber nahrhaft und wohlschmeckend. Frühstück und Abendessen bereitete die Hausfrau selbst, das Mittagessen wurde aus dem nahe gelegenen Gutshofe zum Schiff, dem sog. Schiffchen, geholt.

Da Großmutter sehr wenig aß, so kamen wir mit 1½ Portionen reichlich aus und behielten davon noch fürs Abendessen übrig. Auf diese Weise gestaltete sich unsere Lebenshaltung äußerst billig, und Großmutter kam mit den ihr zur Verfügung stehenden Renten sehr gut aus.

Ihre wesentliche Einnahme bestand in dem Zinsgenusse von einer auf ihrem ehemaligen Gute in Obergebra ruhenden Hypothek. Schuldner war ihr Besitznachfolger Kunze, Hundekunze genannt, weil seine Jagdhunde einst ein großes Morden unter dem Federvieh des Nachbarhofes angerichtet hatten. Er war ein wohl ansehnlicher Mann mit guten Manieren und einem auffällig rothem Gesichte, hatte aber die beklagenswerthe Schwäche, daß er die fälligen Zinsen nie pünktlich bezahlte, sondern damit Monate, ja Vierteljahre lang im Rückstande bleib und damit seine Gläubigerin in Verlegenheit brachte. Großmutter war eines von jenen wirthschaftlichen Talenten, die selbst unter den schwierigsten Verhältnissen stets Geld haben, sie war nie ohne eine ausreichende Reserve, die sie selbst bei der ärgsten Bummelei ihrer Schuldner eigentlicher Noth überhob. Ich rede hier nicht von dem im untersten Kommodenschubfache wohl verwahrten Säckchen, das 100 harte Thaler enthielt, nie angegriffen wurde und seit vielen Jahren deponirt war, um die Kosten für Großmutters Beerdigung zu decken. Obwohl sie damit, sowie mit einem daneben gelegten Sterbehemd für alle Fälle wohl vorgesorgt hatte, gerirte sie sich scherzweise anderen gegenüber immer als bedürftig und liebte im Hinblick auf die den Hinterbliebenen für ihre Bestattung erwachsenden Kosten sich drastisch witzig zu äußern: „*ich verlooße mich uff's Stinken*“.

Die Absetzung der periodisch an Hundekunze übermittelten Tretbriefe lag mir ob und ich lernte auf diese Weise schon früh den Grundsatz anwenden: fortiter in re, suaviter in modo, wenn es auch mit dem fortiter in re bei den damaligen Geldgeschäften nur schwach bestellt war. Ich unterzog mich aber dieser Arbeit umso bereitwilliger, als für mich regelmäßig ein

Achtgroschenstück abfiel, sobald meine bittersüßen Mahnbriefe Erfolg hatten.

Saumseligere Hypothekenschuldner zu haben, scheint übrigens das Schicksal des Hoefer'schen Gutes gewesen zu sein, denn Hundekunzes Besitznachfolger machte es nicht besser wie dieser, sodaß schließlich, als die Hypothek im Erbtheilungsweg auf Bruder Fritz übergegangen war, überhaupt keine Zinszahlung mehr erfolgte und das Gut subhastirt werden mußte. In der Folge ist es dann parzellirt worden, sodaß von dem großelterlichen Besitze heute nur noch das Wohnhaus vorhanden ist, das von einem kleinen Manne bewohnt wird.

Auch bei anderen Gelegenheiten wandte mir Großmutter gern einige Groschen zu, ja sie verleitete mich förmlich, regelmäßig einen Abendschoppen in der benachbarten Brauerei von Kindervater zu machen, indem sie, wenn ich einmal deficiente pecunie Miene machte, solide zu sein und ohne Unterbrechung bis zum Schlafengehen zu studiren, mich mit schalkhaften Blick fragte: *„Otto, gähste denn hüte Nich furt"*? und mir, wenn ich resignirt verneinte, einige Silberlinge zusteckte mit der Weisung, sie in Bier umzusetzen. Daß der Kneipenbesuch verboten war, beunruhigte mich wenig, denn zu Kindervater, wo nur echte Nordhäuser Stockphilister verkehrten, verirrte sich nie ein Lehrer. Mit großer Harmlosigkeit setzte ich mich auch über das Verbot, auf der Straße zu rauchen hinweg, ging vielmehr fast nie ohne brennenden Glimmstengel aus. Ich besaß damals ganz vorzügliche Augen und einen überaus practischen Harmlok. Kam nun ein Lehrer in Sicht, was ich auf sehr weite Entfernung erkannte, oder mußte ich eine Straßenkreuzung passiren, so verbarg ich die mit der brennenden Lunte bewaffnete Hand so geschickt unter der Mantelpelerine und applizirte dem mir begegnenden Vorgesetzten einen so formlos „biederhöflichen Gruß", daß er unmöglich auf den

Gedanken verfallen konnte, in mir einen vorsätzlichen Übertreter der Schulgesetze zu sehen.

Solange die Öfen geheizt werden mußten, verrichtete ich meine häuslichen Arbeiten in Großmutters Wohnstube, ohne daß wir uns gegenseitig gestört hätten.

Großmutter saß, mit der Brille auf der Nase im Lehnstuhle. am Fenster und strickte entweder Strümpfe, oder las im Gebetbuche, mitunter auch in der Zeitung. Wie sie damit zu Stande kam, ist mir ein Räthsel, denn sie zitterte schon damals so heftig, daß die Buchstaben ihr nur so vor den Augen getanzt haben müssen.

In der wärmeren Jahreszeit verlegte ich mein Atelier eine Treppe höher in eine nicht heizbare, mit Eßtrichfußboden ausgelegte Bodenkammer. Dort war ich völlig ungestört und wenn ich einmal Abwechslung haben wollte, so brauchte ich nur einen Blick aus dem Fenster zu werfen, da entrollt sich vor mir ein sehr lebhaftes, kurzweiliges Straßenbild, denn die Rautenstraße ist die Hauptgeschäftsgegend und noch heute die wesentlichste Verkehrsader Nordhausens.

Auch die ständigen Bewohner der Nachbarhäuser boten mancherlei Interesse und Stoff zur Beobachtung.

Da stand wohlgefällig schmunzelnd vor der Thür seines eleganten Kurzwarenladens der Jude Mankiewicz, betrachtete sein wohlgerundetes Bäuchlein und paffte die sauer verdiente Cigarre.

In der That ein vornehmer Mann, er raucht seinen Toback stets nur bis zur Hälfte und wirft ihn dann geringschätzig auf die Straße.

Schuster Röder ist sein Nachbar zur Rechten, er bewohnt das kleine einstöckige Eckhäuschen, das dem Fluchtlinienplane zum Trotz keck in den Straßenzug vorspringt und einen Engpaß verursacht, der nicht allein für den gewöhnlichen

Verkehr, sondern auch für den Wasserabfluß bei eintretendem Platzregen hemmend wirkt.

Arbeit scheint nicht Lebenszweck dieses Meisters Pechhengst zu sein, denn man sieht ihn zu jeder Tagesstunde, mit Schurzfell und Brille bewaffnet, aus dem niedrigen Fenster seiner Werkstatt herausgucken und mit den Passanten ein Schwätzchen abhalten.

Meister Röder ist aber auch als gelehrter Schuster bekannt, der seine liberale nordhäuser Zeitung auswendig und noch manches andere weiß, das er am Philisterstammtische bei Nachbar Kindervater zum besten gibt. Als im Sommer 1870 die Kriegsgefahr drohte, hörte ich ihn an dieser Stelle folgendermaßen renommiren: *„Wenns losgeht, da will meiner auch mit (seiner war Obersekundaner), der het emal Muth, fürcht sich gar nich, daß er todtgeschossen wird, denn schon Hasard sagt: süß und herrlich ists, für's Vaterland zu sterben"!*

Gegenüber dem Engpaß lugt Meister Förderer, ein Handschuhmacher mit weißer Schürze aus dem Laden; er ist Hoflieferant der Pennäler, die an den Besuch seines Ladens die Hoffnung knüpfen, einen verheißungsvollen Blick, oder gar vielsagenden verstohlenen Händedruck des holdseligen, aber weitherzigen Handschuhmachertöchterleins zu erhaschen. Zwei Treppen hoch über diesem Laden am geöffneten letzten Fenster linker Hand spreizt sich, äußerst behende mit den Stricknadeln klappernd, Valesca von Stein, eine Kokette in höheren Semestern mit linksseitigem Scheitel und beneidenswerth heiterm Antlitz. Sie winkt mir über die Straße zu, ich stelle mich, als hätte ich den Gruß nicht wahrgenommen und schaue unentwegt nach der andern Richtung, als ob ich dort etwas besonders Wichtiges erspähen wollte. Valesca ist die Tochter eines Barons von Habenichts, von solcher Sorte es jener Zeit mehrere Exemplare in Nordhausen gab. Er war umgekippter Gutsbesitzer, trieb sich nichtsthuend, schwatzend und anpumpend auf den Straßen umher und war durch seinen martialischen Knebelbart und das ungewohnte grüne österreichische Käppi, ohne das er nie ausging, bekannt wie ein bunter Hund. Wovon er lebte, wovon er seine aus Frau und 2 Töchtern bestehend Familie erhielt, ahnte niemand. Bevor Großmutter in das Kuntze'sche Haus zog, hatte sie eine Zeit lang in der 1. Etage unter der v. Stein'schen Behausung gewohnt und war durch diese Nachbarschaft mit dem weiblichen Theile der Familie in freundschaftlichen Verkehr gekommen, der sich zum Überfluß durch ein entferntes verwandtschaftliches Verhältniß zu der Frau Baronin rechtfertigte. Ob diese Besuche lediglich der beiderseitigen Unterhaltung dienten, oder in Darlehensgesuchen von Seite der Frau „Cousine“ gipfelten, das habe ich nicht ergründen können, da Großmutter von ihren Werken der Barmherzigkeit kein Aufhebens machte. Mit der Mutter und der jüngeren, bescheiden zurücktretenden, verkrüppelten Tochter, die nur mit Mühe im Stande war aufrecht zu gehen, geschweige denn die Treppen zu passiren, konnte man schon Mitleid haben, denn man sah ihnen Armuth und Entbehrungen aller Art auf dem vergrämten Gesichte an. Die ältere Tochter Valesca, oder auch Großmutters Aussprache: Ballesca dagegen war der personifizirte Leichtsinn, stets heiter und guter Dinge, voller Koketterie und in ihrem Umgange durchaus nicht wählerisch, noch weniger aber mit ihren Worten, die sie mit unglaublicher Schnelligkeit hervorsprudelte, wozu das rapide Tempo ihres Stricknadelgeklappers vorzüglich harmonirte. Stricken war ihre einzige Kunstfertigkeit und sie übte diese so leidenschaftlich und geschickt, daß sie sich mit Strümpfestricken ihr Taschengeld verdiente. Leider befand sie sich aber, wie ich von vornherein argwöhnte, auf abschüssiger Bahn, sie kultivirte Herrenbekanntschaften und ging in ihrem Entgegenkommen so weit, daß sie bald in den Ruf einer puella publica kam.

Bald erfuhr man auch, daß ein sich zeitweise in Nordhausen aufhaltender und die Gehegekonzerte fleißig frequentirender französischer Sprachlehrer, monsieur de Felice, der meist begünstigte Liebhaber von Edelfräulein Valesca sei und daß dieser höchst intime Umgang von beiden Theilen nicht beabsichtigte Folgen gezeitigt habe. Valesca war schamlos genug, in den von ihr besuchten Verkaufsläden der Nachbarschaft unverblümt über diesen Zustand zu schwatzen und sich in Vermuthungen darüber zu ergehen, ob der nasciturus, wenn er zur Welt käme, ohne Weiteres der französischen Sprache mächtig sein würde.

Unter solchen Umständen lag es nahe, daß mir Valescas Besuche in Großmutters Heim widerwärtig wurden, ja für meinen eigenen guten Ruf bedenklich erschienen.

Ich stellte dies der guten Großmutter vor und bat sie, die anrüchige Person nicht mehr anzunehmen. Das war nun leichter gesagt, wie gethan. Da unsere Wohnung von einem mit der Familie v. Rens gemeinsamen großen Flur zugänglich war und keine gesonderten Korridor hatte, so klopften ihre Besucher direct an die Stubenthür an, waren also, selbst wenn die Aufwärterin anwesend, schwer abzuweisen. Auch war Großmutter viel zu gutmüthig, als daß sie es über's Herz gebracht hätte, einer bei ihr zu Besuch erscheinenden Persönlichkeit, und mochte sie ihr noch so unsympathisch sein, einfach die Thür zu wiesen. So drohte ich dann in meinem jugendlichen Eifer, daß ich selbst, sofern ich Valesca in unserer Wohnung antreffen sollte, diese hinaus werfen würde. Dieser Eventualität wollte nun die gute Großmutter ihrem Besuch auch nicht gern ausgesetzt sehen, und so befand sie sich in der peinlichsten Verlegenheit, als eines Nachmittags Fräulein Valesca zum Plauderstündchen bei ihr erschien. Ihre Aufregung stieg, je mehr sich der Zeiger auf der schwarzwälder Uhr der 4 näherte, zu welcher Stunde ich aus der Schule heimkehren mußte.

Sie bekam ein rothes Köpfchen und platzte in ihrer Angst wenige Minuten vor dem gefürchteten Glockenschlage gegen ihre Besucherin mit der zwingenden Mahnung heraus: *„Freilein gähn Se furt, wänn der junge Mensche kämmet, do git's en Unglicke"!*

Valesca verschwand und wußte ihre Besuche für die Folge so einzurichten, daß sie nicht mit mir kollidiren konnte. Getreu dem Sprichworte *„Unkraut vergeht nicht"* vegetirt adelig Fräulein Valesca noch heute in dürftigsten Verhältnissen als widerlich dicke alte Schartäke in Salza bei Nordhausen und ist, nicht ohne anständige Damen zu belästigen, in den verkehrsreichsten Straßen anzutreffen. Ob mir das Geschick ein Wiedersehen mit meinem vernachlässigten vis à vis aus der Primanerzeit noch vorbehalten hat? Ich sehne mich nicht nach diesem Ereigniß und darf hoffen, wegen meiner veränderten Barttracht und Gesichtsform im Begegungsfalle unerkannt zu bleiben.

Ein stets gern gesehener Gast in Großmutters Häuslichkeit war ihr ältester Enkelsohn, mein hochgeschätzter Vetter Eduard Kuntze, damals in Compagnia mit seinem etwas jüngern Bruder Wilhelm Eigenthümer der Dombierbrauerei. Während letzterer, ein gelernter Brauer, dem Betriebe als technischer Leiter vorstand, besorgte der kaufmännisch durchgebildete Eduard das Buch- und Rechnungswesen. Mit Fleiß und Sachkenntniß arbeiteten beide Brüder von früh bis spät Hand in Hand, stellten in der an sich kleinen Brauerei ein erfrischendes, wohl bekömmliches Bier her und hatten durch ihr reelles Verfahren, durch ihr höflich, bestimmtes Auftreten bald einen weiten Kundenkreis und ein wohlbegründetes

Renommee erworben, sodaß sie in dem gemeinschaftlichen Geschäfte reichliches Auskommen fanden.

Der verheirathete Wilhelm war stets in der Brauerei beschäftigt und auch sonst, durch die Pflichten des Haus- und Familienvaters in Anspruch genommen, selten zu sehen. Der unverheirathete Eduard dagegen sprach gern an Sonn- und freien Nachmittagen bei uns an, erkundigte sich nach Großmutters Befinden und lud mich zu einem Spaziergange ein, der regelmäßig mit dem Besuche einiger Kneipen endete, in denen Kuntze'sches Bier geschänkt wurde. Damit verfolgte mein wohlwollend, betriebsamer Vetter gleichzeitig zwei fern voneinander liegende Zwecke: einmal verschaffte er seinem 16 Jahre jüngeren notorisch an bedenklicher Ebbe in der Kasse leidenden, durch den Schulzwang verängstlichten Vetter eine Wohlthat und Herzstärkung, andererseits poussirte er die Kundschaft und rief durch das Auftreten à deux in den betheiligten Lokalen einen entschieden günstigern Eindruck hervor, als wenn er allein gekommen wäre. Aber auch ohne die letztere Zweckbestimmung hatte ich nicht selten die Freude, von meinem freigebigen Vetter zu Gaste geladen zu werden.

Freitag Abends pflegte sich eine stattliche Zahl wohl situirter nordhäuser Bürger im Gutshofe zum Lorbeerbaum im Altendorf einzufinden, um sich einmal außer dem Hause ordentlich satt zu essen. Da traf man regelmäßig die stattlichen Vertreter der Schnapsbrennereizunft, die reckenhaften Gebrüder Fritz und Christian Kuntze, die auf dem Sande 2 schwunghafte Brennereien betrieben, andere Fabrikanten und Kaufleute, aber auch eß- und trunkfeste Richter und Staatsanwälte, hin und wieder auch einen jenen Kreisen nahe stehenden Arzt an. An solchen Schmausereien Theil nehmen zu dürfen, galt für mich, den bescheidenen Primaner, als ein ganz besonderer Vorzug und Genuß. Hatte ich doch schon wiederholt aus eigener Wahrnehmung die vorzügliche Küche meiner Cousine Emilie Bohnhardt, geb. Kuntze, den unübertrefflichen Bohnhardt'schen Weinkeller schätzten zu lernen Gelegenheit gehabt! Noch heute stehen mir die dort aufgetischten leckeren Portionen vom schweren blau gekochten Karpfen, von gemästetem, safttriefendem Hammel, der einen Hauch von Knoblauchduft ausströmte, in begehrenswerther Erinnerung. Wie staunte ich die beneidenswerthe Vertilgungsgabe und Aufnahmefähigkeit der bezeichneten Eßkünstler namentlich des Riesen Christian Kuntze an! Ich verfügte wahrlich zu jener Zeit über einen sehr gesegneten Appetit und habe es sogar fertig gebracht, vor dem Ausrücken zum Feldzuge 1870, um mich für die bevorstehenden Entbehrungen zu wappnen, Mittags und Abends je 2 Portionen der gereichten Speisen zu verzehren; gegen die gewaltigen Quantitäten, die Christian Kuntze an den Freitagabenden spielend verputzte, war das aber gar nichts. Und wie schmeckte es ihm dabei, es war eine Freude, das anzusehen, sein feistes Kinn triefte von dem köstlichen Fleischsaft, er wirkte in dieser genüßlichen Thätigkeit für seine Tischgenossen geradezu als Appetiterreger. Dazu der treffliche Chateau Larose! Zwei Flaschen von diesem schwere Bordeauxweine waren für den Gourmant eine Kleinigkeit.

Daß am Tage nach solchen Eß- und Trinkleistungen die Schule nicht sonderlich schmecken wollte, liegt auf der Hand, doch war man in Nordhausen an die peinliche Situation in nicht ganz normaler Verfassung am Unterricht Theil nehmen zu müssen, gewöhnt. Die Nordhäuser sind ein geselliges, vergnügungssüchtiges Völkchen, denen es nichts ausmacht, in fröhlicher Stimmung die Nacht durchzuhalten und doch am andern Tage trotz Blechschädel und sonstiger Folgezustände nächtlicher Gelage wieder auf Deck zu sein.

So habe ich es damals fertig gebracht, mit meinem Freunde Diedelt aus Bleicherode Sonntag Vormittags von Nordhausen nach seiner Heimath zu wandern, Nachmittags einen Ausflug in den Wald zu machen und im Anschluß daran auf dem Japan bis zum Morgengrauen fanatisch zu tanzen. Halb schlafend wurde dann der 3 stündige Rückweg nach Nordhausen ausgeführt, wo wir gänzlich erschöpft noch rechtzeitig genug eintrafen, um pünktlich in der Schule antreten zu können. Ein andermal hatte ich über Sonntag meine an den Pastor Schulz in Ellrich verheirathete Schwester Marie besucht und – wohl aus Geldmangel – die am Abend nach Nordhausen abgehende Post versäumt, sodaß ich genöthigt war, mitten in der Nacht bei strömendem Regen von Ellrich aufzubrechen, um bis zum Schulbeginn den entsetzlich ermüdenden Weg zurückzulegen. Nach solchen nächtlichen Unternehmungen sucht man dann hinter dem breiten Rücken des Vordermannes Deckung, um wenigstens minutenlang den versäumten Schlaf nachzuholen. Für das Martinsfest aber, das nach althergebrachter Sitte in Nordhausen von hoch und niedrig bei Karpfen und Gänsebraten auf's üppigste gefeiert wird, besteht die weise Einrichtung, daß zwar am Vormittage dieses Schlemmerfestes Schule gehalten wird, daß aber an dem darauf folgenden Tage, also am 11. November, der Unterricht gänzlich ausfällt, damit Lehrer und Schüler ihren unvermeidlichen Rausch gründlich ausschlafen können.

24. Bruder Karl

Ich habe an anderer Stelle erwähnt, daß uns Vaters Besuche in Nordhausen nicht zu besonderer Freude gereichten, weil sie uns fast stets Ermahnungen, Zurechtweisungen, ja ernsten Tadel einbrachten. Dabei darf ich aber nicht vergessen, daß der starke Mann auch weicher Stimmungen, ja des größten Mit- und Angstgefühls fähig war, wenn es sich um das Geschick der Seinigen handelte.

Einst holte er mich gegen Abend von meiner Bude ab und veranlaßte mich, ihn zum Telegraphenamte vor dem Hundhäuser Thore zu begleiten. Er konnte seiner großen Unruhe und eines ständigen Angstgefühles, das sich bei ihm regelmäßig durch starke Schweißentwickelung verieth, nicht Herr werden und schwitzte in der wenig erwärmten Passagierstube, woselbst wir auf die Ankunft eines Telegramms aus Halle warteten, wie ein Braten. Endlich winkte der Telegraphist und übergab die Depesche, laut deren mein ältester Bruder Karl die erste theologische Prüfung bestanden hatte. Die ausgelassene Freude, die jenes heiß ersehnte Ereigniß bei Eltern und Geschwistern hervorrief, wurde zwar etwas besänftigt, nachdem Karl bei seiner bald darauf erfolgten Ankunft daheim mitgetheilt hatte, daß er ein Nachexamen, sog. Schwanz, in Kirchengeschichte zu machen habe. Wir alle waren aber naturgemäß nicht wenig stolz auf unseren Bruder, der nunmehr seine ordentlichen Studien beendet hatte und nicht mehr weit davon entfernt war, ins Pfarramt einzutreten. Er war nicht allein in unserer Familie, sondern überall, wo er bekannt wurde, schnell beliebt, wußte mit hoch und niedrig in den entsprechenden Formen umzugehen und sich in die gegebenen Verhältnisse vorzüglich zu schicken. Allgemeiner Liebling war er insbesondere bei den Damen, nicht allein weil er ein in der That hübscher Kerl, flotter Tänzer, forscher Reiter und gewandter Redner war, sondern auch wegen seiner ausgesprochenen dichterischen Begabung, die ihn befähigte, formvollendete Gelegenheitsgedichte, lyrische Gesänge, ja selbst dramatische Werke ohne besondere Mühe hinzuwerfen. Zur silbernen Hochzeit meiner Eltern hatte er in unglaublich kurzer Zeit für alle seine Geschwister reizende Vorträge ausgedacht, die am Festabend auf einer in der Schulstube improvisirten Bühne unter allgemeinem Beifall produzirt wurden. Äußerst komisch wirkte schon die Manier, wie Karl die vor dem Vorhang zur Erleuchtung der Bühne aufgehängten Papierlaternen anzündete. Er hatte seinen Hinterkopf durch eine Gesichtsmaske verdeckt, hatte Vorhemd, Weste und Frack verkehrt angezogen, sodaß die Knöpfe nicht auf der Brust, sondern auf dem Rücken saßen, und erschien so, rückwärts schreitend, vor der Rampe. Während er nun dem Publikum seine falsche Vorderseite zeigte, machte er sich, anscheinend rückwärts geneigt, mit den Laternen zu schaffen und zündete sie sachgemäß an. Diese auf kurze Zeit erzielte Täuschung brachte stürmischen Heiterkeitserfolg hervor.

Mich hatte er als Drehorgelspieler frisirt, hatte mir einen alten eingetriebenen grauen Cylinder aus Marschalls Collection aufs Haupt gestülpt und eine grün lustirte Bohnenschneidemaschine, die nicht sauber funktionirte und deshalb von Mutter außer Betrieb gesetzt war, vor den Bauch gehängt. Sobald ich begann, die Kurbel dieses stummen Instruments zu drehen, intonirte Karl auf dem hinter den Kulissen aufgestellten Melodikon – demselben, das ich noch in Danzig besessen und an Herrn Maixeben abgegeben habe – die entsprechende Leierkastenmelodie, zu deren Klängen ich die humorvoll gedichtete Ehestandsgeschichte unserer Eltern vorsang und mittelst eines langen Rohrstocks die darauf Bezug habenden Bilder eines riesengroßen Tableaus klatschend bezeichnete.

Der Vortrag wurde so exact und täuschend ausgeführt, daß diejenigen Festtheilnehmer, denen die Zweckbestimmung der Bohnenmaschine nicht bekannt war, unter ihnen auch Herr Marschall, fest davon überzeugt waren, daß ich die Töne meinem grünen Kasten entlockt hätte.

Um von seinem lästigen Schwanze in der Kirchengeschichte möglichst bald befreit zu sein, begab sich Karl nach kurzem Aufenthalte im Elternhause wieder nach Halle und nahm mit zielbewußtem Eifer die unterbrochene, nunmehr auf das eine Fach beschränkte Arbeit von Neuem auf. Leider sollte er den Erfolg seines Strebens nicht erleben. Er erkrankte an gastrischem Fieber, wurde ins Diakonissenhaus aufgenommen und dort nach der damals allgemein gültigen, jetzt längst verworfenen Therapie behandelt. Nachdem sehr bald typhöse Erscheinungen konstatirt worden waren, und der Kranke an entsetzlicher Hitze und Durstgefühl litt, hätte man zahlreiche Bäder, Eis, Cognac und andere belebende Mittel anwenden sollen. Statt dessen wurde der Ärmste mit widerlichen Schleimsuppen gequält und zur Durststillung nichts gethan, höchstens daß die Pflegeschwester ab und zu die brennende Mundhöhle mit einem kühlen, feuchten Leinwandläppchen auswischte.

Als die Nachrichten besorgnißerregend wurden, reisten meine Eltern angsterfüllt ans Krankenlager des geliebten Sohnes. Das war für sie eine lange, bange Fahrt. Abends in der Dämmerung des März ging die Post in Nordhausen ab und erst am anderen Morgen traf sie am Bestimmungsorte ein. Bei der Gemüthsstimmung der traurigen Passagiere war natürlich in dem schlecht federnden Postwagen an Schlaf nicht zu denken gewesen. In Halle selbst wurde die Stimmung nicht zuversichtlicher, denn mein Bruder Paul, der damals in Halle activ war, hatte den ankommenden und besorgt nach Karl's Ergehen forschenden Eltern, die tief traurige Mittheilung machen müssen, daß der hochberühmte Professor Weber auf Paul's Frage, ob Hoffnung auf Genesung vorhanden sei, achselzuckend erwiedert hätte: *„möglich, aber nicht wahrscheinlich"!* Tage lang noch hat sich der kranke Bruder gequält, er ist geradezu verbrannt vor Durst, den die thörichten Menschen nicht löschen zu dürfen wähnten. Dann ist er still heimgegangen in die ewige Heimath. In den Armen der Mutter hat er den letzten Atemzug gethan, Eltern und Geschwister in tiefster Trauer zurücklassend.

Der arme Vater ist an Herzleid fast vergangen, wie in Schweiß gebadet vor Angst und Seelenqual ist er all' die Tage in Halle einhergegangen und konnte trotz aller inbrünstigen Gebete das Verhängniß von dem Haupte des geliebten Sohnes nicht abwenden. Aber dieser schwere Kummer ist auch für ihn der Nagel zum Sarge gewesen, er ist seit dem nicht mehr recht froh geworden, seine Thatkraft ließ nach und sein Leiden, um das er sich seither wenig Sorgen gemacht hatte, nahm von Jahr zu Jahr an Heftigkeit zu und führte 6 Jahre nach dem Verluste des ältesten Sohnes auch seinen Tod herbei.

Obschon ich von spiritistischen Anwandlungen weit entfernt bin und selbst für das Hypnotisirungs- und Suggestionsverfahren wenig übrig habe, muß ich doch hier von einer seltsamen Erscheinung Bericht erstatten, die wegen ihrer unheimlichen Nebenumstände alle Betheiligten aufs tiefste erschütterte und unsere Gedanken über das Seelenleben der Verstorbenen, über Vorahnungen und Traumzustände lange Zeit beschäftigte: Bevor mein Bruder Karl die Universität Erlangen mit Halle vertauschte, erwachte mein Vater eines Morgens schweißgebadet aus schwerem Traume, den er der Mutter mit allen Begleitumständen eingehend erzählte. Er hatte im Träume der Beerdigung seines Sohnes Karl zu Halle beigewohnt. Als sich der Trauerzug vom alten Diakonissenhause durch die Lucke bewegte, war Professor Jacobi aus dem Vorgarten seiner Villa getreten und hatte sich dem Conduct angeschlossen. Auf dem Friedhofe wurde der Sarg in einem von jungen Tannen eingefriedigten Rondel auf die Bahre gesetzt. Bevor aber die Träger den Sarg auf die Schulter hoben, flatterte, lustige Lieder trällernd, eine Lerche aus dem Tannengebüsche empor und schwang sich in die Lüfte.

Alles dies hatte Vater am Morgen nach dem Traume der Mutter erzählt, hatte auch meinen Bruder Paul, der kurze Zeit darauf aus Halle in die Studentenferien kam, sofort gefragt, ob dort ein Professor Jacobi angestellt sei und hatte nach Bejahung dieser Frage auch mit Paul seinen eigenartigen Traum erörtert – dann war, wie Gottlob die meisten Träume, auch dieser in Vergessenheit gerathen.

Als aber Jahre später am Tage der wirklichen Beerdigung meines Bruders Karl Professor Jacobi thatsächlich aus seinem Vorgarten heraustrat und dem Verstorbenen die letzte Ehre gab, als im Rondel des Friedhofes im Momente, wo die Halloren den Sarg emporheben wollten, eine Lerche, ihr Liedchen schmetternd, in die Lüfte stieg, da kam den Eltern der seltsame Traum, der den Vater einst gequält, wieder zum Bewußtsein und es ergab sich, daß alles, was der Vater damals im Traume wahrgenommen hatte, nunmehr bis in alle Einzelheiten in Wirklichkeit eingetroffen war.

Wenige Tage später kamen die tiefgebeugten Eltern mit meinem Bruder Paul wieder in Nordhausen an.

Mein Vater war gänzlich apathisch und sprach gegen seine sonstige Gepflogenheit fast nichts, Mutter nahm mich in den Arm und sagte in ihrer weichen Art unter Tränen: *„wir haben viel in Halle zurückgelassen"*, erzählte vom Ende des lieben

Bruders und von seiner Grablegung; sie hätte sich am liebsten neben ihn legen mögen in den Sarg, das war ihr Empfinden noch lange nach dem herben Verluste, der die Eltern betroffen.

Fehlte mir auch die Unmittelbarkeit des Eindrucks und mußte ich mir erst aus den Erzählungen meiner Lieben ein Bild von den begleitenden Umständen beim Heimgange des Bruders konstruiren, so fiel es mir doch schwer, mich in die traurige Gewißheit hineinzufinden, daß ich meinen geliebten Bruder Karl, zu dem ich immer mit Stolz und Verehrung emporgeschaut hatte, auf Erden nicht mehr sehen sollte. Wo sollte ich ihn nun finden? Diese Frage drängte sich in jener Zeit zum ersten Male unabweisbar dem Kindergemüthe auf. Wo bist du, geliebter Bruder? So schluchzte ich wohl 1000mal in die sternenklare Nacht hinaus, wenn ich durch den tiefgründigen Feldweg nach Nordhausen zurückstapfte. Welcher von den Millionen leuchtender Sterne ists, wo dir der Heiland ein besseres Heim bereitet hat? Und nun gings an ein Suchen am weiten Himmelszelt, bis daß ich ihn heraus hatte den größten und glänzendsten aller Himmelkörper, und ihm freundlich, unter Thränen lächelnd zu winken: dort, ja dort ists gerade gut genug für dich, mein edler, verklärter Bruder!

Kinder und Greise überwinden die Trauer am leichtesten – das habe ich jener Zeit zum ersten Male an mir selbst und an meiner Großmutter bestätigt gefunden. Der jugendliche Geist nimmt noch zuviel neue Eindrücke auf, um an dem einzelnen, selbst wenn er ihn aufs Heftigste bewegt hat, allzulange haften zu bleiben.

Die Bande, die den Greis mit dem irdischen Dasein verknüpfen, sind nicht mehr allzu fest, sein Geist ist mehr oder weniger zielbewußt auf's Jenseits gerichtet, und so erklärt es sich, daß er das frühere oder spätere Abscheiden eines Menschen von der Erde nicht besonders tragisch nimmt.

Großmutter war durch den frühen Heimgang ihres Enkelsohnes von uns Allen am wenigsten aus der Fassung gekommen. Während der Abwesenheit der Eltern in Halle hatte sie die Leitung des Hauswesens in Gross-Wechsungen übernommen und sich bei dem harmlosen Geplauder meines kleinen Bruders Hans, so gut es ging, die Zeit vertrieben. Auch nach der Heimkehr der Eltern behielt sie ihre gute Laune bei, schäkerte mit dem jüngsten Enkelsohn und half uns Allen durch ihr unverändert fröhliches Wesen, durch ihre von der Trauer ablenkenden materiellen Sorgen und Geschäfte über den brennendsten Schmerz hinweg. Hans selber hatte ja Gottlob noch Begriff von dem schweren Schlage, der auch ihn getroffen, und so vereinigten sich Alt und Jung mit bestem Erfolge, um die heftigen Äußerungen der Trauer im Familienkreise nicht überhand nehmen zu lassen.

Und so geschah es, daß noch im Herbste des Trauerjahres die Hochzeit meiner Schwester Marie mit dem Pastor Schulz wenn auch im engsten Familienkreise und ohne den sonst üblichen Jubel im Pfarrhause gefeiert wurde.

keinen Begriff von dem schweren Schlage, der auch ihn getroffen, und so vereinigten sich Alt und Jung mit bestem Erfolge, um die heftigen Äußerungen der Trauer im Familienkreise nicht überhand nehmen zu lassen. Und so geschah es, daß noch im Herbste des Trauerjahres die Hochzeit meiner Schwester Marie mit dem Pastor Schulz, wenn auch im engsten Familienkreise und ohne den sonst üblichen Jubel im Pfarrhause gefeiert wurde.

25.

Glänzende Verhältnisse waren es nicht, denen meine Schwester durch ihre Verheirathung entgegenging. Kaum 400 Thaler trug die Stelle des 2ten Pfarrers in Ellrich, die mein Schwager Schulz damals innehatte. Und doch – kaum sollte man's glauben – haben sich die beiden Eheleute mit diesen mehr als bescheidenen Mitteln selbst dann noch schlecht und recht durchgeschlagen, als ihre Ehe von Jahr zu Jahr in regelmäßiger Wiederkehr mit Kindern gesegnet wurde. Nie haben sie geklagt, nie, selbst in den schlimmsten Zeiten, den Humor verloren. Ein Räthsel ist's, wie sie bei ihrem kümmerlichen Einkommen noch

25. Die Lehrer

Glänzende Verhältnisse waren es nicht, denen meine Schwester durch ihre Verheirathung entgegenging. Kaum 400 Thaler trug die Stelle des 2. Pfarrers in Ellrich, die mein Schwager Schulz damals innehatte. Und doch – kaum sollte man's glauben – haben sich die beiden Eheleute mit diesen mehr als bescheidenen Mitteln selbst dann noch schlecht und recht durchgeschlagen, als ihre Ehe von Jahr zu Jahr in regelmäßiger Wiederkehr mit Kindern gesegnet wurde. Nie haben sie geklagt, nie, selbst in den schlimmsten Zeiten, den Humor verloren. Ein Räthsel ists, wie sie bei ihrem kümmerlichen Einkommen noch Gastfreundschaft üben konnten. Und doch, man mochte kommen, wenn man wollte, stets war man gern gesehen und freundlich empfangen. Meine Schwester wetteiferte mit ihrem braven Manne, unsere Sorgen zu theilen, uns, wo es nöthig, guten Rath zu geben, unsere Erlebnisse, Hoffnungen und Enttäuschungen in und außer der Schule zu erörtern und uns tröstend aufzurichten.

So waren unsere, freilich wegen der großen Entfernung nicht allzu oft wiederholten Besuche im schwesterlichen Hause für uns jüngeren Brüder von unschätzbarem Werthe, aber auch für die Schwester und ihren Mann nicht ohne Interesse, denn die Verhältnisse auf unserm Gymnasium boten reichen Stoff zur Unterhaltung und zur Entwicklung gesunden Humors.

Waren doch die Lehrer in ihrer überwiegenden Mehrzahl Originale, wie sie auf den heutigen Lehranstalten nicht mehr anzutreffen sind, aber trotz, vielleicht sogar wegen ihrer Orignalität durchweg verehrungswerthe Gestalten, die den heilsamsten Einfluß auf ihre Schüler ausübten, wenn schon sie auch hie und da zu den aberwitzigsten Streichen besonders leichtfertiger und ausgelassener Knaben Veranlassung boten.

So mögen sie denn Revue passiren, die treuen Hüter meiner Jugend, denen freundlich und dankerfüllt zu gedenken, ich mir stets habe angelegen sein lassen.

Wenn ich neben ihren großen Verdiensten auch hie und da einer kleinen, sie characterisirenden Schwäche Erwähnung thue, so geschieht das nicht aus Boshaftigkeit, oder gar um ihr Andenken herabzusetzen, sondern ausschließlich zu dem Zwecke, um das Bild von meiner Schulzeit zu vervollständigen und zu zeigen, daß unter einer unscheinbaren, rauhen Hülle oft der edelste Kern verborgen liegt.

Mein erster Ordinarius war der Gymnasiallehrer Dr. Perschmann, ein kleines bartloses Männlein mit Fistelstimme und dünnem, lang in den Nacken fallendem Haar. Persönlich war er von ausnehmend großer Liebenswürdigkeit und Bescheidenheit, in der Schule dagegen streng, verlangte viel und konnte sehr unangenehm werden, wenn er bei einem Schüler Faulheit argwöhnte. Dann bestellte er den Pflichtvergessenen in seine Wohnung, um ihn auf Herz und Nieren zu prüfen, ob er das Versäumte nachgeholt hätte. So unangenehm im Allgemeinen das Nachsitzen war, so wurde solch ein bitterer Gang zum Dr. Perschmann dadurch etwas erleichtert, daß dem unfreiwilligen Besucher die Aussicht winkte, in der Dienstwohnung des Ordinarius dessen niedlicher Nichte, Fräulein Sauberzweig, zu begegnen und mit ihr einen Gruß auszutauschen. Perschmann war Junggeselle und führte mit seiner verwittweten Schwester, der Mutter des besagten Töchterleins, einen Hausstand.

Die gefürchtete Unterredung verlief in der Regel sehr formlos und endete mit gegenseitigen Hochachtungsversicherungen.

Tractirte Perschmann zwar in der mittleren Klasse die alten Sprachen mit wachsendem Erfolge, so waren seine Hauptfächer doch Deutsch und Geschichte, in denen er bis zur Prima hinauf Unterricht ertheilte. Ob er in diesen Disziplinen vorbildlich gewirkt hat, möchte ich dahingestellt sein lassen. Die Thatsache, daß ihm der spätere Director Schmidt den Unterricht im Deutschen entzog und bei meinem Abiturium die mündliche Prüfung in der Geschichte selbst übernahm, läßt freilich darauf schließen, daß die Unterrichtsmethode des guten Perschmann von seinen Vorgesetzten nicht hoch bewerthet wurde. Sein Geschichtsvortrag war jedenfalls sehr mäßig und keineswegs fließend, am allerwenigsten begeisternd. Häufige Verlegenheitspausen begleitete er mit sorgfältigem Betasten seines Scheitels, auch ließ er sich dann wohl mit hörbarem Ruck auf den Kathederstuhl nieder, um unauffällig einen Blick in das vor ihm liegende Lehrbuch zu werfen. Bei solcher Gelegenheit traf ihn einst in Sekunda das Mißgeschick, daß er, im Begriff, sich auf den Stuhl zu setzen, plötzlich vor unsern Augen verschwand und statt seiner verehrten Physiognomie die gut gestiefelten Beine den überraschten Schülern sichtbar wurden. Während des Vortrags war der Stuhl durch eine unbemerkt gebliebene Bewegung zu weit nach hinten gerutscht, schwebte mit einem Beine in der Luft und verlor, nach hinten wippend, das Gleichgewicht, als er plötzlich belastet wurde. Die nächst Sitzenden sprangen zwar sofort zur Hilfeleistung bei, glücklicherweise hatte sich aber unser verehrter Historiker bei dem Unfalle keinerlei Schaden gethan, sondern versuchte, roth wie ein Krebs vor Verlegenheit, mit stockender Stimme den unterbrochenen Faden des Geschichtsvortrages wieder aufzunehmen. Die Prähistorie interessirte ihn zweifellos mehr wie die Historie. Wo ein Fund alterthümlicher Stein- und Broncegegenstände gemeldet wurde, wo es galt, ein Hühnengrab, oder andern tumulus aufzubuddeln, da war er unfehlbar zur Stelle trotz Wind und Wetter und ruhte nicht früher, bis das unterste zu oberst gekehrt war.

Einen ungewöhnlich hohen Consum an rother Tinte hatte Herr Dr. Trautmann zu beklagen. Als gelerntem tüchtigen Anstreicher fiel ihm die Aufgabe zu, das Heer der Fehler in unsern griechischen Klassenarbeiten zu ermitteln, sodann aber auch Xenophons Anabasis mit uns zu tractiren.

Letzteres machte ihm ersichtlich mehr Spaß, wie die häßlichen, buntscheckigen Hefte zu verbessern, denn er liebte es, in seine Interpretation des griechischen Autors sachbezügliche Witze einzuschalten, erwartete dafür aber auch unsere prompte Beifallsquittung, die durch ein ohrenzerreißendes Johlen ertheilt wurde. Blieb es einmal nach einer von ihm beabsichtigten humorvollen Bemerkung wider Erwarten still – sei es, daß wir den Witz nicht erfaßt hatten, sei es daß wir ihm absichtlich den erwarteten Beifall vorenthielten – so gerieth er in peinliche Verlegenheit, rutschte ungemüthlich auf dem Stuhle hin und her, schnickte mit dem Kopfe nach hinten und rückte seine goldene Brille solange auf der Nase zurecht, bis endlich der ersehnte Jubel losbrach. Trautmann war ein liebenswürdiger Passagier und trotz seines lahmen Beines stets guter Laune, in der ihn wahrscheinlich seine hübsche, liebenswürdige junge Frau dauernd erhielt. Um letzterer zu begegnen und möglichst ein paar freundliche Worte von ihr in Empfang zu nehmen, rissen wir uns um die Ehre, ihm die Schulhefte in die Wohnung zu tragen und sie corrigirt wieder abzuholen. Wir erfuhren in letzterem Falle ½ Stunde früher wie die übrigen Klassenkameraden das Ergebniß der Arbeiten, indem die Hefte selbstverständlich unterwegs nach den Censuren durchstöbert wurden. Leider ist es Herrn Trautmann, wie ich erfahren, je länger je schwieriger geworden, unter seinen Schülern die Disziplin aufrecht zu erhalten. Nach Eisleben versetzt, haben ihm die dortigen bösen Buben das Leben derart verbittert, daß er sich des selben freiwillig entäußert hat.

Hinsichtlich des Verbrauchs von rother Tinte konkurrirte mit Trautmann Herr Nitzsche, ein recht alter hagerer Herr mit weißem Backenbart und zahnlosem Munde, den man nie ohne ein schwarzes Sammetkäppchen und nie ohne die geräumige, hörnerne Schnupftabaksdose sah.

Bis zur Tertia hinauf durfte er den französischen, wohl auch den geographischen Unterricht ertheilen, im Übrigen war Naturgeschichte sein Hauptfach. Da diese von Secunda ab leider nicht mehr gelehrt wurde, so beschränkte sich Herrn Nietzsche's Lehrthätigkeit auf die unteren Klassen. Dort aber gestalteten sich seine Unterrichtsstunden zu einer wahren Erholung und Erheiterung für Lehrer und Lernende; ob sie auch zur Bereicherung des Wissens beitrugen, das muß ich stark bezweifeln. Gab er uns eine französische Arbeit zurück, so war der Rand mit zahlreichen rothen Vertikalstrichen, mitunter 5–6 in einer Reihe, die die Anzahl der Fehler bedeuten sollten, verziert, ohne daß der Lehrer im Stande oder Willens gewesen wäre, uns darüber zu unterrichten, was wir falsch gemacht hätten und wie es richtig lauten müßte. Wurde aber einer zudringlich und verlangte er gar eine Reduzirung der nach seiner Meinung zu reichlich angebalkten Böcke, dann konnte der gute Nitzsche sehr gereizt werden über solche Ungezogenheit, die er durch Hinausweisen des Unzufriedenen aus der Klasse strafte. Der solchergestalt Gemaßregelte nahm wohlgemuth seine Mütze vom Haken und benutzte seine Ausschließung vom Nitzsche'schen Unterrichte zu einem kurzweiligen Bummel durch die Straßen.

Wieviele Fehler Herrn Nitzsches Laune dem Einzelnen ankreidete, war im Effect völlig belanglos, denn des Edeln werthvolle Zeit gestattete ihm nicht, Aufzeichnungen über die

Ergebnisse unserer Arbeiten zu machen, und wenn es dann galt, am Semesterschlusse die Nummern für die Censuren festzustellen, so benutzte Herr Nitzsche ein ihm beim Schulbeginn überreichtes alphabetisches Schülerverzeichniß und bemaß seine Censur nach dem Platze, der dem Schüler nach dem Anfangsbuchstaben seines Namens im Alphabet zukam. Auf diese Weise kam ich mit meinem H leidlich gut fort, während mein Landsmann Unger wegen seines abscheulichen U immer entsetzlich schlecht abschnitt.

In der Naturgeschichte wurden zu unserm Heile höchst selten schriftliche Arbeiten angefertigt, dagegen legte der Lehrer großen Wert auf fleißiges botanisiren, wobei es ihm weniger auf die Qualität, als auf die Quantität der gesammelten Pflanzen ankam. Ganze Heubündel wahllos zusammengerafter Unkrautpflanzen wanderten zum Naturgeschichtsunterrichte in die Klasse, wurden zunächst aufs Katheder gelegt und nach Besichtigung durch den Lehrer an die Schüler vertheilt.

Brennesseln, Disteln, Sauerampfer, Huflattich, Linsen, Schachtelhalm, Schilf, Hanf, Rhabarber und andere Staudengewächse gelangten auf diese Weise in die Hände der übermüthigen Knaben, nicht um daran zu lernen, sondern um damit während und nach der Unterrichtsstunde Unfug zu treiben. Schier unmöglich war es dem braven Nietzsche, unter dieser zügellosen Kinderschaar einigermaßen die Disziplin aufrecht zu erhalten. 100mal mochte er zu Ruhe mahnen und seinen scharfen „S“-laut mit der Zunge hervorstoßen, 1000mal durfte er versichern: *„betragt er euch anständig, so behandele ich euch anständig, betragt er euch wie de Flegels, so behandele ich euch wie de Flegels“!* Der Lärm, das Gejohle und die faulen Witze nahmen kein Ende und brachten den alten Herrn fast zur Verzweiflung, der resignirt eine Prise Schnupftabak auf die andere pfropfte und schließlich still duldend abwarten mußte, bis sich die Wogen der jugendlichen Ausgelassenheit von selber beruhigten.

Den Unterricht durch Einflechten von angeblich selbst erlebten Begebenheiten zu würzen und interessanter zu gestalten, war eine verhängnißvolle Angewohnheit. So pflegte er bei dem Kapitel „Der Wolf" zu erzählen, daß es zu seiner Jugendzeit auch in Deutschland noch Wölfe gegeben hätte und daß ihm selbst als Studenten gelegentlich einer Fußwanderung im Rheinthale auf der Rheinbrücke bei Biebrich ein solcher Raubgeselle begegnet sei, der aber sofort das Hasenpanier ergriffen hätte, als der Erzähler mit großer Geistesgegenwart und Entschlossenheit sein Paraplui aufspannte und der Bestie entgegenhielt. Leider entsprachen damals unsere Kenntnisse in der deutschen Geographie nicht den bescheidensten Anforderungen, sonst hätten wir wissen müssen, daß bei Biebrich eine Rheinbrücke nicht existirte und nie existirt habe, daß also Nitzsches muthvolles Verhalten auf der Biebricher Brücke in den Bereich der Fabel zu verweisen sei. Da wir aber polizeiwidrig dumm waren, so durfte sich unser alter Duckmäuser ins Fäustchen lachen, daß es ihm gelungen war, uns mit dem Wolfe einen kräftigen Bären aufzubinden.

Bei den Sumpfpflanzen erzählte Herr Nitzsche mit Vorliebe vom Stechapfel, vor dessen betäubenden Gifte er eindringlich warnte, indem er die Geschichte von einem Bauernjungen zum besten gab, der in Folge des Genusses von Stechapfel völlig gefühllos und stumpfsinnig geworden sei. Nur das Wort Bumme = Bamme = Butterbrot war in seinem Hirn haften geblieben und er wandte es, eine Gabe heischend, häufig genug an. Eines Tages kam der Arzt aus dem nahe gelegenen Kreisstädtchen auf's Dorf geritten und übergab, derweil er einen Patienten besuchte, sein Pferd dem beklagenswerthen Blödsinnigen, dessen Beschränktheit ihm unbekannt war, zum Halten. Aus dem Hause des Kranken wieder heraustretend, kann er zunächst sein Pferd und dessen Führer nicht finden, in weiter Entfernung erst erspäht er sie und muß zu seinem Verdruß sehen, daß sich der Junge aufs Pferd geschwungen hat und dieses mit einem dicken Prügel mißhandelt. Er eilt hinzu, reißt den pflichtvergessenen Bengel vom Pferde und verarbeitet ihn so nachdrücklich mit der Reitpeitsche, als ihm seine herkulische Kraft gestattete. In der Erwartung, in dem windelweich Gedroschenen einen gänzlich zerknirschten Sünder vor sich zu sehen, findet er sich aber arg getäuscht, denn der Ärmste hat von der ihm ertheilten Lection gar nichts gespürt, hält vielmehr freundlich grinsend seinem Zuchtmeister die Hand entgegen und bittet: *„ene Bumme"!* Diese Geschichte, sooft wir sie auch von Nitzsche gehört haben, verfehlte nie, einen gewaltigen Heiterkeitseffect bei uns hervorzurufen. Unzählige Male wurde: *„ene Bumme"* laut in die Klasse hinein geschrieen und damit dem Lehrer unsere besondere Anerkennung für die gänzlich neue Geschichte zum Ausdruck gebracht. Nitzsche nahm solch' überlaute Gefühlsäußerung freundlich schmunzelnd entgegen und belohnte sich, oder richtiger seine ansehnliche Gurke durch 6–8 Prisen. Aber regelmäßig, wenn er bei Beginn des Unterrichts die unvorsichtige Frage an uns richtete: *„wo sind wir denn das vorige Mal stehen geblieben"*? brüllte die Klasse unisono: *„Stechapfel Bumme"*.

Eine weniger markante Persönlichkeit war Dr. Goldschmidt, ein jüngerer, schwindsüchtiger Herr mit schwarzem Vollbart und goldener Brille, der in Tertia Geschichte und Geographie, später auch Griechisch tractirte. Trotz seines Leidens hielt er straffe Disziplin und es kam ihm nicht darauf an, einen unaufmerksamen oder widerspenstigen Schüler durch eine kräftige Maulschellen zur Raison zu bringen. Wer das verordnete Pensum nicht detaillirt seinem Gedächtnisse eingeprägt hatte, mußte unnachsichtig bei ihm antreten und sich privatissime darüber ausweisen, daß er das versäumte nachgeholt. Zur Kontrolle dafür, daß sich auch keiner von dem ihm auferlegten Nachexamen drückte, mußte der Klassenprimus Köhler auf ein winzig kleines Zettelchen die Namen der Hereingefallenen aufschreiben, wozu er durch die lakonischen Worte des Lehrers: „*Köhler, schreib' mal auf zum Nachsitzen*" autorisirt wurde. Dies Strafregister versenkte dann Herr Goldschmidt bevor er die Klasse verließ, in seine rechten Westentasche. Mich selbst brachte einst der französische General Vaudamme ins Verderben, denn auf Goldschmidts Frage, in welcher Schlacht dieser Heerführer von der böhmischen Armee geschlagen und gefangen genommen worden wäre, antwortete ich, das mir zugeflüsterte Wort „*Kulm*" mißverstehend, laut „*bei Stockholm*" und mußte in Folge dieser beispiellosen Unwissenheit eine Generalrepetition der deutschen Geschichte in Goldschmidts Junggesellenheim bestehen. Wie sollte ich mich in der Kürze darauf vorbereiten? Das Gebiet war zu groß und meine Unsicherheit noch größer. Ich that also gar nichts und log mich mit diplomatischer Schläue durch.

Ungleich wichtiger für den Gang unserer Ausbildung war der land- und stadtbekannte Oberlehrer Dr. Tell, von den Schülern „*Krätsch*" genannt, weil er die Fußspitzen einwärts setzend, auffällig krätschbeinig ging. Er war auf Griechisch und Französisch eingeschworen und prüfte, obschon er eine ganz miserabele Aussprache des Französischen hatte, in diesen beiden Fächern beim Abiturientenexamen. Er war ein großer, starkknochiger Mann mit schwarzem Backenbart und kräftiger Adlernase, lebte auf ungewöhnlich großem Blattfuße und konnte in den niedrigen Räumen seines kleinen Hauses am

Schulplatze kaum aufrecht stehen. Obwohl er stark unterm Ministerium des Innern litt, lebte er doch mit seiner auffällig kleinen Frau, einer Tochter des Pastor Thiele in Gross-Werther, in Frieden und Eintracht und schlug sich bei seinem mäßigen Einkommen mit ihr und einer Schaar Kinder schlecht und recht durch. Seinen Stammbaum vermochte er zwar nicht mit Sicherheit von dem Helden in Schillers Drama herzuleiten, er freute sich aber an seinem wohl klingenden Namen und hatte auch seine ältesten Knaben Wilhelm und Walther genannt. In seinem Wesen markirte er eine wohlwollende Vertraulichkeit, die durch seine sächsische Mundart und ein durchaus nicht unangenehm berührendes Anstoßen der Zunge an die Zahnreihe bei den S-Lauten noch gesteigert wurde. Auch liebte er es, uns beim Vornamen zu nennen und häufig Grüße an den Herrn Vater zu bestellen. So gab er seiner Stellung als unser Lehrer einen familiären Anstrich und leitete hieraus die Berechtigung her zu gelegentlichen Besuchen in unserm gastfreien Pfarrhause.

Mein Vater war von Natur sehr gesellig angelegt und hatte in seinen guten Tagen große Freude daran, Besuch bei sich zu sehen und bestens zu bewirthen. So waren ihm auch die nordhäuser Gymnasiallehrer stets willkommene Gäste und diese fühlten sich ihrerseits heimisch in dem ländlich stillen Pfarrhause, das durch vorzügliche Küche und tadellosen Keller, namentlich seit dem Manöver 1861 in der ganzen Grafschaft Hohenstein ein wohl verdientes Renommée hatte. Vater schonte dann den Wein, der sonst nur Sonntags auf den Tisch kam, nicht im mindesten und freute sich daran, wenn es seinen Gästen schmeckte, selbst wenn sie ihre Leistungsfähigkeit derart überschätzten, daß sie zum Schlusse nicht mehr sicher auf der Ritze der Stubendiele entlang marschiren konnten. In der Regel machte Tell seine Besuche bei uns in Begleitung seiner 2 ältesten Buben, passirte Nachmittags zur Kaffeezeit und blieb bis nach Beendigung des Abendessens, um dann noch den Rückweg nach Nordhausen auszuführen. Gern renommirte er meinen Eltern gegenüber mit den Kenntnissen, die er uns in den lateinischen Kassibern beigebracht hatte, und wenn ich zufällig ins Besuchszimmer hereinplatzte, ohne die Anwesenheit meines Ordinarius zu ahnen, so überraschte er mich wohl mit den ersten Worten eines kürzlich auswendig gelernten Satzes aus dem Cato major mit der stillschweigenden Aufforderung, daß ich den Passus zu Ende führen sollte, z. B. *„Otto, non omnes“?* Er hoffte, daß ich fortfahren sollte: *„esse possumus Scipiones et Maxime...“* Meistens gelang es mir aber, mich von solchen unwillkommenen Deklamationsübungen unter einem plausibeln Vorwande zu drücken, suchte mich aber dadurch wieder in seine Gunst zu setzen, daß ich ihn und seine Söhne zu fleißigem Zulangen der dargebotenen Erfrischungen aufmunterte. Wenn die Jungens sich dann so vollgestopft hatten, daß sie kaum mehr jappen, geschweige denn weiter essen konnten, so rieth ihnen der Vater, fürsorglich auf die Zukunft Bedacht zu nehmen, indem er ihnen zurief: *„Walther, packs bei, packs bei, der Herr Pastor giebt's dir gerne“!* Mit Vorliebe erschien er zum Kirmeßschmaus und wußte bei dieser Gelegenheit nicht allein eine vorzügliche Klinge zu schlagen, sondern sich auch wirthschaftlich, namentlich bei Herbeischaffung des Weinbedarfs aus dem Keller nützlich zu machen. Wenn dann der Abend hereinbrach und sich in Folge reichlichen Weingenusses bei ihm ein riesiger Brand einstellte, dann nahm er mich in die Ecke und zuschelte mir ins Ohr: *„Otto wo habt denn's Fäßchen“?* Und er ließ es sich nicht nehmen, das objectum seiner Inclination höchsteigenhändig aus dem Keller heraufzuschleppen, es sachkundig anzupacken und von dem schäumenden, durstlöschenden Naß das erste Seidel auf des Hausherrn Wohl zu leeren.

Obwohl er selbst einen guten Tropfen liebte und sich fast regelmäßig einen Abendschoppen leistete, so mochte er doch den Gymnasiasten solchen Genuß nicht gönnen, machte vielmehr förmlich Jagd auf solche Schüler, die das Wirthshausverbot zu übertreten sich erkühnten. Einst hatten wir: eine große Anzahl Primaner und Sekundaner in einem Hinterstübchen der Hartmann'schen Gastwirthschaft am Lohmarkte – ich weiß nicht, aus welchem Anlaß – einen solemnen Kneipenabend arrangirt, ein mächtiges Faß aufgelegt und einen undurchdringlichen Tabakqualm entwickelt, da platzte, als wir gerade beim besten Commersiren waren, plötzlich der Krätsch in unser Convivium herein und faßte uns optime forme ab. Ein Glück wars, daß sich dies kurz vor dem Ausscheiden unseres alten Directors Schirlitz ereignete. Die Lehrer wollten dem alten Herrn nicht noch zu guter Letzt einen schweren Kummer bereiten, deshalb unterblieb die offizielle Anzeige und wir kamen mit blauem Auge davon.

Tells Gewohnheit, seine alten Fracks in der Schule aufzutragen, veranlaßte manche Spötteleien. Er genirte sich aber auch nicht, in diesem ungewohnten Kleidungsstücke, zu dem er im Sommer einen braunlackirten Hut trug, auf die Straße zu gehen und selbst Ausflüge zu machen. Ja, er stand in diesem seltsamen Kostüm auf dem Bahnhofe, und machte sich um die Erfrischung der ins Feld ziehenden Krieger verdient, als wir auf der Ausreise nach Frankreich den Bahnhof Nordhausen passirten. Rührend war es anzusehen, wie der alternde Mann die von nordhäuser Bürgern reichlich gespendeten Liebesgaben eifrig in die Coupées und an die Geschützler ran schleppte und vertheilte. Daß er wegen seines fatalen Anzuges von harmlosen Soldaten hie und da „Kellner" titulirt wurde, that seinem

Liebeseifer keinen Eintrag. Zum letzten Male habe ich den Braven gesehen, als ich unmittelbar nach dem Tode meines Vaters mit Heimathurlaub aus Frankreich eintraf und mit Sack und Pack auf dem nordhäuser Bahnhofe ausstieg. Daß ich inzwischen die Gefreitenknöpfe erhalten, hatte der Schlauberger sofort heraus und er gab dieser, seinem militärisch geschulten Auge aller Ehre machenden Wahrnehmung dadurch Ausdruck, daß er mir zurief: *„gavisus est"!* soll heißen: *„Sie sind Gefreiter geworden"!*

Er hatte diesen Witz schon während meiner Schulzeit des öfteren zum besten gegeben, indem er die im Jul. Caesar häufig wiederkehrenden Worte: *„Caesar valde gavisus est"*, regelmäßig übersetzte: *„Cäsar wurde Obergefreiter"*.

Eng befreundet und benachbart mit Tell war unser berühmter und vielfach gefürchteter Mathematikus Dr. Kosack, genannt der Schipper. Von untersetzter Figur, mit schlappem Hängebauch belastet, glatt rasirtem, geröthetem Gesicht und einem Kopfe, der lebhaft an Napoleon I. erinnerte, bildete er in seiner äußeren Erscheinung das entgegengesetzte Extrem zu Tell. Im Wesen glichen sich Beide in manchen Punkten, nur war Kosack noch jovialer und biderer in seinen Ausdrücken und seinem Verhalten vor der Klasse. So brachte er es fertig, uns eine ganze Stunde lang zu duzen, obwohl wir längst Sekundaner waren, ein andermal hatten die Klassenarbeiten seine Unzufriedenheit in so hohem Grade erregt, daß die offiziellen Censuren 1 – 6 (6 bedeutete „sehr schlecht") ihm noch viel zu gut deuchten und er einzelnen famosen Elaboraten die Prädikate 6 – 7 und 7 ertheilte. Als einst vor der Mathematikstunde ein gewaltiger Lärm in der Klasse herrschte, kam ein fixer Tertianer hereingesprungen mit der laut geschrieenen Botschaft: *„Der Schipper kommt"! „Nee, er ist schon da"*, sprach dieser gelassen, seinem Vorläufer auf dem Fuße folgend.

Besondere Vorliebe hatte er für die Physik und namentlich die practischen Experimente, die er im physikalischen Kabinet vorführte. Letzteres befand sich in dem sog. Thürmchen, einem alten auf die Stadtmauer aufgesetzten Befestigungsthurme, der vom Schulhofe aus neben Tells Wohnung seinen Zugang hatte. Hier standen alle denkbaren Apparate, unter anderen eine mächtige Electrisirmaschine, mit der er Ströme von bedenklicher Stärke erzeugte und einen Gänserich ganz, den kleinen Juden Bach aber halb todt schlug; sodann ein electrischer Scheinwerfer, der damals noch wenig bekannt war und mittelst dessen er die geradlinig von Nordhausen ausstrahlenden Chausseen ableuchtete; endlich ein Riesenfernrohr, das noch auf weite Entfernung die Objecte dem Auge ganz nahe brachte. Durch diesen Tubus seine Beobachtungen anzustellen, machte dem Schipper besonderen Spaß. Stundenlang konnte er dahinter sitzten und das Leben und Treiben auf der Landstraße betrachten. Oft stellte er uns auf dem Wege nach Hause am Hohenspiegel fest und fragte dann Tags darauf schalkhaft: *„na, Hoefer, wie hat denn gestern Nachmittag auf dem Hohenspiegel das Pfeifchen geschmeckt“?* Einmal aber trug ihm seine Freude am Experimentiren einen empfindlichen Verlust ein: er hatte ein kleines Fläschchen voll Quecksilber gekauft und, um es gelegentlich mit aufs Thürmchen zu nehmen, leichtfertigerweise in die Westentasche gesteckt, in der er seine goldene Uhr trug. Durch einen unglücklichen Zufall löste sich der Verschluß des Fläschchens, und die schöne Uhr wurde durch dessen auslaufenden Inhalt völlig verdorben und fast werthlos.

Im Übrigen war er ein tüchtiger Lehrer und verstand, seinen Schülern, namentlich solchen, die bei ihm Privatunterricht nahmen, Werthvolles beizubringen. Eine Zeit lang genoß auch ich den Vorzug, von ihm privatim unterrichtet zu werden, da es in der Untersekuna bei mir etwas in der Mathematik haperte. Diesen Mangel beseitigte das mehrere Monate fortgesetzte privatissimuim bei Kosack so gründlich, daß ich von da ab bis zum Schluß einer der besten Mathematiker blieb. Gleichzeitig hatten aber diese Privatstunden für mich den unschätzbaren Vortheil, daß ich den alten Herrn ex fundamente kennen, verehren und von ihm manche werthvolle Lebensregel lernte, die die Schule im gewöhnlichen Gange nicht bietet. Schon damals recht leidend, gab er sich in diesen Privatstunden ganz wie er war und ließ uns selbst in seine innersten Empfindungen, seine philosophische Lebensauffassung manchen Blick thun, dessen sonst nur die Nächststehenden theilhaftig werden.

Auch verschmähte er es nicht, uns hin und wieder Erlebnisse aus seiner langjährigen Lehrthätigkeit zu erzählen und daran die Mahnung zu knüpfen, doch ja den Grundsatz; „ehrlich währt am längsten“ sowohl für die Schule wie fürs Leben gewissenhaft zu befolgen. Er nannte einen Abiturienten aus früherer Zeit, der in der Schule für Mathematik absolut keine Auffassung gehabt und sich in seinen Leistungen nie über eine 5 emporgehoben hätte. Doch siehe da! Beim Abiturium lieferte er alle 5 Aufgaben richtig gelöst ab. Der Schipper erklärte, daß er unbedingt getäuscht worden sei und setzt eine erneute schriftliche Prüfung des unsichern Kandidaten durch. Der besseren Beaufsichtigung wegen fand diese in Kosacks Studirzimmer statt. Aber auch diesmal löste der Abiturient sämmtliche Aufgaben richtig, und so blieb nichts übrig, als ihn zur mündlichen Prüfung zuzulassen. Bei dieser legte er aber eine derartige Unkenntniß in den allereinfachsten Grundbegriffen der Mathematik an den Tag, daß ein bei Anfertigung der schriftlichen Arbeiten stattgehabter Betrug von der Prüfungskommission anerkannt und die Prüfung als nicht bestanden erachtet wurde. Wie es dem Unseligen gelungen war, den beaufsichtigenden Lehrer 2mal so schwer zu täuschen, das ist erst viel später herausgekommen: Das erste Mal hatte ein befreundeter Abiturient unmittelbar nach dem Diktat der Aufgaben letztere auf ein Zettelchen geschrieben und dieses an vorher verabredeter Stelle im Abort versteckt. Von dort hatten es verbündete tüchtige Mathematiker abgeholt, die Aufgaben mit vertheilten Rollen auf einer benachbarten Bude gelöst und nach Verlauf einer Stunde das Resultat an der bewußten Stelle wieder niedergelegt. Hier fand es der in Mathematik so schlecht beschlagene Examinand, schrieb es fein säuberlich ab und lieferte somit eine fehlerlose Prüfungsarbeit.

Im zweiten Falle gelang der Betrug in folgender Weise: Wiederum schrieb der Abiturient die Aufgaben auf ein winziges Zettelchen, rollte dies unbemerkt zu einem unscheinbaren Volumen zusammen und practizirte es sich in den Mund. Dann klagte er über fliegende Hitze im Kopfe und bat, einen Moment aus dem Fenster sehen zu dürfen, um frische Luft zu schöpfen. Bei dieser Gelegenheit spuckte er das Röllchen auf die Straße, wo seine Helfershelfer warteten, es in Empfang zu nehmen. Die gelösten Aufgaben verbargen sie diesmal in einem Franzbrötchen, das vom Schuldiener Pavomann als Frühstück für den Stärkungsbedürftigen in Kosacks Wohnung abgegeben wurde und dessen Inhalt ihm wiederum zu einer einwandfreien Prüfungsarbeit verhalf.

Zu meiner Zeit wurde ja auch gemogelt und namentlich der Kniff mit dem Abort selbst bei gewöhnlichen Klassenarbeiten angewandt. Daß solche Lügen aber kurze Beine haben, wurde ich einst in der Sekunda gewahr: Als ich mit einem französischen Extemporale fertig und im Begriff war, die Arbeit abzugeben, gelangte im Circulationwege von Hand zu Hand unter der Bank eine von außerhalb in die Klasse geflogene Übersetzung der Aufgabe in meinen Besitz. In der Voraussetzung, daß der Verfasser dieser Flugschrift ein besserer Franzose sein mußte wie ich, verbesserte ich mein Elaborat nach der mir zugekommenem Musterarbeit. Aber siehe da! Als wir die Arbeiten zurückbekamen, ergab sich, daß ich in meinem Machwerk zwei Fehler aus der Trugschrift hineincorrigirt hatte. Seit dieser Erfahrung verlernte ich, mich auf fremde Hilfe zu verlassen und blieb dem Grundsatze treu, daß man sich nicht mit falschen Federn schmücken soll.

Leider war es uns nicht beschieden, von Kosack bis zum Examen durch die Schule geleitet zu werden. Viel zu früh für uns und seine zahlreiche Familie – er hatte, glaube ich, 5 kleine niedliche Mädels – wurde er aus seinem Wirkungskreise abgerufen und unter Betheiligung des ganzen Gymnasiuims zu Grabe getragen. Da es allgemein üblich war, zu solch ernster Feier in Glacéhandschuhen zu erscheinen, sich in unserm Besitze aber nur ein Paar dieser nutzlosen Prunkstücke vorfand, so wurde dies eine Paar von uns Brüdern im Leichengefolge derart ausgenutzt, daß Fritz die rechte Hand mit dem Handschuh verzierte und die Linke dauernd unter der Rockklappe verbarg, während ich die Linke beledert zeigte und die Rechte krampfhaft unter dem Rocke verschwinden ließ. Das sah sehr künstlerisch aus!

Als Kosacks Nachfolger erschien bald ein jüngerer Herr, Mummenthey genannt, auf der Bildfläche. Er huldigte dem Grundsatze, daß die Hauptforce bei der Mathematik in der Fixigkeit bestehe und demonstrirte solches häufig genug an der Schultafel, indem er den Kreidestift in die rechte, den feuchten Schwamm in die linke Hand nahm und nun drauf los rechnete wie ein Concertonaler. Leider ergab sich aber fast regelmäßig, bevor er mit der Arbeit zu Ende war, daß er sich verhauen hatte. Das genirte ihn aber durchaus nicht, mit den Worten: *„ach, das* *ist ja Unsinn*“ wischte er mit derselben Behendigkeit wie er die Kreide handhabte, mit dem nassen Schwamme Bogen beschreibend, über Kreidezahlen und Buchstaben und vertilgte auf diese Weise sein Machwerk ebenso schnell von der Tafel, wie es entstanden war.

Er schien ein besonderer Verehrer umfangreicher häuslicher Arbeiten zu sein und verlangte in dieser Beziehung mehr, als wir unter Kosack gewohnt waren. Dabei blieb es unentschieden, ob er sich die Mühe nahm, den Früchten unseres Fleißes die erwünschte Beachtung zu schenken, denn er kritisirte diese Arbeiten nie, sondern setzte nur darunter „GesehenRM“. und wollte damit ausdrücken, daß er von dem Inhalte Kenntniß genommen habe, von uns wurde diese Chiffre aber als „geschenkt“ interpretirt, nach Analogie der Formalität des propoena trinkens.

Auch der französische Unterricht, den Herr Mummenthey ertheilte, wich in seinen wesentlichen Formen von der uns gewohnten Art ab. Während wir früher schriftlich nur aus dem deutschen ins französische übersetzt hatten, und diese Art des Exercitiums auch für das Abiturium vorgeschrieben war, mußten wir jetzt Übersetzungsproben aus dem französischen ins deutsche anfertigen und erhielten sie nach reichlich langer Ablagerung als „geschenkt“ zurück. Am heftigsten hatte aber Mummenthey, und zwar mit gutem Rechte Klage zu führen über unsere abscheuliche Aussprache, die wir allerdings von Tell, der Frankreich nie gesehen, nicht besser hatten lernen können. Mummenthey hatte im Auslande gelebt und begriff sofort, daß das von uns kauderwälschte Französisch von keinem Franzosen als seine Muttersprache anerkannt werden würde. Um uns in dieser Beziehung zu vervollkommnen, griff er zu dem uns wenig begeisternden Mittel, Bazancourts L’expédition Crimée seitenweise auswendig lernen und vortragen zu lassen. So widerwillig wir uns dieser Gedächtnißübung gegenüber verhielten, so merkten wir doch bald, wie segensreich sie wirkte. Sie hat uns nicht allein in der Conversation wesentlich gefördert, sondern auch manche Belehrung in der Handhabung der Grammatik gegeben. Noch heute ist mir die Beschreibung der Belagerung von Sebastopol gegenwärtig, die ich im Laufe des deutsch französischen Krieges wiederholt meinen Quartierwirthen zum besten gab, wenn sie begehrten, daß ich die Eindrücke einer Schlacht schildern sollte. Ich leierte dann die auswendig gelernten 2–3 Seiten aus dem Bazancourt zum größten Erstaunen der Maul und Ohren aufsperrenden Landleute herunter und fand meine Befriedigung darin, wenn sie einander zuraunten: „*il parle comme nous*".

Nahm somit Herr Mummenthey schon während der Schulzeit unsere Arbeitskraft stark in Anspruch, so dehnte er seine Sucht, uns zu beschäftigen, selbst auf die Ferienzeit aus und empfahl uns bei Beginn der Juliferien, einige Kapitel aus dem Cornelius Nepos aus dem lateinischen ins französische zu übertragen. Da es sich hier um eine freiwillige Arbeit handelte, so hatten sich schlauer weise nur wenige gefunden, die dem freundschaftlichen Vorschlage des Lehrers zu entsprechen bereit gewesen waren.

Als nun Mummenthey nach den von ihm empfohlenen freiwilligen Leistungen Umfrage hielt und ihm nur sehr wenige Hefte abgeliefert wurden, so gerieth er ob unserer Trägheit in übelste Stimmung, die er an den wenigen Musterschülern, die seiner Anregung Folge geleistet hatten, dadurch ausließ, daß er die Resultate von deren Privatbienenfleiße aufs Jämmerlichste kritisirte und an den gelieferten Arbeiten kein gutes Haar ließ. Ja, er vergaß sich in seinem Zorne soweit, daß er dem Fleißigsten von allen, Biebler, der ein ganzes Heft voll sauber übersetzt hatte, nicht nur nicht das erwartete, sauer verdiente Lob spendete, sondern die Arbeit, nachdem er sie gehörig heruntergekanzelt hatte, vor die Füße warf. Wenn es nun auch nicht die Absicht des Lehrers war, daß das Heft anstatt auf Biebler's Platz unter dessen Tisch fliegen sollte, so machte das ganze Verfahren doch einen miserablen Eindruck und mußte den fleißigen Verfasser empfindlich verletzen. So konnte es ihm Niemand verargen, daß er das Heft dort ruhig liegen ließ, wohin es geflogen war.

Ja er rührte sich nicht vom Flecke, als Mummenthey sich verbot, das Heft selbst aufheben zu wollen und ließ es sich ruhig gefallen, daß sein Nachbar sich bückte und ihm das fehlgegangene Wurfgeschoß zustellte.

Biebler, ein sonst sehr bescheidener Mitschüler, hatte sich tadellos benommen. Ob sich nun Mummenthey auch anderweit ähnliche Tactlosigkeiten hatte zu Schulden kommen lassen, oder ob der Director mit den Resultaten seiner eigenartigen Lehrmethode nicht einverstanden war, habe ich nicht erfahren.

Jedenfalls genossen wir den Vorzug, von diesem unruhigen, nie ohne Cylinder auftretenden Gigerl unterrichtet zu werden, nicht allzulange. Höchstens 2 Semester hat er an unserer Anstalt gewirkt, dann verschwand er geräuschlos und an seine Stelle trat ein echter Germane nach äußerer Erscheinung und Gesinnung, ein höchst tüchtiger und gewissenhafter Lehrer, ein vorzüglich durchgebildeter Mathematiker, der allgemein beliebte Thomae. Ein noch jüngerer Mann, fand er Freude daran, mit uns Primanern auf freundschaftlichem Fuße zu verkehren, hie und da eine Excursion nach den nahe gelegenen Harzbergen zu unternehmen und bei solcher Gelegenheit manch kräftigen Umtrunk zu thun. Das kameradschaftliche Verhältniß hinderte keineswegs, daß wir in der Mathematik ganz gewaltig von ihm gefördert wurden und bald fast ohne

Ausnahme soweit vorgebildet waren, um ohne Furcht und Zittern ins Abiturium steigen zu können. Da kam die Mobilmachung.

Als Unteroffizier der Reserve-Infanterie wurde Thomae zur Fahne einberufen und starb den Heldentod für König und Vaterland. Schon war die Schlacht bei Spichern zu Ende, da traf ihn noch eine verirrte Kugel, als er an dem Gepäckwagen beschäftigt war.

In sehr freundlicher Erinnerung steht auch das Bild des jüngeren Rothmaler, eines Sohnes des berühmten Conrectors, von dem ich gleich erzählen werde, vor mir. Weil sein Vater Bodo hieß und nur unter der Bezeichnung „der alte Bodo" unter den Schülern bekannt war, so wurde der Sohn, obschon er den Vornamen Bernhard trug, ebenfalls Bodo getauft und hieß demgemäß unter uns nur der *„junge, oder der kleine Bodo"*. Er war ein fein gebildeter, sehr humaner Lehrer, der uns mit seltenem Langmuth in die Mysterien der hebräischen Sprache und der philologhischen Propädeutik einweihte. Leider fielen diese, besondere Aufmerksamkeit erheischenden Unterrichtsstunden auf den Nachmittag, wo der Schüler naturgemäß nicht mehr über den wünscheswerthen Grad geistiger Frische verfügt. Dementsprechend waren auch die Früchte des Rothmaler'schen Unterrichts recht mittelmäßig. Von der Philosophie brachten wir einen sehr bescheidenen Schimmer mit auf die Universität, und vom hebräischen Unterricht, der fakultativ ertheilt wird, bröckelten im Laufe der Zeit mehr und mehr Theilnehmer ab. Ich selbst habe es in dieser mir wenig sympathischen Fremdsprache zu nur geringen Kenntnissen gebracht, zumal ich ein höchst unzulängliches Maß von Fleiß darauf verwandte. Bei der Bildung der Verbalform in der Conjugation haute ich regelmäßig daneben und vermochte nur dann richtig zu conjugiren, wenn mir die erste Person Singularis von freundlichen Nachbarn zugeblasen wurde. Das hatte der junge Bodo bald heraus, echauffirte sich aber durchaus nicht über solche Unwissenheit, sondern nannte halb scherzend selbst die mir nicht geläufige Form mit der freundlichen Aufforderung, nunmehr das Hiphil, Hophal, oder Hitpael herunterzuleiern. Daß ich bei solcher Handhabung dieser schwierigen Disziplin nichts Nennenswerthes lernen könnte, war mir bald klar, und so beschloß ich dann, nachdem ich 1 – 2 Semester Hebräer gewesen war, meine unfruchtbaren Studien auf diesem Gebiete aufzugeben, zumal ich in jener Lebensperiode zum Studium der Theologie, das Kenntnisse im Hebräischen voraussetzte, durchaus keine Neigung zeigte.

Gleichwohl ist mir der junge Rothmaler stets freundlich gesinnt geblieben, und ich selbst schätzte ihn als Mensch und Lehrer sehr hoch und habe aufrichtig bedauert, daß ein böses Kehlkopfleiden seine Schaffenskraft je länger je mehr lähmte und seiner ersprießlichen Wirksamkeit ein allzu frühes Ende setzte.

Den Bericht von seinem Vater, dem alten Conrektor Dr. Rothmaler möchte ich mit dem Verse beginnen: *„Hoch klingt das Lied vom braven Mann“*. Denn wahrlich ein braver Mann war der alte Herr, der unter seiner wunderlichen bygöttischen Erscheinung, seinen altfränkischen, den Humor der jüngeren Generation herausfordernden Gewohnheiten und Allüren einen graden Sinn, ein Herz voll Liebe und Güte barg. Wie erwähnt, war er schon Lehrer meines Vaters gewesen, aber noch zu meiner Zeit amtirte er mit ungeschmälerter Kraft, mit List und voller Hingabe an seinen Beruf, den er nicht allein in der Erziehung der Jugend zum Wissen und Guten, sondern auch in der unentwegten Bethätigung seines Patriotismus und seiner vorbildlichen Königstreue erkannte. Diese Tugend markirte er äußerlich dadurch, daß er, der nicht aufhörte, die

Bewegung des Jahres 1848 als einen Schandfleck in der preußischen Geschichte zu brandmarken, nie ohne eine schwarz silberne Kokarde an seinem recht geräumigen schwarzen Cylinderhute erschien. Dazu trug er einen langen, schwarzen Gehrock, weit an den Backen emporragende Vatermörder nebst schwarz seidenem Halstuch und im Winter einen, viele Meter langen, von brauner Wolle gestrickten Schal, den er, bevor er an die Luft ging, wie eine Schlange, etwa 6mal um den Hals wickelte. Seine mächtige Glatze wußte er meisterlich dadurch zu verdecken, daß er die im Nacken und an den Schläfen noch wuchernden Haarbüschel von hinten und den Seiten nach vorne kämmte und diese sardellenähnlichen Strähnen über der Stirne kunstvoll zu einem Nestchen vereinigte, zu dessen besserer Haltbarkeit eine oder 2 Haarnadeln dienen mußten.

Bevor er nun in die Klasse trat, nahm er behutsam den Cylinder vom Haupte und fühlte sorgfältig mit den Fingerspitzen der Rechten, ob die kunstvolle Haarfrisur nicht an Haltbarkeit eingebüßt hatte. Erst wenn diese Untersuchung zufriedenstellend ausgefallen war, schlug er kraftvoll auf die Thürklinke und betrat gemessenen Schrittes im Bewußtsein seiner Würde das Klassenzimmer. Die damals ungetheilte Secunda hauste in dem geräumigen Refectorium des alten Predigerklosters.

Als Ordinarius betrachtete der alte Herr diesen großen Raum als sein ausschließliches Herrschaftsgebiet und hatte sich daselbst ganz nach seinen Bedürfnissen und seinem Geschmakke eingerichtet. Vor dem mächtigen, weißlackirten Katheder stand ein einfacher Holztisch, der vor den Unterrichtsstunden des alten Bodo stets leer geräumt sein mußte. Hier angelangt, legte er zunächst den Cylinderhut ab, dann entlastete er den linken Arm von der ungewöhnlich reichhaltigen Büchersammlung, die er stets mitbrachte, auch wenn sich seine Anwesenheit in der Schule auf nur eine Stunde beschränkte. Darauf rollte er mittelst centrifugaler Drehung seines Armes und Kopfes den letztern aus der schützenden Umhüllung des langen Schales heraus, drückte diesen in die Öffnung des Cylinders hinein, ergriff wiederum sein Bücherpaket und stieg hoheitsvoll die 4 aufs Katheder führenden Stufen hinauf. Der Sitz dieser an sich ungewöhnlich hohen Tribüne war noch durch ein in einen Holzkasten eingelassenes Lederkissen, wie man ähnliche auf den Kutscherböcken der herrschaftlichen Equipagen sieht, um etwa ½ Fuß gehoben, und auf dieses sog. Pforzkissen ließ sich unser würdiger Ordinarius mit hörbarem Ruck nieder.

Drauf breitete er die Bücher vor sich aus, entnahm seiner inneren Rocktasche das hölzerne Brillenfutteral, ließ beide Theile desselben mit stets gleichlautendem klipp klapp auf die Brüstung des Katheders fallen und setzte die Brille auf der Nase zurecht, indem er gleichzeitig seine Stratze – ein umfangreiches, stark eingebundenes Buch, das zur Eintragung aller auf die Schule bezüglichen Ereignisse und Bemerkungen diente, – aufschlug. Aus dem Inhalte dieser Chronik machte er durchaus kein Hehl, proklamirte vielmehr laut alles, was er einschrieb. Konnte beispielsweise ein Schüler das zu präparirende Pensum nicht fließend übersetzen, so sagte und schrieb er „ungenügend 5", bemerkte er, daß sich einer, den er zum Übersetzen aufgerufen hatte, zunächst unter der Tischplatte aus einer deutschen Übersetzung, einer sog. Schwarte, informirte; so machte er einen langen Hals, überraschte den Stotternden mit der Frage: „*Haben Sie denn da? Haben wohl ein Trösterchen*"? Und verewigte wiederum die ominöse 5 in seiner Stratze. Hob er eine besondere Leistung lobend hervor, so lautete der Eintrag: fl = fleißig, bei nachgewiesener Trägheit dagegen: ufl = unfleißig.

Diese keinen Irrthum zulassende Abkürzung hatte der practische Schulmann eingeführt, nachdem es ihm einmal widerfahren war, daß er aus seinem Buche nicht mit Sicherheit feststellen konnte, wer fleißig und wer faul gewesen war, da er in beiden Fällen mit „fl" abgekürzt hatte. Aber auch die außerhalb der Schule gemachten Wahrnehmungen prägte er seinem Gedächtnisse durch Eintragung in die Stratze ein und gab solche Aufzeichnungen bei passender Gelegenheit zum besten. So hatte er auf einem Spaziergange von Ferne gesehen, daß ein mit weißer Mütze angethaner Junge muthwillig ein Pferd gepiesackt hatte.

Voller Unwillen über solche Rohheit und zugleich besorgt, daß der Übelthäter unter seinen Schülern zu finden sei, hatte er, nach Hause zurückgekehrt, sofort folgenden Vermerk in die Stratze gemacht: *„Weißmütz pinkelte auf der Petersdorfer Chaussee ein Pferd"* Obwohl er aber am nächsten Tage den Wortlaut dieser Anklage proklamirte und allen Ernstes nach dem Thäter forschte, konnte er selbstverständlich bei uns nichts auf seine Wahrnehmung Bezügliches ermitteln. Viel belacht wurde eine Stratzennotiz, die ein Mitschüler, v. Eberstein hinsichtlich seines Characters veranlaßte: Als die Vorberathungen für eine würdige Feier des 50 jährigen Doctorjubiläums unseres Directors Dr. Tchirlitz stattfanden und beschlossen war, daß die Antigone im Urtext durch Schüler aufgeführt werden sollte, hatte sich der etwas naseweise Eberstein für die Rolle des Kreons gemeldet.

Während nun die Lehrer über die definitive Besetzung der Rollen, im Kreuzgange des Gymnasiums promenirend, beriethen, hatte ein besonders wißbegieriger Mitschüler, hinter einer der mächtigen Sandsteinsäulen versteckt, erlauscht, daß der alte Conrector geneigt war, die Rolle des Kreon dem Eberstein zu übertragen, hatte sogar die Worte aufgeschnappt:

„Ebersteins Stimme ist so äkig, so quäkig“, der Horcher hatte natürlich nichts eiligeres zu thun, als die soeben gehörte Kritik über Ebersteins dramaturgisches Talent der ganzen Klasse wörtlich mitzutheilen. Der Kreonkandidat nahm aber die Sache durchaus nicht tragisch, bat vielmehr in der folgenden Stunde, seine Meldung für die Rolle des Kreon zurückziehen zu dürfen, da er sich sagen müsse, daß seine Stimme für eine solche oratorische Leistung viel zu üppig, zu quäkig sei. Der gute Alte nickte zustimmend, schlug die Stratze auf und trug freundlich schmunzelnd und die Worte laut betonend die Characteristik ein: *“Eberstein gutmüthig“*.

An der rechten Außenseite des Katheders war ein offener, 16 cm langer, 10 cm breiter Kasten angebracht, der zur Aufnahme der in Krankheitsfällen vor Beginn des Unterrichts seitens der Patienten einzureichenden Entschuldigungszettel diente. Dem Klassenprimus lag es ob, die eingegangenen Schwänzzettel in diesem Kasten zu ordnen, daß die zuletzt erstellten Meldungen obenauf lagen, die übrigen aber nach dem Zeitpunkte der Erkrankung folgten.

Hatte sich nun der Bodo auf seinem Throne eingerichtet, so entnahm er zunächst diese Zettel dem Kasten und trug die Namen der Fehlenden in die Stratze ein, indem er gleichzeitig den Text vorlas und daran kurze Bemerkungen knüpfte.

Z. B. Lange wird krank gemeldet wegen Lungenentzündung. Zusatz des Lehrers: *„Wo hat er sich denn die geholt“?* Franke fehlt wegen Halsentzündung, Zusatz des Lehrers: *„habe auch Halsentzündung, komme doch in die Schule“*, Gottschalk bittet sein Fernbleiben zu entschuldigen, weil er Leibweh habe, Zusatz des Lehrers: *„Habe auch Leibweh, bleibe aber doch nicht zu Hause“*. Merkwürdig, all’ die kleinen Gebrechen, die den geplagten Schulfuchs vom Schulbesuch abzuhalten pflegen, quälten auch den armen Conrector, der sich aber dadurch in seiner gewissenhaften Pflichterfüllung nicht beeindrucken ließ.

Die Schwänzzettel mußten bestimmungsmäßig für die Einheimischen von den Eltern, für die Auswärtigen vom Hauswirth unterschrieben werden.

Dementsprechend hatte der ehrsame Buchbindermeister Günther Beyer in der Judengasse für die bei ihm wohnenden Schüler in zahlreichen Fällen jene Zettel nach Bedarf unterschrieben und durch den Lehrling in die Klasse befördern lassen. Als nun eines Morgens der Pastor Ziegenbein aus Gross-Werther seine bei Beyer wohnenden Söhne besuchte und erkannte, daß sein Eduard, der ältere, wegen Heiserkeit zu Hause bleiben müsse, fertigte er selbst einen Entschuldigungszettel an und vermerkte, um einer Verwechselung mit einem seiner Söhne vorzubeugen, bei seinem Namen das Paternitätsverhältniß, also: „E. Ziegenbein, als Vater". Buchbinder Beyer, dem der Wisch zur Beförderung übergeben wurde, war der Meinung, daß auch im vorliegenden Falle seine Unterschrift nicht fehlen dürfe und setzte Kraft seines Amtes als Philister seinen Namen neben den des alten Ziegenbein, indem er der Gleichmäßigkeit halber seinen Beruf zum Ausdruck brachte, also: „Günther Beyer, als Buchbinder". Dieser Edle war ein großer Pfiffikus, der sich aufspielte, daß er etwas vom Lateinischen verstände und ungehalten war, wenn man ihm genau vorschrieb, was er auf den Rücken der einzubindenden Bücher in Gold aufdrucken sollte. Bei Kürzung der großgedruckten Titelblätter passirten ihm aber die wunderlichsten Dinge, so trug ein in unserm Besitze befindlicher Livius den Goldrücken: „Titu Livi Condita", ein Cicero hatte den räthselhaften Aufdruck: „Marti Tulli supersonet".

Nach Eintragung der Fehlenden in die Stratze erfolgten, bevor der eigentliche Unterricht begann, väterliche Ermahnungen, falls solche angebracht waren, und Mittheilungen allgemeiner Art. Bei solcher Gelegenheit notirte der Bodo das unentschuldigte Fernbleiben eines Mitschülers Names Bischof, Sohn eines Bäckermeisters auf dem Sande, mit den vielsagenden, von entsprechenden Gesten begleiteten Aphorismen: *„Bischof abgegangen – Schmutzige Geschichte – Wo der war der Bengel*“!

Auf richtige Aussprache großen Werth legend, war er stets ärgerlich, wenn das Wort Tinte hart ausgesprochen wurde, er rief dann: *„Heißt nich Tinte, müssen sagen: Nadinte*“. Bei dem Verbum praestare gab er uns jedesmal zu Unrecht Schuld, daß wir die deutsche Übersetzung falsch aussprächen, er belehrte: *„praestare heißt leisten, sagen wohl leischten*“! Aber selbst wenn er erregt war und zu scharfem Tadel Anlaß hatte, vergaß er nie, die von ihm gewählten Worte zu erläutern und verständlich zu machen. Als er einst einen harmlosen Tumult nicht gleich besänftigen konnte, rief er mit erhobener Stimme: *„Renitenten – hier! Kommt her von renitere*“.

Großen Werth legte er darauf, daß die Schüler während des Unterrichts gut aufpaßten und über das Vorgetragene Rede und Antwort geben konnten. So führte er meinen Landsmann Hugo Unger mit der Frage aufs Glatteis: *„haben Ses denn verstanden, Unger*“ der antwortete natürlich mit dem Brusttone der Überzeugung *„ja*“, mußte aber auf die weitere Frage des Bodo: *„was denn*“? beschämt schweigen und den Stratzenvermerk: *„Unger unaufmerksam*“ in Kauf nehmen.

Seine Beurtheilung des deutschen Aufsatzes wich in mancher Beziehung von der seiner Kollegen ab, was sich schon darin zeigte, daß die Neulinge in der Klasse nie eine bessere Note wie eine 3 erzielen konnten, erst wenn sie länger denn 1 Jahr die Bänke der Sekunda gedrückt und Rothmaler's blumenreichen, etwas phantastisch angehauchten Stil angenommen hatten, wurden sie einer 2 – 3 und wenns hoch kam, einer 2 für würdig befunden. Die von dem alten Herrn für die Aufsätze gewählten Themata, als: „die blauen Berge“, oder „Kyffhausen und die güldene Aue“ ließen freilich der Phantasie und freien Erfindung der Verfasser weitesten Spielraum.

Von der Wichtigkeit seiner Stellung als Conrector, d.h. ältester Lehrer nächst dem Director, war er völlig durchdrungen und wußte derselben auch außerhalb der Schule Geltung zu verschaffen, während er andrerseits es unter seiner Würde erachtete, mit jüngeren Schülern von der Tertia abwärts in Berührung zu kommen. Solange ich Tertianer war, ist er nur einmal, während er die äußere Aufsicht hatte, in unsere Klasse hereingeschneit. Eine seltsame Belustigung der zu allerhand Flegeleien aufgelegten Tertianer bestand darin, kleinere Schüler von geringem Körpergewicht in die Klasse zu locken, sie der Länge nach auf die Arme von 8 in 2 Reihen à 4 einander gegenüberstehender und sich mit den Händen festhaltenden Tertianer zu legen und sie dann tactmäßig in die Luft zu werfen (zu wuppen) und wieder aufzufangen. Wurden die Arme der Wuppenden müde, so war die Qual des Opfers nicht etwa zu Ende, es wurde vielmehr ergriffen und trotz aller Gegenwehr durch die gemeinsame Kraft vieler Hände und Schultern auf den hohen Klassenschrank gewuchtet, in welcher hilflosen Lage es dann bis zum Beginn des Unterrichts verharren mußte. Daß dieser Unfug nicht ohne heillosen Lärm von Statten ging, ist selbstverständlich, namentlich war das Hinaufheben auf den Schrank, ähnlich wie es die Zimmerleute beim Anheben der Holzbalken machen, von gleichmäßig und gemeinsam ausgestoßenen Hochrufen begleitet. Leise und unbemerkt von den Acteurs war der alte Bodo eingetreten, hatte sprachlos vor Entsetzen das teuflische Beginnen der lockern Tertianer beobachtet und jedes Hochbrüllen mit unwillkürlichem Heben der rechten Hand begleitet, bis es ihm durch den wiederholten kraftvollen Ausruf: *„Ruhe, hier“!* gelang, den Blick der Tumultuenten auf sich zu lenken. Im Handumdrehen und ohne daß der alte Herr die Rädelsführer festhalten konnte, hatten sich die Ruhestörer auf ihre Plätze geschlichen, während es dem Gemißhandelten glückte, unbemerkt aus der Tertia zu entschlüpfen. Nur einer, der bescheidenste, unschuldigste und ruhigste Schüler von ganz Tertia, der stets kränkliche Krack, dem es wegen des herrschenden Klassentumults nicht gelungen war, seinen Platz zu erreichen, schlich noch immer behutsam tastend umher, wurde von den Stärkeren rücksichtslos zur Seite geschoben und war solchergestalt in der That der Letzte, der nicht auf seinem Platze war, als sich die Klasse zu beruhigen begann. In Ermangelung eines andern wurde dieses Unschuldslamm vom Bodo beim Kragen genommen, nach seinem Namen gefragt und auf die Antwort: „Krack“ mit einer schallenden Ohrfeige und der Warnung: *„Warte, Kräckchen“* entlassen.

Sonst befaßte er sich, wie gesagt, mit den Kleinen nicht gern, von seinen Sekundanern aber verlangte er mit Recht, daß sie ihn stets mit gebührender Devotion begegneten und die Superiorität seiner Stellung anerkannten. Argwöhnte er, daß es einer daran fehlen ließ, oder sich gar über ihn lustig machte, dann wurde er zornig.

Einem Mitschüler, Namens Brannes, den er in solchem Verdachte hatte, hielt er folgende Standpauke: *„Ich habe studirt – Sie nicht; ich habe promovirt – Sie nicht; ich habe die Staatsexamina gemacht – Sie nicht; ich bin Conrector des Gymnasii zu Nordhausen, Vertreter des Directors, wenn dieser krank oder abwesend ist – Sie nicht; ich habe einen Sohn – Sie nicht; ich habe einen Großsohn – Sie nicht; Was sind Sie denn – hier“?*

Einst mußte er vor Gericht erscheinen, um über eine geringfügige Sache als Zeuge vernommen zu werden. Der Richter ging, die Generalfragen als bekannt annehmend, gleich zur Sache über, der alte Bodo ließ es sich aber nicht nehmen, zunächst seine Personalien zu deponiren und begann seine Aussage: *„Ich bin der Dr. Rothmaler, Conrector des Gymnasii zu Nordhausen, Vertreter des Directors, wenn dieser krank oder abwesend ist“* und ließ sich durch keinen Einwurf des Richters von der Vollendung dieses wichtigen Vorwortes abhalten.

Dies ausgesprochene Standesbewußtsein hielt ihn aber keineswegs ab, im Kreise der Familie formlos vergnügt zu sein und namentlich seinen Kindeskindern Liebe und väterliche Anhänglichkeit zu beweisen. Man sah den alten Herrn oft auf der Promenade, seinen kleinen Enkel sorglich an der Hand führend und gefolgt von dem treuen Haushunde, einem kleinen häßlichen Affenpintscher, würdig einherschreiten. Wenn dann nach des Tages Last und Mühe die langen Winterabende den trauten Familienkreis am warmen Ofen versammelten, dann nahm er den Großsohn, den Stolz seines Alters, auf den Schooß und erläuterte ihm die einzelnen Personen des Titelbildes der Gartenlaube: *„Das ist der Vader, das ist der Sohn, das ist der Großvader, das ist die Mutter, das bist du, das ist Bello, unser Hund“.*

Wie man einem solchen alten braven Manne, dem das unbegrenzte Wohlwollen aus den Augen sprach, etwas zu Leide thun, ihn schwer kränken und Schabernack mit ihm treiben konnte, ist mir stets unverständlich gewesen und heute ein noch größeres Räthsel wie ehedem. Und doch fanden sich nichtsnutzige Buben, die eine Genugthuung darin erblickten, unsern guten alten Bodo zu peinigen und dem allgemeinen Gespött preiszugeben. Nicht genug, daß der muthwillige Lemke ein mühsam mit Flöhen gefülltes Medizinfläschchen unter dem Sitzkissen des Katheders entleerte und während des Unterrichts mit diabolischer Freude beobachtete, wie die entfesselten schwarzen Quälgeister dem ahnungslosen Conrector je länger je unerträglicher zusetzten, ihn sogar zwangen, vorzeitig den Unterricht abzubrechen und nach Hause zu eilen; inszenirte er eines Nachmittags folgenden Bubenstreich: Kaum hatte sich der Bodo auf dem Katheder zurechtgesetzt, da öffnete Lemke unter der Bank ein mit Schwefelwasserstoffgas gefülltes Fläschchen und goß dessen Inhalt in eine leere Flasche, diese Manipulation solange wiederholend, bis das ganze, mächtig große Refectorium mit einem unerträglich penetranten Gestanke angefüllt war. Jedermann stöhnte und hielt sich entsetzt die Nase zu, ja Biebler wich mit heftigem Schwunge vom obern Ende seiner Sitzbank, wo sich der Gestank am intensivsten zu entwickeln schien, an das entgegengesetzte und zeigte ein von jähem Entsetzen verzerrtes Gesicht. Dieser Grimasse gab der alte Bodo insofern eine irrthümliche Deutung, als er zu argwöhnen begann, daß dem sich so ungewöhnlich gebärdenden Biebler etwas menschliches passiert und in ihm die Quelle des Gestankes zu suchen sei. Er ermahnte ihn daher in väterlich besorgtem Tone: *„Biebler, sind wohl unwohl? Gehen Se doch nach Hause"!* Nachdem dieser jedoch unter nachdrücklichstem Protest solche Unterstellung abgelehnt hatte, schaute der alte Herr rathlos in der Klasse umher, sich vergeblich bemühend, die Ursache des unerträglichen Geruches zu ergründen. Da sprach beiläufig einer die Vermuthung aus, Fräulein Degen, deren Garten unmittelbar an das Schulgebäude grenzte, müsse wohl ihre Grube ausleeren. Diese Vermuthung leuchtete dem guten Conrector ein, er sprach zu dem pockennarbigen, mit ungeheuerm Riechorgan ausgestatteten alten Laue, der seinen Platz an der Fensternische hatte: *„Laue, gucken Se mal zum Fenster* *hinaus, obs von draußen rein kommt*". Laue reckte seinen Gesichtserker in den freien Äther, schnoberte 3mal vernehmlich und gab dann mit der ehrlichsten Physiognomie sein sachverständiges Gutachten dahin ab, daß in Fräulein Degens Garten der Gestank noch kräftiger sei wie im Klassenzimmer. Auf Grund dieser Feststellung ordnete der düpirte Lehrer an, daß die Fenster – ich glaube, es waren deren 4 – aufs sorgfältigste zu schließen seien, entnahm seiner Börse einen Silbergroschen und beauftragte den ihm zunächst sitzenden Schüler, für diesen Geldbetrag bei dem nahebei in der Predigerstraße wohnenden Schneider und Schreibmaterialienhändler Rumpler Räucherkerzchen einzukaufen. Nachdem letztere nicht allzu eilig herbeigeschafft waren, zündete der alte Herr nach einander je 2 an, nahm zwischen Daumen und Zeigefinger jeder Hand einen solchen langsam glimmenden süßlich duftenden Kegel und räucherte, gravitätisch in der Klasse auf- und abschreitend, den verstänkerten Raum aus – ohne jeden Erfolg, denn der lockere Lemke war wieder eifrig am Werke, durch fleißiges Umgießen seines Stinkgases die ernsten Bemühungen des guten Bodo illusorisch zu machen. Der Gestank ließ nicht nach, auch nachdem sämmtliche Räucherkerzchen verschwelt waren; man konnte nun vor Gasgeruch und Qualm kaum athmen – und so blieb dem treusorgigen Lehrer zur Schonung seiner und unserer Gesundheit nichts übrig, als den Unterricht zu schließen und uns nach Hause zu entlassen. Aber noch am andern Tage waren Spuren von dem penetranten Gasgeruche wahrnehmbar, und als unser Mathematikus Thomae den Raum betrat, hob er mit Kennermiene die Nase hoch, drohte mit den Fingern und erklärte kategorisch, daß dieser Geruch nicht aus Fräulein Degens Grube herrühre.

Unser alter, ehrwürdiger Director Dr. Schirlitz war ein zartes, eisgraues Männlein mit spärlichem Bart und Haupthaar, das er ständig unter einem halbkugelförmigem schwarzen Sammetkäppchen verbarg, eingefallenen Wangen, hervortretender Adlernase und dürren, durchsichtigen Händen. Er war hervorragender Altphilologe von Ruf, beherrschte die lateinische Sprache mit seltener Virtuosität und hatte nicht allein ein höchst brauchbares lateinisch deutsches und deutsch lateinisches Lexikon, sondern auch ein auf die spitzfindigsten Regeln der syntaxis ornate gegründetes, mit Fallstricken und Fußangeln gespicktes deutsch lateinisches Übungsbuch für die Prima herausgegeben. Den Anforderungen dieses Meisters der classischen Latinität gerecht zu werden, war ein Kunststück, das höchst selten einem für alte Sprachen besonders auffassungsfähigen Schüler gelang. In der Regel genügten ihm unsere Leistungen bei weitem nicht, und die schriftlichen Arbeiten trugen trotz des darauf verwandten Bienenfleißes selten ein besseres Prädikat wie 3 – 4. Die Klassenarbeiten fielen aber noch viel jämmerlicher aus und boten dem, ob der konstatirten unglaublichen Fehler und Härten tief bekümmerten Director Anlaß zu verzweifelten Klageliedern. Dann rang er die Hände, drückte sie gegen die Stirne, spreizte sie wieder aus und jammerte in seinem mansfeldischen Dialecte: *„Hörense, wänn der Härr Provinzialscholrath käme und läße see das Pralaka (pro loco) schreiben – ich läfe davon*“!

Leichter ging schon das mündliche Übersetzen des Horaz und Cicero, dagegen verursachte die Übertragung der Übungsstücke aus seinem famosen Buche in klassisches Latein oft die größten Schwierigkeiten. Wenn es gar nicht gelingen wollte, dann schalt er wohl: *„Sähn Se doch nach, was ha ich dänn hingenn?* Er meinte, daß die von ihm als Anhang beigefügten Bemerkungen und Erläuterungen über die vorliegende Schwierigkeit hinweghelfen würde.

Da er im Gegensatz zu der Gepflogenheit des Conrectors keine Stratze führte, so mußte der primus omnium seinem Gedächtnisse zur Hilfe kommen und er wandte sich an diesen mit der Frage: *„Wär hat denn lange nücht übersetzt"?* auf die Antwort: *„es haben nicht übersetzt lange: Pabst und Schötensack"*, wiederholte er: *„also Lange, Pabst und Schötensack na dänn fangen Se mal an, Lange"!* Diesem Befehl konnte leider nicht entsprochen werden, da ein Lange damals nicht in der Klasse existirte.

Wenn auch der gute, alte Director vermöge seines prononcirt mansfeldischen Dialectes den Spitznamen „der Härense" trug, so war er doch wegen seiner gleichmäßig wohlwollenden Gesinnung, seiner Würde und Milde, seiner über gewöhnliche Sterbliche weit erhabene Gelehrsamkeit allgemein beliebt, verehrt und geachtet. Auch hielt sein vornehm reservirtes Wesen Jeden, auch den Muthwilligsten, unwillkürlich davon zurück, den alte Herrn zum Gegenstand des Witzes und Schabernacks zu machen.

Nahte sein Geburtstag, so wurde von den sangeskundigen Primanern und Sekundanern die Horazische Ode integer Vitae vierstimmig eingeübt und am Morgen des Festtages vor Beginn des Unterrichtes auf dem geräumigen mit Estrichfußboden ausgelegten Flur vor der Dienstwohnung des Directors feierlich gedämpft vorgetragen. Bei der 2ten Strophe erschien der würdige Greis in langem schwarzem Gehrock unter uns und hörte stehend dem seltsam ernst stimmenden Gesange zu, während dicke Thränen über seine bleichen Wangen perlten. Dann ergriff der primus omnium das Wort und brachte in wohl durchdachter, fein gegliederter, gefügter und gefeilter Rede latina quidem lingua die aufrichtigen Glückwünsche sämtlicher Schüler zum Ausdruck. Das Geburtstagskind extemporirte in echt ciceronianischer Sprache seinen Dank und entließ die Gratulanten, jedem einzeln freundlich die Hand drückend. Wenn dann im Laufe des Vormittags der primus abermals in der Geburtstagswohnung erschien und den Director um die Genehmigung zur Abhaltung eines Commerses am Abend dieses Freudentages bat, zugleich eine Einladung zu dem beabsichtigten Feste überbringend, da machte dieser wohl Einwendungen und rieth, im Hinblick auf die Kosten und die bedenklichen Folgen des ungewohnten Biergenusses für die jungen Schüler von der abendlichen Kneiperei Abstand zu nehmen, gab aber auf wiederholtes Drängen und unter dem ausdrücklichen Vorbehalte, daß die Älteren höchstens 2, die Jüngeren nur 1 Seidel trinken dürften, schließlich doch seine Zustimmung.

Der nobis vertrauende Mann! Wenn er geahnt hätte, welch unglaubliche Mengen des uns nur allzu wohl schmeckenden Gerstensaftes an solchen Abenden durch die Kehle gejagt wurden, nie und nimmer würde er den Commers gestattet haben, geschweige denn, selbst dabei erschienen sein!

26. Neuer Kurs

Mit aufrichtiger Trauer sahen Lehrer und Schüler die beiden, hochbetagten Säulen des Gymnasiums, den Director und den Conrector, nachdem der erstere das 50-jährige Doctorjubiläum in würdiger Weise gefeiert hatte, Ostern 1868 aus dem Amte scheiden. Mein Bruder Fritz befand sich unter den letzten Abiturienten, die unter der Ägide dieser beiden Vertreter der Lehrerschaft vom Gymnasium entlassen wurden, und hatte das Glück, auf Grund seiner günstig beurtheilten schriftlichen Arbeiten vom mündlichen Examen dispensirt zu werden. Auch die mündlich geprüften Kameraden wurden diesmal besonders milde angefaßt und erhielten sämtlich das Reifezeugnis.

In banger Erwartung blickten wir Zurückgebliebenen in die Zukunft, was würde sie uns bringen? Durften wir hoffen, daß der Geist der Toleranz, Humanität und Milde, der unter den abtretenden Schulmännern sorgfältig gepflegt worden war, auch die Signatur des neuen Regimes sein würde? Oder mußten wir darauf gefaßt sein, manche liebe Gewohnheit und Freiheit zu verlieren, höheren Anforderungen zu begegnen und eine unnachsichtige Disziplin über uns ergehen zu lassen? Wir sollten es bald erfahren.

Das neue Schuljahr eröffnete als Nachfolger des alten Härense der nunmehrige Director Dr. Schmidt, ein Mann in den besten Jahren, mit einer schneidigen Ansprache. In seiner äußern Erscheinung wie in seinem Wesen und Auftreten vor der Schule war der neue Chef das vollkommene Gegentheil von seinem Vorgänger. Voller Selbstbewußtsein balancirte er sein mit dünnen Bartkoteletten und noch dünnerem gelben Haupthaar verziertes Haupt auf den herabfallenden Schultern. Obwohl ein sorglich gepflegtes Bierspitzbäuchlein vorwitzig unter der Weste hervorlugte, erschien seine Figur vermöge der geringen Schulterbreite lang aufgeschossen, seine Bewegungen waren eckig, seine Formen wenig verbindlich, sein Blick war herrisch und überlegen. Vermochte er uns in dieser Erscheinung von vornherein wenig Vertrauen einzuflößen, so imponierte uns mächtig doch sein umfassendes Wissen, das er auf uns zu übertragen ernstlich bemüht war, sowie die straffe Disziplin, die er nicht nur in der Prima, sondern in der ganzen Schule meisterhaft zu handhaben wußte. Die Sucht zu übermüthigem Scherz und Schabernack schlief unter seiner Fuchtel ganz von selber ein, was sich äußerlich daran erkennen ließ, daß für die neuen Lehrkräfte keine Spottnamen mehr Anklang finden wollten. Die Schule nahm einen ernsteren Character an, es wurde mehr gearbeitet, gestrebt, weniger gebummelt wie ehedem, selbst die Begeisterung für die klassischen Schriftsteller nahm unter den Schülern in dem Maße zu, als sie in den Unterrichtsstunden von den Lehrern selbst zum Ausdruck gebracht wurde. Namentlich für die Horaz Oden hatte Schmidt eine ganz besonders faszinirende Auffassung, er wußte sie uns so mundgerecht zu machen, daß selbst die Gleichgültigsten daran Interesse gewannen und nicht darüber murrten, wenn die Mehrzahl derselben auswendig gelernt werden mußte. Dafür verlangte Schmidt aber auch, daß seine etwas freie Übersetzung wörtlich von uns acceptirt wurde, und konnte maßlos grob werden, wenn trivialere Ausdrücke gewählt wurden, als er empfohlen hatte. Übersetzte einer equus mit Pferd, so herrschte er ihn an: *„Der Dichter hat kein Pferd“!*

Auch die verschiedenen Arten des Matrums verlangte er von uns im Schlafe. Pindarum quisquis studet aemulari, wohl die erste Ode, die er mit uns durchnahm, sollte ich an der Tafel skandiren, vermuthete in meiner Unwissenheit, daß dies metrum dem von mir beim Geburtstage des alten Directors oft gesungenen integer vitae entspräche und malte forsch Längen und Kürzen nach Maßgabe der Melodie dieses Liedes an die Schultafel. Da wurde ich aber schön zugedeckt und mit Schimpf und Schande auf meinen Platz gejagt. Im Leben ist es mir nicht mehr eingefallen, das metrum eines Carmens nach dem Tonfalle der Melodie zu konstruiren.

Oft erschien er in der Klasse mit dem Befehle: *„Klappen Sie die Bücher zu“!* und verlangte dann, daß wir einzelne, in der Schule gelesene Oden aus dem Gedächtniß deutsch vortragen sollten. Dies Bravourstück leistete er sich auch mit gutem Erfolge bei der mündlichen Abiturientenprüfung.

Im Gegensatz zum Director war der neue Conrector Dr. Faber ein urgemüthliches Haus, ein harmlos wohlwollender Mann, der bei seinem Nächsten nur die guten Seiten herausfand und diese anzuerkennen und zu schätzen wußte. Von Haus aus Theologe und sogar ordinirter Pastor, hatte er sich noch im vorgerücktem Lebensalter philosophischen Studien gewidmet und vorzügliche Zeugnisse für das höhere Lehramt aufzuweisen.

Da sich beide, Schmidt sowohl wie Faber für den Directorposten gemeldet hatten, so beabsichtigte der nordhäuser Magistrat anfänglich, Faber, dessen Referenzen die besseren waren, das Directorat zu übertragen, und fragten daher bei Schmidt an, ob er auch als Conrector einzutreten bereit sei. Auf die ganz energische Ablehnung dieses Ansinnens durch Schmidt probirte die Stadt dasselbe Manöver bei Faber. Dieser gutmüthige Mensch fiel darauf hinein, begnügte sich mit der bescheideneren Stellung eines Conrectors und mußte seinen Rivalen als Vorgesetzten anerkennen. Objectiv betrachtet, war das getroffene Arrangement unzweifelhaft das richtige, denn bei all seiner Fähigkeit und wissenschaftlichen Durchbildung war Faber doch nicht der Mann dazu, um eine so große Lehranstalt, wie das nordhäuser Gymnasium schon damals war, sachgerecht und energisch zu leiten. Er war zu sehr Gefühlsmensch, traute keinem Nachlässigkeit, Unaufmerksamkeit, oder gar Falschheit zu und ließ sich durch äußeren Schein zu leicht über die thatsächlichen Leistungen seiner Untergebenen täuschen.

Dementsprechend war es selbst in der Prima, wo er Religion und die griechischen Klassiker verarbeitete, mit der Schuldisziplin während seiner Unterrichtsstunden schwach bestellt. Er duldete unbescheidene Anfragen, merkte nie, daß solche gestellt wurden, um ihn in Verlegenheit zu setzen und lächerlich zu machen, ja er betheiligte sich selbst harmlos an den unaufhaltsamen Ausbrüchen der Heiterkeit, die auf sein Konto gar zu häufig erfolgten. In der Religionsstunde fragte ihn einst der jüngst im Vorzimmer des Justizministers an einem Schlaganfalle verstorbene Landgerichtsdirector Gottschalk, ob denn die Katholiken auch selig werden könnten. Darauf erklärte Faber stockend: *„ja, auf Umwegen“* und schuf damit ein geflügeltes Wort, das häufig von den Schülern angewandt wurde, wenn es sich darum handelte, eigene Unsicherheit oder Unwissenheit zu maskiren. Bei der Erklärung der Sophokleischen Gesänge versäumte er nie, auch das metrum festzustellen und that dies in der uns nicht geläufigen lateinischen Ausdrucksweise, z. B. simpliciter trochaicus dupliciter dactilious, tripliciter spondaicus, catalecticus praemisa anacruri.

Diese Methode gefiel uns so gut, daß wir, sooft er nach dem metrum fragte, unisono losbrüllten: simpliciter trochaicus etc. und nie versäumten, den Zusatz zu machen „praemissa anacruri“, gleichzeitig ob eine Anakrusis gebildet war, oder nicht. Drob freute sich der gute Faber und warf höchstens einmal schmunzelnd dazwischen: *„nein, nein, keine Anakrusis“*.

Um uns die Privatlectüre des Homer schmackhafter zu machen, arrangirte er, selbst im Winter, Spaziergänge in die Umgegend mit dem Zwecke, in einem als Marschziel bestimmten Lokale gemeinschaftlich aus dem Homer zu übersetzen. Da wir nie versäumten, neben die Ilias auch eine kurze Pfeife und ausreichenden Tabakvorrath in die Tasche zu stecken, so entwickelte sich in unserm Leselokale – meistens war dies der 1 Stunde von Nordhausen entfernt gelegene hannöversche Zoll – ein undurchdringlicher Hecht, der das Lesen und Atmen erschwerte und sehr bald die Veranlassung wurde, daß der biedere Homer in die Taschen zurückwanderte und unter unserer leutselig Lehrers Leitung eine solemne Kneiperei anhub, die sich oft bis tief in die Nacht hinein ausdehnte.

Ohne besondere Anstrengung oder Verstellung meinerseits gelang es mir, das unbeschränkte Vertrauen dieses Biedermannes zu gewinnen. War es, daß er gern in unserm gastfreien Hause zu Gross-Wechsungen verkehrte, oder mochte er mich sonst gern leiden: jedenfalls geschah es wie auf stillschweigende Verabredung, daß wir uns gegenseitig nie in Verlegenheit brachten.

Wenn ich etwas wußte, so brauchte ich ihn nur scharf anzusehen, sofort wurde ich aufgerufen und in die Lage gebracht, mit meinen Kenntnissen zu prunken.

Selbst im Sophokles war ich fast nie präparirt, ohne jedoch jemals hineinzufallen. Denn ich pflegte mir während des Unterrichts einige Verse des aufgegebenen Pensums hübsch zurecht zu legen, sodaß ich die fließend übersetzen konnte. Kamen dann diese Verse an die Reihe, so sah ich meinen Gönner starr an, wurde zum Übersetzen bestimmt und bestand glänzend. Wußte ich aber nichts, so brauchte ich nur beiseite zu gucken und konnte dann sicher darauf rechnen, verschont zu bleiben. Auf solche Weise erzielte ich in den von Faber tractirten Fächern, obwohl ich auf sie grundsätzlich keinen Fleiß verwandte, stets gute Nummern, die sogar im Reifezeugniß zum Ausdruck gekommen sind.

Leider war der alte Junggeselle in seinem Anzuge etwas nachlässig und es wurde nicht selten zwischen Weste und Hose verrätherisch das weiße Hemd sichtbar. Um diesen Übelstand zu beseitigen, zupfte Faber konstant mit der freien Hand die zu kurz gerathene Weste herunter, eine Angewohnheit, die als Ausfluß seiner Verlegenheit aufgefaßt wurde.

Hierin brachte auch die von ihm auf seine alten Tage vollzogene Verehelichung keine Änderung. Bei einem Besuche, den ich als Student in seinem Hause abstattete, fand ich, daß ihn seine nette, fein gebildete Frau ebenso aufzog, wie seine muthwilligen Schüler. Mich fragte sie, ob ihr halbjähriger Sprößling nicht seinem Vater wie aus den Augen geschnitten wäre? Kaum hatte ich bejaht, so hielt sie ihrem Eheherrn das kleine Bündel entgegen mit der schalkhaften Bemerkung: *„Sieh' nur, was er für ein dummes Gesicht macht"!*

Auf die Dauer mag ihm die Disziplinlosigkeit der Schüler doch wohl zu arg geworden sein und die Überzeugung in ihm befestigt haben, daß der Beruf des Seelenhirten dem des Schulmeisters unbedingt vorzuziehen sei. Der Zufall fügte es, daß ich als frisch gebackener Assessor bei einem Besuche der Josephshöhe bei Stolberg meinen alten mir noch immer in Treue zugethanen Conrector als Collegen begrüßen durfte, denn er verband mit seinem eigentlichen Amte als ersten Geistlichen der Stadt Stolberg gleichzeitig die Funktionen eines Mitgliedes des gräflich Stolberg'schen Consistoriums und führte in dieser Eigenschaft den Titel „Consistorialassessor".

Mein Bericht über die Personalverhältnisse des nordhäuser Gymnasiums würde unvollständig sein, wenn ich zum Schluß nicht eines Mannes gedächte, der zwar nicht an unserer geistigen Ausbildung mitzuwirken berufen war, der aber einen überaus wichtigen Faktor im Betrieb unserer Anstalt darstellte und bei allen wichtigen Begebenheiten activen Antheil nehmen mußte. Ich meine den Kalefactor Paarmann, einen wortkargen, hagern Tischlermeister, der in einem sehr niedrigen Häuschen neben dem Thürmchen sein Handwerk betrieb und nebenher das Unterpersonal des Gymnasiums verkörperte. Entsprechend seinem lateinischen Titel lag ihm die Heizung sämtlicher Räume der Anstalt ob, dann hatte er den denkbar geringsten Anforderungen an die Reinhaltung von Haus und Hof zu entsprechen, für den Director sämtliche Besorgungen zu machen, widerspenstige Schüler ins Karzer abzuführen, an den Kleineren von Tertia abwärts die Prügelstrafe zu vollstrecken, kurz alle jene Geschäfte zu verrichten, die, ohne besondere geistige Qualifikation vorauszusetzen, für den äußeren Dienstbetrieb in jeder verständigen Schulordnung vorgesehen sind. Sah man in der schulfreien Zeit einen Schüler der oberen Klassen an Paarmanns Seite dem Gymnasium zueilen, so war das allemal ein höchst bedenkliches Zeichen, es bedeutete für den Betroffenen, daß er vor die Conferenz gestellt und entweder von der Anstalt geschaßt, oder mit dem consilium abeundi bedacht werden sollte. In seinen amtlichen Verrichtungen wurde Paarmann sehr wirksam von seiner korpulenten Ehefrau unterstützt, der namentlich die Reinhaltung der Räume, nebenher aber auch der Verkauf von Frühstücksbrötchen oblag. Dies Geschäft war sehr in Blüthe und warf dem Unternehmer, der sich für ein trockenes Franz- oder Spitzbrötchen einen Dreier, für ein mit Schweinefett geschmiertes einen Sechser bezahlen ließ, erklecklichen Verdienst ab, denn Frau Paarmann war darauf bedacht, das Schmiermaterial ja nicht allzu reichlich zu verwenden und durchschnitt in solcher Absicht die Brötchen nicht dort, wo sie die größten Dimensionen haben, sondern geflissentlich weiter oben, wodurch die Schnitt- und Schmierfläche einen geringeren Umfang erhielt. Trotz solcher Knauserei waren die von Frau Paarmann feilgebotenen Brötchen allgemein beliebt und es deutete auf eine gewisse Opulenz hin, wenn sich einer öfters, oder gar täglich diesen Genuß leistete. Wenn aber die mündliche Reifeprüfung stattfand, dann erschienen sämmtliche nicht betheiligte Primaner und Sekundaner in Paarmanns guter Stube und veranstalteten, derweilen ihre Kameraden im Examen schwitzten, ein wüstes Zechgelage, bis die Kandidaten mit oder ohne Erfolg aus der Folterkammer herauskamen. Fürs Gratuliren erhielt Paarmann von jedem Mulus einen harten Thaler.

Die Entlassung jener Glücklichen aus der Schule erfolgte damals nicht etwa gleich nach Beendigung des Examens, sondern erst in einem bei Beginn der allgemeinen Schulferien veranstalteten feierlichen Actus. In der Zwischenzeit mußten die Geprüften weiter in die Schule gehen, wennschon sie keine schriftlichen Arbeiten mehr zu machen brauchten und auch sonst mit Fragen nicht behelligt wurden. Sie verwendeten ihre freie Zeit auf die Ausarbeitung einer fulminanten Rede, die bei der Entlassungsfeier vom Stapel gelassen wurde. Soviel Abiturienten bestanden hatten, soviel Reden wurden in lateinischer, griechischer, französischer, ja selbst in deutscher Sprache urbi et orbi zum besten gegeben. Viele Stunden lang ergoß sich solcher Redestrom über die unaufmerksamen Zuhörer, die keinen Ton von dem Gesagten verstanden.

Auf den Abend des Entlassungstages luden die Muli zu einem Abschiedscommers, oder, wenn es ganz fein sein sollte, zum Abiturientenball ein. Die letztere Art der Verabschiedung wurde von allen denjenigen, die tanzen gelernt hatten, oder die überhaupt gerne tanzten, entschieden einer studentischen Sauferei vorgezogen, die regelmäßig einen schweren Katzenjammer im Gefolge hatte.

Für mich hatte von Jugend auf das Tanzen und der dadurch vermittelte nähere Verkehr mit dem ewig Weiblichen etwas ganz besonders Anziehendes.

Schon als kleiner Knabe konnte ich, wenn es mir gelang, unbemerkt dorthin zu entwischen, stundenlang auf dem staubigen Tanzboden unseres Dorfes stehen und den meist recht robusten rhytmischen Bewegungen der Bauernburschen und Dorfschönen zuschauen, ja ich nahm es durchaus nicht übel, wenn eine besonders üppige Maid meiner Bekanntschaft mich in übermüthiger Laune aus dem Zuschauerkreise hervorholte und mit kräftigem Arme nach dem Tacte der Musik herumschwenkte. Mit kritischem Blick wurden die Tanzleistungen der Betheiligten beobachtet, besonderes Geschick in dieser schönen Kunst rief offene Anerkennung, mitunter aber auch den Neid der weniger Gelenkigen hervor; so hörte ich einst an, wie ein sonst wohl angesehener, zum Tanzmeister aber höchst ungeeigneter Bauernbursche stöhnte: „*Wänn ich doch mant sa tanze kinnte wie Ewalds Fritze*".

Diese mir angeborene Begeisterung für die Tanzkunst, die Übung, die ich mir bei Kinderfesten, Kirmessen und sonstigen feierlichen Anlässen verschaffte, bewirkten, daß ich so wie alle Dorfbewohner ein Naturtänzer wurde und schon bei jungen Jahren alle vorkommenden Rundtänze leicht und sicher drehen konnte. Um aber den feineren Schliff zu erlangen und namentlich die französischen Tourentänze zu lernen, ergriff ich mit Lust und Liebe die Gelegenheit, mich an einem von dem halleschen Universitätstanzlehrer Rocco in Nordhausen arrangirten Tanzcursus zu betheiligen. Das war eine Quelle süßer Freuden für den viel geplagten Schulfuchs, namentlich seit dem wir in der edeln Kunst soweit gefördert waren, daß wir mit dem weiblichen Theile des Cursus zusammen tanzen durften. Gar bald war ich auch in diesem Kreise ein beliebter Jünger und hatte am Schlusse des Tanzstundenballes Mühe, die Unmenge der mir verliehenen Orden und Ehrenzeichen auf meinem Fracke unterzubringen. Auch nach Beendigung des Rocco'schen Kurses versäumte ich nicht, jede gebotene Gelegenheit zur Bethätigung der Tanzkunst zu ergreifen, mich an regelmäßig wiederkehrenden Kränzchen zu betheiligen und auf den Bällen der ersten Gesellschaft Nordhausens, der Erholung, unermüdlich thätig mitzuwirken.

Meine Eltern hatten gegen diese Passion nichts einzuwenden, sie waren im Gegentheile stolz darauf, außer ihrer tanz- und heirathsfähigen Tochter Johanne auch einen, wenn auch nicht heiraths- so doch sehr leistungsfähigen Sohn bei jenen Bällen auftreten lassen zu können. Das waren für mich Abende reinsten, durch nichts getrübter Freude, da tanzte man noch aus Lust und Liebe zur Kunst, ohne jeden Hintergedanken von der einen, oder der andern Seite, da erntete man billig Lorbeeren, indem man mit Freuden und unverdrossen die Mauerblümchen aus ihrer bemitleidenswerthen Lage befreite.

27. Reifeprüfung

Fanden meine Eltern daran Gefallen, mit ihren heranwachsenden Kindern solch harmlose Vergnügungen zu besuchen, so legte mein Vater, eine Säule der Konservativen Partei der Grafschaft Hohenstein, Werth darauf, seine Söhne schon früh mit jenen politischen Anschauungen zu befreunden, sie an den Gedanken zu gewöhnen, daß eine andre, als die durchaus konservative Parteirichtung für sie nicht in Frage kommen könnte. Er schwor auf die Kreuzzeitung und betrachtete Jeden, der eine Zeitschrift freierer Tendenz las, mit mißtrauischen Augen. Die kriegerischen Ereignisse der Jahre 1864 und 1866 verfolgte er mit dem größten Interesse, kaufte Übersichtskarten der Kriegsschauplätze und demonstrirte an Hand dieser die Bewegungen der kriegsführenden Parteien. Sobald eine Kriegsnachricht eingegangen war, ließ er die Glocken läuten, eine schwarz weiße Fahne am Thurme befestigen und die Gemeinde auf dem Plane versammeln, um die eingegangenen Depeschen vorzulesen und in volksthümlicher Art zu erläutern. Solche spontanen Versammlungen endeten mit einem begeisterten Hoch auf den König und der Absingung patriotischer oder kirchlicher Lieder, wie; *„Heil dir im Siegerkranz, ich bin ein Preuße, nun danket alle Gott; lobe den Herr, den Mächtigen König der Ehren“*.

Wenn es galt, für die konservative Sache einzutreten, da war er immer am Platze, er versäumte keine Wahlversammlung, die von der Partei anberaumt wurde, und ergriff mit seltener Unerschrockenheit das Wort, wenngleich die Gegenpartei in der Majorität war und ihn niederzubrüllen drohte. Oft habe ich ihn auf solchen Wahlkämpfen begleitet und in Beifallsäußerungen das möglichste geleistet, oft auch getröstet, wenn er an dem Erfolg seiner Bestrebungen verzweifeln wollte. Die

Genugthuung wenigstens hat er gehabt, daß Dank seiner redlichen Bemühungen, solange er lebte, weder für den preußischen Landtag, noch für den norddeutschen Reichstag ein liberaler Abgeordneter im nordhäuser Kreise gewählt worden ist.

Trotz seiner glühend patriotischen Gesinnung, trotz seinem schrankenlosen Vertrauen zu der Regierung unter Bismarcks Präsidium, sah er, nachdem sich die ersten Anfänge der sozialdemokratischen Bewegung geltend gemacht, sehr trübe in die Zukunft und prophezeite uns traurigen Herzens, daß wir die rothe Revolution, die Anarchie erleben würden. Auch am politischen Horizonte sah er oft Wetterwolken, wo keine waren; nur einmal behielt er mit seinen Befürchtungen Recht, das war Anfangs Juli 1870, als ich für die Sommerferien nach Hause kam. Ich traf ihn in ernstem Gespräche mit dem alten Hakenhöfer, der die neuesten Nachrichten über die spanische Thronkandidatur überbracht hatte. Vater war sehr bedenklich und äußerte zum Schulzen: *„Vatter, passe mal uff, in 4 Wochen stehma mitten in der Rüstung“*, worauf dieser optimistisch erwiederte: *„Jo, zur Ernte“!*

Mein Vater behielt Recht; immer dichter zog sich das Unwetter zusammen, und nach wenigen Wochen brachte an unscheinbarer Stelle der „Nordhäuser Courier“ folgendes Inserat:

> Tempora cum sint gravissime, invenes commilitones, quorum salus publica interest, invitati sunt ad conventum in mont, quem dicunt Kyffhäuser in diem tertium post idus Julias.

Das war ein Alarmsignal und muthete uns deutsche Jünglinge an wie die Aufforderung der braven Schweizer zum Schwure auf dem Rütli.

Schaaren begeisterter Primaner und Studenten trafen von nah und fern zur festgesetzten Stunde an der Burgruine des unterirdischen Barbarossaschlosses ein und lagerten in buntem Durcheinander auf der weiten Halde des sagenhaften Berges. Jeder neu eintreffende Zug fahrender Gesellen wurde mit weithin schallendem Hurra und kräftigem Handschlag begrüßt.

Da wurde nicht erst lange gefragt: wer bist du und wo kommst du her? Jeder, der fürs Vaterland zu kämpfen entschlossen und erschienen war, sich am Marksteine deutscher Einheit für diesen hohen Dienst zu weihen, schien uns geistig verwandt, ein Bruder, der ohne Weiteres mit dem kameradschaftlichen „*Du*" angeredet wurde. Im Übrigen ward auf dieser seltsamen Zusammenkunft nicht sonderlich viel geredet, da von vornherein darin allgemeine Übereinstimmung herrschte, daß jeder Anwesende, sofern er Waffenfähig, thunlichst bald zu den Fahnen eilen wollte. Dagegen hallten der Berg und das weite gesegnete Thal der goldenen Aue stundenlang wieder von dem tausendstimmigen begeisterten Gesange unserer herrlichen Weihelieder. Der würdige Einsiedler auf der Rothenburg, dem die Freude aus dem faltenreichen Antlitz leuchtete ob solcher nie erlebten jugendlichen Begeisterung, sorgte geschäftig dafür, daß das Pulver trocken und die Kehlen feucht blieben. Das Kanonenschießen wurde an diesem Tage ununterbrochen fortgesetzt, bis der nicht allzu reich ausgestattete Keller des auf einen so zahlreichen Besuch trunkfester Männer nicht vorbereiteten Alten völlig leer getrunken war.

Als ich am andern Tage mit wüstem Kopfe, leerem Beutel und in nicht ganz zuversichtlicher Stimmung in den Straßen von Nordhausen herumflanirte, um etwa einen Eidgenossen vom Kyffhäuser aufzugabeln, stieß ich in der Rautenstraße unerwartet auf meinen Vater, der mit einer Gelegenheitsfuhre in die Stadt gekommen war, um nähere Nachrichten über die Kriegsgefahr zu erlangen.

Er mochte wohl meinen bedenklichen Zustand ahnen und behandelte mich daher schonender als ich es von ihm gewohnt war, ja er führte mich väterlich besorgt in das wegen seiner Delikatessen berühmte Frühstückslokal von Athenstädt und brachte mich bei Schwechater Bier und Caviar wieder in normale Verfassung. Auf dem Heimwege nach Gross-Wechsungen faßte ich mir dann ein Herz und beichtete ihm, welchen Beschluß wir gestern auf dem Kyffhäuser gefaßt hätten.

Da traten dem alten Manne, der längst die Vorboten seiner schweren, zum Ende führenden Krankheit spürte, die Thränen in die Augen, er erfaßte meine beiden Hände und sagte tief bewegt: *„Soll ich zwei Söhne fürs Vaterland in den Krieg ziehen lassen? Ich hoffe, mit einem wäre es genug“. „Aber ich ehre Euern Entschluß und kann dich nicht zurückhalten, wenn du gegen Frankreich zu Felde ziehen willst. In deinem Interesse muß ich aber die Vorbedingung machen, daß du vorher das Abiturientenexamen bestehst“.*

Freudigen und tief bewegten Herzens versprach ich dem guten Vater, der mir auf diesem für ihn recht mühevollen Wege in voller Julihitze ein glänzendes Beispiel seiner aufopferungfähigen Vaterlandsliebe gab, daß ich unbedingt nach seinem Willen handeln würde, und wir besiegelten, mit unversieglichem Durste heimgekehrt, solches Abkommen bei einer Flasche köstlich duftenden und mundenden Rüdesheimers.

Für den Rest der Ferien war nun meine und meiner gleichaltrigen Kameraden Sorge darauf gerichtet, möglichst bald zur Abschlußprüfung zugelassen zu werden.

Unsern darauf abzielenden Bestrebungen und Anträgen stellten sich aber unerwartete Schwierigkeiten in den Weg, indem sich der Director Schmidt unserm glühenden Verlangen gegenüber, schnellstens von der Schule entlassen zu werden, durchaus ablehnend verhielt. Erst auf die ernsten Vorstellungen mehrerer Väter betheiligter Söhne hatte sich der Edle entschlossen, beim Provinzialschulkollegium nähere Instruction über die beschleunigte Abhaltung des Examens zu erbitten, deren er gar nicht bedurfte, da es längst allgemein angeordnet war, daß diejenigen im 3. Semester stehenden Primaner, von denen das Lehrerkollegium überzeugt sei, daß sie unter normalen Verhältnissen zu Ostern die Prüfung bestehen würden, schon jetzt geprüft werden sollten.

Aber auch dann noch suchte der selbstherrliche Mann, der uns offenbar möglichst lange seine Knute spüren lassen wollte, die Sache auf die lange Bank zu schieben und durch nutzlose Rückfragen zu verzögern. Schließlich erklärte er sich auf unser unausgesetztes Drängen bereit, diejenigen von uns zur Prüfung zuzulassen, die ein militäroberärztliches Attest über ihre Felddienstfähigkeit beizubringen im Stande wären. Da das in Nordhausen garnisonirende Bataillon des 67. Infanterie-Regiments bereits ausgerückt war, so blieb uns nichts übrig, als in corpore nach Erfurt zu fahren, um dort eine militärärztliche Untersuchung und das vom Director (übrigens ungesetzlich) verlangte Attest zu erreichen.

Trotz der uns in den Weg gelegten Schwierigkeiten war unsere Stimmung während dieser in aller Herrgottsfrühe angetretenen Reise eine durchaus gehobene und wir suchten sie durch Anstimmung begeisternder Vaterlandslieder zu erhalten und zu erhöhen. Ein im Nebencoupée mitreisender königlich-sächsischer Lazarethgehilfe hatte, ohne unsere Begeisterung zu theilen, uns längere Zeit beobachtet und vermöge der den Sachsen angeborenen Divinationsgabe den Zweck unserer Reise bald herausgebracht. Leider betrachtete er die Situation skeptischer wie wir und suchte unser patriotisches Feuer zu dämpfen, indem er trocken die Bemerkung hinwarf:

„Sie wolln freiwillich mitchahn? Thun se mer nich leid, das mal simm mir terpei und wo mir terpei sinn, da gommen allemahle de Geile hin“!

Das war wenig ermuthigend für angehende Krieger, brachte uns aber nicht nur nicht aus der Fassung, sondern bewirkte, daß wir den kümmerlichen Pflasterkasten, der ja noch nicht unser Vorgesetzter war, dem allgemeinen Gespötte preisgaben.

In Erfurt angelangt, begaben wir uns auf die Hauptwache am Hirschgarten und trugen dem Wachthabenden Leutnant den Zweck unserer Anwesenheit vor. Dieser war glücklicherweise etwas schlauer wie der Durchschnitt seiner Kameraden und gab uns den durchaus zweckmäßigen Rath, uns mit unserem Anliegen an den Landwehrbezirkskommandeur Krupp, einen Onkel des verstorbenen Kanonenkönigs zu wenden, kommandirt sogar einen Mann der Wachtmannschaft, der uns aufs Bezirkskommando in der Hopfengase 3 führen mußte. Dank der Schwerhörigkeit und geschwächten Auffassungsgabe dieses braven, im Dienste ergrauten Offiziers mußte unser Sprecher 2 – 3 mal langsam und jedes Wort accentuirend, vortragen, in welcher Angelegenheit und aus welcher Veranlassung wir die Mitwirkung des Bezirkskommandos in Anspruch zu nehmen uns erlaubten, bis ers endlich erfaßt hatte, dann aber umso begeisterter in längerer Ansprache, nicht ohne bei jedem Satze einige Male aus der Construction zu fallen, unsern Vorsatz lobte und uns mit der dienstlichen Anweisung an den zuständigen Oberstabsarzt unter väterlichen Segenswünschen entließ.

In den Jahren 1874/75 war Oberst Krupp noch immer Bezirkskommandeur und in meinem Militairischen Verhältniß als Vicefeldwebel und Leutnant der Reserve für mich Dienstvorgesetzter. An seine uns 1870 gehaltene Ansprache wurde ich lebhaft erinnert, als er mich bei der dienstlichen Meldung meiner Ernennung zum Reserveoffizier genau instruirte, wie eine solche Meldung abzustatten sei: „*Ich melde mich zum Leutnant ernannt*", sei, wie er meinte, uncorrect, es müsse ein Satz mit „*daß*" gebildet werden, die Meldung also lauten: „*Ich melde ganz gehorsamst, daß ich durch A.K.O. vom 18.10.75 zum Leutnant befördert worden bin*". Dies beiläufig.

Begleitet von Krupps Segenswünschen und einer Bureauordonnanz marschirten wir in Reih und Glied durch das Neuwerk, den Anger, die Schlösser-, Michaelis- und Augustinerstrasse in die Kohlgrube, wo damals das alte Garnisonslazareth lag und wurden von einem mürrischen Militärdoctor in puris naturalibus auf Herz und Nieren untersucht. Bis auf zwei, die den vorgeschriebenen Brustumfang nicht nachweisen konnten, wurden wir sämmtlich für felddiensttauglich erklärt und kehrten, nachdem wir uns bei Steiniger an der Predigerkiche gehörig gestärkt hatten, in heiterster Stimmung nach Nordhausen zurück.

Nun konnte uns der würdige Schmidt die Zulassung zum Examen nicht länger vorenthalten, aber der that es höchst widerwillig und versuchte noch im Verlaufe der schriftlichen und mündlichen Prüfung uns, soviel er nur konnte, den Erfolg streitig zu machen.

In Frack und schwarz seidener Mütze machten wir bei den Mitgliedern der Prüfungs-Commission, sowie dem königlichen und städtischen Kommissar, Superintendent Wagner und Oberbürgermeister Riemann, unsere Aufwartung, fanden, abgesehen vom Director, überall größtes Entgegenkommen und aufmunternden Zuspruch und begannen am nächsten Tage ohne nenneswerthen Examenschwindel mit den schriftlichen Arbeiten. Wer etwa vermuthen sollte, daß uns bei diesem sog. Nothexamen irgend etwas geschenkt, oder gar Gnade vor Recht ergangen wäre, der befindet sich in einem großen Irrthume. Die Sache war im Gegentheil für uns insofern erschwert, als der Director bei den schriftlichen Arbeiten mit Vorliebe selbst die Aufsicht führte und den zuständigen Lehrer somit kalt stellte.

Am empfindlichsten wurden wir durch diese Maßnahme bei Anfertigung der mathematischen Arbeiten berührt, da sich der Director selbstverständlich außer Stande sah, irgendwelche Zweifel, die bei Auslegung der gestellten Aufgaben zu Tage traten, sachgemäß zu beseitigen, sich auch nicht bereit finden ließ, den Vertreter des einberufenen mathematikus Thomae, den Lehramtskandidaten Franke, zur Auskunftertheilung zu citiren. Ja, er trieb seine Rigurosität soweit, daß er sich die im Gebrauch befindlichen Logarithmentafeln vorlegen ließ und daraus die unbedruckten Seiten, die von Alters her zur Aufzeichnung besonders wichtiger arithmetischer, trigonometrischer und stereometrischer Formeln dienten, rücksichtslos heraus riß. Die von mir benutzte Logarithmentafel stammte noch von meinem Bruder Karl sen. Dieser hatte Behufs Erleichterung der Examensarbeiten zuerst eine Anzahl von Formeln eingeschrieben, die Arbeit war von meinen Brüdern Paul und Fritz fortgesetzt, und ich selbst hatte das Werk durch einige mir besonders nützlich erscheinende Formeln vervollständigt.

Durch einen unbarmherzigen Riß des harten Mannes wurde all diese mühevolle Arbeit von 4 strebsamen Brüdern rettungslos vernichtet, und ich, als der letzte Mitarbeiter genöthigt, die zur Lösung meiner Prüfungsaufgaben unentbehrlichen Formeln mühsam und unter großem Zeitverlust ab ovo zu entwickeln. Hierauf ist es zurückzuführen, daß ich, obwohl ein anerkannt guter Mathematiker, in der zuständigen Zeit mit sämmtlichen Aufgaben nicht fertig wurde und statt der erhofften 2 nur eine 3 erzielte. Zum Glück fand ich aber beim mündlichen Examen Gelegenheit, mich in der Mathematik so hervorzuthun, daß mir als Gesammtprädikat doch eine 2 zuerkannt wurde.

Auch das Ergebnis der französischen Prüfungsarbeit entsprach wenig meinen Erwartungen. Ich mochte wohl zu siegesbewußt gewesen sein und die Arbeit vor der Ablieferung nicht sorgfältig genug nachgeprüft haben. Jedenfalls waren drin einige kräftig grammatikalische Schnitzer stehen geblieben, die den Krätsch am Tage nach der Censirung veranlaßten, mich also zu apostrophiren: „*Heefer, was haben Se denn im franzensischen Exercitium fier Becken geschossen! Wann ich Sie gestern dagehabt hätte, da hätte ich Ihnen aber ordentlich den Kopf gewaschen. Ihre Arbeit geht gerade noch am silbernen Löffelstiele vorbei*“. Laut Maturitätszeugniß konnte sie in der That „*nur eben noch befriedigend*“ genannt werden. Besser war mir der deutsche Aufsatz gelungen, der über die Segnungen des Krieges handelte; einen ganz unerhörten Dusel entwickelte ich aber beim lateinischen Aufsätze, vor dem mir am meisten gebangt hatte, da meine Schulaufsätze niemals glänzend ausgefallen waren. Bevor ich mich zwecks Anfertigung dieser gefürchteten Arbeit ins Gymnasium begab, zermalmte ich mein Gehirn mit Vermuthungen, was für ein Thema wohl gegeben werden möchte. Da fiel mir ein, daß der lateinische Examensaufsatz meines Bruders Fritz über Cicero gehandelt hatte, ich griff wie von ungefähr nach dem gelb gebundenen Heftchen einer ciceronischen Rede in Teubner'schen Ausgabe und las das auf der ersten Seite stehende curriculum vitae Ciceros aufmerksam durch, sodaß mir sämmtliche maßgebenden Daten frisch vor dem Gedächtniß standen.

Als nun der Director vor unsern Augen den ominösen Briefumschlag öffnete und zu lesen begann: „Marcum Tullium Ciceronem", da hätte ich vor Freude laut aufjubeln mögen, ich schrieb aber doch anscheinend gelassen weiter: „non volum de republica, verum etiam de lingua et litteris Romanis egregie fuisse meritum", und machte mich sofort ans Werk, all die Weisheit, die ich soeben aus dem kleinen Teubner geschöpft hatte, schwarz auf weiß festzunageln. Disposition und Ausführung waren, da ich über so reichhaltiges Material verfügte, kinderleicht, und für den nöthigen Phrasensatz sorgt Schirlitzens vorzügliches Lexikon, dessen ich mich bei der Ausarbeitung bediente. So geschah es, daß ich mit dieser Leistung eine 1 erzielte und unter meinen Kameraden ganz unerwartet den Vogel abschoß.

Obwohl der Ausfall der schriftlichen Arbeiten im allgemeinen höchst zufriedenstellend, und nur ein Leidensgenosse Namens Sonderhoff, der sich bis zur Oberprima durchgelogen hatte, in Deutsch und Mathematik gänzlich abgefallen war, fand doch eine Befreiung vom mündlichen Examen grundsätzlich nicht statt, da nach Schmidts maßgebender Meinung eine solche nur bei den regelmäßigen Abgangsprüfungen in Friedenszeiten zulässig sei. So stiegen wir denn sämmtlich mit Ausnahme des Unglücksraben Sonderhoff ins mündliche und wurden auch da zu guter Letzt noch einmal von unserm famosen Director gründlich gezwiebelt. Die Übersetzung aus dem Horaz fand ohne Bücher frei aus dem Gedächtniß statt. Auch im Homer und in der Geschichte prüfte der Direcor selbst, den zuständigen Lehrern Faber und Perschmann die bescheidene Rolle als Protokollführer zuweisend. Anstatt nun, wie zu erwarten, die vaterländische Geschichte zu behandeln, griff er zurück auf die alten Perser Darius Hydaspes und Consorten und schimpfte wie ein Unteroffizier, daß wir auf diesem fern liegenden Gebiete nicht genügend Bescheid wußten. Dadurch vermochte er uns aber nicht aus der Fassung zu bringen, bewiesen doch die wohlwollend freundlichen Mienen der gegenüber sitzenden Kommissare, und namentlich die redlichen Bemühungen des Oberbürgermeisters, uns durch mehr oder weniger lautes Soufflïren aus der Verlegenheit zu helfen, zur Genüge, daß der bramarbasirende Director kein erhebliches Unheil mehr anrichten könne. Um 4 Uhr Nachmittags fiel die Entscheidung, daß wir bestanden hatten und gleichzeitig von der Schule entlassen wurden, um thunlichst bald ins Heer einzutreten. Um ganz sicher zu gehen, verlangte der Director, daß wir ihm eine Bescheinigung des gewählten Truppentheils über unsern Diensteintritt beibringen sollten, erst dann würde er sich entschließen, die Maturitätszeugnisse abzusenden. Endlich legte er uns ans Herz, an Stelle des selbstverständlich in dieser wüsten Zeit aus fallenden Abschiedscommerses als Andenken und als Zierde für das Gymnasium eine schwarz weiß rothe Fahne zu stiften. Das haben wir bestes besorgt und durch reichliche Spendung von Mitteln einen recht würdigen Flaggenschmuck hinterlassen, mußten freilich zu unserer Betrübniß erfahren, daß der Director, dem unser Geschenk zu opulent erschienen, aus der von uns gestifteten ansehnlichen Fahne eigenmächtig deren zwei habe machen lassen.

Hocherfreut und beglückt brachte ich meiner guten Großmutter die Nachricht von meinem Erfolge, fand sie aber völlig überrascht, als ich ihr mittheilte, daß unser Zusammenwohnen schon am nächsten Tage aufhören solle. In ihrer Harmlosigkeit hatte sie vorausgesetzt, daß unsere offizielle Entlassung aus der Schule, wie es in Friedenszeiten üblich, erst mit Beginn der Herbstferien stattfinden würde. Laut Verabredung mit den Examensgenossen wollten wir uns nach 2 Tagen zu dem Frühzuge auf dem Bahnhofe einfinden und gemeinschaftlich nach Magdeburg reisen, um dort bei der Ersatzkompagnie des Jäger-Bataillons N° 4 einzutreten. Die Erinnerung an die freiwilligen Jäger in den Freiheitskriegen hatte uns bestimmt, gerade diese Waffe zu wählen. Inzwischen sollte Jeder sein Haus bestellen und von den Lieben daheim Abschied nehmen.

In aller Frühe des auf die Prüfung folgenden Tages wanderte ich leichten Sinnes und frei von den quälenden Sorgen des Primaners im 2ten Schuljahre den allzu bekannten Weg über den Hohenspiegel meinem Heimathdörfchen entgegen. Als angehender Soldat schlug ich ein lebhaftes Marschtempo an und pfiff dazu nach Herzenslust die schönsten Weisen, die mir von der nordhäuser Knüppelmusik im Gedächtniß geblieben waren. Mit Hurra trat ich in das Vaterhaus ein, verkündend, daß ich jetzt meinen ersten Übungsmarsch zurückgelegt hätte. Meine übermäßige Freude und Begeisterung fand aber nicht den erwarteten Widerhall, denn mein Vater war inzwischen recht krank geworden und hatte erst vor wenigen Tagen einen häßlichen, von argen Beklemmungen begleiteten Schwächeanfall durchgemacht.

In warme Decken eingehüllt, kauerte er auf seinem Lehnsessel, klagte fortgesetzt über Schmerzen und konnte nur mühsam seiner Freude über mein Examen Ausdruck verleihen. Mutter und Schwester Johanne waren ängstlich um den Kranken bemüht und suchten ihm jede denkbare Erleichterung zu verschaffen. Die Freude über mein Kommen mochte ihm doch wohl neuen Muth eingeflößt haben, oder er gab sich nur kräftiger, als er in Wirklichkeit war: Zu Mittag erschien er wieder am Tische und blieb verhältnißmäßig munter, solange ich im Hause war. Als ich aber Abschied nahm, sank er in sich zusammen und jammerte, daß er mich nun nicht wiedersehen würde. Ob er damit meinte, daß ich nicht aus Frankreich heimkommen würde, oder ob er vorahnend auf sein nahes Ende hinweisen wollte, war nicht mit Sicherheit festzustellen. Wie Vater in der Politik und in sonstigen Lebensverhältnissen ein Schwarzgucker war, so sah er auch seinen körperlichen Zustand vielleicht ernster und bedenklicher an, als die Verhältnisse bedingten.

Anderseits konnte er sich aber auch nicht entschließen, sich in die Behandlung eines Spezialisten zu geben, oder – was das beste gewesen wäre – rechtzeitig eine Kur in Wildungen durchzumachen. Vor einer gründlichen sachgemäßen Untersuchung der erkrankten Blase schreckte er aus übel angebrachter Prüderie zurück, er fürchtete auch wohl, daß ihm die medizinischen Autoritäten einen operativen Eingriff empfehlen würden, den er unter allen Umständen vermeiden wollte. Nur einmal hat er sich von einem Professor in Göttingen untersuchen lassen. Als dieser aber eine längere Beobachtung in der Klinik für nöthig erklärte, entzog sich Vater dieser Maßnahme durch schleunige Heimreise. So waren dann sein Freund Unger und in ernsteren Fällen Dr. Bötticher aus Nordhausen seine ärztlichen Berather. Ich besorge, daß diese dem armen Patienten mehr Schmerzen als Erleichterung bereitet haben, denn die sachgemäße Handhabung der für Blasenleiden maßgebenden Heilfactoren und Instrumente setzt eine ganz detaillirte Sachkenntniß und Übung voraus, die nur bei erfahrenen Spezialärzten anzutreffen ist.

weinte wohl auch er. – Eine schwere Leistung ist's, den Abschiedsschmerz hinunterzuwürgen, oder richtiger hinunterzukauen, und es währt lange, mit solcher bösen Arbeit fertig zu werden, namentlich wenn man allein ist und sich verlassen fühlt. Hat man Gesellschaft, und sei es auch nur die eines einfältigen Landmannes, so werden im harmlosen Geplauder die trüben Gedanken schneller übertüncht, der Blick in die Zukunft wird freier. Weht uns dann noch ein frischer Herbstwind die Sorgen von der Stirn, sorgt ein warmer Sonnenstrahl gütig dafür, daß das Blut wieder schneller in den Adern fließt, dann durchglüht uns unbesiegbare Wanderlust und unbewußt drängen sich die Strophen auf die Lippen:

Du liebe, schöne Gotteswelt,
Wie hast du mir das Herz erhellt!
Wie schaurig war's noch kaum zuvor,
Da taucht ein blauer Schimmer vor;
Der Rasen haucht süßen Duft,
Ein Vogel singt aus hoher Luft:
„Wer treuen Herzens, fromm und rein,

28. Soldat

Schweren Herzens und voll trüber Sorgen schied ich am festgesetzten Tage aus der Heimath. Mutter und Schwester konnten sich der Thränen nicht erwehren und blieben im Hause, Vater geleitete mich in Schlafrock und Hauskäppchen über den Kirchhof, zog mich noch einmal ans Herz und winkte mir Abschiedsgrüße, bis ich seinem Blicke entschwunden war. Es war der Abschied fürs Leben. Das besorgte mich und ahnte wohl auch er.

Eine schwere Leistung ists, den Abschiedsschmerz hinunterzuwürgen, oder richtiger hinunterzukauen, und es währt lange, mit solcher böser Arbeit fertig zu werden, namentlich wenn man allein ist und sich verlassen fühlt. Hat man Gesellschaft, und sei es auch nur die eines einfältigen Landmannes, so werden in harmlosem Geplauder die trüben Gedanken schneller übertüncht, der Blick in die Zukunft wird freier. Weht uns dann noch ein frischer Herbstwind die Sorgen von der Stirn, sorgt ein warmer Sonnenstrahl gütig dafür, daß das Blut wieder schneller in den Adern fließt, dann durchglüht uns unbesiegbare Wanderlust und unbewußt drängen sich die Strophen auf die Lippen:

Du liebe, schöne Gotteswelt,
wie hast du mir das Herz erhellt!
Wie schaurig war's noch kaum zuvor,
Da taucht ein blauer Schein empor;
Der Rasen hauchet süßen Duft,
Ein Vogel singt aus hoher Luft:
„Wer treuen Herzens, fromm und rein,
Der stimm in meine Lieder ein"!
Da sang auch ich in frohem Muth:
Ich wußte ja, mein Herz war gut!

Also erging es auch mir auf dem Marsche in die ungewisse Zukunft.

Trübe war der Himmel auf der Fahrt über Halle nach der alten Festung Magdeburg, trostlos der Eintritt in diese unfreundliche Stadt durch den dunkeln, kasemattirten Bahnhof am Fürstendamm, kümmerlich, frostig und wenig anheimelnd die Unterkunft in einem Gasthofe 2ten Ranges am breiten Wege, noch unfreundlicher aber der Empfang, der uns von dem Führer der Ersatzkompagnie des magdeburgischen Jägerbataillons, einem hochmüthigen, häßlich näselnden Premier-Leutnant Namens v. Brause bereitet ward. Diesem wackern Marsjünger, der vermuthlich aus keinem besonders rühmlichen Grunde demobil geblieben war, und ein Geschäftszimmer in einem anrüchigen Tanzlokale der Friedrichstadt jenseits der Elbe gewählt hatte, lag offenbar nicht das geringste daran, gleichzeitig 6 begeisterte junge Leute als einjährig Freiwillige außer der Zeit in seinem vorzugsweise für gelernte Jünger reservirten Truppentheil einzurangiren und für deren gesonderte Ausbildung Sorge tragen zu müssen. Er machte Ausflüchte, verlangte die Beibringung des Berechtigungsscheines für den einjährigen Dienst, begnügte sich nicht mit der von uns vorgelegten Bescheinigung über unsere Felddienstfähigkeit, sondern bestand auf einer nochmaligen Untersuchung, der eine sofort anzustellende Augenprobe vorausgehen sollte, kurz er machte uns soviel Schwierigkeiten, Wege und Stege, daß uns die Lust verging, unter dem Kommando eines so wenig entgegenkommenden Vorgesetzten die ersten Wochen unserer Dienstzeit durchzumachen. Als nun gar die von einem Oberjäger auf dem Krakauer Anger mit uns vorgenommene Sehprobe nur bei Fahrenbuch aus Rossla und Gottschalk aus Görsbach die für den Dienst als Jäger vorgeschriebene Sehschärfe ergab, auch die Beschaffung des offiziellen Berechtigungsscheines bei der an sich nicht zuständigen Regierung in Magdeburg auf Schwierigkeiten stieß, so entschloß ich mich kurz, bei der schweren Ersatzbatterie des Magdeburgischen Feldatillerie-Regiments Nº 4, bei der bereits Vetter Hirschfeld und Freund Diedelt aus Bleicherode ohne alle Formalitäten anstandslos angenommen waren, meine Dienste anzubieten, während die beiden für den Jägerdienst tauglich erklärten Kameraden Fahrenbruch und Gottschalk, der vielen Scherereien überdrüssig, plötzlich die Disposition änderten und ohne jeden plausibeln Grund nach Hause zurückdampften. Einen weitern Versuch, fürs Vaterland zu kämpfen, haben diese ruhmreichen freiwilligen Jäger nicht unternommen, sie sind vielmehr zunächst daheim hübsch friedlich auf die Hasenjagd gegangen, haben dann behaglich ihre Universitätsstudien begonnen und der Militärpflicht erst nach Wiederherstellung des Friedens in Halle und Leipzig genügt. Auf solche Art gelang es diesen Helden, ihre Studien 2 Semester früher zu beendigen, als ihre Kameraden, die eingedenk des gegebenen Versprechens und in treuer Erfüllung der Vorbedingung für die vorzeitige Zulassung zur Reifeprüfung ihre Haut zu Markte getragen hatten.

Die maßgeblichen Persönlichkeiten bei der Artillerie waren weniger skrupulös wie der stilvolle Jäger-Patentleutnant, sie stellten mich gegen das Versprechen, den Berechtigungsschein für den einjährigen Dienst nachliefern zu wollen, sofort ein und sorgten für meine beschleunigte Ausbildung in einer ausschließlich aus Freiwilligen gebildeter Stände zusammengestellten Rekrutenabtheilung.

So ward aus mir anstatt des erstrebten freiwilligen Jägers ein freiwilliger Kanonier, der aber um nichts weniger stolz auf seine Waffe, ja in der Folge heilfroh war, daß er dem mit Vorpostendienst und Patrouillengängen elend geplagten grünen Jägerkorps nicht angehörte.

Da die active Mannschaft fast vollzählig ins Feld gerückt war, so bestand unser Ausbildungspersonal ausschließlich aus Reservisten und Landwehrleuten, die selbst nicht allzuviel Ahnung vom Dienste hatten und uns dementsprechend nur mangelhafte Instruction ertheilen konnten. In der Charge am nächsten stand uns der Gefreite Gödicke, seines Zeichens Maurer aus dem mansfeldischen Senkreise, ein blutarmer Teufel, der von seiner kärglichen Löhnung Frau und Kind daheim versorgen mußte und sich daher in chronischer Geldnoth befand.

Nachdem er uns am ersten Tage unserer militärischen Laufbahn mühselig in die Mysterien des langsamen Schrittes, des Marschtempos und der Wendungen eingeweiht hatte, richtete er am Schlusse der Übung die Frage an uns: „*Wissen Se denn auch, wen Se jrießen missen*"? Auf unsere prompte Verneinung fragte er wieder: „*Wo soll ich Ihnen das heite Abend mal sagen*"? „*Um 8 Uhr im bayrischen Hofe*" schlugen die eingesessenen Magdeburger vor und erlangten die Zustimmung unseres entgegenkommenden Lehrmeisters, der schleunigst „*links um, abtreten*" kommandirte und sich zur festgesetzten Stunde pünktlich in dem vereinbarten Bierlokale einfand.

Dort wurde er auf gemeinsame Kosten seiner wißbegierigen Schüler mit deutschem Beefsteak und ungezählten Seideln Bier opulent bewirthet und so vorzüglich unterhalten, daß er keinen geeigneten Moment erhaschen konnte, um seinen angekündigten Vortrag über das wichtige Thema, wen wir jrießen müßten, vom Stapel zu lassen. Zur Begründung, Befestigung und Bereicherung unseres militairischen Wissens waren ja die Vortragsstunden da, die zur Erholung von den ungewohnten Strapazen des Außendienstes täglich abgehalten wurden und unserm braven Gödicke die erwünschte Gelegenheit boten, die Fülle seiner Kenntnisse auf dem Gebiete der Armee im Allgemeinen und der Feldartillerie im Besonderen über uns zu ergießen.

Und er verrichtete diese Dienstobliegenheit mit namhaftem Eifer und lobenswerthem Interesse zur Sache, verstand in jenen Stunden durchaus keinen Spaß, setzte vielmehr eine sehr martialische Miene auf, wenn er Unaufmerksamheit constatiren mußte und die zerstreuten Zuhörer andonnerte: *„Passen Se auf, dassen Ses lernen"!* Die Beschreibung unserer Waffe, der 6pfündigen Hinterladungs-Gußstahlkanone Modell 59 wußte er uns schnell, sicher und sachgemäß einzuprägen; bei einigen seiner sprachlichen Eigenthümlichkeiten hatten wir freilich Mühe, den der Wichtigkeit der Sache entsprechenden Ernst zu bewahren, namentlich wenn er die Inschrift der Geschütze pro gloria et patria ultima ratio regis vorzulesen und zu verdeutschen sich abmühte, oder wenn er denjenigen Theil der Verschlußthür, der mittelst eines Bolzens am Rohre befestigt und horizontal beweglich ist, anstatt „Charnir", fortgesetzt „Gernirstück" nannte.

Da ich im Verlaufe meiner Erzählung schwerlich Gelegenheit finden werde, mich nochmals mit diesem Braven zu beschäftigen, so will ich, dem Gange der Ereignisse vorauseilend, schon jetzt erwähnen, daß Gödicke später, nachdem wir selbst für würdig befunden waren, unsere soeben erworbenen Kenntnisse bei der Ausbildung neuer Rekruten zu verwerthen, gern die Rolle eines Lehrmeisters mit der eines Putzkameraden vertauschte, um dadurch die Mittel zur nachhaltigeren Unterstützung seiner Familie zu gewinnen. Als aber, um das Maß des Jammers voll zu machen, gar noch der Klapperstorch bei Abwesenheit des Familienvaters in der Hütte des Elends Einkehr hielt, da nahm der sorgengebeugte Landwehrmann gern und dankerfüllt eine Geldspende entgegen, die seine anhänglichen ehemaligen Schüler willig und mitleidig gesammelt hatten.

In höherer Instanz unterstanden wir während dieser ersten Periode der Ausbildung der Kommandogewalt des Vicefeldwebels Hoff, eines zierlichen Männleins mit wasserblauen Augen, kleinem blondem Schnurrbärtchen und stets behaglich schmunzelndem Gesichtsausdruck. Er hatte nämlich im böhmischen Feldzuge 1866 das Malheur gehabt, daß eine feindliche Infanteriekugel von der linken Seite in seinen Mund eingedrungen und durch die rechte Wange wieder herausgeflogen war. Die hierdurch verursachten Gesichtswunden waren zwar gut verheilt, hatten aber auf beiden Gesichtshälften sechsergroße, tiefliegende Narben zurückgelassen, die der Mundpartie den seltsamen Ausdruck verliehen, als sei sie permanent zum Lachen verzogen.

Von seiner Verwundung hergestellt hatte Hoff bis zum Ausbruch des Krieges 1870 als Kaufmann in Australien sein Glück versucht, anscheinend aber nur geringen Erfolg gehabt, denn auch er befand sich ebenso wie sein Untergebener Gödicke in dauernder Geldklemme. Mit der auskömmlichen Löhnung eines Vicefeldwebels hätte er sich bei einem nur mäßigen Grade von Sparsamkeit wohl einrichten können, zumal er unverheirathet war und nur für seine eigene werthe Person zu sorgen hatte. Leider bethätigte er aber einen so unwiderstehlichen Hang zum Alkoholgenuß, daß selbst üppiger fließende Einnahmequellen schwerlich ausgereicht haben würden, um diese unheilbringende Leidenschaft zu befriedigen.

Aus Australien war er nicht rechtzeitig genug heimgekehrt, um mit der Linientruppe ins Feld ziehen zu können, so wurde er dann in den Stamm der Ersatzbatterie eingereicht und berufen, frische Mannschaften für die Verwendung im Kriege vorzubereiten. Seine hierauf gerichteten Bestrebungen fanden freilich bei seinem Dienstvorgesetzten, unserm griesgrämigen Batteriechef, Hauptmann Philippi, dem die fatale Leidenschaft des Vicefeldwebels nicht lange verborgen bleiben konnte, nur geringe Anerkennung, ja es ereignet sich nicht selten, daß unser Mentor vor der Front vom Hauptmann rücksichtslos mit den schärfsten, hier nicht wiederzugebenden Ausdrücken abgekanzelt wurde, so eines Sonntags, als er nicht rechtzeitig zum Kirchgang erschienen war und sich in äußerst bedenklichem Zustande und beschmutztem Anzuge, mit verkehrt, d. h. den Adler nach hinten, aufgesetztem Helme als verspätet beim Batteriechef meldete. Mit Schimpf und Schande wurde der trunkfällige Mann aus dem Gesichtsfelde der sonntäglich aufgeputzten und feierlich gestimmten Mannschaft fortgejagt und von der Theilnahme am Militairgottesdienste im Dome ausgeschlossen. Ganz übel erging es dem Ärmsten auch dann, wenn er unter des Hauptmanns Kommando bei den Übungen mit bespannten Geschützen auf dem Krakauer Anger einen Zug führen mußte. Offenbar verstand er von den Functionen eines berittenen Zugführers so wenig wie wir Neulinge zu jener Zeit, machte alles verkehrt und mußte dafür die häßlichsten Schaltworte über sich ergehen lassen.

Wenn Hoff unter solchen Verhältnissen ängstlich besorgt war, den forschenden Blicken, den tadelnden Bemerkungen seines Vorgesetzten möglichst aus dem Wege zu gehen, so kann das nicht weiter Wunder nehmen. In der That marschirte er, sobald wir Morgens oder Nachmittags im Kasernenhofe angetreten waren, ohne Aufenthalt mit uns zum Südenburger Thor, das damals noch ein richtiges Befestigungsthor mit langen, stockdunkeler Poterne war, hinaus und wählte auf dem Fort Scharnhorst den äußersten, verschwiegensten Winkel, der gerade noch genügenden Raum bot, um die ermüdenden Detail-Exercitien vorzunehmen. Hatte der anstrengende Dienst kaum eine Stunde gedauert, so erschien auf der Bildfläche ein altes vertrocknetes Weib mit lederartiger Haut und zahllosen tiefen Runzeln im Gesichte, eine Hökerin oder Marketenderin, die in ihrer unergründlichen Kieze die köstlichsten Schätze barg zur Stillung von Hunger und Durst der, der Stärkung bedürftigen Vaterlandsverteidiger: Schwarzbrot, Weißbrot, Schinken, Butter, Blut-, Leber- und Mettwurst, Speck, Eier, Harz-, Limburger und Schweizerkäse, kurz alles was der Krieger zum Frühstück gerne verzehrt, bot die Alte zum Verkauf. In dickbauchigen, rohrumsponnenen Flaschen führte sie aber auch die verschiedenartigsten Schnäpse und Liköre bei sich und kredenzte solche in nicht allzu kleinen Gläschen.

Bei ihrem Erscheinen markirte Vicefeldwebel Hoff den Bramarbas, der es durchaus nicht dulden wollte, daß die Aufmerksamkeit der Soldaten durch die Anwesenheit einer Weibsperson gestört, daß auf fiscalischem Grund und Boden unbefugt eine fliegende Cantine etablirt würde.

Da wußte die Alte aber schön zu schmeicheln und zu betteln: *„ach, Herr Feldwebel, Herr Feldwebel, jagen Se mir doch nich fort“*, dabei füllte sie schon ein Gläschen mit röthlich schillernder Flüssigkeit, ihrem feinsten Likör, und reichte es dem grimmig schnauzenden Hoff mit der Aufforderung: *„Herr Feldwebel, bitte, nehmen Se doch ene doppelte Liebe“!* So hatte sie ihre Spezialität getauft. Und richtig, Hoff ließ sich erweichen, kippte eine, wohl auch zwei Doppelte Lieben in seinen unergründlichen Schlund und gab damit großmüthig das Signal zur Eröffnung des Marketendereibetriebes auf unserm Detail-Exercirplatze.

Allzu viel Zeit zum Frühstücken gönnte er uns freilich nicht, denn er selbst empfand weniger Hunger wie Durst und stillte letztern schneller, als uns die Bewältigung einer inhaltsvollen Wurstschrippe gelang. Sehr bald ließ er nach solcher Pause wieder antreten und marschirte mit uns in die Nähe eines fortifikatorischen Blockhauses, das einem altgedienten Wallmeister nicht allein zur Wohnung, sondern auch als Verkaufslokal von Erfrischungen, Flaschenbier und Schnaps diente.

Hier angelangt, kommandirte der Vicefeldwebel: *„links um, 10 Minuten austreten"!* und verschwand sogleich im Blockhause, um sich 1 – 2 Schnäpse zu genehmigen. Uns selbst ließ er aber zu solcher Herzensstärkung keine Zeit, denn kaum hatte er sein Quantum intus, was wenig mehr als 1 Minute in Anspruch nahm, dann fing er an zu poltern und krähte im höchsten Diskant: *"Wollt ihr wohl machen, daß ihr raus kommt? Antreten! Ich laß euch exerciren bis der Mond scheint, Stern am Himmel stehn"!* Solches Manöver wiederholte er im Laufe des Vormittagsdienstes 3 auch 4 mal, ohne daß man, abgesehen von gesteigertem Raisonniren, äußerlich eine prägnante Wirkung des übermäßigen Alkoholgenusses wahrgenommen hätte. Einmal mochte er aber doch des Guten zu viel gethan haben. Nach einem Besuche seines geliebten Blockhauses ließ er uns auf der Esplanade antreten, kommandirte: *„Stillgestanden, richt Euch, rechts um, marsch"!* Wir marschiren, und marschiren, haben die Esplanade längst verlassen, betreten Rasenflächen, rutschen eine bewachsene Böschung hinab und befinden uns plötzlich vor einer hohen Mauer, die unserm Marsche ein natürliches Halt bietet. Als wir uns umsehen, wälzt sich unser Vicefeldwebel nahe dem Blockhause in einer Pfütze und ist nicht im Stande sich zu erheben, geschweige denn ein Kommando abzugeben. Da tritt der nächstälteste Unteroffizier, der mit uns den Marsch ins Ungewisse ausgeführt hatte, für ihn ein, übernimmt das erloschene Kommando und führt uns wieder an Ort und Stelle, den trunkenen Vicefeldwebel aber ins Blockhaus, woselbst er unter der Obhut des altgedienten Wallmeisters, als barmherzigen Samariters, seinen schweren Rausch ausschlafen durfte.

Schon früh wurden wir mit der Bedeutung, den Anforderungen und Formalitäten des Wachtdienstes vertraut gemacht und darin sorgfältig eingeübt. Es geschah dies in der Weise, daß Hoff selbst die verschiedenen beim Garnisonwachtdienste in Betracht kommenden Vorgesetzten markirte und nun von uns, die wir die einzelnen Wachtposten darstellten, die richtigen Honneurs, Anrufe, oder sonst vorgeschriebenen Maßregeln verlangte.

Zwar erschien es uns höchst amüsant, wenn er von Ferne krähte: *„Jetzt bin ich der Kommandirende General, jetzt der Offizier du jour, jetzt der Rondeoffizier“* oder aber: *„jetzt kommt ein total betrunkener Reden schlagender Sackträger“;* bald sollten wir aber gewahr werden, daß der Wachtdienst in Wirklichkeit, weit davon entfernt, pläsirlich zu sein, der ödeste, langweiligste, geistesstörhendste, dabei aber verantwortungsvollste Dienst ist, den ein Soldat verrichten kann, denn schon wenige Wochen nach unserm Diensteintritt wurden wir in Anbetracht der für die große Festung geringen Garnisonstärke auf Wache kommandirt und mußten in der Folge wöchentlich mindestens einmal 24 Stunden unseres Daseins dieser sehr bald verhaßten Dienstverrichtung opfern. Wenn ich auf Wache zog, wurde ich das Gefühl nicht los, daß ich auf 24 Stunden meiner goldenen Freizeit beraubt sei und betrachtete dementsprechend das öde Wachtlokal als eine Art Arrest. Am Tage ging es noch an: Da erschienen Kameraden und andere lustige Gesellen in der Wachtstube, es wurde feste geraucht, pokulirt und Karte geklopft; auch die 2 Stunden Postenstehen wurden bei dem lebhaften Verkehre in den Straßen der Stadt und bei der dem

Wachtposten gebotenen Gelegenheit, allerhand interessante Beobachtungen anzustellen, nicht allzu lang. Hatte aber der Hornist Retraite geblasen, streckten sich die verständigen Bürger behaglich in ihren Federn, da begannen für die Wachtmannschaft die Stunden äußerster Ungemüthlichkeit: Die an den Wänden hochgeklappten Holzpritschen wurden herabgelassen und versperrten in ihrem unbeholfenen Gefüge den Raum der Wachtstube, sodaß man sich nur mühsam darin bewegen konnte. Schnarchend wälzten sich die abgelösten Posten auf den harten Brettern, und nur der wachthabende Unteroffizier hielt sich beim trüben Scheine einer schwelenden Ölfunzel, in einen abgegriffenen Schmöker vertieft, oder das von Schmutz starrende Wachtbuch in Ordnung bringend, mühsam aufrecht und harrte des Augenblicks, wo der Posten vor Gewehr durch sein laut gebrülltes *„rraus“* das Nahen des Rondeoffiziers ankündigen würde. Wie entsetzlich langsam aber schlichen für den Posten stehenden Kanonier die Viertelstunden in der nächtlichen Dunkelheit und Stille dahin! Dem auf- und abschreitenden Soldaten, dessen Gedanken zumeist in weiter Ferne bei seinen Lieben daheim weilten, dünkte es schier, als sei eine ganze Stunde verflossen, bevor die mächtige Thurmuhr auf dem nahen Dome zum erneuten dumpfen Viertelstundenschlage aushob. Die Folgen solcher Nachtwachen machten sich durch wüsten Kopf und schmerzende Glieder geltend, gleich als ob man die Nacht durchtanzt, oder durchkneipt hätte und wurden erst durch ausgiebigen Schlaf im weichen Federbette beseitigt. Eine Stallwache, zu der vorzugsweise Fahrer, zu deren Entlastung und unserer Ausbildung aber auch wir Freiwilligen herangezogen wurden, galt zwar allgemein als leichterer Dienst, weil dabei nicht Posten gestanden wurde, die Mannschaft vielmehr, soweit sie nicht mit Stalldienst beschäftigt war, im Stroh neben der Futterkiste schlafen durfte; für mich war aber die Wirkung einer im Stalle zugebrachten Nacht vielleicht noch unbehaglicher, wie die einer Garnisonwache, weil mir der stark ammoniakhaltige Stalldienst auf die Dauer den Athem versetzte und den Schlaf raubte, sodaß ich mich gezwungen sah, von Zeit zu Zeit die Stallthür zu öffnen, um der frischen Außenluft Zutritt in die Stallung zu verschaffen. Zum Glück fand ich in meinem Quartiere ausgiebige Gelegenheit, mich von den Folgen solchen Nachtdienstes zu erholen. Ich bewohnte nebst einem Kameraden eine für unsere Verhältnisse sehr nobel ausgestattete Wohnung, bestehend aus Wohn- und Schlafzimmer bei einem Tischlermeister in der Steinstraße N° 7, die den Breitenweg mit der Klosterstraße verbindet. Unter gewöhnlichen Verhältnissen vermiethete der Hauswirth, oder in dessen Vertretung seine wenig reizvolle, in höheren Semestern angelangte Nichte, die sämmtlichen im Vorderhause eingerichteten Chambres garnis nur an Offiziere.

Jetzt war er froh, sie den zahlreich bei sämmtlichen Truppentheilen der Garnison eingestellten Kriegsfreiwilligen gegen mäßigen Mietzins überlassen zu können. In Anbetracht ihrer geringen Entfernung vom Domplatze und der Artilleriekaserne war die Steinstraße für uns sehr geeignet, zumal sie zwar sehr schmal, aber von Lastwagen wenig befahren und verhältnismäßig ruhig ist. Der Verkehr zwischen den unter demselben Dache wohnenden Kameraden, die zum Theil der Infanterie angehörten, gestaltete sich bald sehr lebhaft und freundschaftlich. Hatte einer aus der lieben Heimath eine Proviantkiste erhalten, so lud er gerne seine Stubennachbarn zum gemeinsamen Schmause ein und freute sich, den aufmerksam und uneigennützig spendenden Wirth spielen zu können.

Selbst der Aufforderung eines ungemein höflichen jüdischen Kameraden Namens Oppenheimer, ihm bei Vertilgung eines ansehnlichen Quantums heimathlicher koscherer Wurst behilflich zu sein, wurde Folge geleistet, nachdem der Spender versichert hatte, daß Knoblauch nur andeutungsweise dem Füllmaterial beigemengt sei. In der That schmeckte diese lediglich aus Rind- und Kalbfleisch hergestellte Judenwurst ganz vorzüglich. Unsere Abendmahlzeiten nahmen wir regelmäßig zu Hause ein und konnten infolge der ungewohnten kräftigen Bewegung in freier Luft ungeahnte Mengen derber Soldatenkost verstauen und vertragen. Gerichte wie: Kommißbrot mit Speck, frischer Wurst, gehacktem Rindfleisch mit Zwiebeln und limburger Käse figurirtem fast allabendlich auf unserm Menü.

Den Mittagstisch hatten wir in einem kleineren Gasthofe von Häberle in der Werftstraße nahe dem Elbparkhofe gewählt. Ohne Weinzwang zu haben wurden wir dort für den mäßigen Abonnementspreis von 7½ sgr (Silbergroschen) ganz vorzüglich verpflegt, aufmerksam bedient und fanden bei einer Anzahl magdeburger Kaufleute, die ebenfalls abonniert waren, angenehme Unterhaltung.

Sonntag Nachmittags unternahmen wir gern einen Ausflug nach dem Stideritzer Busch und dem Herrenkrug, dem Eldorado der Magdeburger, oder marschirten über die Elbbrücke und, die Citadelle links liegen lassend, nach dem rothen Horn, woselbst die magdeburger Bürgerfamilien im Freien Kaffee trinken und hinterher nach den Klängen eines möglichst verstimmten Fortepianos ein harmloses Tänzchen riskirten. Das war ein Hauptvergnügen für mich, den leidenschaftlichen Tänzer, der ich in meiner schmucken Extrauniform gute Figur machte und bei den zukünftigen trauten Bürgermädels bekannt und beliebt wurde.

Inzwischen wurde es immer fraglicher, ob unser Aller sehnlichster Wunsch, in Feindesland geschickt zu werden, in Erfüllung gehen könne. Die Schlacht von Sedan hatte ein gewaltiges Heer in unsere Hand geliefert, Strassburg war gefallen und auch von Metz wurde berichtet, daß die Kapitulation dieser starken Grenzfestung nur noch eine Frage weniger Wochen sei. So gewann es den Anschein, daß der französische Élan gebrochen und der Friede ernstlich in Erwägung gezogen werden würde, bevor der Befehl zur Komplettirung unserer mobilen Truppen durch Ersatzmannschaften eingetroffen sei. Eine solche Wendung der Dinge, die vom Standpunkte der Humanität und im Interesse des allgemeinen Wohles der Völker dringend erwünscht gewesen wäre, würde keineswegs unsern Beifall gehabt haben, denn wir Alle waren nicht deshalb zu den Fahnen geeilt, um im Friedensdienste gedrillt zu werden, sondern wir wollten gleich wie die heldenhaften Freiwilligen von 1813 unsere Person, unsere Kraft, unsern Muth im Kampfe mit dem Erbfeinde dem Vaterlande weihen, wir wären daher allesammt enttäuscht und tief betrübt gewesen, wenn das Vaterland unserer in diesem Sinne und zu diesem ehrenhaften Zwecke angebotenen Dienste nicht bedurft hätte.

Die ersten französischen Kriegsgefangenen waren schon in Magdeburg eingetroffen und in leichte, innerhalb der Enceinte vor dem Krökenthore eiligst errichteten Holzbaracken, so gut es ging, untergebracht. Die Offiziere hatten ihre Waffe behalten und bewegten sich theils in ihrer Felduniform, theils in Civilkleidern auf den Straßen der Stadt umher, ohne jedoch die Festungsthore passiren zu dürfen. Sie machten durchweg einen frischen, wenn auch ernsten Eindruck, betrugen sich durchaus anständig und vermieden tactvoll jeden Conflict mit Civil und Militair. Einzelne machten sich beim Mittagstisch in bescheidener Form mit uns bekannt und legten in liebeswürdigster Art Werth darauf, mit uns kameradschaftlich zu verkehren. Das brachte einerseits Abwechslung in unsere Unterhaltung und förderte uns andererseits in der französischen Conversation, sodaß wir die uns von der Schule her anhaftenden Mängel in der Aussprache einigermaßen beseitigen konnten, bevor wir nach Frankreich einmarschirten. Auch die kriegsgefangenen Mannschaften waren durchweg freundliche, wohl erzogene und possirliche Kerle. Sie vertrieben sich die Langweile, so gut es die Verhältnisse gestatteten, konstruirten Luftkegelbahnen, Polo- und andere Spiele und waren überaus dankbar, wenn wir uns Mühe gaben, eine Unterhaltung mit ihnen anzuknüpfen, oder sie mit einer Cigarre, einer Tafel Chokolade und dergleichen beglückten. Leider konnten die armen Teufel unser Klima nicht gut vertragen, erkälteten sich auch wohl in den leichten Holzbaracken, bekamen Typhus, Lungenentzündung und andere Krankheiten, die nicht selten tödlich verliefen.

Es verging kein Tag, ohne daß 2 – 4 Beerdigungen französischer Kriegsgefangener stattfanden. Da Einzelne auch mit Blattern, der in Frankreich endemischen Krankheit, behaftet waren, so ordnete das Gouvernement der Festung Magdeburg an, daß alle Soldaten der Garnison, gleichgültig ob sie mit Erfolg revaccinirt waren, oder nicht, noch einmal geimpft werden sollten. Auf diese Weise mußte ich zum dritten Male in meinem Leben jene Schutzmaßregel an mir vollziehen lassen und litt diesmal mehr als in den früheren Fällen an den Folgen der Massenoperation. Wir wurden sectionsweise ins Garnisonslazareth geführt, erhielten den Befehl, die Rücken auszuziehen und den entblößten linken Arm dem impfenden Militärdoctor vorzuhalten. Da ich in wörtlicher Ausführung jenes Befehls mit dem Rocke nicht auch die Mütze abgelegt hatte, erregte ich mit meiner Kopfbedeckung den Unwillen des grimmen Chirurgen, der mich recht unfreundlich anblies: „*Wolln Se de Kappe abnehmen*“! und in seinem Zorne meinen Arm mit centimetertiefen

Schnitten verzierte, die eine doppelte Dosis von Lymphe aufnahmen.

Die Folge war, daß sich die sämmtlichen mir applicirten Einschnitte heftig entzündeten, und eine mächtige Anschwellung des Armes von der Achselhöhle bis zu den Fingerspitzen entstand, die mich zwar sehr schmerzte, aber doch nicht abhielt, unentwegt meinen Dienst zu verrichten, ja sogar auf Wache zu ziehen.

Die Nachrichten aus der Heimath lauteten zu meiner größten Betrübniß fortgesetzt wenig erfreulich. Der Vater war dauernd bettlägerig, litt viel und bedurfte der unausgesetzten Pflege meiner Mutter und Schwester. Die Prostata war derart angeschwollen, daß die Entleerung des Darmes und der Blase nur mit größter Schwierigkeit von Statten ging, und in besonders beängstigenden Fällen sogar Kalomel gereicht werden mußte. Der Blutumlauf war demzufolge unregelmäßig, und das Herz functionirte nicht in normaler Weise. Neben der Sorge um den Kranken lag der armen Mutter, die in jener Zeit der Wechseljahre selber sehr schonungsbedürftig war, nicht allein die Leitung des Haushalts ob, sie mußte auch die vielfachen Schreib- und Buchführungarbeiten, die das Amt des Ortsgeistlichen und des Verwalters der hohensteinschen Wittwenkasse dem Vater auferlegte, diesem abnehmen. Wie sie mit ihrem zarten Körper diesen die Leistungfähigkeit eines normalen Menschen weit übersteigenden Anforderungen gerecht geworden, ohne am eigenen Leibe schweren Schaden zu nehmen, ist mir noch heute ein Räthsel. Dank ihrer Fürsorge und Voraussicht hat es selbst uns in der Ferne weilenden Kindern nie an etwas gefehlt, sie bedachte Alles, sorgte für Alles, sogar für die tadellose Erhaltung und Ergänzung unserer Ausstattung mit Wäsche und warmen Unterkleidern.

Ungewöhnlich früh trat im Jahre 1870 Kälte ein, bereits Anfangs September mußte geheizt werden und der October brachte gar schon Frost und Schnee.

Gleichzeitig erschien zum regelmäßigen Einstellungstermine eine große Anzahl von Rekruten auf der Bildfläche, für deren Unterkunft, Einkleidung, Beköstigung und Ausbildung gesorgt werden mußte. Auch auf unsern Dienst übte das Erscheinen einer unverhältnißmäßig großen Zahl neuer Mannschaften insofern einen wesentlichen Einfluß aus, als die vorgeschritteneren von uns in Ermangelung bessern Ausbildungpersonals zum Rekrutenkommando übertraten und beim Einexerzieren der Rekruten thätig mitwirken mußten. Kaum selbst nothdürftig mit unserer Waffe vertraut, erhielten wir also die Aufgabe, noch Unwissenderen Lehrmeister zu sein und mußten bei dieser Thätigkeit nach dem Grundsatze Docendo discimus die bei uns noch vorhandenen Lücken auszufüllen. Auf diese Weise waren wir in der Lage, uns schon früh in die Rolle des Vorgesetzten hineinzudenken, schon früh an das laute, scharfe Kommandiren zu gewöhnen. Ob dies für uns selbst heilsam war, möchte ich bezweifeln, unserm Körper und namentlich den unteren und oberen Extremitäten wäre es wahrscheinlich zuträglicher gewesen, wenn deren active Ausbildung länger angedauert hätte, andrerseits war die ungewohnt, fortgesetzte Inanspruchnahme unserer Sprachorgane durch lautes Kommandiren und Instruiren bei verhältnißmäßiger Ruhe des übrigen Körpers für Stimme und Rachenhöhle nicht ganz unbedenklich, verursachte Heiserkeit und Katarrhe, die mich während des ganzen Winterfeldzuges geplagt haben. Jedenfalls hatte die veränderte Situation den unschätzbaren Vortheil, daß bei uns jungen Leuten Selbstbewußtsein und Entschlußfähigkeit wesentlich gesteigert, Befangenheit und Ängstlichkeit dagegen zurückgedrängt wurden. Geniren gabs da nicht mehr und, selbst wenn der gefürchtete Hauptmann in der Nähe war und zuhörte, wurde nur umso schrecklicher gebrüllt, damit dieser in seiner Überzeugung bestärkt werden möchte, daß wir das hohe Vertrauen, das er in uns gesetzt hatte, als er uns zur Rekrutenausbildung kommandirte, auch zu rechtfertigen verständen. Die Plackerei hörte während dieser Zeit den ganzen Tag nicht auf und es ereignete sich nicht selten, daß wir nicht Zeit zum Mittagessen fanden, uns vielmehr mit einem ex faustibus genossenem Stück Brot und Speck aus der Cantine begnügen mußten. War der Außendienst zu Ende, so fand Instructionsstunde auf den Kasernenstuben statt, und es mußten die Rekruten bei der Instandsetzung und Reinigung ihrer Montirungsstücke beaufsichtigt werden. Fand sich bei den täglich mehrmals abgehaltenen Appells, daß die Leute im Anzuge nicht propper waren, so wurde nicht der nachlässige Rekrut, sondern das Aufsichtspersonal verantwortlich gemacht und nicht besonders sanft behandelt, sodaß sich die Nothwendigkeit von selbst ergab, die uns anvertrauten Leute fortgesetzt unter Kontrolle und im Auge zu behalten.

29. Ins Feld

Auf die Dauer war solcher Dienst, der uns kaum am Abend eine Stunde der Ruhe und Erholung gestattete, in der That wenig erfrischend und der Wunsch daher sehr gerechtfertigt, daß durch baldige Einberufung auf den Kriegsschauplatz eine gänzlich veränderte dienstliche Verwendung für uns herbeigeführt werden möchte. Leider war ich damals gänzlich außer Stande, mir ein einigermaßen zutreffendes Bild von der Situation unserer Armeen zu machen, da mir nicht einmal die Zeit zu Gebote stand, mich aus Zeitungen zu informiren. Aber die Thatsache, daß die in Magdeburg garnisonierenden Infanterie-Ersatztruppentheile fortgesetzt Nachschübe an ihre vor Paris angelangen Feldtruppe instradiren mußten, erhielt die Hoffnung wach, daß sich auch für unsere mobilen Batterien das Bedürfniß nach frischen Mannschaften geltend machen müßte. Und wir sollten in dieser Hoffnung nicht betrogen werden: eines Abends, als wir noch dienstlich in der Kaserne beschäftigt waren, kam der Befehl, daß 127 Mann von der Ersatzabtheilung ins Feld geschickt werden müßten. Bis auf den heldenhaften Oppenheimer dem plötzlich nicht ganz wohl zu Muthe war, meldeten sich sämmtliche Kriegsfreiwillige für dies Kommando und sie wurden auch mit Ausnahme weniger, die körperlich den Kriegsstrapazen nicht gewachsen schienen, vom Major v. Nordeck zur Theilnahme an dem Ersatztransporte bestimmt, ja nach wenigen Tagen schon in Magdeburg den einzelnen mobilen Batterien zugetheilt; so erfuhr ich bald, daß ich beim Feldregiment der 5. schweren Batterie angehören würde. Wer der Meinung sein sollte, daß eine Mobilmachung im Handumdrehen zu bewerkstelligen sei, der ist in einem gewaltigen Irrthume befangen. Tage, Wochen vergingen, bevor unser kleiner Ersatztransport kriegsmäßig ausgerüstet, marschfähig und transportbereit war. Da galt es, die funkelnagelneue Kriegsgarnitur an Bekleidungs- und Ausrüstungstücken auf der Regimentskammer zu empfangen und anzupassen, die Säbel haarscharf zu schleifen, in die an schwarzweißer Schnur unter der Kleidung zu tragende blecherne Erkennungsmarke die Matrikelnummer einstanzen zu lassen, die Tornister vorschriftsmäßig zu verpacken, den Mantel zu rollen, Brustbeutel und Feldflasche zu füllen, den Brotbeutel mit möglichst wenig voluminösen, besonders nahrhaften Lebensmitteln auszustatten, 100 mal anzutreten, sich auf feldmarschmäßige Ausrüstung besichtigen zu lassen und was dabei kurzweilige Beschäftigungen mehr sind. Mit dem Tage unserer Mobilmachung traten wir in den Genuß der Feldcompetenzen eines gemeinen Kanonieurs und durften laut Befehl unsers Abtheilung-Kommandeurs von da ab die uns als Freiwillige kennzeichnenden Schwarz weißen Schnüre um die Achselklappen nicht ferner tragen. Da wir jedoch in Erfahrung gebracht hatten, daß man bei der mobilen Truppe weniger skrupulös und grundsätzlich nicht dagegen sei, daß das Abzeichen des Freiwilligen beibehalten werde, so verstauten wir die abgelösten Schnüre sorgfältig im Tornister, um sie im Bedarfsfalle schnell zur Hand zu haben. Und richtig, sobald mich mein Batteriechef in Sannois zu Gesicht bekommen hatte, fragte er im Hinblick auf die fehlenden Freiwilligenabzeichen, ob ich Avantageur sei und empfahl mir, als ich diese Frage verneint hatte, die Schnüre wieder aufnähen zu lassen, was denn auch geschah. Ich möchte behaupten, daß es gerade im Felde, wo man fast täglich mit Soldaten verschiedenster Truppentheile dienstlich zu schaffen hat, wichtiger ist wie in der Garnison, äußerlich als Freiwilliger gekennzeichnet zu sein. Es wird dadurch ohne Weiteres verhütet, daß der gemeine Mann auch auf den Einjährigen das bei den Linientruppen allgemein übliche kameradschaftliche „*Du*“ anwendet, was diesen selbstverständlich nicht angenehm berühren würde.

Nach wochenlangen Vorbereitungen, täglichen Vorstellungen und ermüdenden Besichtigungen kam endlich der Tag heran, an dem wir auf dem magdeburger Güterbahnhofe eingeschifft werden sollten. Es dämmerte bereits, als wir, feldmarschmäßig ausgerüstet und bepackt, auf dem Kasernenhofe antreten und unter den Klängen des Preußenmarsches durch die belebten Straßen der Festung marschirten. An dem bereitstehenden Extrazuge angelangt, sprach der Major, der uns durch Magdeburg begleitet hatte, noch einige herzliche Abschiedsworte und endete mit einem begeistert aufgenommenen dreimaligen Hurra auf den König. Drauf reichte er jedem Einzelnen die Hand und bat, daß wir seiner, dem es leider nicht vergönnt sei, mit uns vor den Feind zu kommen, auch im Felde nicht vergessen sollten. So war doch der harte Mann, den wir seither nur als gestrengen, unzufriedenen Vorgesetzten kennen gelernt hatten, auch einer weichen Stimmung fähig! Das Verladen in die Coupées war vorher geübt, und so bedurfte es nur eines kurzen Commandos und im Nu war der Zug, in dem außer uns auch ein Infanterie-Kommando befördert wurde, vorschriftsmäßig zu 8 Mann in jedem Coupée 3. Klasse besetzt. Die Maschine zog an, da erscholl wie auf Verabredung, gleichzeitig von hunderten begeisterter junger Krieger angestimmt, der herrliche, gleich einem Lauffeuer in ganz Deutschland aufgenommene Kriegsruf: „*Es braust ein Ruf wie Donnerhall, wie Schwertgeklirr und Wogenprall*“ durch die sternenklare Nacht. Wir hatten die Fahrt nach der Grenze angetreten, unser seit Monaten gehegter sehnlicher Wunsch nahte sich der Erfüllung.

Wenn ich aus meiner langjährigen Erfahrung weiß und Jahrzehnte lang vermöge meiner amtlichen Stellung thätig mitgewirkt habe, daß heutzutage für die Verpflegung der Truppentransporte während der Eisenbahnfahrt im Mobilmachungsfalle in weitgehendster Weise Vorsorge getroffen und selbst verwöhnten Ansprüchen Rechnung getragen ist, so erscheint es mir fast unverständlich, wie wenig in dieser Beziehung noch 1870 geschehen war. Zwar befanden sich an einzelnen Stationen der von uns befahrenen Bahnlinien, so in Wolfenbüttel und Saarbrücken, sog. Verpflegungsstellen eingerichtet, aber in welch' primitiver Art, mit welcher blasirten Nichtachtung hatte man sich über die bescheidensten Anforderungen an Reinlichkeit, Behaglichkeit und Pünktlichkeit hinweggesetzt! Ein paar alte Waschkessel in der Nähe des Bahnhofes aufs Feld gesetzt und darin losgekocht; wenns hoch kam, zum Schutze gegen Wind und Wetter noch ein einfacher, an den Seiten offener Holzschuppen mit eingerammten Bänken aus ungehobelten Brettern, auf denen die Mannschaften aus ihren mitgebrachten Feldkochkesseln die meist ungenießbaren Speisen verzehren sollten. Das war Alles!

Keine Vorsorge für Trinkwasser, keine Tränkanstalt für die Pferde und – was das Schlimmste – nirgend eine Bedürfnißanstalt. 3 Tage und 3 Nächte lang ward uns nicht Gelegenheit geboten, dem Drange der Natur zu entsprechen, bis endlich auf unsere unabweisbare Vorstellung der Transportführer, Leutnant Günther, unter eigener Verantwortung bei Oberhausen im freien Felde für wenige Minuten den Zug halten und uns aussteigen ließ. Da ergossen sich die Insassen unseres Extrazuges wie ein Bienenschwarm über den Kartoffelacker, nicht zur Begünstigung der bevorstehenden Ernte, wohl aber die Düngung für die Herbstbestellung in ausgiebigster Weise besorgend.

Wie lange wir gefahren und welche Strecken wir passirt, kann ich nicht mehr ermitteln, jedenfalls mußten wir, um den regelmäßigen Betrieb nicht zu stören, vielfach Umwege machen und mitunter ganze Nächte auf dem todten Gleis eines obskuren Bahnhofes halten. Nur so erklärt es sich, daß wir 3 mal 24 Stunden nöthig hatten, um an den Rhein zu gelangen. Trotz der tiefen Nacht brach allgemeiner Jubel aus, als wir endlich bei Cöln den herrlichen deutschen Strom, den sie uns nehmen wollten, erreichten und mitten auf der mächtigen Bogenbrücke die hell glänzenden Sterne in seinen Fluthen reflectiren sahen. Das war ein großer, ein unvergeßlicher Augenblick. Nun fuhren wir auf dem linken Rheinufer über Coblenz nach Bingerbrück und folgten hier vom Vater Rhein Abschied nehmend, nunmehr dem Laufe der Nahe über Kreuznach, Kirn, Oberstein, Birkenfeld, St. Wendel, Neunkirchen nach Saarbrücken. In all' diesen freundlichen Städtchen Rheinpreußens herrschte reges Leben, überall fand stürmische Begrüßung und opulente Bewirthung auf den weinumrankten Bahnhöfen statt, ja in Neunkirchen waren sogar weißgekleidete Jungfrauen erschienen, um uns Bowle und andere Erfrischungen zu kredenzen. Einen imposanten Eindruck machte die oberhalb des Städtchens Oberstein in ragenden Fels gebaute Kirche, noch großartiger aber wirkte ihr Anblick, als wir sie auf der Heimfahrt im Juni 1871 Abends uns zu Ehren bengalisch illuminirt zu sehen bekamen. Man thut gut, es bei dem großartigen Eindrucke, den dies seltsame Felsenkirchlein auf jeden Vorbeisausenden aus der Ferne macht, bewenden zu lassen und der Versuchung, das eigenartige Bauwerk in der Nähe zu besichtigen, wirksam zu widerstehen. Bis zum Jahre 1898 stand das Bild jenes Kirchleins, als einer ganz besonderen Sehenswürdigkeit, vor meinem geistigen Auge. (Siehe im Anhang „Wie ging es weiter") Da fügte es der Zufall, daß ich an einem prächtigen Junitage in das durch seine Achatschleifer bekannte Nahestädtchen einreiten mußte. Mein erster Ausgang galt natürlich einem Besuche der mir vom Kriege her in frischer Erinnerung gebliebenen Felsenkirche. Doch, was mußte ich sehen! Anstatt der geträumten Pracht im Innern wie Äußern nichts als Schmutz, Verwahrlosung und Verfall, ein feuchtes Loch, ein für die Verkündung von Gottes Wort, für Erweckung und Erhaltung ernster Andacht in der Gemeinde unwürdiger Raum. Meine Illusion war gründlich vernichtet.

Je näher wir der Grenze kamen, umso gespannter wurden die Gemüther, umso besorgter blickten aber auch einzelne ängstliche Naturen in die nächste Zukunft, thöricht besorgt, daß mit dem Moment, wo wir das Heimathland verlassen, auch die Sorge für unsere Verpflegung aufhören würde. Diese kindlichen Vorstellungen von den Aufgaben der Heeresverwaltung verführten eine ganze Anzahl sonst verständiger junger Leute zu den unsinnigsten Vorsichtsmaßregeln. Einige kauften nahe dem Bahnhofe St. Wendel frisch dampfende, kreisrunde, mächtig große Brote, die soeben aus den Backofen kamen, beinahe zwangsweise auf und schleppten sie mit bis in die Kantonnements vor Paris, nachdem sie die selben in der Mitte durchlocht und unter Zuhilfenahme eines kräftigen Strickes tragbar zugerichtet hatten. Andere füllten Cigarrenkisten mit Lebensmitteln aller Art an und trugen diese Last nach Art der Hausirer an Riemen oder Bändern über der Schulter. Wieder andere verstauten Speck, Wurst und Schinken vorschriftswidrig im Tornister und trugen das daraus entnommene 2te Paar Stiefel frei hängend am Säbelkoppel, kurz wir glichen in solchem Aufzuge mehr einer Marodeurbande, als einer frischen Truppe, die, vorschriftsmäßig ausgestattet, die Lücken in der Front ausfüllen sollte.

Nachdem in der Kriegsverpflegungsanstalt Saarbrücken die Henkersmahlzeit eingenommen und jeder einzelne mit einer vollen Flasche echtem Cognac ausgestattet worden war, passirten wir in der Nacht die Grenze und befanden uns bereits westlich von Metz, als der neue Tag heraufzog. Waren wir schon im Inlande mit größter Vorsicht und Güterzuggeschwindigkeit vorwärts gekommen, so verlangsamte sich das Tempo unseres Zuges auf feindlichem Gebiete derart, daß ein rüstiger Wanderer mit der Maschine bequem Schritt halten konnte. Alle Augenblicke wurde aus unbekannter Ursache gehalten und, wenn gar ein Tunnel zu passiren war, zunächst eine bewaffnete Patrouille vorausgeschickt, bevor die Lokomotive fauchend in den finstern Schlund einfuhr. Überall witterte man Hinterhalt und war auf der Hut vor feindlichen Maßnahmen aller Art, insbesondere Schienenbrüchen und unterirdischen Minen. Zu jener Zeit stand das Franktireurwesen in ganz Frankreich, namentlich aber in denjenigen Gegenden, die von unsern Truppen nicht mehr besetzt waren, in voller Blüthe. Rabiate Arbeiter, Knechte und bankrotte Bauern, vorzugsweise solche lichtscheue Existenzen, die auf der Welt nichts mehr zu verlieren hatten, bildeten die Stämme jener gefürchteten Banden, die es sich zur Aufgabe gemacht hatten, im Gewande des harmlosen paysan einzeln marschirende Kommandos, Partrouillen, Verwundetentransporte etc. heimtückisch zu überfallen und zu ermorden. Diese Franktireurs wurden, da sie keine militairischen Abzeichen trugen, von uns als gemeine Verbrecher behandelt und, wo man ihrer habhaft werden konnte, ohne besonderes Verfahren an den nächsten Baum geknüpft. Je riguroser aber die deutsche Armee gegen sie einschritt, umso vorsichtiger und verschlagener gingen die Kerle zu Werke und es war überaus schwer, einen solchen Freibeuter in flagranti zu fassen und ihn mit voller Sicherheit eines begangenen Mordes zu überführen. Unsere Heerführer, insbesondere auch die Etappeninspecteure wandten daher ein zwar grausames, aber durch die Umstände gebotenes abgekürztes Verfahren an und ließen, sobald feststand, daß aus einem Gehöfte auf deutsche Soldaten geschossen worden war, rücksichtslos die ganze betreffende Ortschaft durch Feuer dem Erdboden gleich machen. Auf meinen Märschen in Frankreich habe ich solche Stätten der Verwüstung, aus denen nur noch einzelne rauchgeschwärzte Mauern gen Himmel ragten, zu Dutzenden angetroffen, es war das eine ganz gewöhnliche Erscheinung und man achtete kaum noch darauf.

Die Fahrt zwischen Bar le Duc und Épernay brachte uns zum ersten Male in Berührung mit diesen gefährlichen Subjecten. Bei Einbruch der Dämmerung waren in unserer Nähe wiederholt Schüsse gefallen, ohne daß wir dieser Erscheinung besondere Beachtung geschenkt hätten. Da klirrte plötzlich ein Coupéefenster und zischend bohrte sich eine Flintenkugel in die entgegengesetzte Wand des Wagens, glücklicherweise ohne einen der Insassen zu verletzen. Die Knallerei setzte sich fort, und in Épernay angelangt, erfuhren wir, daß außer in das unsrige noch in 10 – 12 andere Coupées Kugeln eingeschlagen waren. Die deutsche Etappen-Kommandantur war durch uns geschickte Patrouillen darüber unterrichtet, daß sich eine größere Franktireurhorde längs der Bahnstrecke konzentrirt habe, befürchtete einen Angriff auf den mit Etappentruppen nur schwach besetzten Bahnhof und veranlaßte, daß unser Transport die ganze Nacht über im Alarmzustande dort verbleiben mußte. Gar zu gern hätten wir die Kerls mit preußischen Hieben empfangen, aber sie fanden doch nicht den Muth zum Angriff; je dunkler die Nacht wurde, umso seltener hörte man den Kugelwechsel, sie waren verduftet, und nur 2 – 3 fragwürdige Individuen, die bei der Dunkelheit vom

Gros abgekommen, in die Hände der Patrouillen gefallen. Als am andern Morgen bekannt wurde, daß unser Zug erst gegen Mittag die unterbrochene Fahrt fortsetzen könnte, stahl ich mich mit einem Kameraden, einem gemüthlichen thüringer Kaufmann, vom Bahnhofe fort zu einem Bummel in die weltberühmte Sectstadt. Der Firma veuve Cliquot war wegen Begünstigung von Franktireurs Seitens der Etappeninspection die Strafe auferlegt worden, ihr köstliches Fabrikat zu dem lächerlichen Preise von 1 Frc pro Flasche an die deutschen Truppen abzugeben. Dorthin wollten wir pilgern, um von der seltenen Vergünstigung Gebrauch machend uns mit einem möglichst auskömmlichen Vorrathe dieses perlenden Traubensaftes zu versehen. Doch wie groß war mein Erstaunen, als wir, kaum eingetreten in das unscheinbare Contor der Weltfirma, von einem Dutzend jüngerer Angestellter umringt wurden, die meinen Kameraden als alten Bekannten freundlichst begrüßten und willkommen hießen. Ich beherrschte meine Neugierde, machte gute Miene zu dem seltsamen Spiele, wurde optime forma vorgestellt und von den zuvorkommenden Franzosen aufs beste bewirthet. Erst als wir mit unserm Térior, einem 10 Flaschen haltenden Korbe belastet, auf dem Rückwege zum Bahnhofe waren, erfuhr ich die Aufklärung: Als Reisender für ein Wein en gros Haus in Freiburg/Unstrut hatte mein Gefährte in den letzten Jahren wiederholt die bekannte Firma in Épernay besucht und große Quantitäten echten Saaleweines an dieselbe verkauft. Dieser besonders herbe Wein, der sich, wie die Fabrikate der Freiburger Firma Kloss + Förster beweisen, zur Sectbereicherung vorzüglich geeignet, geht fuderweise aus der preußischen Provinz Sachsen in die französische Champagne, um von dort, in ersten französischen Champagner verwandelt zu unerschwinglichen Preisen nach Deutschland zurückverkauft zu werden. Mundus vult decipi, ergo decipiatur! Daß mir nach dieser Feststellung der gastfreundschaftlich gespendete Sect, den wir auf der Weiterfahrt nach Reims einer kräftigen Prüfung unterzogen und in Ermangelung von Sectgläsern aus den Blechdeckeln der Mannschaftskochgeschirre tranken, weniger gut gemundet hätte, kann ich nicht behaupten.

Als findiger Feldsoldat hatte ich herausgekriegt, daß von den für die Offiziere und deren Vertreter bestimmten Coupées 2ter Klasse in unserm Extrazuge eins überzählig und unbesetzt war. Dies für mich und meine intimeren Kameraden zu occupiren, hatte ich mir längst vorgenommen, wagte aber nicht, auf einem Bahnhofe, wenn allgemein das Aussteigen gestattet war, mein Vorhaben zur Ausführung zu bringen, indem ich befürchten mußte, von eifersüchtigen Kameraden an meinem eigenmächtigen Platzwechsel gehindert, oder beim Transportführer denunzirt zu werden. Da ich aber aus ökonomischen Gründen auf vollständige Ausnutzung des Extrazuges meinte Bedacht nehmen zu sollen und nicht dulden wollte, daß ein schön weich gepolstertes Winkelchen, in dem es sich köstlich mußte ruhen lassen, länger unbewohnt bliebe, so beschloß ich, Nachts während der Fahrt mit Sack und Pack umzuquartieren. Es war das zwar ein leichtfertiges Unterfangen, da ich es keineswegs geübt hatte, so wie es die Schaffner machen, mich an den Handgriffen festhaltend auf den Trittbrettern außerhalb der Thüren an dem Zuge entlang zu schleichen. Aber siehe, bei dem schneckenartigen Tempo, das der Zug während der Nachtzeit innehielt, gelang der Umzug meiner Person und Effecten wider Erwarten gut. Auch meine intimi lotste ich in gleicher Weise heran, und am andern Morgen marschirten wir fromm und unerschrocken als die rechtmäßigen Besitzer des herrenlosen Abtheils, das uns

Niemand streitig zu machen wagte. So ward das Eisenbahnfahren zum Vergnügen ohne Anstrengung.

In Reims fand ich Gelegenheit zu einem kurzen Besuche der Kathedrale, die mir in ihren mächtigen Dimensionen und wuchtigen Strebepfeilern gewaltig imponirte. Wie winzig kommt sich der Mensch gegenüber solch ehrwürdigen Zeugen der ersten Jahrhunderte unserer Zeitrechnung vor! Die Kunst besteht, der Mensch mit all seinen Hoffnungen, seinem Ehrgeiz und dem kühnen Schwunge seiner Phantasie fährt dahin wie ein Hauch, und nach wenigen Jahrzehnten ist auch die letzte Spur von seinem Dasein ausgelöscht! In Soissons, der alten Merowingerstadt, gab es wieder längern Aufenthalt. Dort hatte man einen geräumigen Lokomotivschuppen zum Speisesaale für die deutschen Militairtransporte eingerichtet, lange, aus rohen Brettern hergestellte Tafeln aufgeschlagen und ebensolche Bänke davorgesetzt. Als Mittagskost wurde uns zum ersten Male die 1870 zu großen Ehren gelangte Erbswurstsuppe vorgesetzt und mundete vortrefflich. Dem Erfinder dieser Gemüseconserve, Herrn Lejeune, gebührt in der That der Dank der deutschen Nation für dies herrliche, Hunger und Durst stillende Leguminosentrockenpräparat, das bei sehr geringem Volumen sich in unglaublich kurzer Frist zu einer nahrhaften, schmackhaften und bekömmlichen Suppe verwandeln läßt. Die Conserve hatte die Form einer mäßig großen Cervelatwurst, war durch starkes, undurchlässiges Pergamentpapier hermetisch abgeschlossen und vor dem Verderben durch Temperatureinflüsse geschützt; sie ließ sich wegen ihrer handlichen Form überall leicht verstauen und hielt sich monatelang frisch, obwohl das Gemüsemehl stark mit Fett durchsetzt war und sogar Speckwürfel in großer Zahl enthielt. Letztere wurden selbst nach längerem Tragen im Tornister nur dann ranzig und unappetitlich, wenn die Pergamenthülle verletzt war und der Luft und Feuchtigkeit Zutritt gestattete. Konnte man zu solcher Erbswurst ein paar mehlige Kartoffeln, oder gar ein Stückchen mageren Speck auftreiben, so war man in der Lage, sich ein opulentes Diner zu leisten. Leider war aber der Speck, den wir in dem Etappenmagazin zu Soissons sahen und in freigiebigster Weise von den Magazinbeamten angeboten erhielten, wenig geeignet unsern Appetit zu reizen. Hunderte von Zentnern dieses für den Feldsoldaten so werthvollen Nahrungsmittels lagerten dort, aus der Heimath nachgeführt, in einem Bretterschuppen, aber die Speckseiten waren gänzlich verdorben, dufteten weiter wie man sie sah, und wimmelten von halbzollgroßen walzenförmigen feisten Maden – ein ekelerregender Anblick!

Bestimmungsmäßig sollte neben Erbswurst und Feldzwieback ein 1½ Zoll haltendes Stück Speck als eiserne Portion von jedem Soldaten dauernd mitgeführt werden; bei der geringen Haltbarkeit des Speckes, und da derselbe wie erwähnt schon aus dem Heimathlande in verdorbenem Zustande bei der Armee eintraf, ließ sich jene Vorschrift aber nirgends durchführen. Von den Klugen wurde der Fleischbestandtheil der eisernen Portion vorzeitig nebenher als Frühstück verzehrt, von den Pedanten solange aufbewahrt, bis er anrüchig geworden war und fortgeworfen werden mußte. So kam es, daß im französischen Feldzuge die eiserne Portion dauernd nur aus Erbswurst und Feldzwieback bestand, auf Fleisch dagegen verzichtet werden mußte. Und dabei war zu jener Zeit auch der Feldzwieback noch völlig ungenießbar; er wurde aus Roggenmehl hergestellt, in den Dimensionen eines alten lutherischen Katechismus scharf ausgebacken und besaß eine solche Zähigkeit und Härte, daß man eines kräftigen Beiles bedurfte, um damit die honigkuchenbraunen, vielfach durchlöcherten Zwiebackstafeln am Geschütz rasch zu zerstückeln. Die so gewonnenen Stücke mußten dann stundenlang gekocht werden, bevor sie sich im Munde zu Speisebrei verwandeln ließen, in ungekochtem Zustande blieben sie so hart wie Steine. Daß von Seiten der Soldaten auf ein solches, schwer genießbar zu machendes, noch schwerer zu verdauendes Nahrungsmittel geringer Werth gelegt wurde, liegt auf der Hand und es konnte Niemanden in Erstaunen setzen, daß der Feldzwieback von den Leuten mit derselben Eleganz und Skrupellosigkeit fortgeworfen wurde wie der verdorbene Speck, daß der Mann also nur die Erbswurst als eisernen Verpflegungsvorrath bei sich trug. Auf die Intacthaltung der eisernen Portionen wurde aber auch meines Wissens damals Seitens der Vorgesetzten nicht der geringste Werth gelegt, wenigstens weiß ich mich nicht zu erinnern, daß jemals von den Offizieren nachgesehen worden wäre, ob die Mannschaften auch im Besitze der ihnen übergebenen eisern zu haltenden Verpflegungsmittel waren. Heute ist man in dieser Beziehung sorgsamer und vorsichtiger geworden, da man weiß, wie wichtig es ist, daß der Mann in den Wechselfällen des Krieges einen Nothbehelf hat, mit dem unter allen Umständen gerechnet werden kann. An Stelle des steinharten ungenießbaren tafelförmigen Schiffszwiebacks, der uns 1870 als eiserne Portion dienen sollte, erhält der Soldat jetzt, in handliche Thirtingbeutel verpackt 1½ Pfund aus feinstem Weizenmehl unter Zusatz von Hefe und Eiern nach Art der Kakes hergestellte Zwiebäckchen, die die Gestalt der Dominosteine haben, mit den Zähnen leicht zu zermalmen und recht schmackhaft sind, auch als Material zur Herstellung von dicken Suppen und Semmelklößen verwendet werden können. Speck wird als Bestandtheil der eisernen Portion nicht mehr ausgegeben, dafür liegen für jeden Mann 3 niedliche Blechdosen, enthaltend je eine Portion Fleischconserven, bereit, die im

Brotbeutel oder Tornister bequem verstaut werden können. An die Stelle der Erbswurst ist heute die in Cylinderform angefertigte weit schmackhaftere und haltbarere Gemüseconserve getreten, die in festes Pergamentpapier eingefüllt und durch ein aus Preßspahn gestanztes Karton vor äußeren Beschädigungen geschützt ist. Als Rohmaterial für die Gemüseconserven wird nicht mehr ausschließlich Erbse, sondern auch weiße Bohne und Linse herangezogen und auf solche Weise eine Abwechslung in der Kost erzielt. Zur Herstellung der Fleischconserven wird ausnahmslos bestes Ochsenfleisch verwandt, indem letzteres entweder zu Rindfleisch in Bouillon, oder zu Rinderbraten, oder zu Gulasch, oder endlich zu Filetbraten verarbeitet wird. Zwei riesige militairfiskalische Conservenfabriken zu Mainz und Haselhorst bei Spandau, von denen die erstere aus den bei der Verpflegung der Occupationarmee gemachten Ersparnissen erbaut worden ist, fertigen schon im Frieden den gesammten Conservenbedarf für die mobile deutsche Armee an und liefern solchen an die einzelnen Bedarfspunkte (örtlichen Proviantämter) ab, woselbst die Vorräthe sachgemäß verwaltet und in regelmäßigem Turnus von den Truppen bei den Herbstübungen, oder auch in den Manegen aufgefrischt werden. Gleiches gilt von dem Feldzwieback, der alljährlich im Frühjahr in einzelnen größeren Garnisonsbäckereien mit maschinellem Betriebe frisch gebacken wird. Man sieht, daß die Erfahrungen des deutsch französischen Krieges auf dem Gebiete der Verpflegung namhafte Fortschritte gezeitigt haben; es kommt dazu, daß auch die Organisation des Verpflegungsdienstes eine wesentlich straffere und einheitlichere geworden, daß namentlich bei der Bildung der Fuhrparkkolonne sowie bei der Sicherstellung und Vertheilung der Verpflegungmittel auf dem Kriegsschauplatze das Unternehmerthum völlig ausgeschaltet ist, wodurch zweifellos in Zukunft die in Frankreich noch vielfach vorgekommenen Unregelmäßigkeiten und häßlichen Friktionen vermieden werden.

Aber es bleibt auf diesem Gebiete noch unendlich viel zu thun übrig; die heutzutage in umfangreicher Weise getroffenen Vorkehrungen für den Mobilmachungsfall, insonderheit für die Verpflegung der Feldarmee genügen m. E. noch lange nicht, um unter allen Verhältnissen eine pünktliche und ausreichende Versorgung der Millionenheere mit Nahrungsmitteln zu garantiren.

Sorglos wie ein arabischer Scheich sieht der große Generalstab die kühnsten Conzentrationen und Bewegungen der Truppen vor, ohne sich darüber klar zu werden, daß mit den heutigen Verkehr- und Transportmitteln die regelmäßige Zufuhr der nöthigsten Nahrungsmittel für Mann und Pferd solcher Kolossalheere wie sie in einem künftigen Kriege, eng zusammengedrängt, in die Erscheinung treten werden, gänzlich ausgeschlossen ist. Die warnende Stimme ernster, wohlmeinender und erfahrener Männer wird von den grundsätzlichen Besserwissern geflissentlich unbeachtet gelassen. Und kommen dann im Ernstfalle fatale Überraschungen, werden dem überschwänglichen Adlerfluge der Heeresleitung durch das unausbleibliche Versagen des Verpflegungsdienstes lästige Schranken gesetzt, dann ist die Militärverwaltung der beliebte Prügelknabe, auf den gewohnheitsmäßig die groben Unterlassungssünden der Kommandobehörden abgewälzt werden. Freilich, die jetzt maßgebenden, selbstbewußten Herren, die Abtheilungschefs im großen Generalstabe, lagen ja noch in den Windeln, als sich die großen Ereignisse der Kriegsjahre 1870/71 vor dem erstaunten Europa abspielten, sie verfügen demnach leider nicht über den wünscheswerthen Schatz von Erfahrung auf diesem Gebiete. Wer es aber, wie ich, durchaus unbefangen mit eigenen Augen geschaut hat, wie rücksichtslos die unverdient verachteten und gelästerten Verpflegungskolonnen bei Seite geschoben wurden, wie sie unthätig Tage lang auf dem Sturzacker parkiren mußten, um die Straßen für die Bewegungen der fechtenden Truppen frei zu halten, wie sie allmählich ihre Ladung selbst aufzehrten und zum Schluß leer bei der Front anlangten, der muß begreifen, daß bei der jetzigen Organisation und mit den heutigen Vorschriften unsere gewaltigen Heersäulen Hunger leiden, daß sie anstatt mit dem historischen furor teutonicus anzustürmen, wegen mangelnder Ernährung und Erschöpfung zu unfreiwilligen, von den Heerführern nicht vorgesehenen Ruhepausen verurtheilt sein werden.

Aber dann sind die unfehlbaren Moltkejünger schnell bei der Hand, dem blind vertrauenden, ahnungslosen Publikum zu verkünden und mit dem prunkvoll eingebundenen Generalstabswerke als unumstößliche Wahrheit in die weite Welt hinauszuposaunen, daß ihre schönsten Entwürfe durch die Schuld einer nachlässigen Verwaltung vereitelt worden sind.

30. Vor Paris

Nach 8 tägiger Eisenbahnfahrt trafen wir endlich eines Morgens vor Tau und Tag am Etappen-Hauptorte, dem Bahnhofe Villiers le Bel – Gonesse, an der Linie Paris St. Denis – Chantilly ein und verließen, wohlgemuth die deutschen Eisenbahnwagen, die uns so lange Schutz vor Wind und Wetter und freies Nachtquartier geboten hatten. Trotz der frühen Morgenstunde herrschte reges Leben auf dem Bahnhofe, denn hier wurden sämmtliche für die Nordfront bestimmten Munitions- und Verpflegungszüge entladen.

Dementsprechend lagerten in unmittelbarer Nähe des Bahnhofes Vorräthe aller Art, um von den Munitions- und Proviantkolonnen der betheiligten Armeekorps abgeholt und den Truppen zugeführt zu werden. Empfangskommandos von der Garde, dem königlich sächsischen und dem 4. Armeekorps waren eingetroffen und vertrieben sich schlaftrunken und fröstelnd die Zeit bis zu ihrer Abfertigung. In ihren abgetragenen, vielfach mit bunten Lappen geflickten Uniformen, mit ihren gebräunten Gesichtern und struppigen Bärten, die seit dem Ausrücken aus der Garnison das Scheermesser entbehrt hatten, glichen sie mehr verwahrlosten Strauchdieben, als deutschen Soldaten. Aber sie fühlten sich stolz in diesem banditenmäßigen Aufzuge und sahen voller Verachtung herab auf uns Neuankömmlinge in den tadellosen, blank geputzten Uniformen, die den typischen Geruch der Montirungskammer noch nicht verloren hatten und die uns schon von Weitem als Ersatzmannschaft, oder „Schwammi", wie wir spottweise von den alten Feldsoldaten genannt wurden, erkennen ließen. Anstatt von unseren seit Monaten im Felde stehenden Kameraden in Feindesland freudig bewillkommnet, mit offenen Armen aufgenommen zu werden, bekamen wir überall sarkastischen Hohn und häßliche Sticheleien zu hören, und unser Marsch durch die von den verschiedensten Truppentheilen anderer Armeekorps belegten Kantonnements: Sarcelles, Groslay, Montmorency, St. Gratien, gestaltete sich geradezu zu einem Spießrutenlaufen. Durch solche rücksichtslosen Äußerungen übermüthigen Soldatenhumors ließen wir uns aber die gute Laune nicht verderben, wir genossen vielmehr die uns umgebende Naturschönheit, die überraschenden Blicke ins Feenreich, die sich unserm Auge, namentlich von den Höhen bei Montmorency uns boten, mit staunender Bewunderung in vollen Zügen. Da lag sie vor uns, die Riesenstadt mit all ihren Thürmen und vergoldeten, im Glanze der Mittagssonne schillernden Kuppeln, weit überragt von dem gewaltigen arc de triomphe – ein wahrhaft erschütternder Anblick für einen Jüngling aus der Provinz, der noch nicht einmal die bescheidene Hauptstadt seines Heimathlandes gesehen! Und welche Üppigkeit der Vegetation! Soweit das Auge reicht, überall wohl gepflegte Weinberge, Obstplantagen, Spargelbeete und Gemüsegärten – all diese werthvollen Kulturen liegen da, wie bei uns die Roggenfelder; aber ach, noch immer harren sie der fleißigen Hände, die den reichen Erntesegen einheimsen sollen. Überreif, ja zum Theil schon verdorben hängen die köstlichen Früchte: Trauben, Äpfel, Birnen, Feigen, Melonen an Baum und Strauch. Die Belagerungsarmee nimmt davon, soweit sie Verwendung hat, die rechtmäßigen Eigenthümer, denen der Segen in den Schooß fallen sollte, haben vorzeitig die Scholle verlassen und harren in ihrer dicht bevölkerten Metropole dem Hunger und Elend entgegen. Bei solchen ungewohnten Eindrücken und Empfindungen gestaltete sich der Marsch von der Eisenbahnendstation bis ins Kantonnement recht anregend, von Ermüdung war nicht die Rede, zumal wir auf dem ganzen Wege links und rechts an köstlich aromatisch duftenden und mundenden Früchten immer wieder Erfrischung und Belebung fanden.

Schon begann es zu dunkeln, als wir mit gutem Humor in das freundliche Städtchen Sannois, das uns für die ganze Dauer der Belagerung von Paris als Kantonnement dienen sollte, flott einmarschirten. Auf dem Alarmplatze dicht vor dem Orte, woselbst sämmtliche Geschütze aufgestellt waren, erwartete uns der Regiments-Kommandeur, Oberst Crusins und begrüßte uns mit einer kurzen, kernigen Ansprache, in der er uns ermahnte, stets unsere Pflicht zu thun und auch an den Tagen der Ruhe, wenn keine Schlachten geschlagen würden, immer rührig und thätig zu bleiben, niemals aber der Trägheit und Nachlässigkeit die Herrschaft über uns einzuräumen. Als er uns dann näher betrachtete und die seltsamen Verproviantierungsmaßregeln, die durchlochten Brote, die Freßkisten, die am Koppel herabhängenden Stiefel und Hausschuhe wahrnahm, da fing er an zu spotten: „*Sie wollen wohl mit Brot und Wurst hausiren gehen? Das giebts hier nicht, hier giebts bloß Kommißbrot und Spucke und der möchte wohl gar in Hausschuhen herumflaniren! Haben Sie denn auch einen Schlafrock mitgebracht? Den Plunder schicken Sie man gleich wieder nach Muttern, hier müssen wir Tag und Nacht gestiefelt und gespornt sein*“. Das klang sehr schneidig und paßte nicht recht zu der vertraulichen Anrede „*Kamerad*“, womit der Oberst jeden gemeinen Soldaten zu beglücken liebte. Um dies kameradschaftliche Verhältniß äußerlich zu markiren, erschien Crusins während des Feldzuges, falls er nicht genöthigt war, den Helm aufzusetzen, stets in einer schirmlosen Mütze; das sollte forsch aussehen, bewirkte aber nur, daß er in dieser, von allen übrigen Offizieren der Feldarmee abweichenden Tracht zum Gegenstande des Gespöttes gemacht wurde. Mein Batteriechef, Hauptmann v. Secbach, genannt „*der olle Seebär*“ war zur Zeit meines Eintreffens von der Truppe abkommandirt und wurde seinerseits bei der Batterie von dem ältesten Premierleutnant Balke, einem schwarzbärtigen, kahlköpigen, jovialen Manne, vertreten. Der nahm mich freundlich auf und theilte mich zum 3. Geschütz ein, dessen Führer ein Unteroffizier der Reserve war, seines Zeichens Sattlermeister, Namens Steffen aus Neustadt-Magdeburg.

Ein an der Hauptstraße gelegener großer Gasthof Aux trois lanternes diente als Quartier für Mannschaft und Pferde unseres Geschützes und bot reichlich Raum an Wohngelaß und Stallung. Die zahlreichen Fremdenzimmer des Gasthofes waren nach französischer Sitte meist mit 2 schläfrigen Betten und leichten Strohstühlen ausgestattet, hatten weite Kamine, bis zum Fußboden herabreichende, nach außen zu öffnende Fenster und geräumige Wandschränke. Je nach ihrer Größe waren die Zimmer mit 2 – 4 Mann belegt, die meistens zu zweien in einem Bette schlafen mußten.

In der ersten Nacht meiner Anwesenheit in Sannois theilte ich mein Lager mit dem Reservefahrer Sander, einem unheimlichen Gesellen, der sich bei näherer Bekanntschaft als ein rabiater, höchst unmoralischer magdeburger Hausknecht entpuppte. Ich protestirte aber energisch gegen solchen ungeeigneten Schlafkameraden und hatte den Erfolg, daß der Richtungskanonier meines Geschützes, Obergefreiter Becker, im Civilverhältniß Maurer aus der Altmark, für die ferneren Nächte das Lager mit mir theilen mußte.

Wie auf stillschweigende Verabredung geschah es, daß wir, um eine unmittelbare körperliche Berührung auszuschließen, auch bei Nacht die Unterkleider anbehielten. Becker war ein manierlicher und bescheidener Mann, mit dem ich mich, ohne irgendwelche Scheu zu empfinden, stets gut vertragen habe. Das Aufräumen und Ausfegen des Zimmers mußten die

Stubengenossen tageweise abwechselnd besorgen, das Zurechtmachen des Großen französischen Bettes übernahm mein Schlafkamerad, von der zutreffenden Vorraussetzung geleitet, daß ich für solch komplizirte Arbeit zu unbeholfen sei.

Der von der Feldmagazinverwaltung in gebrannten Bohnen gelieferte Kaffee wurde auf die einzelnen Stuben vertheilt und dort gemeinschaftlich auf dem offenen Kaminfeuer zubereitet. Da für jedes Geschütz nur eine Kaffeemühle etatsmäßig war, und diese aus der begründeten Besorgniß, daß sie sich in den Quartieren verkrümeln möchte, stets im Protzkasten bleiben mußte, so griffen wir zu dem Aushilfsmittel, die Kaffeebohnen auf die Tischplatte zu schütten und mittelst einer walzenartig gehandhabten Rotweinflasche zu zerquetschen. Hatten die Bohnen, was gewöhnlich der Fall, Feuchtigkeit angezogen, so gelang deren Pulverisirung auf die geschilderte Art zwar nur unvollkommen, der daraus bereitete Kaffee schmeckte deshalb aber doch nicht schlecht, zumal uns eine reichliche Tagesportion Bohnen zur Verfügung stand. Trichter, oder Kaffeebeutel waren für uns selbstverständlich überflüssige Geräthe. War das Wasser im Kochen, so wurde der Topf einfach vom Feuer genommen und der zermahlene Kaffee hineingeschüttet, voilà tout. Nach wenigen Minuten des Zusehens lagerte sich der Satz von selbst am Boden ab und die darüber stehende dampfende braune Brühe wurde mit Behagen geschlürft. Während des Eisenbahntransportes hatte ich auf französischen Stationen, oder richtiger in den hinter den öden Empfangsgebäuden eingerichteten Cafés à la gare mit großem Behagen und Genuß den dort gereichten Café au lait zu mir genommen und an der vor den Augen der Gäste sich vollziehenden Zubereitungsart Geschmack gewonnen: die auf dem Schanktische über einer Gas- oder Spiritusflamme gekochte Milch wird nämlich in eine große, halbkugelige, henkellose Tasse geschüttet und mit einem Schnapsglässchen voll Kaffeeextract, der stets in einer Weinflasche vorräthig ist, vermischt.

Der auf diese höchst einfache und appetitliche Art zubereitete Milchkaffee schmeckt und bekommt vorzüglich, zumal wenn man nach französischer Gepflogenheit eine derbe Scheibe gerösteten Weißbrotes hineinbrockt und das Ganze wie Suppe mit einem Eßlöffel genießt. Im Gegensatz zu dem wenig braun gefärbten Café au lait wird der Café noir in Gläsern, oder kleinen Tassen von dickem Porzellan gereicht und ohne Milchzusatz, aber mit reichlich Zucker und Cognac genommen.

Zu meiner Freude gelang es mir auch im Kantonnement, täglich als erstes Frühstück eine Schale Café au lait zu erhalten. Kaum graute der Tag so hört man in den Straßen von Sannois einen seltsamen Ruf, der aus der Ferne wie *«bille bille soit bom bom»* klang und dessen Bedeutung ich anfangs nicht zu ergründen vermochte.

Der Rufer verkündete in früher Morgenstunde aus großen Blechkannen, die auf einem Hundewagen in Reih und Glied standen, köstliche Milch und mußte auch mich in der Folge mit diesem heilsamen Naturproduct versorgen.

Als regelmäßiger Kunde erfuhr ich dann auch, was sein Räthselhafter Ausruf zu bedeuten hatte, er rief nämlich nicht *«bille bille soit bom bom»* sondern halb singend, halb näselnd *«pour les petits enfants»*. Die ausrufenden Männer, namentlich aber die auf den Straßen ihre Ware laut anpreisenden Händler zeichnen sich in der ganzen Welt dadurch aus, daß sie selbst ihren Landsleuten unverständlich bleiben. Man achte nur einmal darauf, wie unsere Eisenbahnschaffner die Stationsnamen verballhornisiren, wie die casseler Sandfuhrleute, die magdeburger Citronenhändler, die halleschen Dünnbierträger, die erfurter Briketverkäufer ihre Ware ausrufen. Aber noch viel grausamer entstellen die Franzosen die Worte, sie rufen nicht, sondern sie singen mit ihren sonoren Stimmen, die Silben in einander ziehend und die Vokale nicht scharf hervorhebend, eine zwar anmuthige, aber für Niemanden verständliche Melodie.

Die Zubereitung des Mittagsmahles für die Geschützmannschaft lag einem für solche Thätigkeit besonders qualifizirten Kanonier, einem gelernten Klempner Namens Dohrmann ob, der vermöge seiner Stellung als Geschützkoch von allen sonstigen Diensten befreit war. Er hatte sein Atelier in einem Nebengebäude, in welchem eine unbenutzte Küche und ausreichend großer Speiseraum vorhanden, aufgeschlagen und betrachtete diese Räume als seine ausschließliche Domäne, obwohl sie eigentlich nicht zu dem uns überwiesenen Gasthofe gehörten, vielmehr von unserm Nachbar zur Rechten, einem alten, griesgrämigen unzugänglichen paysan, fortgesetzt als ein von ihm zu verwaltendes Grundstück reklamirt wurden. Dieser nachbarliche An- und Einspruch galt nicht sowohl der von uns usurpirten Benutzung jener Parterre-Räume, als vielmehr der von uns als gutes Recht in Anspruch genommenen Verwendung der daselbst vorgefundenen unterirdischen Vorräthe. Der geräumige Keller unseres Wirthschaftsgebäudes barg nämlich manch umfangreiches Stückfaß voll herben rothen Landweines, den wir in Stalleimern heraufholten und aus allerhand Porzellangefäßen tranken. Das monotone Mittagessen, zu dem von der Magazinverwaltung nie etwas anderes wie Hammelfleisch und Reis geliefert wurde, hätte uns sicher ohne den Appetit anregenden Wein noch weniger gemundet, wie es thatsächlich schon der Fall war. Auch das beste Hammelfleisch wird dem Menschen, wenn er es täglich genießen soll, sehr bald zuwider, selbst in dem Falle, daß es mit kulinarischer Finesse in den verschiedensten Formen auf der Tafel erscheint. Nun war ja unser biederer Dohrmann wohl ein leidlich gewandter Spengler und Kanonensoldat, von der Küche verstand er aber doch nur soviel wie eine nicht gar zu thörichte Viehmagd und er brachte aller seiner Bemühungen ungeachtet nie etwas anderes zuwege wie Reissuppe mit Kartoffeln und Hammelfleisch vermischt. Einmal hatte er der Abwechslung halber den Versuch unternommen, eine Zwiebelsauce herzustellen, diese fand aber, weil stark angebrannt, nicht den geringsten Beifall; ein anderes Mal wollte er Kartoffelbrei machen, dabei war ihm aber das Mißgeschick widerfahren, daß er an Stelle der ihm nicht zur Verfügung stehenden Milch Rothwein als Beiguß verwendet hatte, wodurch der Brei nicht allein höchst unansehnlich, sondern sogar völlig ungenießbar geworden war. Endlich fand er auch mit einem mühsam zubereiteten Wirsingkohlgerichte wenig Anklang, denn er servirte das Gemüse in einer seltsam birnenförmigen, flachen Porzellanschüssel, die er an irgend einem verschwiegenen Orte, jedenfalls aber nicht in der Küche aufgetrieben hatte. Aufgeklärt über die Zweckbestimmung dieses im Ankleidezimmer der modernen Dame unentbehrlichen Utensils, fand niemand Appetit, dem lecker duftenden Kohlgerichte zuzusprechen. An Gemüse und Obst war kein Mangel, denn wir hatten von den zwischen Sannois und Paris liegenden Feldern, deren Besitzer geflüchtet waren, reichlich Kartoffeln, Zwiebeln, Kohl, Äpfel und Birnen geerntet und im Keller dort, wo keine Weinfässer lagerten, sachgemäß aufgeschüttet.

Von diesem Vorrathe kochten wir zum Abendessen mitunter Pellkartoffeln und verzehrten diese mit einer aus Olivenöl, Essig und Zwiebeln hergestellten Tunke. Den Genuß von Butter konnte man sich leider nur selten gestatten, denn von den wenigen epiciers, die im Orte geblieben waren und ihr Geschäft fortsetzten, wurde das Pfund ungesalzener Butter für den enormen Preis von 3 Frcs verkauft. Die hohen Preise aller feil gebotenen Waren rechtfertigten sich dadurch, daß die Kaufleute ihre Vorräthe aus größeren weit von Paris entfernt liegenden Städten, wie St. Germain, Beauvais, Chartres, Compiègne, Mantes, ergänzen und zu diesem Zwecke oft Tage lang mit Fuhrwerk unterwegs sein mußten. Die Butter brachten sie in gewaltigen, die Form eines Luftballons zeigenden Blöcken mit und schnitten davon dünne Scheiben zum Verkauf herunter. Auch Bier schafften sie in kleineren und größeren Fäßchen herbei und verkauften es flaschenweise. Das schmeckte zwar entsetzlich fade, sah trübe aus und hatte keinen Schaum, wurde aber gleichwohl von den Soldaten dem landläufigen Rothweine, an dem wir Überfluß hatten, vorgezogen.

Einst bemerkte ich, daß einige meiner Geschützkameraden, unter ihnen der erwähnte Reservefahrer Sander, in Butter und Bier geradezu schwelgten, ich konnte mir Anfangs solchen Luxus garnicht erklären, da jene Schlemmer notorisch arme Teufel waren. Da erfuhr ich aus zuverlässiger Quelle, daß der geriebene Gauner Sander den kurzen Moment, wo unser liebenswürdiger Aubergiste, dessen Name mir leider entfallen ist, von einer Ankaufsreise heimgekehrt, die Seinigen begrüßte und zu diesem Zweck sein Wägelchen unbeaufsichtigt ließ, dazu benutzte, nun unbemerkt, gleich einer Katze heranschleichend, ihm begehreswerth erscheinende Genußmittel in größeren Quantitäten zu entwenden. Aufs tiefste empört durch solche Handlungsweise eines preußischen Soldaten, der des Königs Rock in Unehren trug, und nicht werth war, unser Kamerad zu heißen, erwog ich lange und reichlich, ob ich nicht verpflichtet sei, den gemeinen Verbrecher zur Anzeige zu bringen und dem allgemeinen Rechtsgefühle Geltung zu verschaffen. Ich hätte diesen Schritt umso lieber unternommen, als der Geschädigte vermöge seines gefälligen entgegenkommenden Wesens, seines unversiegbaren Humors, allgemein beliebt und ein musterhafter Quartierwirh, der hinterlistige Dieb dagegen ein gefürchteter, unverbesserlicher Galgenvogel war. Gleichwohl habe ich den Gedanken, über den häßlichen Vorfall offiziell Meldung zu erstatten, aufgegeben: einmal, weil ich selbst nicht Augenzeuge gewesen war, sondern nur von Hörensagen hätte berichten müssen, andererseits weil ich nicht gern die Rolle des Denunzianten übernehmen und damit meine günstige Position unter den Kameraden des Geschützes, ja selbst der Batterie aufs Spiel setzen wollte. So ließ ich dem Gange der Dinge seinen Lauf und habe es auch hier wieder bestätigt gefunden, daß die böse That fortzeugend Böses muß gebären, denn kurz bevor wir Sannois verließen, um nie mehr zurückzukehren, leistete sich Sander einen Einbruchsdiebstahl.

Als Zukost zu unserm schmackhaften Soldatenbrote, das von der Feldbäckerei-Kolonne in einem an der Hauptstraße gelegenen Privatbackofen aus Weizenmehl nach Art des Kommißbrotes hergestellt wurde, nahm ich häufig gehacktes rohes Schweine- oder Rindfleisch, das ich bei dem einzigen in Sannois verbliebenen Fleischermeister, einem jüngern, kräftig gebauten Manne mit schönem Antlitz theuer genug einkaufte. Der Meister sprach ein dialectloses Französisch, unterzog sich gern der Mühe, mit mir, dem Stümper, eine gebildete Unterhaltung zu führen und zu solchem Zwecke gegen die Gewohnheit des Franzosen langsam zu sprechen, ohne Silben zu verschlucken und Worte ineinander zu Ziehen. Von ihm habe ich für die korrecte Aussprache manch Werthvolles gelernt, manch interessanten Einblick gethan in das Gemüthsleben des französischen bourgeois, der unter allen Umständen für die grande nation eintritt. Daß die deutsche der französischen Armee irgendwie überlegen sei, diesen Gedanken wies er weit von sich ab. Der französische Soldat war für ihn selbst nach den Desasters von Sedan, Strassburg, und Metz der große, der unbesiegbare Held. Hielt man ihm vor, daß sich nach den stattgehabten Verlusten die französische Armee der deutschen gegenüber entschieden als minderwerthig erwiesen habe, so bestritt er das energisch und verharrte bei der landläufigen banalen Behauptung, daß die Heerführer Verrath geübt hätten, aber an Paris sollten wir uns schon noch die Köpfe blutig rennen. Als aber auch dieses letzte Bollwerk des französischen prestige gefallen war, als wir uns putzten, um die Monate lang aus der Ferne angestaunte Metropole in der Nähe zu betrachten, da fand sich der eingefleischte Franzose unbegreiflich leicht mit der vollendeten Thatsache ab und suchte den noch unlängst als gänzlich ausgeschlossen bezeichneten Schritt der französischen Regierung mit der nichtssagenden Redensart zu entschuldigen: *«cela nest que pour faire la paix»*.

Seit meinem Eintreffen in der Belagerungsfront vernahm man zwar Tags über fortgesetzt Geschützdonner aus den französischen Forts; das schreckte uns aber nicht besonders, da es unmöglich schien, daß unser Kantonnement von den feindlichen Zuckerhüten belästigt würde.

Sannois ist zwar von der pariser Vorstadt St. Denis in nordwestlicher Richtung nur 8 km, von dem vorgelageren Fort La Briche 6 km und von dem gefürchteten Mont Valérien, oder wie es von unsern Leuten spottweise genannt wurde „Mont Foltrian" in nördlicher Richtung 10 km entfernt, die Geschosse dieser Festungswerke konnten uns aber nicht erreichen, da wir auf der einen Seite durch den Mont Sogemont auf der andern durch den Mont de moulins gedeckt waren. Diese beiden Höhenzüge boten uns gegen einen Ausfall der feindlichen Armee noch dadurch einen besonderen Schutz, daß dank unseres Bienenfleißes auf den höchsten Punkten mitten in den Weinbergen und durch deren Pfähle versteckt, mächtige Schanzen aufgeworfen waren, in denen die Geschütze und Bedienungsmannschaften gedeckt aufgestellt werden konnten und gegen feindliche Gewehrkugeln und Feldgranaten möglichst gut geschützt waren. Die zur Herstellung solcher provisorischen Befestigungen erforderlichen Schanzkörbe und Faschinen fertigten wir, wenn kein wichtigerer Dienst vorlag, in irgendeinem Garten auf Vorrath an. Reisig und Weiden wurden an einem in der Nähe fließenden Baches gehauen und mit requirirtem Gespann auf den Arbeitsplatz geschafft. Das Beladen der in Frankreich üblichen 2 rädrigen Karren hatte für uns, die wir in der Heimath nur 4 rädrige Wagen kennen, seine Schwierigkeit, da die Last sehr präcis und gleichmäßig vertheilt werden muß, um ein Auf- und Abkippen des Vordertheils zu verhüten und das Einspannen des Zugthieres zu ermöglichen.

Auf dem Arbeitsplatz selbst bildet man sich in den Anfangsgründen des Korbmacherhandwerks aus. Da werden zunächst in einem Kreise von ¾ mtr. Durchmesser 8 – 9 unten zugespitzte mäßig starke Pfähle in die Erde gerammt, demnächst formt man handliche Bündel gleichmäßig langer Weidenruthen und flechtet diese so lang um die feststehenden Pfähle herum, bis ein roher Korb ohne Boden und Deckel von 1 mtr. Höhe angewachsen ist. Die Herstellung der Faschinen ist leichter. Reisig und Gebüsch, das für die Anfertigung der Schanzkörbe nicht schlank genug gewesen ist, wird zu 3 mtr. langen Bündeln zusammengepackt und mit Draht oder starkem Bindfaden derart zusammengeschnürt, daß eine möglichst gleichmäßig runde ¼ mtr. im Durchmesser haltende lange Wurst entsteht.

Erst nach Einbruch der Dunkelheit wurde das so gewonnene Schanzmaterial auf die bezeichneten Höhen geschafft, damit dem beobachtenden Feinde der Ort unserer Befestigungen unbekannt bleiben sollte. Dann gings möglichst geräuschlos an die schwere Erdarbeit. Die Profile für die einzelnen Geschützstände, Munitionskammern und Unterschlupfräume für die Bedienung waren von fachkundigen Offizieren und Unteroffizieren bei Tageslicht abgesteckt und durch weiße Pfähle gekennzeichnet; die disponible Mannschaft war in Arbeitskolonnen formirt, mit Spaten und Hauen ausgerüstet und derart eingetheilt, daß sie sich gegenseitig in die Hände arbeiteten, ohne sich durch ihre Bewegungen zu hindern. Leicht gewöhnt sich das Auge an die umgebende Dunkelheit, lautlos und zielbewußt werden von den finstern Kolonnen die Erdschollen abgegraben und sicher in die reihenweise aufgestellten Schanzkörbe lancirt, auch keine Handvoll fällt daneben – eine combinirte Mineur- und Sappeur-Arbeit wie sie selbst völlig ausgebildete Pioniere nicht besser verrichten können.

Ruhen aber die Hände momentan von der sauern Arbeit, um frische Kräfte zu sammeln, dann dringt bald die wohlwollend ernste, im Flüstertone gesprochene Aufmunterung der beaufsichtigenden Vorgesetzten ans Ohr der willigen Soldaten: *„Schippt, Kanoniere, schippt, Kanoniere“!*

Doch auch die feindlichen Vorposten haben Ohren. Trotz der größten Vorsicht und Ruhe bei der Arbeit, trotz dem es aufs strengste vermieden wird, die Arbeitsstätte durch eine in Brand gesteckte Cigarre, oder Pfeife dem Feinde zu offenbaren, hat er doch Witterung, daß etwas in seiner Nähe vorgeht. Es war ja auch mit der größten Peinlichkeit nicht zu verhüten, daß einmal zwei Spaten an einander klapperten, daß die Schärfe einer Spitzhacke auf einen harten Stein traf und einen hell klingenden Ton hervorbrachte. Das genügt dem aufmerksamen Vorposten, seine Wahrnehmung an das Replis zu machen, von dem sie dann telegraphisch an das pariser Observatorium weitergegeben wird.

Was ist das? Plötzlich leuchtets taghell auf dicht neben unserer Arbeitsstätte, so hell, daß man jeden Stein, jeden Pfahl und Strauch genau unterscheiden kann. Der electrische Scheinwerfer des pariser Observatoriums sendet seine unheimlich scharf abgegrenzten Strahlen ins Dunkel der Nacht, nahe an unsere Stellung. Schon dringt das zwar gedämpft, aber deutlich und allgemein verständlich abgegebene Kommando „*Nieder*" durch die Stille der Nacht. Alles wirft sich lautlos der Länge nach auf die Erde, bevor noch der unheimliche Lichteffect die uns umgebende Dunkelheit in Tageshelle verwandeln kann, um so lange regungslos liegen zu bleiben, bis wir uns nicht mehr in dem Strahlenkegel des Scheinwerfers befinden. Das Zischen von Wallbüchsengeschossen in unmittelbarer Nähe, das klatschende Aufschlagen der Chassepotkugeln an die Weinbergspfähle, das Aufblitzen der Geschütze in der enceinte von Paris, das sausende Rollen der hinter uns einschlagenden Festungsgranaten bewieß, daß unsere Thätigkeit dem Feinde nicht entgangen ist. Gleichwohl wird die Arbeit mit ungeminderter Ausdauer fortgesetzt und vollendet bevor der Morgen graut. Ernst und geräuschlos wie sie gekommen, kehrt die fleißige Mannschaft in die geschützten Quartiere zurück, um sich, behaglich aufs Lager gestreckt, von den Strapazen des Nachtbatteriebaues zu erholen.

Daß die Ausführung der beschriebenen Korbmacher- und Erdarbeiten nicht zur Conservirung unserer Uniformstücke beitrug, wird jeder verstehen, der sich des miserabeln Wetters erinnert, das im Herbste 1870 bis Weihnachten hin herrschte. Fast ohne Unterbrechung fiel, mit Schnee untermischt, Regen in Strömen herab und verwandelte selbst gute Landstraßen auf die Dauer in Schlammrinnen. Bis an die Knie beschmutzt kam man nach jedem Dienste im Freien heim und mußte stundenlang schwer schaffen, bis man den zähen, rothen Lehm von Stiefeln und Kleidern entfernt hatte. Zumal an den Tagen, die auf einen Nachtbatteriebau folgten, war die Grundfarbe der Mäntel und Hosen absolut nicht zu erkennen und es bedurfte ganz besonders sorgfältiger Reinigungsarbeiten, um wieder ein einigermaßen soldatisches Aussehen zu erhalten.

Aber auch diese, einem Studenten nicht nahe liegende, noch weniger zusagende Arbeit wurde durch fortgesetzte Übung derart gelernt, daß ich die Funktionen eines Offiziersburschen mit Erfolg hätte wahrnehmen können. Die heutigen Freiwilligen, die ohne einen Putzer nicht glauben existiren zu können, sollten sich an solchen Leistungen ihrer Kriegsvorgänger ein Beispiel nehmen und sich auch für diese unfreundlichen Beschäftigungen von der thätigen Mitwirkung eines weniger günstig situirten Soldaten unabhängig machen. Das würde ihnen für das ganze Leben heilsam sein. Ich muß freilich eingestehen, daß ich selbst gern monatlich einige Thaler aufgewendet haben würde, wenn mir jemand diese nicht ganz standesgemäße Arbeit des Kleider- und Stiefelreinigers abgenommen hätte. Davon war aber im Feldzuge nicht die Rede. Leute, die in der Friedensgarnison mit Freude willens waren, sich einige Groschen zu ihrer kärglichen Löhnung durch Übernahme des Putzens für Einjährige hinzuverdienen, waren im Kriege zu solchen Dienstleistungen nicht um Geld und gute Worte zu bewegen, da sie volle Verpflegung erhielten und selten Gelegenheit fanden, sich für Geld begehrenswerthe Dinge anzuschaffen. Auf diese Weise wurde für uns die dira necessitas zur Lehrmeisterin. Wir lernten nicht allein unsere häßlich zugerichteten Kleider wieder salonmäßig reine zu kriegen, sondern sie auch, falls sie zerrissen waren, oder sonst einen Defect aufwiesen, handwerkskundig zu repariren und empfanden eine ausgelassene Freude, wenn es uns gelungen war, eine schadhafte Stelle in der Kleidung mit einem dauerhaften Flicken zu drapiren. Wenn freilich der ganze Stoff mürbe war, dann half auch der haltbarste und bestens aufgenähte Flickenlappen wenig. Das mußte mein Landsmann Tschötensack, ein Student der Medizin, der bei unserm Bedeckungsregiment N° 71 als Freiwilliger stand, zu seiner Betrübniß erfahren, als er mir stolz sein neu geflicktes Beinkleid zeigte und auf den honigkuchengroßen, aus einem Billardbezuge herausgeschnittenen grünen Flicken klopfend mit seinem „propperen Höschen" renommirte. Kurz nachdem er selbstbewußt sein sauberes Machwerk vorgestellt hatte, schickte er sich an, die frisch gestopfte Pfeife in Brand zu setzen und strich zu diesem Zwecke mit dem Phosphor eines Schwefelholzes an seinem Oberschenkel entlang. Vermöge dieser Reibung wurde aber nicht allein das Streichholz entflammt, sondern auch der frisch aufgesetzte grüne Lappen aus dem Hosenstoffe, der seine Haltbarkeit überall verloren hatte, herausgerissen. Das betroffene Gesicht des enttäuschten Flickschneiders war zum Malen! Auch bei jedem sonstigen Dienste wurde uns nichts geschenkt, als Löhnungsempfänger wurden wir vielmehr zu den schmutzigsten Verrichtungen mit Vorliebe und vielleicht häufiger herangezogen wie die 3 jährigen Kanoniere.

Wenn es galt, die Geschütze zu reinigen, ja selbst die Wege auszubessern, die täglich von unsern Fahrzeugen benutzt werden mußten, da durfte ich niemals fehlen. Letztere Arbeit war besonders mühselig und bedauerlicher Weise wenig ersprießlich. Tausende von Weinbergspfählen mochte man auf dem Straßendamme aufschichten, um ihm Festigkeit zu verleihen, sie verschwanden bei der ersten Belastung in dem unergründlichen Schlamme auf Nimmerwiedersehen. Die

Reinigung des Geschützes war, als zum Metier des Kanoniers gehörig, mir weniger unsympathisch und, solange das flaue Wetter anhielt, auch nicht allzu mühsam. Nachdem aber der Frost eingesetzt hatte – und es herrschte in jenem Winter eine Kälte, wie sich daran die ältesten Franzosen nicht erinnern konnten – war der zähe, gefrorene Schlamm nicht von Rädern und Lafette herunter zu kriegen.

Immer wieder mußte Wasser gekocht und in Stalleimern herangeschleppt werden, bevor es gelang, die klebrige Masse aufzutauen, von den Holztheilen zu entfernen und die historische blaue Farbe zum Vorschein zu bringen. Weniger schwierig gestaltete sich die Reinigung des Geschützrohres im Innern, was nach jedesmaligem Schießen aufs Sorgfältigste geschehen mußte, um das Verbleien der Züge zu verhüten. Die Geschosse sind nämlich, um ihnen die höhere Führung auf der Flugbahn zu geben, mit einem den Eisenkern ringförmig umschließenden Bleimantel ausgestattet. Wenn nun das Geschoß vermöge der Gewalt der Pulvergase durch das Rohr getrieben wird, dann preßt sich diese weiche Bleiumhüllung durch die Gänge des Kanonenrohres hindurch und erhält entsprechend den dort hervortretenden Feldern millimetertief eingeschnittene Rillen, die ihrerseits winzige Bleitheilchen an den Gängen und Feldern des Rohres ablagern. Auf die Dauer mußten aber solche Ablagerungen die Züge verflachen und damit die Treffsicherheit des Geschützes beeinträchtigen. Aus diesem Grunde ist es dringend nöthig, thunlichst bald nach jeder Benutzung das Rohr innerlich aufs peinlichste zu säubern, sodaß es spiegelblank aussieht, und frei von jedem Fremdkörper ist. Das geschieht durch Auspumpen mit Seifenwasser, kräftiges Ausscheuern mit dem Wischer und Ausfeilen der Züge mittels eines starken Drahtes. Daß der Verschlußgang besonders sorgfältig gereinigt und glänzend geputzt sein muß, damit Ladehemmungen vermieden werden, ist selbstverständlich. Für das tadellose Funktioniren des selben ist aber in zweiter Linie der Batterieschlosser verantwortlich, der jedes Geschütz nach dessen Reinigung daraufhin zu revidiren und etwaige bedenkliche Erscheinungen dem Waffenmeister zu melden hat. Für solche Fälle aber, daß während des Schießens nicht sofort zu beseitigende Ladehemmungen vorkommen, führt jede Batterie im Vorrathswagen einige Reserveverschlüsse bei sich, die im Nothfalle an die Stelle eines schadhaft gewordenen Verschlusses treten müssen.

Schlimm ist es mit einem solchen Geschütze bestellt, dessen Verschluß sich durch Pulverschleim, Verbiegung, oder andere Ursachen so fest ins Rohr eingeklemmt hat, daß er allen Kraftanstrengungen zum Trotz nicht herausgezogen werden kann. Derartige Unglücksfälle ereignen sich nicht gar zu selten beim Schnellfeuern, wenn Rohr und Verschluß heiß geworden sind. Wohl oder übel muß dann das nicht mehr ladefähige Geschütz außer Gefecht gesetzt werden. Die Korpsartillerie des 4. Armeekorps, der ich angehörte, konnte zwar nicht zur Beschießung der Festung Paris, oder deren detachirten Forts verwendet werden, dazu war ihr Kaliber von 8 cm zu klein und die Tragfähigkeit zu gering, aber eine andere, nicht minder wichtige Aufgabe erwuchs den schweren Feldbatterien daraus, daß die Belagerten fast täglich den Versuch unternahmen, von St. Denis aus kleine Flußkanonenboote auf der Seine vorzuschieben, die es namentlich auf unsere in Épinay stehenden Vorposten abgesehen hatten und diese aus der Nähe mit Schrapnels und Kartätschen belästigten. Zum Schutze unserer Infanterie gegen diese fatalen Ruhestörer mußten dauernd 2, später sogar 6 schwere Feldgeschütze am Südostabhange des unserm Kantonnement gegen St. Denis vorgelagerten Mont Orgemont bereit stehen, die ein für allemal den Befehl hatten, die auf der Seine erscheinenden feindlichen Kanonenboote zu beschießen. Wir hatten selbstverständlich auch an diesem Punkte vorzügliche Geschützemplacements mit Munitionsräumen und Unterständen für die Bedienung aufgeworfen und waren dadurch, solange wir am Geschütz standen, vor feindlichen Infanterie- und Feldartilleriegeschossen leidlich gedeckt. Von riesig großen Zuckerhüten freilich, die von den Forts La Briche und Double couronne aus Schiffsgeschützen auf unsere Stellung geworfen wurden, hätten unsere Schanzen nicht ausreichenden Widerstand geboten.

Zum Glück schossen aber die Franzosen regelmäßig zu weit, auch kam uns der metertiefe Morast insofern zur Hilfe, als er das Explodiren der aufschlagenden Geschosse ungünstig beeinflußte, die meisten feindlichen Festungsgranaten also Blindgänger waren. Für alle Fälle war auf der Brustwehr eines Geschützstandes dauernd ein Beobachtungsposten aufgestellt, der unverwandt sein Augenmerk auf die feindlichen Forts richten mußte.

Sah ers dort feurig aufblitzen, dann schrie er, sich auf die Erde werfend laut „*Bombe*“ und gab uns damit das Signal, schleunigst im Unterstand oder hinter den Schanzkörben Schutz zu suchen. Dazu blieb reichlich Zeit, denn vom Moment des Aufblitzens bis zur Wahrnehmung der Detonation und dem ziemlich gleichzeitigen rollenden Eintreffen des Geschosses vergingen annähernd 15 Sekunden. Sobald aber die Annäherung feindlicher Kanonenboote unsere Aufmerksamkeit und artilleristische Thätigkeit in Anspruch nahm, durften wir uns nicht mehr die Zeit gönnen, Unterschlupf zu suchen und unser Schießen zu unterbrechen, da hieß es, fleißig bei der Arbeit zu sein und solange unentwegt zu feuern, bis die Störenfriede wieder abgedampft waren. Als einst bei solcher die Gemüther stark aufregenden Thätigkeit eine feindliche

Granate, Schlamm, Steine und Holzstücke mit sich in die Luft schleudernd, ganz in unserer Nähe explodirt war, rief plötzlich der sonst besorgte Geschützführer, Sergeant Homann: „*ich bin dodt*“ und war, sich in den Nacken fassend, eben im Begriff, umzusinken, da gewahrte er zu seinem Heile, daß die von seinem Halse herabrieselnde Feuchtigkeit nicht Blut, sondern feuchter Lehm, der vermeintliche Granatsplitter aber ein winziges Bruchstück von einem unschuldigen Weinbergpfahle war. Nach dem Sprichwort: wer den Schaden hat, braucht für den Spott nicht zu sorgen, wurde er kräftig ausgelacht und mußte auch später auf den Märschen immer wieder die Sticheleien, daß er todt sei, über sich ergehen lassen. Leider war beim Schießen nach solchen auf dem Wasser schwimmenden Objecten die für die Regulirung der geschätzten Entfernung unentbehrliche Beobachtung gänzlich ausgeschlossen, da die in den Fluß einschlagenden Granaten nicht explodirten, die für das Auge der schießenden Mannschaft sichtbare Feuer- und Raucherscheinung daher ausblieb.

Beim Feuern nach todten oder lebenden Zielen auf dem Festlande gilt als Grundsatz, daß man, um mit Sicherheit die Wirkung beobachten zu können, den ersten Schuß absichtlich auf zu kurze Entfernung abgiebt. Beobachtet man nun das Aufschlagen der Granate vor dem Ziele, so giebt man den 2ten Schuß auf eine um 100 mtr. weitere Entfernung ab. Kann man die Wirkung dieses 2ten Schusses nicht wahrnehmen, so ist das ein Beweis, daß man übers Ziel hinaus, also zu weit geschossen hat. Man hat nun tactisch ausgedrückt – das Ziel in der Gabel, die festgestellte Differenz von 100 mtr. wird halbirt und mit diesem Halbiren fortgefahren, bis der Schuß sitzt. Ein mit gutem Auge ausgestatteter Richtungskanonier muß so geübt sein, daß er beim schulmäßigen Schießen mit dem dritten Schusse das Ziel trifft. Da wir nun, wie erwähnt, die Wirkung unserer Geschosse auf dem Wasser nicht erkennen konnten, so geschah es einst, daß 2 feindliche Kanonenboote, die ihrerseits unsere 71er bei Épinay mit Schrapnels überschütteten, trotz unseres andauernd auf sie abgegebenen Schnellfeuers nicht vom Flecke wichen.

Erst nach geraumer Zeit langte auf schweißtriefendem Pferde ein vom Vorpostenkommandeur entsandter Meldereiter – es war ein hellblauer merseburger Husare – mit der Meldung bei unserer Stellung an, daß wir viel zu weit schössen. Jetzt wurden wir klüger und erfinderisch: wir gaben, um uns nicht mehr in der Entfernung zu irren, zunächst einige Controlschüsse auf das gegenüberliegende, von feindlichen Vorposten besetzte Ufer ab und bemaßen nach der dort konstatirten Wirkung unserer Geschosse die Entfernung, die wir dem Schießen auf die Kanonenboote zu Grunde legen mußten. Nun gelangs, nur wenige mit diesem Aufsatz auf die schwimmenden Ziele abgegebene Schüsse genügten, um diese zu fluchtartiger Rückkehr hinter die schützenden Festungswerke zu bewegen. Ein Vergnügen wärs, wenn es bei solchen Gelegenheiten mit dem Hinschießen sein Bewenden hätte, aber bekannter Maßen schießt der Gegner auch her, und das ist weniger ergötzlich zumal für solche Naturen, die an unheilbarem Kanonenfieber leiden. Da nun der Feind, sobald die Kanonenboote auf der Seine sichtbar wurden, unsere Stellung mit einem sehr lebhaften Bombardement aus dem Fort La Briche zu begrüßen pflegte, so hatte man ausgiebig Gelegenheit, die Wirkung zu beobachten, welche dieses Herschießen auf die einzelnen Kameraden hervorbrachte. Daß man beim rollenden Heransausen jeder feindlichen Granate diese durch unwillkürliches Neigen des Hauptes begrüßt, ist eine Erscheinung, die in der ganzen Armee vom ältesten General bis herab zum jüngsten Rekruten konstatirt werden kann. Dies vom

Willen des Einzelnen völlig unabhängige Kopfneigen ist, obschon es absolut zwecklos, keineswegs ein Zeichen von Angst und Muthlosigkeit, es geschieht vielmehr ebenso spontan, wie etwa das Ausweichen der Menschen vor einer polternd vom Dache herabfallenden Schneelawine. Wenn aber sonst kräftige und von der Natur besonders bevorzugte Männer beim Herschießen an allen Gliedern zittern und bleich werden wie der Kalk an der Wand, wenn sie sich unsinnig gebärden und ein zierliches fingerdickes Obstbäumchen krampfhaft umklammern, um dahinter gegen die kollossalen feindlichen Geschosse Schutz zu suchen, dann darf man solchen Leuten unbedenklich die Feigheitsmedaille an die Brust heften. Und merkwürdig: gerade die größten Maulhelden, die Resauner, die hinterm Biertische am warmen Kaminofen im sichern Kantonnement nicht genug Rühmens machen konnten von den Werken ihrer Tapferkeit, die es mit ihren Rodomontaden fertig kriegten, daß die unbefangen Pisangs ob solcher vorgeprahlten Heldenthaten Maul und Ohren aufrissen, gerade sie warens, die im Ernstfalle, wenn wirklich die blauen Bohnen pfiffen, wenn die Luft dröhnt von 2 – 4 gleichzeitig heranrollenden und platzenden Granaten, gänzlich versagten und zu besonnenem Handeln unfähig wurden. Nach dem vorher Gesagten könnte bei dem geneigten Leser die Vorstellung erweckt werden, daß die gesammte zur Geschützbedienung auf den Orgemont kommandirte Mannschaft sich für die ganze Dauer dieses Kommandos im Freien, oder in dem unterirdischen Batterie-Unterstande hätte aufhalten müssen. Thatsächlich war zur Schonung der Leute, die jeden 3ten Tag auf 24 Stunden zu diesem Dienste herangezogen wurden, die Einrichtung getroffen, daß unter normalen Verhältnissen bei jedem Geschütze nur ein Mann bei 2stündiger Ablösung als Beobachtungsposten aufgestellt wurde, die übrige Mannschaft aber nebst dem Befehlshaber des Kommandos, einem älteren Unteroffizier es sich in der den Gipfel des Berges krönenden Windmühle bequem machen durfte. Der Mühlenbetrieb war seit Beginn der Belagerung eingestellt, und das ganze Anwesen, zu dem neben der eigentlichen Mehlmühle noch ein kleines 2stöckiges Wohnhaus gehörte stand leer.

Das Wohnhaus enthielt in jedem Geschosse nur einen ziemlich großen Raum. Im Erdgeschoß befand sich die Küche, 1 Treppe hoch die Wachtstube und 2 Treppen hoch ein von unsern Pionieren eingerichtetes Observatorium, in welchem Tags über ein Offizier hinter einem Riesentubus sitzen und die Vorgänge in und vor Paris beobachten mußte. Sehr oft traf sichs, daß Bruder Fritz gleichzeitig mit mir auf des Orgemonts Rücken Dienst hatte. Da kam er bei Tagesgrauen aus dem Kantonnement Sartrouville auf seinem Schimmelwallachen heraufgeritten, stellte das edle Reitthier in den Mühlenstall ein und begab sich auf seinen Tagesposten über unserer Wachtstube. Wenn ich nicht am Geschütz zu thun hatte, suchte ich ihn dort häufig auf und fand auf diese Weise Gelegenheit, mir durch das treffliche Glas Paris in der Nähe zu betrachten.

Bei klarem Wetter konnte man nicht allein die großen Reklameschilder an den pariser Häusern deutlich lesen, sondern auch die einzelnen Menschen auf den Straßen unterscheiden. So war meines Brüderleins Dienst auf jenem denkwürdigen Berg nicht nur anstrengend, sondern recht abwechslungsreich, und er freute sich nicht minder wie ich des brüderlichen Zusammenseins unter so eigenartigen Verhältnissen.

Über seine Beobachtungen mußte Fritz von Zeit zu Zeit kurze Meldungen direct an das Armee-Oberkommando erstellen, die in Ermangelung eines Feldtelegraphen durch bereit stehende berittene Ordonanzen befördert wurden. Oft bekam er auch den Befehl, die Beobachtung nach anderen Seiten, etwa nach dem Mont Valérien auszudehnen und über seine Wahrnehmungen Meldung zu machen.

Fiel ihm etwas besonderes auf, dann holte er mich herbei und ließ, ohne mir vorher zu sagen, was er gesehen, das Ergebniß seiner Beobachtung durch mein Auge kontroliren.

Abgesehen von dieser interessanten Thätigkeit hatte das Zusammentreffen mit Fritz auf der Windmühle des Orgemont für mich den unschätzbaren Werth, daß ich bei solcher Gelegenheit von meinem Bruder mit manch Begehrenswerthem ausgestattet wurde. Im Einverständniß mit meinen Eltern hatten wir nämlich das Abkommen getroffen, daß Fritz, der beim besten Vorsatz nicht im Stande war, die hohen Feldcompetenzen, Zulagen und Verpflegungsgelder des Offiziers zu verzehren, und demgemäß von Monat zu Monat wachsende Reichthümer in seinem Brustbeutel aufspeicherte, von seinem Überfluß soviel an mich abgeben sollte, als ich neben meiner knapp bemessenen Kanonierlöhnung zum Lebensunterhalt brauchte. Hierdurch wurden einerseits die heimatlichen Geldsendungen an mich, zu deren Beförderung sich die Feldpost oft recht lange Zeit nahm, vermieden, andrerseits bildeten die regelmäßig an mich geleisteten Zulagezahlungen für Fritz einen je länger je mehr anwachsenden Sparfonds, über den er nach Beendigung des Feldzuges als willkommenem Zuschuß zu seinem dann wieder kärglichen Einkommen verfügen konnte. Sooft ich mit Fritz zusammenkam, mußte er unserm Abkommen entsprechend einen kühnen Griff in den an seiner Brust wohl aufgehobenen Juliusthurm thun und daraus je nach Bedarf einige frisch von der Presse gekommene Darlehnskassenscheine entnehmen, um meinen Vorrath zu ergänzen. Diese sehr bald wieder aus dem Verkehr gezogenen Scheine waren zur Vermehrung des äußerst spärlichen preußischen

Papiergeldvorraths kurz nach Ausbruch des Krieges ausgegeben und im Inlande mit Zwangskurs ausgestattet worden.

Auch die französischen Händler und Gastwirthe nahmen sie anstandslos in Zahlung und gaben darauf blanke Frank- und Sousstücke heraus. Das französische Geld gefiel mir ungleich besser, wie das gewohnte Heimathliche, insonderheit erfüllte mich der gewaltige Goldvorrath, der im Lande kursirte, mit maßlosem Staunen. In der Heimath bekam man unter gewöhnlichen Verhältnissen nie ein Goldstück zu sehen. Da gab es nur Papier-, Silber- und Kupfergeld. Und in welch abscheulichem Zustande befanden sich Scheine und Münzen! Daß die Papierthaler geflickt, d. h. durch langen Gebrauch zerrissen und mit weißen Papierstreifen zusammengeklebt im Verkehr blieben, war eine ganz gewöhnliche Erscheinung, am unangenehmsten berührte aber die Buntscheckigkeit des in deutschen Landen umlaufenden Papiergeldes, da jeder Duodezfürst das Recht hatte, eigens Papiergeld auszugeben. Farbe und Aufdruck dieser kleinen Scheine waren vielfach so ungeschickt gewählt, daß es mit unbewaffnetem Auge schier unmöglich war, den Text zu entziffern. Am übelsten sahen die Meiniger Papierthaler aus, sie waren von kaffeebrauner Farbe und mit einer so dichten öligen Rothschicht überzogen, daß von dem Aufdruck thatsächlich nichts zu sehen war. Nur einen Vorzug hatte das häßliche Papiergeld für uns, nämlich den, daß sich mein Vater, der nie gerne Geld hergab, von solchen unansehnlichen Papierthalern leichter trennte, wie von gutem gemünztem Gelde. Von seinem Vorrathe suchte er mit peinlicher Sorgfalt immer die am meisten geflickten, die schmierigsten Scheine heraus und händigte sie uns nach Beendigung der Ferien seufzend ein, um Schulgeld, Miethe und dergl. zu bezahlen. Überstieg der uns anvertraute Schatz wenige Thaler, so bestand er darauf, daß Mutter vor unserm Abmarsche die geldstrotzende Hosen- oder Rocktasche sorglich zunähen mußte.

Schleunigste Abführung der Beträge an die einzelnen Empfangsberechtigten schärfte er dabei dringend ein und er konnte maßlos heftig werden, wenn wir dieser seiner Anordnung nicht peinlich Folge geleistet hatten. So beschuldigte er mich einmal allen Ernstes, daß ich ihn um seinen Bondit brächte, weil ich das am Sonntage erhaltene Schulgeld am Montag Nachmittag noch nicht auf der Kämmereikasse im Rathhause abgeliefert hatte.

Nicht viel besser war es bis zum Jahre 1873 mit dem in Deutschland umlaufenden Kurantgelde und der Scheidemünze bestellt. Die Kupfer „Dreier, Zweier und Pfennige", von denen 12 auf einen Silbergroschen gingen, mochten noch passiren, aber die kleinen Silbersechser und Silbergroschen hatten fast alle das Gepräge verloren und sahen dabei so fuchsig aus, daß sie mehr Kupfer wie Silber zu enthalten schienen. Äußerlich besser gehalten war das 2½ Silbergroschenstück, die „zwen Jute", wie es der Berliner, das „Restemännken", wie es der Westfale nannte. Es repräsentirte die allgemein als Trinkgeld für Dienstboten, Kofferträger und Hausknechte gebräuchliche und beliebte Münze und wurde an diese Leute in solchen Fällen zur völligen Zufriedenheit verabfolgt, wo man heute nicht unter 30 Pf. geben kann. Auch das übrige Kurantgeld: Fünfsilbergroschenstücke (4 Jute), Zehnsilbergroschenstücke (8 Jute), Gulden = 20 Silbergroschen, Thaler, und Zweithalerstücke waren vielfach stark abgenutzt und recht unhandlich, letzteres gilt vorzugsweise von den Zweithalerstücken, die wegen ihres abnormen Durchmessers in einem gewöhnlichen Portemonnaie kaum unterzubringen waren.

Da wir in Deutschland Silberwährung hatten, so kursirte wie erwähnt, Gold überhaupt nicht im gewöhnlichen Verkehr.

In geringer Menge waren zwar auch preußische Goldstücke, Friedrichs dor und Doppelfriedrichs dor – sog. Doppelfritzen ausgeprägt, diese gehörten aber nicht zum offiziellen Kurantgelde, unterlagen vielmehr dem Börsenkurs und befanden sich vorzugsweise im Besitze der Geburts- und Geldaristokratie, die sich dieser Goldfüchse als Zahlungsmittel beim Jeu (Spiel) und Pferdehandel bediente. Vater besaß von jeder Sorte je ein Exemplar, das er, sorgfältig in Papier eingewickelt, im Schweineledernen Koffer aufhob und nur alle Jahre einmal, am Sylvesterabende, hervorholte und seinen erstaunten Kindern zeigte. In Frankreich war das goldene 10, und 20 Frankstück flott im Verkehr und selbst im Beutel des armen Mannes anzutreffen; hin- und wieder tauchte sogar ein goldenes 100 Frankstück auf. Welch unermeßlicher Reichthum mußte in einem Lande vorhanden sein, wo das Gold nur so rollte gleich als wenn es Kupfer wäre!

Abgesehen von dem schnöden Mammon theilte Bruder Fritz aber auch andere dem Feldsoldaten stets willkommene Consumartikel mit mir, namentlich seit dem heimathliche Pakete von der Feldpost an Offiziere befördert wurden. Da den Mannschaften diese Berechtigung erst später zuerkannt wurde, so sandte Mutter ihre Liebesgaben an Fritz ab mit dem Anheimstellen, sie gelegentlich mit mir zu theilen. Auf solche Weise wurde ich auf dem Orgemont gar oft glücklicher Besitzer eines Stückes heimathlichen Schinkens, eines Säckchens Tabak, einiger Tafeln Schokolade und – was das werthvollste – einer Wurst. Vernünftige Menschen ziehen unter normalen Verhältnissen eine gute Cervelatwurst unbedingt der besten Blutwurst vor. Bei uns Brüdern war das umgekehrt. Jeder wollte gern die geräucherte Blutwurst haben und die werthvollere Cervelatwurst dem andern überlassen. Warum? Weil die Blutwurst, mit trockenem Kommißbrot genossen, vorzüglich schmeckt, zur

Cervelatwurst dagegen Butter gehört, welchen Luxus wir uns bei den theuren Preisen nicht leisten konnten.

Wurden auch, wie gesagt, Pakete für Mannschaften von der Feldpost vor der Hand nicht befördert, so waren wenigstens umfangreiche Briefe bis zur Gewichtsgrenze von ½ Pfund zugelassen. Sachgemäß eingepackt, konnten daher wünschenswerthe Sendungen geringern Umfangs an uns gelangen. So sandte mir mein Bruder Paul, der damals in Spandau amtirte, all paar Tage in einem eigens zu solchem Zwecke hergestellten Karton mit 6 Fächern köstlich duftende Cigarren, einmal auch eine mir sehr willkommene Toilettenseife, weil, wie er sagte, Reinlichkeit das halbe Leben sei und er gern zur Erhaltung meines Lebens beitragen wolle. Mein Schwager Hermann Otto schickte per Feldpostbrief in Tabak schwimmende Cigarren, ja selbst eine zierliche Tabakspfeife, die die Fürsorge meiner Schwester Johanne für mich ausgesucht hatte, fand auf diese Weise ihren Weg ins Feldlager. Mitunter kam es freilich vor, daß ein Feldpostbrief verloren ging und der Adressat vergeblich auf werthvolle Mittheilungen warten mußte. Oft erfuhr er den Verlust erst aus späteren Briefen, oft ergab sich dieser aber schon aus den konkludenten Umständen.

Um mir die Wohlthat einer neueren Unterhose angedeihen zu lassen, hatte meine Mutter ein solches Bekleidungsstück in der Mitte auseinander getrennt und 2 Briefe mit je einem Hosenbeine belastet. Nur so war es möglich, das Stück ohne Überschreitung des zulässigen Höchstgewichts zu befördern. Als aber nur ein Hosenbein bei mir eintraf und im Verlaufe der nächsten Tage kein weiteres nachfolgte, so mußte ich zu meinem Entsetzen konstatiren, daß der Zwillingsbruder des erhaltenen Briefes abhanden gekommen war. Ich faßte die Sache von der humoristischen Seite auf und schrieb dankend an meine Mutter, daß ich mir auch mit dem Einspahn zu helfen wisse, indem ich täglich abwechselnd das rechte, oder das linke Bein damit erwärmte.

Noch andere Postkuriosa ereigneten sich in dieser Periode: mein Landsmann Ferdinand Husung, zweiter Sohn unserer Nachbarin in Gross-Wechsungen, der als bärtiger Sergeant bei der 6. schweren Batterie stand, hatte seine Schwester Berthe brieflich um einige neue Pfeifenspitzen gebeten, die er zum Ersatze des durchgebissenen Mundstücks seiner Tabakspfeife nothwendig brauchte.

Was erhielt er? Fein in Seidenpapier eingewickelt ½ Dutzend hanfener Peitschenschmitzen, für die er selbstverständlich keine Verwendung hatte. Damit aber Berthe nicht abermals aus Flüchtigkeit den Wunsch ihres Bruders mißverstehen sollte, malte dieser so gut ers konnte, eine schöne Pfeifenspitze auf einen Briefbogen und sandte diesen neuerdings der treu besorgten Schwester, die schon einmal ausgesprochene Bitte dringender wiederholend.

Den nicht ganz gewöhnlichen Namen Nutschepickel trug ein Kanonier, der, aus der Reserve eingezogen, den Feldzug von Anbeginn mitgemacht, aber bis gegen Weihnachten hin nicht ein einziges Mal an seine um ihn besorgte Gattin geschrieben hatte. Diese hatte in ihrer Noth durch den Ortsschulzen beim Regiment über den Verbleib ihres zärtlichen Eheherrn Erkundigung einziehen lassen. Auf diese Weise kam die grobe Unterlassungssünde des sorglosen Familienvaters ans Tageslicht und trug dem Saumseligen eine väterliche Ermahnung unseres wohlwollenden Batterieführers Balke ein, dem eine solche Vernachlässigung umso unbegreiflicher und unverzeihlicher erscheinen mußte, als er selbst keinen Tag vergehen ließ, ohne an seine in Liebe an ihn denkende Braut einen langen Schreibebrief loszulassen.

In der Abfassung von Liebesbriefen hatte ich zwar in meinem damaligen Lebensalter noch keine Übung, gleichwohl fügten es die Umstände, daß ich mich, wenn auch nur vertretungsweise als Briefsteller für Liebende bethätigen durfte. Ein mir besonders sympathischer, bescheidener und äußerst gefälliger Geschützkamerad Namens Worch, er war Dreher in den Hüttenwerken zu Mägdesprung, klagte mir einst vertrauensvoll sein Leid, daß sein Bildungsgrad ihn nicht befähige, die zärtlichen Liebesbriefe, die von seinem Schatz, einem bessern Dienstmädel aus Magdeburg, einträfen, in gleicher Tonart zu erwiedern. Der schämig unausgesprochenen Bitte kam ich zuvor und erbot mich, ihn unter der Bedingung bei der Beantwortung der billets damour zu unterstützen, daß er mir diese zuvor zum Durchlesen aushändigen müsse. Zögernd that ers und verschaffte mir damit einen seltenen Genuß, zugleich aber auch die Stimmung, die unbekannte Liebhaberin in ihren überschwänglichen Liebesergüssen möglichst noch zu überbieten. Worch, der diese Tiraden auf mein Diktat niederschrieb, war nicht wenig stolz, bei seinem Mädel als Verfasser solch blühenden Blödsinns zu gelten. Ob er ihr später in vertrauter Stunde gestanden haben mag, wer der intellectuelle Urheber seiner classischen Stilübungen gewesen ist? Die drollige Täuschung hat dem Lebensglücke der Liebesleute keinen Eintrag gethan. Bald nach dem Feldzuge hat Worch die Dame seines Herzens, eine in der That hübsche, dralle Blondine, die er mir voller Stolz in Magdeburg vorstellte, geheirathet und eine mit Kindern reich gesegnete Ehe geführt. In seinem Hause sei alles militairisch organisirt, so versicherte der zufriedene Familienvater, als ich ihn im Jahre 1879 an einem Herbstsonntage im lieblichen Selkethale aufsuchte. Bei einer Wiederholung meines Besuches im Jahre 1903 traf ich nicht ihn, sondern nur noch seinen Bruder in Mägdesprung an.

Von ihm erfuhr ich, daß mein Kamerad schon vor 10 Jahren nach Magdeburg gezogen und in einer dortigen Maschinenfabrik beschäftigt sei; daß er seine erste Frau dort begraben, inzwischen aber wieder geheirathet habe. Schade – ich hätte dem braven Kriegsgefährten gern noch einmal die Hand geschüttelt, bevor wir beide zur großen Armee abberufen werden.

An den Liebesbriefen, die mein Geschützführer, Unteroffizier Steffen, an seine Braut in Neustadt-Magdeburg abfertigte, habe ich zwar nicht thätig mitgewirkt, aber mit Staunen gesehen, welch werthvolle Brautgeschenke der practische Bräutigam diesen Sendungen beifügte. In einem vom Besitzer verlassenen reizenden Chateau an der Straße nach Argenteuil, hatte eine prunkvolle schwer seidene Robe in so hohem Maße seinen Beifall gefunden, daß er sie in Begleitung von einem dutzend feinster Batisttaschentücher mitgehen ließ, den Rock in einzelne Bahnen zertrennte und von der Errungenschaft jedem Briefe soviel beifügte, als das Maximalgewicht zuließ.

Welch eine Ehre und Freude für die tugendsame Braut aus der vorstädtischen Handwerksfamilie! Gegenstände, deren Gewicht eine feldpostalische Beförderung verbot, wußte der für seinen Hausstand besorgte Sattlermeister im Mittelfache der Protze unter Stricken und Geschützzubehör so geschickt zu verstauen, daß man bei der kriegsmäßigen Benutzung der Munitionsfächer von dem Vorhandensein der Steffen'schen Privatschätze nichts wahrnehmen konnte. Auf solche Weise ist es ihm sogar gelungen, einen sauber gearbeiteten, aber recht schweren Schraubstock, der sein besonderes Wohlgefallen gefunden hatte, mit in die Heimath zu schleppen. Zu verwundern ist es nicht, daß sich untergeordnete Organe des deutschen Heeres kein Gewissen daraus gemacht haben, werthvolle oder begehreswerthe Mobilien aus verlassenen Häusern als

Beutestücke zu betrachten und sich anzueignen, gaben ihnen doch, selbst hochgestellte Offiziere, unter ihnen unser Oberst, in dieser Beziehung das übelste Beispiel. Dieser Held zeichnete sich nicht sowohl durch Tapferkeit und Feldherrntalent, als vielmehr durch ein über das gewöhnliche Maß weit hinausgehendes Kunstverständniß aus und konnte es vermöge dieser Passion nicht lassen, Kunstgegenstände aller Art, namentlich werthvolle Stiche und Ölgemälde, wo er die auch fand, nach Kriegsrecht dauernd in seinen Besitz zu nehmen. Weil die Bilder aus dem Rahmen genommen gerollt und in diesem Zustande in die Heimath geschickt wurden, so bezeichnete man jedes verbotene Beutemachen technisch euphemistisch mit „Rollen".

Diesem Schicksal ist anscheinend auch ein echter Claude Lorrain, der unser Hotelzimmer schmückte und von hochkundigen Kameraden vielfach bewundert wurde, verfallen. Bei einer vom Obersten abgehaltenen Quartierbesichtigung betrachtete dieser das Bild mit Kennermiene und sprach gelassen die Worte: *„Kinder, das Bild hängt hier schlecht, bringt es in mein Quartier, ich will ihm einen günstigern Platz geben"*. In Folge dessen verschwand der Wandschmuck aus dem Hotel Aux trois lanternes, dessen Besitzer, wie bekannt, an Ort und Stelle war, und ist, solange wir in Sannois lagen, nicht dorthin zurückgebracht worden.

Doch jede Schuld rächt sich auf Erden: der eifrige Kunstsammler mußte es noch vor Paris erleben, daß sein eleganter Phaeton, den er auf dem Marsche irgendwo aufgegabelt und mitgeschleift hatte, in der Stille der Nacht von ruchloser Hand abgeledert war. Und wo steckte der freche Dieb? Ermittelt ist er nie, obwohl eifrig nach ihm gefahndet wurde und – davon war jeder Unbefangene überzeugt – nur unter den Unteroffizieren des Regiments gesucht werden durfte. Letztere hatten es nämlich sehr bald nach Beginn der Kriegsmärsche als dringendes Bedürfniß erkannt, an Stelle der entsetzlich unbeholfenen langen Reithosen, die bis auf den Fuß mit schwerem Wichsleder besetzt waren und in der Garnison von Unteroffizieren und Mannschaften getragen werden mußten, kurze Reithosen nebst langschäftigen Stiefeln zu besitzen, und hatten sich, ohne eine besondere Genehmigung zu dieser Uniformänderung einzuholen, theils von den Schlachtfeldern, theils auf anderm Wege mit langen Reitstiefeln versorgt, die sie dann über die entsprechend kürzer und enger gemachten Kommißreithosen, die sog. Blechhosen, zogen. Wem es nun nicht gelungen war, sich auf legalem Wege in den Besitz von Reitstiefeln zu setzen, der wandte sich an den Batterie-Schuster, oder -Sattler und vermochte einen von diesen Künstlern, die vorhandene Fußbekleidung durch ein aufgesetztes Lederstück derart zu aptiren, daß sie Form und Aussehen von langen Stiefeln erhielt. Daß das Material für diese Schäfte vorzugsweise von Kutschverdecken herrührte, war offenes Geheimniß.

Dies Verfahren hatte indeß bald solchen Anklang gefunden, daß die sämmtlichen Avancirten meiner Batterie vom Feldwebel bis zum geschützführenden Obergefreiten herab nicht mehr anders als in langen, blankgewichsten Stiefeln zum Dienste erschienen. Nur mein Geschützführer Steffen hatte die vorschriftswidrige Mode nicht mitgemacht, sondern trug in auffälligem Gegensatz zu seinen Kameraden nach wie vor die von der Montirungskammer gelieferten schweren Blechhosen unverändert. Vom Batteriefeldwebel Hönsgen beim Appell dieserhalb scherzweise interpellirt und befragt, ob er sich denn nicht auch zu der veränderten Stiefel- und Hosentracht bekehren wollte, erwiederte er in seinem unverfäschten magdeburger Dialecte: *„s iß nich nischt, Herr Feldwebel mit das Leder von die*

Kutschen, ‚s ist zu harte und läßt sich schlecht putzen“ und behielt bis zum Schluß die häßlichen Blechhosen bei.

Über unsern Aufenthalt auf dem Orgemont muß ich ergänzend noch berichten, daß es bei klarem Wetter nicht ungefährlich war, den Weg von der Windmühle nach den Geschützen zurückzulegen, die französischen Vorposten erkannten unser Erscheinen sehr genau am Horizont und schossen auf den einzelnen Mann; standen, oder gingen mehrere ungedeckt zusammen, so verschmähten es sogar die Festungskanoniere im Fort La Briche nicht, uns mit einem Zuckerhute zu begrüßen. Selbst bei Nacht diente ihnen die Windmühle als Zielscheibe, wenn wir den Kamin zu stark angefeuert hatten und Funken aus der Esse sprühten. Glücklicherweise haben sie bei diesen Schießübungen niemals getroffen. Um ein Haar hätten wir uns aber in der alten Windmühle während einer kalten Winternacht durch eigene Unvorsichtigkeit ins Jenseits befördert. Zum Schutze gegen die Kälte hatten wir den Estrichfußboden des Wachtlokals mit einer dichten Strohlage bedeckt, hatten einige kräftige Holzkloben in den Kamin gestellt und uns mit den Füßen gegen die Feuerung auf dem Strohlager behaglich zum Schlaf ausgestreckt. Niemand war wach geblieben, selbst der stets schimpfende und dabei spuckende Sergeant Gregor, sowie 2 als unverbesserliche Jeuratten bekannte Kanoniere, die es sonst wohl fertig brachten, die ganze Nacht hindurch vingt un zu dreschen und sich gegenseitig die dicken Sousstücke aus der Tasche zu locken, hatten diesmal ihre ersprießliche Thätigkeit eingestellt und wälzten sich schnarchend am Boden. Da erwachte ich plötzlich von einem stechenden Schmerze an der Fußsohle und erkannte noch halb im Schlafe, daß ein brennendes Holzstück aus dem Kamin in die Stube gefallen war und das umherliegende Lagerstroh bereits entzündet hatte. Auf meinen energischen Feuerruf war im Nu Alles auf den Beinen, und das Feuer mit Mänteln und Decken bald erstickt, ohne sonderlichen Schaden angerichtet zu haben. Nur an meinem rechten Stiefel waren Oberleder und Sohle infolge der unzweckmäßigen Hitze brüchig geworden und mußten kunstgerecht ersetzt werden.

Schützten wir uns in der beschriebenen Weise äußerlich gegen die stramme Winterkälte, unter der die Eingeborenen, denen ein Thermometerstand von –10°R (–12,5°C) absolut ganz Ungewohntes war, mehr litten als wir, so glaubte auch die Heeresverwaltung durch innere Mittel darauf bedacht sein zu müssen, daß wir beim Außendienste nicht zu Eis erstarrten. Sie sorgte mehr als reichlich dafür, daß unsere Feldflaschen nicht leer wurden, ja sie lieferte sogar zeitweise für jeden in der Winterkälte auf Wache ziehenden Soldaten eine ganze Weinflasche voll Cognac. Dieser entsetzliche Fusel hatte niemals die französisch Stadt Cognac gesehen, war vielmehr in Deutschland von habgierigen Armeelieferanten auf kaltem Wege aus Kartoffelspiritus schlechtester Sorte unter Zusatz einer entfernt nach Cognac duftenden Essenz hergestellt und schmeckte auf der Zunge wie Terpentin. Gleichwohl wurde in der irrigen Meinung, daß man sich durch reichlichen Genuß dieses Teufelszeuges vor Erkältungen schütze, mehr davon getrunken, als der stärkste Mann vertragen konnte, ja es ereignete sich wiederholt der Fall, daß die Wachtmannschaft des Orgemont, die bei mangelhafter Nahrung im Überfluß des gelieferten Fusels geschwelgt hatte, total betrunken war. Ich selbst habe mir einmal bei strenger Kälte eine solche Unmäßigkeit zu schulden kommen lassen; je mehr es mich in dem eisigen Nordost fror, umso mehr trank ich, ohne irgend eine fatale Wirkung allzu reichlicher Alkoholzufuhr zu spüren, solange ich in der kalten Luft blieb. Als wir aber Nachmittags abgelöst waren und ich mich, um zu ruhen, in der warmen Stube lang ausgestreckt hatte, da drehte sich mit mir alles im Kreise und mir wurde plötzlich derart übel, daß ich Hals über Kopf wieder an die kalte Winterluft zu kommen strebte. Ja, es ging Hals über Kopf im wahren Sinne des Wortes, denn kaum an der Treppe angelangt, verlor ich die Balance und stürzte derart gewaltsam die zahlreichen Stufen hinab, daß die das Treppenhaus gegen den Schankraum abschließende Thür durch die Wucht meines Falles aufschlug, und ich jählings mitten zwischen die zusehenden Gäste flog. Mit Aufbietung meiner letzten Kräfte raffte ich mich mühsam empor und schlich beschämt von dannen, mich am frischen Äther so lange auskühlend, bis ich wieder einigermaßen nüchtern und im Stande war, mit leidlicher Contenance durch den Schankraum und auf mein Zimmer zu gelangen. Am andern Tage peinigte mich ein so scheußlicher physischer und moralischer Katzenjammer, daß ich vor Elend und Scham nicht aus den Augen sehen mochte, dazu gesellten sich der Hohn meiner trunkfesteren Kameraden und die verschmitzt mitleidigen Mienen der Familie meines Quartierwirths. *'monsieur Otto, hier très malade*", bedauerte mich der halbwüchsige Sohn des letzteren, die torkelnden Gehversuche nachahmend, die ich am Abend vorher unfreiwilig zum besten gegeben hatte. Völlig geknickt schlich ich einher und gelobte, dies abscheuliche Gift, das die Armeelieferanten in Millionäre, die armen hungernden und frierenden Soldaten in Narren verwandelt, nicht mehr anrühren zu wollen. Damit ist nicht gemeint, daß ich nun jedem Alkoholgenusse entsagt hätte, nein; so klug war man damals noch nicht, es war im Gegentheil allgemein, selbst unter den Ärzten, die Ansicht verbreitet, daß für den Feldsoldaten eine mäßige Anregung durch alkoholische Getränke, speziell Schnaps, unentbehrlich sei. So beschloß ich dann, in Zukunft den von der Armeeverwaltung gelieferten Cognac nicht mehr anzurühren, dagegen meine Feldflasche mit dem ungleich feineren und unschädlicheren Getränke, das bei meinem Quartierwirth zu haben war, gefüllt zu halten und davon nur ausnahmsweise zu nippen. Diesem Gelübde bin ich treu geblieben und während des ferneren Kriegsverlaufes nicht mehr betrunken gewesen. Ungleich weiser würde ich aber gehandelt haben, wenn ich damals das Schnapstrinken überhaupt gelassen hätte. Heute bin ich positiv davon überzeugt, daß das schwere Magen- und Darmleiden, das mich nach dem Feldzuge Jahre lang gequält und völlig heruntergebracht hat, und von dem die Folgezustände mir bis ins Alter nachhängen, lediglich dem unvernünftigen Alkoholmißbrauche bei mangelhafter Nahrungszufuhr zuzuschreiben ist. In dieser Hinsicht muß ich der preußischen Heeresverwaltung, insonderheit meinem nachmaligen Kollegen Klemm, der in Sannois unserer Feldintendantur vorstand, den Vorwurf machen, nicht umsichtig genug für das Wohlbefinden der Truppe gesorgt zu haben. Daß wir während der ganzen Belagerungszeit nicht ein einziges Mal anderes Fleisch, wie solches vom Hammel, geliefert erhalten haben, war ein Fehler, dessen sich ein geschulter höherer Militairverwaltungsbeamter nicht schuldig machen sollte. Bei nur geringem Grade von Überlegung hätte er sich sagen müssen, daß wir schließlich selbst das beste Hammelfleisch nicht mehr sehen, geschweige denn genießen mochten, daß wir in Folge dessen uns nur noch an Suppe, Gemüse und Kartoffeln hielten – in der That eine mangelhafte Kost, bei der selbst der Gesündeste auf die Dauer nicht bestehen kann.

Kein Wunder, daß wir unter solchen Umständen ein Stückchen saftiges Pferdefleisch unbedingt dem besagten Hammel vorzogen.

Glücklicherweise war feinstes Roßfleisch für uns sehr billig in Sannois zu haben, es kostete uns keinen Sou, da der zu meinem Geschütz eingetheilte Kanonier Schnabel, ein gelernter Scharfrichter, dem es oblag, die verwundeten oder anderweit unheilbar verletzten Pferde abzustechen, von seiner blutigen Arbeit die besten Bratenstücke, Filets etc. mitbrachte.

Ein tüchtig mit Pfeffer und Zwiebel gebratenes Lummerbeefsteak von einem sonst gesunden jungen Pferde schmeckt in der That vortrefflich und ist von Ochsenfleisch kaum zu unterscheiden. Selbst mein als Gourmant bekannter Quartierwirth betheiligte sich einmal an solchem Beefsteakschmause und konnte nicht umhin, sich über Geschmack und Bekömmlichkeit des seltenen Fleischgerichtes vollkommen befriedigt zu äußern. Dieser drollige Kauz hatte im Laufe der Zeit einige deutsche Brocken aufgeschnappt und war außer sich vor Freude, wenn er das à la Papagei Erlernte bei passender oder unpassender Gelegenheit anbringen konnte. Als ich einst, um mich in mein Quartier zu begeben, die Treppe hinauf stapfte, hörte ich ihn hinter mir krähen: „*Kommalaire*", ich wandte mich um und reichte ihm in der Meinung, daß er mir bonjour sagen wolle, die Hand. Da legte die biedere Haut ein funkelnagelneues 2 Sousstück mit dem Aufdruck der république Francaise, von denen die ersten soeben im Verkehr erschienen waren, hinein und bat mich, ich möge die glückverheißende Münze zum Andenken an ihn und sein Vaterland behalten. Leider ist sie mir ebenso wie eine Anzahl anderer Geldstücke, die ich für dauernde Aufbewahrung bestimmt und in meinem Tornister sorgfältig verwahrt hatte, ebenso wie mein schöner, rothgestickter Tabaksbeutel, den ich höchst ungern vermißte, während der Demobilmachung in Silldorf bei Magdeburg von einem freundlichen Kameraden, der kurz darauf entlassen wurde, gerollt worden. In diesem Schatze befanden sich auch einige Sousstücke, auf denen der Kopf Napoleons dadurch karrikiert war, daß man ihm mittelst tiefer, aber sehr sauber ausgeführter Einschnitte eine preußische Pickelhaube aufgesetzt hatte; ferner war auf diesen Stücken das Wort empereur beseitigt und an dessen Stelle le misérable eingraviert, sodaß die Umschrift lautete: Napoléon le misérable. Solche Späße machten den leichtlebigen Franzosen, die den Jubelruf *«vive l' empereur»* sehr schnell und gern gegen das *«vive la république»* zu vertauschen gelernt hatten, eine unsinnige Freude.

Wurde in der Nähe unseres Quartiers, sei es im Stalle, sei es auf einem unweit gelegenen freien Platze, Dienst abgehalten, da stellte sich der neugierige aubergiste gern ein und beobachtete von einem versteckten Plätzchen aus, was angestellt wurde und wie es den einzelnen Betheiligten dabei erging. Leider waren seine Wahrnehmungen nicht immer derart, daß er seine uneingeschränkte Befriedigung mit dem Geschauten und Gehörten hätte aussprechen können, namentlich ging es bei der Instruktionsstunde, die der stark selbstbewußte Sergeant Homann in der Stallgasse abhielt, mitunter recht bunt zu. Bei der Artillerie heißt der „theoretische" Unterricht der Soldaten nicht, wie es sonst in der Armee üblich, Instruction, sondern Vortrag und beginnt mit dem absurden Kommando „zum Vortrag formirt". In Ausführung desselben schließt das 2. Glied einen Schritt links, sodaß die kleineren Leute über die Schultern der im 1. Glied stehenden Kameraden hinweg den Vorgesetzten ansehen können, was ausgeschlossen wäre, wenn die Glieder „Vordermann" genommen hätten. Der eigentliche Vortrag besteht nun wesentlich in Anschnauzen und Raisonniren, wenn das, was in den kleinen blauen Reglements steht, nicht wörtlich auswendig gewußt wird. Die armen, mit dürftiger Volksschulbildung ausgestatteten Kanoniere haben mir oft leid gethan, wenn es ihnen trotz allen Fleißes unmöglich war, die vielen technischen Ausdrücke zu erfassen und die schwierigen Fragen des unerbittlichen Sergeanten sachgemäß und ohne Anstoß zu beantworten. Am schlimmsten erging es den Beklagenswerthen, die der Gestrenge aus irgendeinem Grund nicht leiden konnte, so dem Obergefreiten Harnisch, der wegen irgendeiner nicht völlig korrekten Antwort an der Stallthür, *„wos am meisten zieht"*, stehen mußte, und auch den geistig zurückgebliebenen Kanonier Baldamus, der trotz seines Bienenfleißes nicht im Stande war, die einfachsten Dinge zu erfassen und in seinem eckigen Schädel festzuhalten. Vermöge seiner Engelsgeduld ließ er die gröbsten Schimpfworte der Vorgesetzten, den beißendsten Spott der Kameraden ruhig über sich ergehen ohne den stets lächelnden Gesichtsausdruck zu verändern, oder gar ein Rachegefühl und das Bedürfniß der Wiedervergeltung zu empfinden. Als ihn der unfehlbare Sergeant Homann einst mit der Frage überraschte, was die lateinischen Worte auf den Geschützrohren: pro gloria et patria ultime ratio regis zu bedeuten hätten, da platzte er, auf die Zuflüsterung seines arglistigen Hintermannes vertrauend, mit der Antwort heraus: *„Du sollst nicht tödten"*.

Auch die Pferde-Kenntniß, -Behandlung und -Ausrüstung bildete einen wichtigen Gegenstand des Vortrags, und es wurden zur bessern Veranschaulichung an Ort und Stelle Übungen im Schirren und Satteln vorgenommen. Abgesehen von den Kürassiren hatten damals noch alle berittenen Truppen den ungarischen Bocksattel, der seine Haltbarkeit einem unverwüstlichen Holzgestelle verdankte und sich in seine Hauptbestandtheile auseinandernehmen ließ. Zu unserer Belehrung wurde ein solcher Sattel von der Wand genommen, auseinandergeschraubt und in seine einzelnen Bestandtheile zerlegt. Im Momente der völligen Zerstückelung, wo kein Theilchen mit dem andern mehr in Verbindung war, ertönte plötzlich auf der Straße das lustige Trompeterliedchen:

„Kamerad, mach dich fix und fertig“! – das Signal zum Schirren und Satteln. Nun war Holland in Noth; es bedurfte der größten Umsicht und Ruhe unseres Sergeanten, um es zu erreichen, daß der Sattel erst völlig wieder zusammengeschraubt und kriegsmäßig ausgestattet wurde, bevor wir an die uns im Alarmirungsfalle ein für allemal obliegenden Dienstverrichtungen gingen. Und diese waren nicht von Pappe, denn, da man im Kriege niemals mit Sicherheit den Ausgang einer bevorstehenden Action wissen und nicht annähernd voraussehen kann, ob man nach Beendigung derselben in sein altes Quartier zurückgekehrt, so ergab sich von selbst die Nothwendigkeit, schleunigst unsere gesammte Habe zusammenzuraffen und mitzunehmen. Geschütze, Munitions- und Vorrathswagen wurden meist so hoch vollgepackt, daß es kaum möglich schien, die fahrende Bedienungsmannschaft auf den ihr angewiesenen Protzsitzen zu placiren. Die einzelnen Batterien sahen eine Ehre darin, möglichst schnell mit dem Anspannen und Verpacken der Sachen fertig zu werden, damit der Batteriechef als erster dem Obersten die Marschbereitschaft seiner Batterie melden konnte. Vom ersten Alarmsignal bis zu diesem Momente durfte höchstens eine halbe Stunde verstreichen. Da aber der Oberst aus purer Ängstlichkeit viel häufiger, als wirklich nöthig, alarmieren ließ, und schon, wenn die pariser Kanoniere etwas mehr wie gewöhnlich bullerten, den Alarmtrompeter durch die Straßen jagte, ja selbst eines Sonntags, als wir der Predigt des Divisionspfarrers lauschten, ohne zwingenden Grund den Gottesdienst unterbrach und anspannen ließ, so gewöhnten wir uns allmählich an den Alarmzustand, betrachteten ihn als etwas sehr harmloses und dachten gar nicht mehr daran, daß wir unser Kantonnement dauernd zu verlassen, genöthigt sein könnten. Stundenweise waren wir allerdings ausgerückt, ohne jedoch zum Schuß zu kommen, so

eines Vormittags nach Argenteuil, das 1 Stunde von Sannois entfernt unmittelbar an der Seine liegt, von unsern 68ern besetzt war und unter feindlichem Geschützfeuer stark zu leiden hatte. Da sich dieses merkwürdiger Weise stets gegen diejenigen Plätze richtete, auf denen die Infanterie in gedeckter Stellung zum Appell versammelt war und auch dann wieder die Truppe belästigte, als der Appellplatz verlegt worden, so kam man zu der Vermuthung, daß eine geheime Communikation zwischen Bewohnern von Argenteuil und dem Feinde jenseits der Seine stattfinden müsse, konnte aber lange Zeit nicht ergründen, in welcher Weise die Nachrichten von Ufer zu Ufer übermittelt wurden, bis es einem beherzten Vicefeldwebel, der wiederholt nächtlicherweise einen verdächtigen Lichtschein wahrgenommen hatte, gelang, den Verräther in flagranti festzunehmen. Bekannt mit dem katholischen Kultus, machte er unter der Schaar der Andächtigen das Hochamt mit, verschwand dann, während die Gemeinde die Kirche verließ, unter einer Bank und ließ sich von dem ahnungslosen Küster einschließen. Als es zu dunkeln begann, versteckte er sich hinter einem Pfeiler am Hochaltar, spannte den Revolver und wartete der Entwicklung der Dinge. Kurz vor Mitternacht ward die Kirchenthür vorsichtig geöffnet und es schlich eine verhüllte Gestalt in den Raum, die durch den schmalen Spalt einer Blendlaterne einen sehr schwachen Lichtschein auf die Fliesen des Fußbodens fallen ließ. Leise schlürfend verschwand die Gestalt auf dem Orgelchor, und bald vernahm der lauschende Vicefeldwebel das Aufschließen der Orgel, bald auch das Klopfen des Tasters eines Morse'schen Telegraphenapparats. Jetzt schlich er, den gespannten Revolver vor sich haltend, dem Geheimnißvollen nach und überraschte ihn mitten bei der Arbeit wie er sich mit seinen Landsleuten in der eingeschlossenen Festung unterhielt und unsere Stellungen verrieth. Diese übertriebene Vaterlandsliebe ist dem Küster schlecht bekommen, denn schon am folgenden Tage wurde er standesrechtlich verurtheilt und erschossen. Der aus der Orgel entfernte Apparat vermittelte nun keine Nachrichten mehr an den Feind. Das zum jenseitigen Ufer geführte Kabel hat aber mein Bruder Fritz bei einer auf der Seine unternommenen Rekognoszirungsfahrt am Tage des Beginnes der Waffenruhe aufgefunden und, da der Befehl zur Einstellung der Feindseligkeiten noch nicht ergangen war, zerschnitten. Ein Stück davon bewahrte er als Feldzugsreliquie auf seinem Schreibtische auf.

Nach den Alarmirungsmärschen, die in der Regel in rasendem Tempo ausgeführt wurden, galt es, eine besondere Sorgfalt auf die Pflege der mit weißem Schaume bedeckten Pferde zu verwenden. Sie wurden fleißig mit Strohwischen abgerieben, in Woylachs gehüllt und, nachdem sie völlig trocken und gefüttert waren, mit Striegel und Kardätsche gehörig bearbeitet. Sollte ein Pferd gut geputzt sein, so mußte man aus den in dem Striegel sich ansammelnden weißen Schuppen auf der Stallgasse neun Striche konstruiren können. Dies Kunststück habe ich freilich nicht fertig gebracht, 7 Striche waren meine Höchstleistung. Aber auch das genügte, um dem Felle des Thieres einen spiegelblanken Glanz zu verleihen. Und der mußte erzielt werden, wenn man mit seinem Gäulchen bei der Pferderevision, die im Beisein des Roßarztes abgehalten wurde, Ehre einlegen wollte. Nicht zu empfehlen ist es dagegen, bei solcher Gelegenheit sich selbst fein herauszustaffiren, weil der führende Soldat dem zu besichtigenden Pferde gegenüber gänzlich in den Hintergrund tritt. Da ich von dieser Weisheit noch nicht durchdrungen war, als ich zum ersten Male ein Pferd vorführen mußte, so hatte ich thörichter Weise zu diesem ungewohnten Dienste ein Paar frisch gewaschene Lederhandschuhe angelegt und stach mit meinen weißen Händen von den übrigen Pferdehaltern auffällig ab. Das hatte scheinbar den Unwillen meines Zugführers, des kleinen stets mißvergnügten Leutnants Steinhart, erregt, denn er befahl mir in unangenehm schnarrenden Kommandotone, nacheinander sämtliche Füße des Pferdes anzuheben, die Füße sehen zu lassen und den zwischen den Balken des Hufeisens fest sitzenden Mist zu entfernen. Womit anders, als mit meinen frisch belederten Fingern? Da war es schnell vorbei mit dem Glanze der hell schimmernden Waschledernen.

Wegen seines gesucht reservirten Wesens und der wenig leutseligen Art, mit der Mannschaft umzugehen, war dieser junge, dürftige Leutnant mit der häßlichen Krähstimme und dem kümmerlichen Flaum eines mottefräßigen Backenbartes in der Batterie rasch wenig beliebt. Jedermann empfand eine erklärliche Freude, wenn ihm seine stallmuthige Rappstute Sadona zu schaffen machte, ihn abzuwerfen drohte, und aus den Reihen der altgedienten Fahrer vernahm man hinter seinem Rücken halblaute, ulkige, die Reitkunst des jungen Offiziers anzweifelnde Bemerkungen, die den Zorn des Reiters wachriefen und ihn zur Rettung seiner Reiterehre veranlaßten, für die Untugenden seines störrischen Streitrosses den schuldlosen, unverdrossen thätigen Pferdepfleger, den verantwortlichen Verleger meiner Liebesbriefe, Worch, haftbar zu machen. Ein würdiger Vertreter seines Standes war also mein Zugführer durchaus nicht, und seiner wenig vorbildlichen und begeisternden Erscheinung ist es wohl hauptsächlich zuzuschreiben, daß ich je länger je nachhaltiger eine tiefe Abneigung gegen den Offizierberuf empfand. So kam es auch, daß ich den in jener Zeit an mich herantretenden gut gemeinten Vorschlag meines kranken Vaters, die Offizierlaufbahn einzuschlagen, ohne Besinnen ablehnte. Da ich maturus und bei meinen Dienstvorgesetzten ohne Ausnahme wohl gelitten war, so hätte ich als Avantageur zweifellos nach sehr kurzer Zeit das Portagee und wahrscheinlich noch in Frankreich die Epauletten erhalten, wäre also sehr schnell in eine Stellung eingerückt, die mir eine gewisse Selbständigkeit und die Möglichkeit verlieh, in nebelhafter Ferne die höchsten militärischen Ehrenstellen zu erlangen.

Aber ich empfand einerseits keine Neigung, jahraus jahrein meine volle geistige und körperliche Kraft dem mechanischen Kommißdienste zu weihen und mußte mir andererseits bei einem nur mäßigen Grade von Selbsterkenntniß sagen, daß ich vermöge meiner auf die größte Zurückhaltung und Bescheidenheit gerichteten Erziehung nicht im Stande sein würde, mir das überlegene, rücksichtslose Auftreten, den schneidigen, selbstbewußten Ton, alle jene Eigenschaften, die den Offizier über den gewöhnlichen Sterblichen emporhoben und ohne die er auf leidliche Beförderung von vornherein verzichten muß, anzueignen. Die häßlichen Dornen, mit denen der Offizierpfad übersät ist, waren meinem Vater, der nicht Soldat gewesen, unbekannt; als practischer Mann und guter Patriot hielt er diese Karriere deshalb für begehrenswerth, weil sie den Jüngling weit früher wie jede andere ins Brot förderte und dabei ehrenvoll war.

Für den Blick in die ferne Zukunft war sein ahnungsvoll dem Tode entgegen schauendes Auge nicht mehr scharf genug, er gedachte nur, für die nächsten Jahre meiner Mutter und den unversorgten Kindern die Wege zu ebnen und war überzeugt, daß die beschränkten Mittel, die meiner Mutter im Wittwenstande zur Verfügung stehen würden, keinesfalls ausreichen könnten, um mir und meinem jüngsten Bruder ein wissenschaftliches Studium zu ermöglichen. Wurde ich Offizier, so war zwar für die erste Equipirung eine einmalige größere Summe, laufend aber nur eine bescheidene Zulage für mich aufzuwenden, während ich als Student und Referendar auf viele Jahre hinaus vollständig aus eigenen Mitteln erhalten werden mußte, was im Gesammteffect allerdings ein weit größeres Kapital repräsentirte, als die Offizerslaufbahn unter normalen Verhältnissen in Anspruch nimmt. Verständig genug, all diese Erwägungen selbst anzustellen, mußte ich doch, nachdem ich lange und ernstlich über die Gestaltung meines Lebensweges mit mir zu Rathe gegangen war, auf meinem ablehnenden Standpunkte verharren, und konnte mich nicht entschließen, mich dem Wunsche des Vaters in diesem Punkte unterzuordnen – zu meinem Heile, denn wenn ich jetzt überschaue, was aus meinen Altersgenossen geworden ist, so muß ich bekennen, daß ich eine materiell weit bessere Karriere gemacht habe, wie irgend einer von ihnen. Auch kommt in Betracht, daß Ansehen und Stellung des Offiziers im Laufe der Jahrzehnte immer kläglicher geworden, die Anforderungen an geistige und körperliche Leistungsfähigkeit des Einzelnen aber wesentlich gesteigert und bei dem gerade in der Armee überhand nehmenden Nepotismus die bevorzugten Stellen ohne Rücksicht auf persönliche Würdigkeit und Tüchtigkeit solchen Kreaturen vorbehalten sind, die ihre Selbstachtung der Sucht, von fürstlicher Gnade bestrahlt zu werden, zum Opfer gebracht haben.

Wer läßt bei solch' traurigen Aussichten heute noch sein Kind Offizier werden? Es sind entweder Eltern, die zum Offizierberufe als den letzten Rettungsanker für ihre geistig schwach veranlagten, zu einem wissenschaftlichen Studium unfähigen Söhne greifen, oder Subalternbeamte und untergeordnete Spießbürger, die im Offizierstande noch etwas besonders Hohes erblicken und für die Einsicht blind sind, daß der ihm in früheren Zeiten beigelegte Nimbus längst geschwunden ist. Daß derjenige Lebensberuf am erstrebenswerthesten ist, der uns, abgesehen von äußeren Ehren und materiellen Erfolgen gleichmäßige Ruhe des Gemüthes und innere Zufriedenheit garantirt, zu dieser Einsicht kommt der Mensch freilich erst dann, wenn er am Ziele seiner Laufbahn steht und unbefangenen Auges, gestützt auf rauhe Erfahrung, Zweck und Erfolg des unsteten Hastens und rücksichtslosen Vorwärtsstrebens der jüngeren Generation betrachtet. So vermochte auch ich in meinem 20. Lebensjahre nicht entfernt zu beurtheilen, welche Widerwärtigkeiten und herben Enttäuschungen mir in dem selbst gewählten Berufe als Jurist und höherer Verwaltungsbeamter entgegentreten würden. Manchen schweren Quaderstein, der mir in den Weg geworfen wurde, habe ich durch Fleiß und zielbewußtes Streben fortgeräumt, mein gerader Sinn, meine rückhaltlose Offenheit, mit der jedes diplomatische Versteckenspiel unvereinbar, hat mir die Anerkennung und Achtung hoher, rechtlich denkender und einsichtsvoller Männer eingetragen.

Leider habe ich aber erfahren müssen, daß der alte, geachtete, aufrecht gehende, ehrenfeste preußische Beamtenstand immer mehr ausstirbt und einem selbstsüchtigen, ehrgeizigen, gewissenlosen Satellitenthum Platz macht, daß es heutzutage in Preussen kein erstrebenswerthes Ziel, keine besondere Ehre mehr ist, hoher oder höchster Staatsbeamter zu sein.

aufrecht gesinnte, ehrenfeste, preußische Beamtenstand immer mehr ausstirbt und einem selbstsüchtigen, ehrgeizigen, gewissenlosen Satellitenthum Platz macht, daß es heutzutage in Preussen kein erstrebenswerter Ziel, keine besondere Ehre mehr ist, hoher oder höchster Staatsbeamter zu sein.

31.

Die Wochen, die Monate vergingen, und bald rückte nun auch Weihnachtszeit, die ich zum ersten Male in meinem Dasein fern von den Lieben feiern sollte. Noch am 23. Dezember war ich bei ziemlich starker Kälte oben auf dem Orgemont. Als ich gerade bei den Geschützen Posten stand, bemerkte ich, daß hinter St. Denis und nach der Stellung unserer Garde und der Sachsen bei Stains und Le Bourget in nordöstlicher Richtung beträchtliche Feuer entwickelte. Der Leutnant auf dem Observatorium (Fritz war vorübergehend zu dem Königlich Sächsischen Generalkorps abkommandiert) hatte durch das Fernrohr deutlich beobachten können, daß die Sache für uns nicht gerade günstig und,

31. Weihnacht

Die Wochen, die Monate vergingen, und bald rüstete man auf Weihnachtszeit, die ich zum ersten Male in meinem Dasein fern von den Lieben feiern sollte.

Noch am 23. Dezember war ich bei ziemlich starker Kälte oben auf dem Orgemont. Als ich gerade bei den Geschützen Posten stand, bemerkte ich, daß sich von St. Denis aus nach der Stellung unserer Garde und der Sachsen bei Stains und Le Bouget in nordöstlicher Richtung beträchtliches Feuer entwickelte. Der Leutnant auf dem Observatorium (Fritz war vorübergehend zu dem königlich-sächsischen Armeekorps abkommandiert) hatte durch das Fernrohr deutlich beobachten können, daß die Sache für uns nicht gerade günstig ausgefallen war, indem der Feind ein Dorf genommen, jedoch später wieder verlassen hatte. Um 7 Uhr Abends wurden unsere Posten eingezogen, und der Infanterie die Geschütze zur Bewachung übergeben. In der Wachstube auf der Windmühle hatten wir uns Abendbrot bereitet und spielten, um die Zeit zu vertreiben, Pochen, als um 10 Uhr kurz bevor wir uns zur Ruhe begeben wollten, die Bespannung für unsere Geschütze auf dem Berge eintraf und uns nebst den Kanonen abholte. Am andern Morgen, hieß es, sollten wir um 4½ Uhr marschbereit sein, um zur Verstärkung der Sachsen in östlicher Richtung auszurücken, da man für den 24. 12. einen erneuten Ausfall des Feindes erwartete. Wir packten bei mangelhafter Beleuchtung unsere Habseligkeiten ein, versahen uns mit Brot, schliefen concentrirt von 12 – 2½ Uhr, erwärmten uns mit einer Schale dampfenden Kaffees und rückten um 4 Uhr in den Geschützpark, wo wir bei enormer Kälte ¾ Stunden warten und frieren mußten, bevor wir abmarschirten. Der Marsch war uns anfangs recht angenehm, da die kräftige Bewegung erwärmte und belebte, bald wurde es aber sehr ermüdend, wir glitten auf dem fest gefrorenen, mit leichter Schneedecke überzogenen Teerwege leicht aus und mußten uns doch, obwohl bald Trab, bald Schritt gefahren wurde, stets hinter den Geschützen halten. Es war noch dunkele Nacht, als wir durch Montmorency marschirten und erst hinter St. Brice fing es an zu tagen. Um 9 Uhr kamen wir nach ununterbrochenem Marsche bei unserm Sammelpunkte, einem Thalkessel östlich von Écouen und Villiers le Bel an und formirten dort, wo wir von keiner Seite gesehen werden konnten, die Reserve-Schlachtstellung.

Zu unserer Deckung war das 66. Regiment aufmarschirt, vor uns hielten 2 Schwadronen von den 6. Dragonern und unsere 3 reitenden Batterien, dann kam die ganze Korpsartillerie d.h. die 5. und 6. schwere und 5. und 6. leichte Batterie. Einen erhebenden Anblick gewährte es, wenn man sich diese imposante Aufstellung von einer der umliegenden Höhen aus ansah.

Jeder erwartete, daß das Signal zum Vorgehen in marsch marsch sogleich gegeben würde. Dabei herrschte überall die größte Ruhe, kein überflüssiger Laut wurde gehört, und die Gesichtszüge der Truppen verriethen Ernst und Entschlossenheit. Leider schien der Feind von unserem Anmarsche Lunte gerochen zu haben, der erwartete Ausfall unterblieb, und die versammelten französischen Streitkräfte wurden gegen Mittag zurückgezogen – zu ihrem Glücke, denn sie würden von unsern 7 Batterieen arg zugerichtet worden sein. So rückten wir dann steif gefroren um 2 Uhr wieder ab und trafen müde und abgespannt, aber erfreut, daß wir die Nacht nicht im Freien zubringen mußten, spät abends in unseren alten Quartieren wieder ein. Das war eine Feier des Heiligen Abends, wie ich sie mir vor Jahresfrist nicht hätte träumen lassen.

Mit einer gründlichen Reinigung der auf dem langen Marsche beschmutzten Geschütze wurde der erste Weihnachtsfeiertag eingeleitet. Habe ich jemals über jene Knechtsarbeit gewettert, so war es an diesem Vormittage. Viel lieber wäre ich in die Kirche gegangen und hätte das Weihnachtsevangelium gehört. Aber was half's? Die Arbeit war befohlen, also wurde sie gemacht und wenns noch so sauer ankam. Zwei Weihnachtsbäume habe ich doch noch brennen sehen, den einen bei meinem Landsmann Husung und den andern bei meinem Geschützführer. Da haben wir Weihnachtslieder angestimmt und uns so recht innig in das alte traute Heimathsdorf versetzt. Husung kredenzte Vanillebowle und dazu hatte seine fürsorgende Quartierwirthin einen köstlichen Weihnachtskuchen gebacken.

Rührend wars, daß die in Magdeburg verbliebene Frau des alten Seebären, der jetzt vertretungsweise unsere Abtheilung führte, der Kanonensoldaten ihres Mannes zum Weihnachtsfest liebevoll gedacht und für jeden Mann der 5. Schweren Batterie ein Päckchen enthaltend Honigkuchen und 10 rauchbare Cigarren gestiftet hatte. Auch andere Liebesgaben trafen ein, das waren aber meistens solche, die beim besten Willen kein Mensch brauchen konnte, namentlich standen die sog. Liebescigarren in sehr übelem Renommée, da sie noch ganz feucht waren, sodaß man sie um den Finger wickeln konnte, und absolut nicht brennen wollten. Kistenweise wurden diese Giftnudeln an die Mannschaften ausgegeben, die sie aber achtlos liegen ließen. So fanden die patriotischen Gaben, die sich wohl manche Familie in der Heimath abgedarbt hat, Verwendung! Gewissenlose Lieferanten haben sich damit die Taschen gefüllt und Schundware hinaus ins Feld geschickt. Noch jetzt schwillt die Zornesader, wenn man an solche Vampyre in Menschengestalt denkt! Einige Male habe ich mich bei Husung auch dem Skatspiele gewidmet, leider mit geringem Erfolg, da meine Vorkenntnisse, die ich von der Schule mitgebracht hatte, unzureichend waren, um einen gleichwerthigen Partner abgeben zu können. Da man in Frankreich den Point allgemein zu ½ Sou rechnete, so mußte ich für meine schüchternen Versuche auf diesem Gebiete schweres Lehrgeld bezahlen.

In unserm Quartiere selbst wollte zum Weihnachtsfeste keine fröhliche Stimmung aufkommen, da unser Nachbar zur Rechten, der sich als legitimirter Verwalter unseres Küchen- und Speisengebäudes ausgab, unsere Abwesenheit am Heiligen Abend dazu benutzt hatte, um die in unserm Keller lagernden Weinvorräthe von dort in das von ihm bewohnte Grundstück zu schaffen. Nun saßen wir trocken und hatten statt des gewohnten Überflusses nicht einmal einen kleinen Erfrischungstropfen. Als der französischen Sprache kundig wurde ich nebst zwei handfesten Kanonieren kommittirt, um mit dem bösen Nachbar wegen Rückgabe des Weines oder einer entsprechenden Abfindung zu unterhandeln. Dieser wortkarge Schleicher, wohl die unsympathischste Erscheinung, die mir während des Feldzuges begegnet ist, empfing uns sehr mürrisch und lehnte jede Verhandlung, ebenso wie die bescheidenste Abfindung brüsk ab. So blieb uns nichts übrig, als mit der Drohung, daß ihm dies unverzeihliche Verhalten übel bekommen solle, fluchend, polternd und thürnschlagend das ungastliche Haus zu verlassen. Im Kreise der Geschützkameraden wurde nun beschlossen, daß dem unzugänglichen Patrone sein Übelwollen gehörig eingetränkt werden und ihm in jeder Weise Abbruch geschehen solle. Ein höchst geeigneter Vollstrecker dieses Beschlusses war der Reservefahrer Sander. Schon am nächsten Tage hatte er dem Geächteten sämmtliche

Parterrefenster eingeschlagen, dann kletterte er, mit einem riesigen Feldsteine bewaffnet, gleich einer Katze auf die Mauer, die unsern Hof von dem nachbarlichen Grundstücke trennt, wartete dort in geduckter Stellung bis der Weinräuber in Treffweite war, und schleuderte ihm dann das schwere Wurfgeschoß mit solcher Gewalt an den rechten Arm, daß der Getroffene das verletzte Glied wochenlang in der Binde tragen mußte. In dieser Verfassung traf ich ihn wenige Tage später auf unserer Treppe und forschte nach seinem Begehr. Als er die Auskunft gegeben, daß er monsier le sergeant zu sprechen wünsche, rief ich laut nach dem Korridor hin: „*Sander, der Nachbar will dich sprechen*"*!* Der hatte gerade Meditationen angestellt über die schweren Aufgaben, die sein Hausknechtsberuf mit sich brächte, war im Nu am Platze und sorgte dafür, daß der ungebetene Gast mit derselben Eleganz die Treppen hinabsauste, wie ich solches wenige Wochen zuvor ohne fremde Beihilfe geübt hatte.

Am härtesten traf den also Gezüchtigten aber der Verlust einer werthvollen 1½ mtr. hohen, ⅓ mtr. im Durchmesser haltenden Eichenholzschraube, die einen wesentlichen Bestandtheil seiner Obstweinkelter bildete. Als wir genöthigt waren, zur Schanzkorbarbeit den hart gefrorenen Erdboden in unserm Garten aufzutauen, und es an geeignetem Brennmaterial mangelte, erschien gerade diese Schraube unentbehrlich, um uns durch ihren intensiven Dauerbrand bei Ausübung unseres kriegerischen Handwerks zu unterstützen. Diese frivole Missethat schlug aber dem Fasse den Boden aus. Der schwer Geschädigte machte von den Vorkommnissen persönlich bei dem alten Seebär Anzeige, dieser erschien in unserm Quartier, untersuchte die Sache wohlwollend oberflächlich und verurtheilte uns zu einem Strafbiwak auf dem Orgemont. Das war keine harte Strafe, denn wir bedienten uns eines

Zeltes, brauten einen steifen Grog und kühlten unser Rachegefühl in ungezählten Pereats auf den feigen Denunzianten.

Daß der Franzose geringe Anforderungen an Einrüstung und Ausstattung der Klosets stellt, ist allgemein bekannt. Vor 35 Jahren waren die Vorkehrungen für die Befriedigung jener natürlichen menschlichen Bedürfnisse aber noch so primitiv, daß man über die Gleichgültigkeit und Ungenirtheit der Eingeborenen in diesen Dingen schier lachen mußte. In der Ecke des Hofes ein quadratischer Stein über der Grube mit einem mäßig großen Loche und zwei Ausmeißelungen für die Füße – das war alles; kein Sitzbrett, kein Verschlag, der den Erleichterung Suchenden den Blicken der Außenwelt entzog! Ein solches monstrum von Abort war selbstverständlich für den Bedarf von 18 ausgewachsenen Kanonieren unzulänglich. Die sich sofort unangenehm geltend machende Kalamität wurde dadurch in einfachster und wirthschaftlich nutzbringender Weise dauernd beseitigt, daß eine hölzerne Gartenbank durch Ausfügen von 3 gleichmäßig großen Halbkreisen zum Sitzplatz für 3 Personen eingerüstet und im Garten des Gasthofes aufgestellt wurde. Waren im Laufe der Zeit die menschlichen Exkremente derart angewachsen, oder pyramidenförmig in die Höhe gefroren, daß eine weitere Benutzung des Ortes im Interesse der Reinlichkeit ausgeschlossen schien, so wurde die Bank einfach ein Ende weiter gerückt. Auf solche Weise fanden wir unsere Bequemlichkeit und sorgten gleichzeitig für gründliche Düngung des Gemüsegartens unseres Quartierwirthes.

Auch im neuen Jahre, zu dessen Beginne unser Küchenmeister Dohrmann uns mit einem delikaten Heringssalate überrascht hatte, blieb Mühe und die gewohnte Arbeit nicht aus. Wenns mir schier zu viel dünkte, und ich verzagen wollte, da legte ich mir die Frage vor: *„möchtest du, anstatt dich hier so entsetzlich abzuquälen, lieber die Schulbank drücken“*? Nein und

100mal nein, antwortete ich ohne Besinnen, und faßte wieder frischen Muth. Der Mühe Lohn blieb nicht aus, denn schon am 12. Januar 1871 wurde ich würdig befunden, in den höhern Grad der Gemeinheit einzutreten. Beim Appell verkündete der Feldwebel Hänsgen mit wohlwollend freundlicher Miene meine Beförderung zum Gefreiten.

Das war ein Ereigniß, das ich mir nicht hatte träumen lassen, das mich aber gerade deshalb mit umso größerer Freude erfüllte, einer wahrhaft kindlich aufrichtigen Freude, wie ich sie bei all meinen späteren Beförderungen und Ehrungen nicht wieder empfunden habe. Wenn ich jetzt in Gross-Wechsungen wäre und in der kleinen Dorfkirche säße, wo die Andächtigen so hübsch nahe bei einander sind, da würden die ländlichen Knasterbärte, denen man den alten Soldaten noch auf dem Gesichte ansieht, einander zuraunen: *"gucke mool doo, Pastersch Otto hätt de Kneppe"!* Was würde ich da stolz sein! Die Beschaffung der Knöpfe ging nun freilich nicht so leicht von Statten wie in der Garnison, wo man sie bei jedem Krämer für wenige Heller käuflich erhält. Da mußte ich bei dem geschwollenen capitain d'armes, dem vollbärtigen, bissigen Sergeanten Kittler, betteln gehen, daß er mir aus seinen mitgeführten Schätzen die Abzeichen meiner jetzigen Würde verabfolgen möchte. Er hätte keine mitgenommen, so fertigte er mich kurz ab und händigte mir betrübten Lohgerber 2 glatte Mantelknöpfe aus, die ich einstweilen so lang tragen solle, bis er zufällig in den Besitz von Adlerknöpfen geriethe. Zum Glück hatte der Vicefeldwebel Kahler, der noch als Gefreiter ins Feld gerückt war, die für ihn bei seiner Beförderung überflüssig gewordenen Knöpfe nicht fortgeworfen und freute sich jetzt, mir dieselben verehren und damit aus peinlicher Verlegenheit helfen zu können.

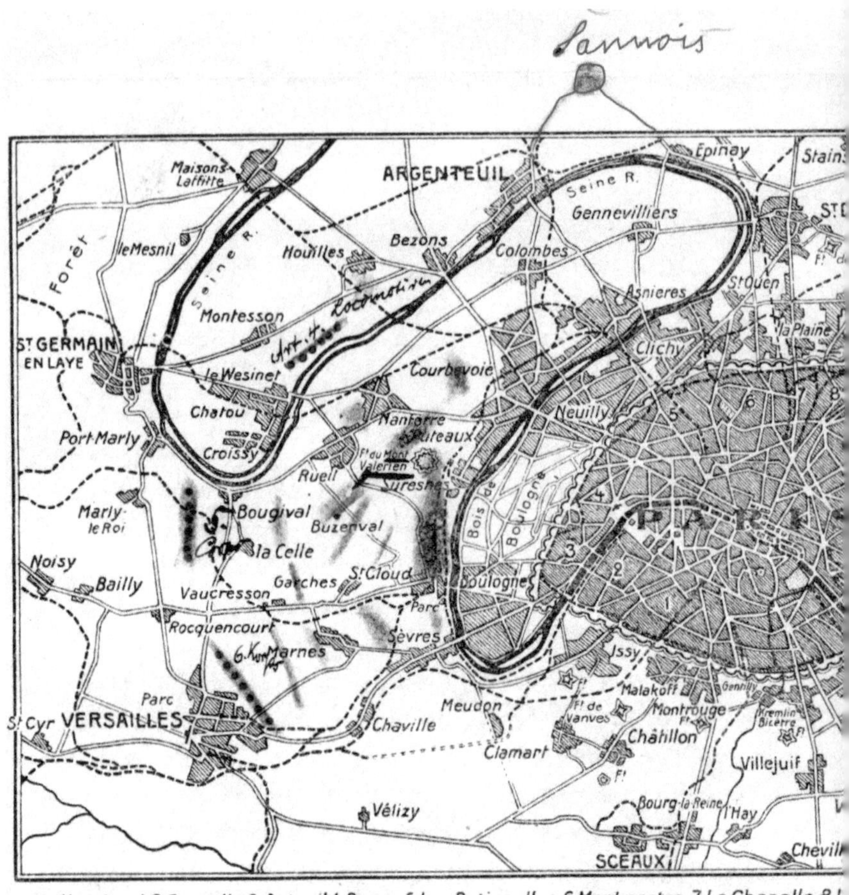

Ausschnitt der Karte von Paris
aus einem Feldbrief von Otto Hoefer

32. Schlacht am Mont Valérien

Wenn schon die Franzosen das regelmäßige Bombardement aus den Forts fortsetzten, ja zeitweise verstärkten, so schien es doch, daß sie der langen Belagerung und der in der eingeschlossenen Stadt erduldeten Entbehrungen endlich müde geworden seien.

Am 8. Januar war eine Feldwache in der Stärke von 82 Mann zu uns übergegangen und entwaffnet worden, am 12. Januar war ein ganzes Bataillon im Begriff gewesen, dem Beispiele der Feldwache zu folgen, aber von Mobilgardisten, die auf ihre eigenen Landsleute feuern mußten, von diesem Vorhaben zurückgehalten worden. Unsere schweren Belagerungsgeschütze waren längst aus der Heimath eingetroffen und bei Enghien, Montmorency und Pierrefitte in Position gebracht. Aber noch immer zögerte man unsererseits aus unerklärlichen Ursachen mit dem Beginne der Beschießung.

Endlich am 19. Januar wurde wie auf Kommando früh Morgens von allen deutschen Belagerungsbatterieen das Feuer auf die französischen Forts eröffnet. Gern hätte ich an diesem Tage von der Höhe des Orgemont das aufregende Schauspiel angesehen, aber dazu fand sich keine Zeit, denn kaum hatten wir uns nach 11 Uhr zu Tisch gesetzt und den ersten Löffel warme Suppe genossen, da blies der Trompeter auf der Hauptstraße das bekannte Signal zum Schirren und Satteln, wir mußten das kaum berührte Mittagessen stehen lassen und uns Hals über Kopf marschbereit machen. Erneute Signale trieben zu besonderer Eile an, aufgeregte Offiziere stürzten von Stallung zu Stallung, die mit dem Aufzäumen der Pferde beschäftigten Mannschaften zu größter Beschleunigung anfeuernd, denn wir mußten, so hieß es, sofort zur Verstärkung des 6. Armeekorps, das am Mont Valérien in eine heftige Schlacht verwickelt sei, ausrücken.

Kaum auf dem Geschützpark angekommen, vernahmen wir das Kommando „*Umgehangen*", d. h. die Geschütze sind gefechtsbereit zu machen, Verschlußkasten und Mündungskappe abzunehmen, Zündungs-, Aufsetztasche und Kartuschtornisterriemen umzuschnallen, Geschoßheber und Abzugsschnur in die Hand zu nehmen. Im Umsehen ist das Kommando ausgeführt. Jetzt heißts für Reiter und Bedienungsmannschaften „*aufgesessen*" und fort gehts erst im Trabe, bald aber in scharfem Gallopp auf der Straße nach Argenteuil. Dort holen wir das vorausgeeilte 71. Regiment ein, werden von unsern Landsleuten, die, um uns vorbei zu lassen, zur Seite getreten sind, mit aufmunterndem Hurra begrüßt und rasen weiter in gleichmäßig stürmischem Tempo am rechten Seineufer nach Bezons. Dort sieht es wüst und unheimlich aus, die Zuckerhüte des Mont Valérien haben dafür gesorgt, daß kein Haus ganz geblieben ist und nur noch ausgebrannte Ruinen die Straße säumen – ein trauriger Aufenthalt für unsere Jäger, die dort monatelang gelegen und Entsetzliches durchgemacht haben.

Kaum haben wir diese Stätte der Verwüstung im Rücken und die Straße nach Montesson – St. Germain erreicht, da sendet Freund Valérien auch schon seine ersten Visitenkarten zu uns herüber. Wie gewöhnlich, schießt er wieder zu weit, aber die Entfernung nach dem Schnittpunkte der Chaussee mit der nach Mantes – Rouen führenden Bahn scheint er genau zu kennen, dort sausen seine Granaten in unheimlicher Nähe über unsere Helme, oder sie krepiren unmittelbar vor unsern Geschützen. Wenn jetzt solch ein Ungethüm in den Protzkasten führe, auf dem ich sitze, da bliebe kein Knochen von mir übrig. Aber Glück muß ein junger Mann haben: soviele ihrer auch heranheulen, sie verfehlen alle ihr Ziel, und nur der zähe Straßenkoth, den Protzräder und Stangenpferde unaufhörlich emporschleudern, bedeckt Helm, Antlitz und Brust mit einer fingerdicken Kruste und zwingt mich, die Augen dauernd geschlossen zu halten, da ich die Hände, die ich zum Festhalten auf der Protze nothwendig brauche, nicht zur Beseitigung der Schlammspritzer frei machen darf.

Kurz vor Montesson wird die Chaussee verlassen und mit „links Front" der Anhöhe zwischen Carrières und Chatou, die steil nach dem rechten Seineufer abfällt, zugeeilt. Das ist ein schwieriges Stück Arbeit, denn die durch den langen Gallopp völlig ausgepumpten Pferde vermögen trotz größter Anstrengung nicht, die Geschütze durch den tiefgründigen Sturzacker emporzuarbeiten. Da heißts: *„Bedienungsmannschaften absitzen und in die Speichen gefaßt"!* Sind wir auch von oben bis unten mit Lehm besudelt, müssen wir auch erst mühsam die Lider von einer dicken Schlammkruste befreien, um die Augen öffnen zu können, es hilft nichts, das Geschütz muß hinauf auf den Berg und wenn möglich, das erste am Platze sein. Was nicht vorwärts kann, bleibt liegen, wie jenes verunglückte Geschütz der 1. reitenden Batterie, das ein Laffetenrad verloren hat und hilflos im Chausseegraben liegt.

Schon hat der Batteriechef auf der das Vorterrain des Mont Valérien beherrschenden Anhöhe die Position für die Batterie ausgesucht und sprengt mit gezücktem Säbel heran, um den Geschützen ihren Platz in der Gefechtsstellung anzuweisen. Mit unsäglicher Mühe und in Schweiß gebadet, haben wir endlich die Höhe gewonnen, klettern auf unsere Sitze und sausen ventre á terre vorwärts. *„Im Avanciren – protzt ab"!* kommandiert die sonore, weithin schallend Stimme des Premierleutnants Balke, der seiner Batterie mit dem Säbel halt gebietet. Im Nu sind wir in den Laffetenrädern und am Laffetenschwanz, werfen das Geschütz wie ein Spielzeug herum, sodaß die Mündung gegen den Mont Valérien gerichtet ist und schrauben das Rohr mit der Kurbel in waagerechte Lage. Inzwischen hat die von der Laffete gelöste Protze kehrt gemacht, ist auf 20 Schritte hinter das Geschütz gefahren, sodaß die Pferde der Geschützfront den Rücken zukehren, und hat in dieser Stellung halt gemacht. *„Mit Granaten geladen gerade aus 2000 Schritte auf die feindliche Feldschanze"!* So erschallt wiederum das Kommando unseres braven Balke, der den Richtkanonieren mit dem Degen die Lage der Verderbenspeienden Schanze bezeichnet. Längst bin ich zur Protze geeilt, habe den schweren ledernen bis zum Deckel gefüllten Kartuschtornister an das über meiner linken Schulter hängende Traggerüst gehakt und die mit dem Geschoßheber aus der Tiefe der Protze geholte Granate auf den linken Unterarm gestellt, mit der rechten Hand das Zündungsloch zuhaltend. So bewaffnet, durchmesse ich im Laufschritt die Entfernung zwischen Protze und Geschütz, präsentire das Geschoß dem Geschützführer, der es mit Vorstecker und Zündschraube ausstattet, und schiebe es kräftig, aber ohne Ruck durch den geöffneten Kolbenverschluß ins Rohr, dann entnehme ich aus dem Kartuschtornister eine Kartusche, d. i. ein rohseidener mit Pulver gefüllter Beutel, der einen dem Kaliber entsprechenden aus Preßspahn gestanzten Boden hat, und setze sie hinter die Granate ins Rohr, sodaß der Boden nach außen zeigt. Darauf wird von den Nummern 1 und 2 der Verschluß sorgfältig zugemacht, das Geschütz über Aufsatz und Korn gerichtet und auf das Kommando des Zugführers *„3. Geschütz — Feuer"* mittelst Schlagröhre und Abzugsschnur die Pulverladung entzündet und das Geschoß aus dem Rohre geschleudert. Die Gewalt der Pulvergase ist so stark, daß das Geschütz im Moment, wo der Schuß aus dem Rohre fährt, einige Schritte zurückspringt. Die Abzugsschnur muß deshalb so lang sein, daß der abfeuernde Kanonier, um nicht von dem zurücklaufenden Laffetenrade verletzt zu werden, außerhalb des Gleises steht.

Alle diese Handgriffe geschehen so sicher und schnell, daß vom Momente des Abprotzens bis zum Abfeuern des ersten Schusses keine volle Minute verstreichen darf. Nach Einsetzen der Kartusche ins Rohr begebe ich mich sofort wieder an die Protze, lasse mir eine andere Granate auf den Arm reichen und bin wieder rechtzeitig am Geschütz, um das abgefeuerte und mittelst des langen Bürstenwischers kräftig ausgewischte Rohr mit frischer Ladung zu versehen. Diese Thätigkeit erleidet während der ganzen Dauer des Feuerns keine Unterbrechung, sodaß ich fortgesetzt in eiliger Bewegung bleibe und die persönliche Verbindung zwischen Protze und Geschütz darstelle.

Waren wir schon während des Einrückens in unsere Stellungen sehr heftigem Feuer aus den Festungsgeschützen des Mont Valérien ausgesetzt, so werden wir jetzt, nachdem die ersten Schüsse von unserer Seite gefallen sind, mit Granaten und Schrapnels geradezu übersät. Ein ununterbrochenes Getöse von abgefeuerten Schüssen, von den zu 4 – 5 Stück gleichzeitig anrollenden, in der Luft oder an der Erde krepirenden feindlichen Geschossen, erfüllt den Raum, sodaß man sein eigenes Wort nicht versteht. Bei dieser entsetzlichen Menge vor, hinter und neben uns einschlagender Geschosse hört das unwillkürliche Verneigen gegen das einzelne von selbst auf.

Jetzt ists nicht mehr der Mont Valérien, dessen Feuer uns am meisten belästigt, nein, dort jenseits der Seine zwischen Rueil und Bougival steht ein feindliches Artilleriekorps hinter flüchtig aufgeworfenen Deckungen, das sich unsere Stellung zur Zielscheibe genommen hat und uns mit einem Hagel von Granaten von den dominirenden Höhen zu vertreiben sucht. Ja, wenns mit dem Hinschießen gethan wäre! Aber wir schießen auch her und anscheinend mit besserm Erfolg wie der Feind, denn je länger wir das Schnellfeuer fortsetzen, umso sparsamer treffen die Antworten von feindlicher Seite ein, um nach Verlauf einiger Stunden bei Einbruch der Dämmerung gänzlich zu verstummen und dem unheimlichen Knistern der auf dem rechten Flügel postirten Mitrailleusen Gehör zu verschaffen.

Doch was ist das? Plötzlich saust es von links her und ein Hagel von Kugeln und Sprengstücken aus sicher tempirten Schrapnels überschüttet unsere Batterie. Der allzeit lustige brandenburger Mützenmacher Traugott löst das Räthsel. Wie ein Löwe brüllt er zwischen das Kampfgetöse: *„Herr Leutnant, up den Perrong, up den Perrong"!* Richtig, auf dem Schienengleise der Eisenbahn Paris Poissy-Mantes, nahe an jenem Schnittpunkte, den wir beim Aufmarsche passirt, halten zwei niedliche Lokomotiven, deren Tender mit je einem Geschütz kleineren Kalibers besetzt sind und die uns das unerwartete Flankenfeuer gebracht haben.

Der diese seltsamen Vehikel kommandirende Offizier reitet – es ist possirlich anzuschauen – neben dem Bahndamm und vollführt auf seinem kleinen langohrigen Maulesel die drolligsten Galloppaden.

„Der dritte Zug nach der linken Flanke auf die feindlichen Lokomotiven"! kommandirt unser Batteriechef; das 5. und 6. Geschütz sind schnell herangeworfen, geladen und senden dem Mauleselreiter die Empfangsbescheinigung für seine gelungene Überraschung. 5 – 6 Schuß genügen, um diesen von der Erfolglosigkeit seiner Liebesmühe zu überzeugen und zum schleunigen Rückzuge zu bewegen.

Nicht unsere Granaten, wohl aber das schallende Gelächter des ganzen Regiments, das ob der komischen Figur des kühnen

Angreifers spontan losbrach, begleitete diesen auf seiner hoppelnden Flucht hinter die schützenden Wälle.

Allmählich verstummte auch im Zentrum und auf dem rechten Flügel unserer Schlachtstellung das Kampfgetöse, nur noch vereinzelt knattert eine Mitrailleuse und schwaches Infanterie-Pelotonfeuer. Da – schon ist es fast völlig dunkel – sprengt auf seinem geduldigen Fuchswallachen in kurzem Paradegallopp unser Regimentskommandeur, Oberst Crusins, in Begleitung des von ihm unzertrennlichen Vicefeldwebels Lindicke und des dicken Stabstrompeters Görisch, genannt „Stäbchen" in die Batterie und fragt mit heldenhaft ruhigem Ernste: *„Kinder, habter Verluste"? „4 Mann und 8 Pferde"* wird ihm gemeldet. Traurig schüttelt er sein Greisenhaupt und reitet weiter. Wo war er nur gewesen während der ganzen Schlacht? Solange Granaten flogen, hatte ihn kein Mensch zu Gesicht bekommen, nicht einmal die Stellung für sein Regiment hatte er besichtigt, bevor dies in den Kampf eingriff. Jedermann vom ältesten Major bis zum jüngsten Kanonier war verwundert über solches Versteckenspiel, das der heldenhafte Kommandeur schon bei Beaumont, wo seine Batterien mehr als heute gelitten, geübt haben sollte.

Und doch war des Edeln Brust zum Lohne für seine Tapferkeit mit dem eisernen Kreuze 1. Klasse geschmückt! Im Verhältniß zu dem Geschoßhagel, dem wir stundenlang ausgesetzt gewesen (auch Infanteriekugeln schlugen massenweise ein) war unser Verlust ein sehr geringer. Dieses günstige Ergebniß darf unzweifelhaft der weisen Vorsicht unseres Batteriechefs, der entgegen der Vorschrift die einzelnen Geschütze anstatt mit 10 – mit 30 Schritten Distanz auffahren ließ, zugeschrieben werden. Nun bildete unser Regiment, das sich auf den lang hingestreckten Höhen westlich von Manterre und Rueil vertheilt hatte, ein zu ausgedehntes Zielobject, als daß die feindlichen Batterien ausgiebige Treffer hätten erzielen können und so geschah es, daß die mit richtiger Entfernung abgegebenen feindlichen Schüsse zwar das Ziel erreichten, aber in der Regel zwischen 2 Geschützen niedergingen, ohne uns wesentlichen Schaden zuzufügen. Auch waren wegen des aufgeweichten Bodens wiederum zahlreiche Blindgänger zu verzeichnen, die uns zu Gute kamen.

Trotzdem wir aber aus dieser Affaire mit blauem Auge hervorgegangen waren, hatten wir doch die Genugthuung, daß die für die deutsche Armee günstige Entscheidung dieser letzten und heftigsten Ausfallschlacht wesentlich auf unser Konto geschrieben wurde. An einem der nächsten Tage erging vom Oberkommando (Kronprinz von Sachsen) ein Armeebefehl, in dem der Korpsartillerie des 4. Armeekorps, die durch ihr rechtzeitiges und wirksames Eingreifen in die Schlacht den Erfolg des Tages entschieden hätte, der besondere Dank des Armee-Oberkommandirenden ausgesprochen wurde.

Das that wohl, ohne den Einzelnen, der ja nichts als seine verfluchte Pflicht und Schuldigkeit gethan hatte, stolz zu machen.

Die Entfaltung hervorstechenden persönlichen Muthes ist bei der Artillerie überhaupt ausgeschlossen. Da können sich wohl die höheren Truppenführer durch besonders vortheilhafte Ausnutzung des Terrains durch verdeckten Anmarsch und geschicktes Eingreifen in den Gang der Operationen große Verdienste erwerben; der einzelne Subalteroffizier, Unteroffizier und Soldat hat aber durchaus keine Gelegenheit, sich besonders auszuzeichnen; er hat gewissenhaft und schnell die gegebenen Befehle auszuführen und thut noch ein Übriges, wenn er dem Vorgesetzten stets ein unerschrockenes und fröhliches Gesicht zeigt.

Auf eigene Faust darf er nichts unternehmen, um etwa überflüssige, oder gar schädliche Proben seines persönlichen Muthes abzulegen. Wenn dennoch Einzelne, seien es Offiziere oder Mannschaften, durch Verleihung des eisernen Kreuzes ausgezeichnet sind, so ist das ein Unfug, der sich den nicht Dekorirten gegenüber nicht rechtfertigen läßt. Denn wer sich nicht offensichtlich gedrückt, oder sei es aus Feigheit, sei es aus Fahrlässigkeit, seine Dienstpflichten versäumt hat, verdient ebenso die allseitige Anerkennung und Belohnung, wie jene Bevorzugten, denen Zufall oder Laune der Vorgesetzten eine Dekoration in den Schoß geworfen hat. Im Verlaufe des Feldzuges erhielten aber die Offiziere ausnahmslos das eiserne Kreuz, und wem es etwa nicht zu Theil geworden ist, der mußte irgend etwas auf dem Kerbholze haben; ferner wurde der meistens größte Theil der Unteroffiziere, selbst Schreiber und Rechnungsführer bei den Kolonnen, die nie Pulver gerochen haben, dekorirt. Für die Mannschaften war nur eine bescheidene Anzahl von Kreuzen bestimmt, und bei der Concurrenz um diese schieden bei meinem Regiment auf Anordnung des Obersten die Kriegsfreiwilligen von vornherein aus.

Wie ich zuverlässig in Erfahrung gebracht habe, hat mich mein Batteriechef dreimal zur Verleihung des Kreuzes eingegeben, meine Dekorirung ist aber jedes mal an der grundsätzlichen Ablehnung des Obersten gescheitert. Es liegt mir fern, mich irgendwie über diese Nichtberücksichtigung zu beklagen, denn ich bin mir völlig darüber klar, daß ich keine größeren Verdienste aufzuweisen habe, wie die andern Kameraden auch.

Nur das verdrießt mich, daß die Schaaren von Kriegstheilnehmern, denen die Lorbeeren ohne directe Veranlassung auf die Brust geflogen sind, eine besondere Ehrung für sich in Anspruch nahmen, daß sie sich gar bombastisch zu Vereinen der „Kreuzritter“ zusammenschließen (thatsächlich sind sie nicht Ritter, sondern Inhaber der bewußten Dekoration) und späteren Generationen weiß machen wollen, als wenn sie vor den andern etwas voraus oder gar besonders ruhmreiche Heldenthaten verbrochen hätten.

Jeder einsichtsvolle, sachkundige Mann hat für solch albernen Klüngel nur ein mitleidiges Lächeln.

33. Kapitulation

Nachdem heißen Ringen des Tages kehrten wir erst spät in der Nacht in unser trautes Sannois, in das mollige Quartier beim Wirt Aux trois lanternes zurück, um vorsichtshalber in der Frühe des folgenden Tages noch einmal den Marsch nach Montesson zurückzulegen und dort abzuwarten, ob die Belagerten etwa den Angriff erneuern würden. Es geschah nicht, und auch am 21. Januar blieb nach der Richtung des Mont Valérien alles ruhig.

Da, wie verlautete, die Franzosen zur Beerdigung ihrer auf dem Schlachtfelde gebliebenen Kameraden eine Waffenruhe auf der Westfront erbeten hatten, so wurde am Nachmittage des 21. der Alarmzustand für uns aufgehoben.

Am 22. endlich konnte ich meine Sehnsucht, vom Orgemont aus die Beschießung von St. Denis durch unsere Belagerungbatterien zu beobachten, befriedigen, da mich der Dienst an die dort wieder aufgestellten Geschütze rief. Ich hatte das Glück, Fritz auf dem Observatorium anzutreffen und mich ihm nach dem blutigen Kampfe mit heilen Gliedern präsentiren zu können. Er war sehr besorgt um mich gewesen, als er von unserer Theilnahme an der Schlacht Kunde erhalten; nun aber leuchtete ihm die helle Freude aus den Augen, als er mich unversehrt vor sich stehen sah.

Durch das Fernrohr konnte man das Feuern unserer Festungsartillerie und die Wirkung ihrer Geschosse auf die feindlichen Werke, die Zerstörung, die sie in St. Denis, namentlich aber an der mächtig über die Häuser emporragenden Kathedrale, anrichteten, deutlich beobachten – ein schaurig schönes Schauspiel, ein Vernichtungsfeuerwerk, das umso eklatanter wurde, je mehr sich die Helligkeit des Tages verlor.

Als unbetheiligter Zuschauer sah und hörte ich es jeden Augenblick wie les bombes traversent le ciel de leurs sillons enflammés und am Ziele Elles senfoncent dans le sol, quelles déchirent et éclatent avec un bruit terrible.

Das Hin- und Herschießen wurde auch während der Nacht fortgesetzt und veranlaßte mich, zumal mildes, klares Wetter herrschte, die ganze Nacht über im Freien zu verweilen und mich an dem seltsamen Anblicke, der mir nach menschlicher Voraussicht im Leben nicht noch einmal geboten würde, zu begeistern.

Und ich hatte gut daran gethan, mir die Beschießung recht lange und gründlich anzusehen, denn schon nach wenigen Tagen – am 27. Januar – verstummten die Geschütze auf beiden Seiten, es herrschte an diesem Tage Waffenruhe, der am 28. Januar die Kapitulation von Paris und damit ein förmlicher auf 4 Wochen abgeschlossener Waffenstillstand folgte.

Jetzt war in unsern Kantonnements des Jubelns kein Ende. Für die allernächste Zeit erwarteten wir zum Einzuge in die so lange umschlossene Weltstadt befohlen zu werden, und dann winkte uns der selige Friede, die frohe Heimkehr ins Vaterland, das heiß ersehnte Wiedersehen mit allen unsern Lieben daheim!

Daß die während der Belagerung erduldeten Strapazen und harten Entbehrungen, die mangelhafte Ernährung und der unzureichende Schlaf nicht spurlos an mir vorübergegangen waren, erfuhr ich von unserm Obersten, der ersten Tage des Waffenstillstandes unsere Stellung auf dem Orgemont besichtigte und, über mein kümmerliches Aussehen entsetzt, sich theilnehmend erkundigte, ob ich krank sei. Nun war ich freilich seit dem Ausrücken aus Magdeburg den Rachenkatarrh nicht los geworden und vermochte trotz gewaltsamer Behandlung der entzündeten Stellen mit unaufgelöstem Alaun den häßlichen, gelblich weißen Belag in der Rachenhöhle nicht zu beseitigen. Obwohl ich mich in Folge dessen mitunter hundeelend und hinfällig fühlte, so hätte ich es doch nicht übers Herz gebracht, mich krank zu melden oder gar in ein Feldlazareth aufnehmen zu lassen. Solange noch ein Rest von Kraft und Energie in mir war, wollte ich aushalten und unverdrossen meinen Dienst verrichten, auch wenn ich zusammenzubrechen drohte. Die Bezeichnung „Lazarethbruder" wäre nach meiner damaligen Dienstauffassung für mich eine große Schande und mit der eines Drückebergers nahe verwandt gewesen.

Ein übel angebrachter Heroismus, dem ich es zu verdanken habe, daß man mir die Kriegszulagen vorenthielt, die ich sicher redlicher verdient habe wie die meisten Empfänger dieser gesetzlich festgelegten Wohlthat!

So schleppte ich mich denn hin von Tag zu Tage, ohne daß bei dem rauhen Dienste im harten Winter eine Besserung in meinem Befinden hätte eintreten können.

Gleichwohl antwortete ich dem Obersten prompt, daß ich nicht krank sei und daß meine ungesunde Gesichtsfarbe von dem schweren Dienste in der letzten Zeit herrühre. Das mochte ihm einleuchten, denn er fragte weiter, wo der Mont Valérien zu suchen sei. Ich bezeichnete ihm die Richtung mit dem Bemerken, daß das Fort selber von unserer Stellung aus des vorgelagerten Windmühlenberges wegen nicht gesehen werden könne. Überlegen schüttelte er sein Haupt, zeigte nach dem Montmartre und behauptete, diese Erhöhung sei der Mont Valérien. Ich vermuthete, daß er mit mir seinen Scherz treiben wollte und bemerkte mit verständnißvoller Miene: *„Wenn Herr Oberst befehlen, dann ist dieser (ich wies auf den Montmartre) der Mont Valérien"*. — *„Sehn Sie wohl, daß ich recht habe, Ihre erste Antwort war eine irrige"*, sprach der Unfehlbare, für meinen Scherz gänzlich unempfänglich, und sprengte davon. Nun erst begriff ich, daß ihm in der That die Lage des Mont Valérien unbekannt war, ihm, dem Kommandeur der Korpsartillerie, der mit seinem Regiment nun beinahe 5 Monate lang vor der stolzen Festung gelegen hatte und im Laufe der Zeit doch wenigstens deren uns zunächst bedrohende Außenforts hätte kennen sollen. Solange freilich da oben ab und zu eine Granate, Wallbüchsen- oder Chassepotkugel pfiff, war der Herr Oberst niemals bei unserer Stellung zu sehen gewesen.

Die Wirkung der Kapitulation zeigte sich bei uns in drei gänzlich von einander getrennten Richtungen: Darin, daß wir uns absoluter Ruhe erfreuten und weder durch Kanonendonner, noch durch Gewehrknattern gestört wurden, darin, daß wir große Quantitäten schön himmelblauer Ölfarbe anschafften, unsere Geschütze fein säuberlich reine machten und frisch anstrichen, um bei unserm Einzuge in Paris, den wir nahe bevorstehend wähnten, einen möglichst vortheilhaften Eindruck hervorzurufen, endlich darin, daß fortgesetzt lange aus Paris kommende Wagenzüge mit Flüchtlingen und deren Hausrath unsern Ort passirten, um in ihre für die Dauer der Belagerung verlassene Heimath zurückzukehren. Diese zunächst mit halb verhungerten Maulthieren bespannten Gefährte, namentlich aber ihre Insassen, denen Noth und die schwersten Entbehrungen auf den Gesichtern zu lesen waren, machten einen trostlosen Eindruck und riefen allgemeines Mitleid hervor.

Mühsam schleppten sich die abgezehrten Gespannführer und die noch nicht gänzlich zusammengebrochenen Familienglieder neben der Karre des Elends, auf der die kümmerlichen Überreste eines einst üppigen Haushaltes aus der Stätte des Grauens in die Gefilde der Freiheit zurückgeführt wurden, ernst und traurig dahin. Gierig griffen sie nach den ihnen von mitleidigen preußischen Soldaten gereichten harten Kommißbrotrinden und verzehrten sie mit Wohlbehagen.

«C'est pour les chiens» hatten die in Sannois gebliebenen Eingeborenen, die an das schwammig gebackene Weizenbrot gewöhnt sind, im Hinblick auf unser kerniges Soldatenbrot verächtlich geäußert. Jetzt mußten sie sehen, daß solches Hundefutter von ihren hungernden Landsleuten als eine große Wohlthat gewürdigt und gern, jedenfalls aber lieber genossen wurde, wie die auf den unabgeernteten Feldern stehen gebliebenen, halb verfaulten und übel duftenden Kohlköpfe, über die die dem Verschmachten nahen Belagerten herfielen, um wenigstens den brennendsten Hunger zu stillen.

Die Nationalgarde war sofort nach der Kapitulation aufgelöst, hatte die Waffen abgegeben und zog truppweise in wunderlich düsterer Uniform der Heimath zu.

So boten die von Paris ausstrahlenden Chausseen von früh bis in die späte Nacht hinein ein seltsam belebtes Straßenbild dar.

Am Sonntage nach der Kapitulation machte ich mich mit Genehmigung meines Batteriechefs auf den früher so gefahrvollen Weg über Épinay nach St. Denis, um meinen Bruder Fritz, der vor einigen Tagen zur Besetzung dorthin abgerückt war, aufzusuchen. Das vorgelagerte Fort La Briche, noch vor einigen Tagen unser erbitterter Gegner, mit dessen Zuckerhüten der Orgemont gespickt war, befand sich jetzt in den Händen einer Kompagnie des 3. Garde-Regiments zu Fuß und wurde von zahlreich im Innern aufgestellten Posten bewacht, die keinen, selbst nicht preußische Soldaten, hereinließen. Doch konnte ich schon vom Eingangsthore aus die grausamen Verwüstungen erkennen, die unsere Belagerungsbatterien dort angerichtet hatten.

Überall klafften ausgedehnte Breschen, lagen demontirte Schiffsgeschütze, zerschossene Munitionswagen und verdorbene Vorräthe in wüstem Durcheinander. Kein Wunder, daß die Kanonen des Forts allmählich verstummt waren, daß sich die Besatzung nicht länger hatte halten können! Die Stadt selbst war an allen Ecken und Enden schrecklich verwüstet, und kaum ein Haus zu entdecken, das nicht augenfällige Spuren von deutschen Granaten trug.

Die während der Beschießung in die Keller geflüchteten Bewohner waren zwar längst wieder zum Vorschein gekommen, hatten die Läden aufgemacht und die Geschäftslokale, so gut es in der Eile gehen wollte, von den Trümmern gesäubert. Alle zeigten sie aber noch die von dem ausgestandenen Schrekken verzerrten, vom Hunger entstellten Gesichter, und nur die Allermuthigsten hatten es verstanden, aus der Situation für sich Vortheil zu ziehen, ihre Vorräthe von fern her zu ergänzen und einen Geschäftsbetrieb zu eröffnen, der umso gewinnbringender war, je zahlreicher die deutsche Besatzung, je dichter der Strom der Flüchtlinge wurde, die nach dem Passiren der Demarkationslinie in St. Denis die erste Rast hielten. Nach manchem Hin- und Herfragen ermittelte ich endlich auf der Straße einen Pionier von meines Bruders Kompagnie, in dessen Begleitung es mir endlich gelang, das Quartier des Gesuchten aufzufinden.

In dem mäßig großen Salon eines leidlich elegant eingerichteten Hauses hatte er sich nebst 2 Kameraden biwaksmäßig untergebracht, die Möbel waren in der Mitte concentrirt und längs der Wände Matratzen als Ruhelager für die jungen Offiziere auf den Fußboden gelegt. Für gründliche Ventilation war durch ein mächtiges Loch in der Decke, durch das man Sonne, Mond und Sterne beobachten konnte, Sorge getragen, während man das Spiegelbild dieser Öffnung auf dem Fußboden nothdürftig durch aufgelegte Dielen und Kistenbretter verdeckt hatte.

Die 3 Bewohner dieses seltsam ausstaffirten Lokals wußten aber das Ungemüthliche ihrer dem Wind und Wetter ausgesetzten Behausung durch unverwüstlichen Humor und fröhliche Laune wett zu machen. Sie nöthigten mich auf ihren feinsten Divan und erfrischten mich mit einer Flasche wirklich guten alten Bordeaux, den sie ihrem in einem nahe gelegenen Café provisorisch eingerichteten Casino entnommen hatten. Dann machten sie mich mit den Sehenswürdigkeiten ihres neuen Kantonnements bekannt, zeigten mir die vielfach zerschossene Kathedrale mit den Grüften der französischen Könige und führten mich endlich an die zur Controle der Paris verlassenden Personen und Wagen auf der dorthin führenden Landstraße errichteten Demarkationslinie.

In einer Entfernung von 20 Metern war die Straße mit 2 Ketten abgesperrt. An der äußeren standen bewaffnete französische Soldaten unter dem Kommando eines Offiziers, die innere war von preußischer Garde-Infanterie besetzt. Nur solche Franzosen, die sich durch einen von der pariser Kommandantur ausgestellten Passirschein legitimiren konnten, durften von den beiderseitigen Postenoffizieren durchgelassen werden. Deutschen war der Übertritt auf das pariser Gebiet vorläufig überhaupt noch untersagt. Von dem Drängen und Fluthen der aufgeregten Menschen, von denen jeder zuerst durchgelassen werden wollte, von den Bitten und Beschwörungen der Nichtlegitimirten an den unzugänglichen Postenoffizier macht sich Niemand einen Begriff, der eine solche Szene nicht mit eigenen Augen geschaut hat.

Das Absperrungskommando hatte einen schweren Stand und bedurfte äußerster Ruhe und rücksichtsloser Energie, um den Ansturm der Durchlaß Begehrenden zu zügeln. An diesem

Punkte konnte man nur tiefstes Mitleid empfinden mit den geistig und körperlich zerrütteten Opfern der langen Belagerung. Da konnte man aus unmittelbarster Nähe erkennen, welch tiefe, unauslöschliche Furchen Angst und Hunger in die Gesichtszüge der unglücklichen Eingeschlossenen eingegraben hatten.

Tief erschüttert von diesen Eindrücken, aber auch frisch gestärkt durch das brüderliche Beisammensein und die Hilfsquellen des provisorischen Pioniercasinos in St. Denis führte ich den Rückweg nach meinem geliebten Sannois aus, das nach dem heute Geschauten und Erlebten mir wie eine Oase in der Wüste erscheinen mußte.

34. Nach Südwest

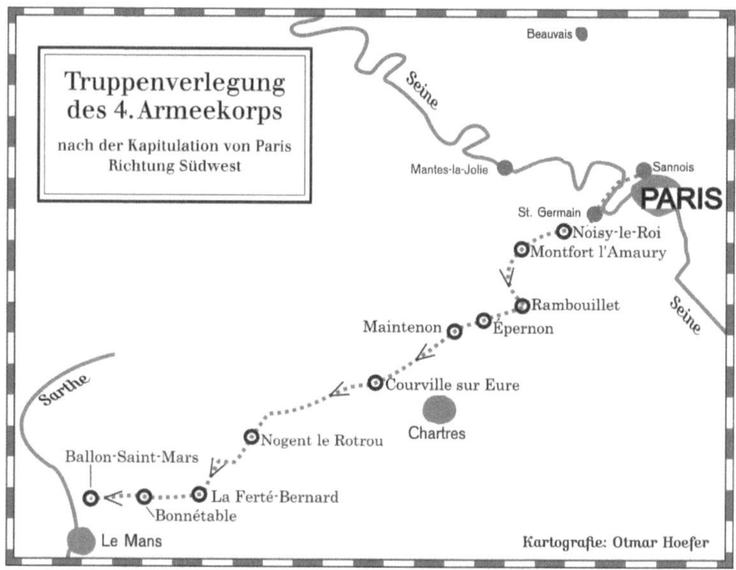

Der Weg nach Südwest. 8. – 26. 2. 1871

Die Vorbereitungen für den erhofften Einzug in Paris erfuhren ein jähes Ende durch die Nachricht, daß das 4. Armeekorps nicht zu den wenig zahlreichen Truppen gehöre, denen die stolze Metropole ihre Thore öffnen sollte, daß es vielmehr dazu ausersehen sei, zur Ablösung des 3. Armeekorps, das bis in die jüngste Zeit hinein an der Sarthe stark gelitten hatte, in südwestlicher Richtung abzurücken.

So plötzlich diese Hiobspost uns erreichte, so schleunig erfolgte auch der offizielle Befehl zum Abmarsch. Schon am 8. Februar hatten wir unsere freundschaftlichen Beziehungen zu den Bewohnern von Sannois gelöst und befanden uns, Paris hinter uns lassend, bei dem denkbar ungünstigsten Wetter auf dem Marsche. Es ist keine leichte Aufgabe für den Generalstabsoffizier, die zahlreichen Truppen eines mobilen Armeekorps aus ziemlich enger Concentration nach derselben Richtung in Marsch zu setzen. Ohne Collisionen und Frictionen geht es da an den ersten Marschtagen nicht ab, zumal wenn ein Wasserlauf zu passiren ist und nicht ausreichende Übergänge zur Verfügung stehen.

Zum Überschreiten der Seine kamen für das Armeekorps aber nur zwei Brücken: die eine unmittelbar bei St. Germain, die andere zwischen Sartrouville und Maissons in Betracht. Die letztere war an jenem 8. Februar so stark von unsern Truppen in Anspruch genommen, daß wir zwei volle Stunden in strömendem Regen auf dem rechten Ufer halten mußten, bevor wir hinüber durften. Der Marsch durch den üppigen forêt de St. Germain und durch diesen Ort selbst hob zwar die etwas niedergedrückte Stimmung ein wenig, zumal vereinzelte Sonnenstrahlen in die von schaulustigen gamins gefüllten Straßen fielen; bald hinter der Stadt aber verdichteten sich die Wolken wieder derart, daß es rings um uns stockdunkel wurde und bald ein Dauerregen einsetzte, der ohne Unterbrechung bis in die Nacht hinein anhielt und uns bis auf die Haut durchnäßte. Völlig erschöpft bezogen wir bei ägyptischer Finsterniß spät Abends unser erstes Marschquartier in einem überbelegten Weiler bei Noisy-le-Roi.

Zu unserer Ernährung fanden wir nichts anderes als erstaunliche Vorräthe des köstlichen fromage de Brie, der in den Ortschaften jener Gegend hergestellt wird und uns an diesem Abend Fleisch und Gemüse ersetzen mußte.

Dann schlich ich mich in einen Strohschober und wühlte mich derart in die aufgestapelten Strohbunde ein, daß nichts von mir herausguckte. War das Lager auch nicht fürstlich, so wärmte es mich doch und bewirkte, daß meine durchnäßte

Kladasche, die ich, ebenso wie die Stiefel, am Leibe behielt, am nächsten Morgen leidlich abgetrocknet war. Leider ergab sich aber sehr bald, daß meine Fußbekleidung (ein Paar neue Kommißstiefel) in Folge der Nässe eingelaufen und mir viel zu eng geworden war. Schon bei Beginn des Marsches schmerzten die Füße vom Stiefeldruck und wurden immer empfindlicher, je länger ich auf den Beinen war. Zum Glück war an diesem Tage das Marschziel nicht allzu weit entfernt. In Montfort l'Amaury fand ich in einer freundlichen Tagelöhnerfamilie theilnehmende Quartierwirthe, die mich aufopfernd pflegten und mit warmen Bädern, Hirschtalg etc. von meinen heftigen Fußschmerzen zu befreien suchten.

Am folgenden Marschtage ging es schon besser, der Fuß gewöhnte sich an den Druck und wurde schließlich trotz gewaltiger Marschleistungen von selber wieder heil.

Schon während des Marsches, aber auch noch im Quartier vernahmen wir fortgesetzt heftigen Kanonendonner von Paris her und fanden trotz aller Kombinationen keine plausibele Erklärung für diese Thatsache.

Die größte Wahrscheinlichkeit hatte noch die Vermuthung, daß die nichttransportabeln Geschütze auf den pariser Forts mit Dynamit unbrauchbar gemacht würden. Erst in Nogent le Rotrou erfuhren wir die Wahrheit, daß die Detonationen von den Kämpfen der Regierung mit der pariser Commune herrührten.

Wir passirten Rambouillet, Épernon und hatten in Maintenon Ruhetag, den ich dazu benutzte, um das Schloß der bekannten Gräfin aus- und inwendig gründlich zu besichtigen und über den dort entfalteten ungeahnten Glanz maßloses Erstaunen zu zeigen.

Ungleich wichtiger und erfreulicher als die Besichtigung dieser historischen Stätte war für mich aber ein anderes

Ereigniß, das mir in Maintenon widerfuhr und das mein Herz auf Tage und Wochen mit Freude und Jubel erfüllte: Ich erhielt einen Brief von meinem guten Vater, den ersten, den er seit meinem Abschiede von ihm an mich gerichtet. Seine schwere Krankheit schien überwunden, er fühlte sich kräftiger und hoffte zu Gott, daß Er ihm die Gnade verleihen möchte, in nicht zu ferner Zeit seines Amtes wieder walten zu können.

Schon aus Courville an der Éure westlich von Chartres, meinem nächsten Marschquartiere, antwortete ich überglücklich und sprach die Hoffnung aus auf frohes Wiedersehen bei voller Gesundheit zum Osterfeste, an dem die Hochzeit meiner Schwester Johanne gefeiert werden sollte.

Schon ging, wenngleich wir erst Mitte Februar schrieben, ein Frühlingshauch durch die Natur. Auf den Bergen, in den Thälern war der Schnee geschmolzen, und die noch schräg einfallenden Sonnenstrahlen machten den auf staubiger Landstraße ziehenden Kanonieren warm. Am Grabenrain, dort, wo die Sonne am kräftigsten wirken kann, sproßten und blühten die ersten Veilchen und dienten als willkommene Beilage für die in die Heimath entsandten Briefe.

Ja, ein schönes, ein gesegnetes Land ist das weite Frankreich, überall üppige Landschaften, blühende Städte, wohlhabende Dörfer, abwechselnd mit ausgedehntem, sorgsam gepflegtem Waldbestand. Höchst selten trifft man einen Bettler an, und doch steht Dank der polizeilichen Fürsorge an allen Straßenecken augenfällig angeschrieben: „la mendicité est interdite dans le departement de la Seine et Oise“. Auch auf den prächtigen Landstraßen ist die Wirksamkeit der Polizei überall wahrzunehmen: Abgesehen davon, daß die Fahrstraße, wenn auch von weißem, augenblendenden Material hergestellt, peinlich sauber und in vortrefflichem Zustande erhalten wird, sorgen zahlreiche, niedlich in Eisen gegossene Wegweiser dafür, daß man sich auch ohne Karte zurecht findet, und daß der Rosselenker rechtzeitig erinnert wird, bei erheblichen Steigungen Vorspann zu nehmen. In solchem Falle lautet die Aufschrift: „chevaux de renfort". Letzteres Wort verführte einst unsern Küchenmeister Dohrmann zu der viel belachten Äußerung: *„jetzt kommen me bahle nach Renfort"*! In Courville lag ich beim pharmacien im Quartier, in Nogent le Rotrou, woselbst mehrtägiger Aufenthalt genommen wurde, bei einer älteren, frommen und sehr mildthätigen Wittwe, die mich wohl leiden mochte und des öftern zum Plauderstündchen einlud. *«o, grand malheur; malheur pour nous, malheur pour vous, malheur pour tout le monde»!* Das war ihre ständige Klage, wenn sie auf den männermordenden Krieg zu sprechen kam.

In ihr fand ich eine theilnehmende Seele, die Verständniß für meine in Folge des immer heftiger auftretenden Rachenkatarrhs recht gedrückte Stimmung hatte und mir mit Rath und Hausmittelchen zu helfen suchte.

Eine andere abscheuliche Entdeckung, die mich fast noch mehr bekümmerte, als die gewohnte Angina, konnte ich der guten Frau leider nicht offenbaren. Auf den Märschen der letzten Tage wurde ich nämlich fortgesetzt durch häßliches Jucken auf Brust und Hals gepeinigt, das umso unerträglicher war, je wärmer die Sonne ihre Strahlen sandte. Ohne dauernd mit der Hand zwischen Binde und Hals zu fahren, war es gar nicht auszuhalten. Nachdem ich nun im nächsten Quartiere mit rothen Pusteln bedeckt war, besorgte ich eine Ansteckung von Masern oder Scharlach und war gerade im Begriffe, mich vom Stabsarzte daraufhin untersuchen zu lassen, als ich zu meinem Entsetzen in den Unterkleidern Ungeziefer entdeckte und zwar so zahlreich, daß dessen Ausrottung auf dem Marsch, wo eine gründliche Reinigung mit kochendem Wasser ausgeschlossen war, von vornherein als unmöglich bezeichnet werden mußte. So schleppte ich dann resignirt meine ekelhaften Quälgeister mit mir herum und beschränkte mich darauf, fast in jedem Marschquartiere ein Hemd aus den Beständen des Quartierwirthes zu entnehmen und dafür mein mit Ungeziefer besetztes, meist vorsichtig im Kamin versteckt, zurückzulassen. Ein allgemein als Schutzmittel empfohlenes Moschussäckchen, das ich mir aus der Heimath hatte schicken lassen und trotz des übeln Geruchs auf der Brust trug, war also wirkungslos gewesen gegen diese entsetzliche Plage, womit der Abschaum der Menschheit, die sehr übel berüchtigten Kolonnenkutscher – es waren meist magdeburger Bummler schlimmster Sorte – unsere Marschquartiere infiziert hatten.

In Nogent le Rotrou fand sich endlich der mitleidige Batterieschneider bereit, mir zu helfen. Er machte ein Bügeleisen glühend heiß und fuhr damit auf den inneren Nähten meiner Kleider lang, sodaß es knatterte wie Pelotonfeuer. Dadurch wurde die Brut getödtet und ich bekam Ruhe, da ich gleichzeitig ein Bad genommen und meine Unterkleider durch frische ersetzt hatte.

Ein unsagbar beseligendes Gefühl ists, sich von solch ekelhaften Einwohnern, die einen wochenlang bis aufs Blut gepeinigt haben, frei und ledig zu wissen; ich war daher unserm braven Ziegenbock von Herzen dankbar für seinen werthvollen Freundschaftsdienst und lud ihn ein zum Glase bière de Strassbourg, das in leidlicher Güte bei einem cafétier in der Hauptstraße verzapft wurde. Der Mann machte, solange Deutsche in der Stadt einquartirt waren, ein Bombengeschäft, denn solche Quantitäten, wie diese zu vertilgen gewohnt waren, konnten seine Landsleute bei weitem nicht vertragen.

Zur Kontrolle dafür, wieviel der Gast getrunken und zu bezahlen habe, wurde bei jeder Neufüllung des Glases (un boc sagt der Franzose) auch ein neuer gläserner Untersatz aufgestellt. Je höher also die gläserne Säule wuchs, auf der das Bierglas thronte, umso trunkfester war der Gast. Die im Café verkehrenden Eingeborenen thaten schier entsetzt über unsere solchergestalt offenbarten Trinkleistungen. In dieser Beziehung konnten sie nicht mit uns konkurriren, denn sie sind im allgemeinen keine Trinker, setzen sich vielmehr stundenlang bei einem winzig kleinen Schälchen Café noir und allenfalls noch einem Cognac ins Café, spucken ins Lokal, spielen Billard, oder politisiren. Im Billardspiel sind sie fast alle Meister und uns weit überlegen; schon ganz junge Bürschchen nehmen es mit unsern Billardkünstlern auf, so ein Bäckerlehrling in Étouy, der Serien von 50 Bällen machte und sich im Übrigen dadurch von anderen Sterblichen unterschied, daß er – ebenso wie sein Vater – an jeder Hand und jedem Fuße 6 Finger, Zehen hatte.

Nur eine Trinkleidenschaft ist in Frankreich, namentlich unter den vorzeitig gealterten Lebemännern verbreitet, das ist der Absinthgenuß. Dieser, dem Deutschen wenig zusagende Schnaps sieht, mit Wasser vermischt, aus wie aufgelöster Chausseeschlamm und soll durch seine reizende Wirkung auf die Nieren für die Gewohnheitstrinker sehr schädlich sein. Im Übermaß huldigt aber selbst der Absinthtrinker nicht dem Alkohol, und daher kommt es, daß man in Frankreich höchst selten, man kann wohl sagen nie einen Betrunkenen antrifft. Der Franzose kommt sehr schnell in animirte Stimmung, er fällt aber dabei niemals aus der Rolle, bleibt vielmehr stets der höfliche, vornehme Mann und zeichnet sich in dieser Beziehung sehr vortheilhaft vor dem Deutschen aus. Demzufolge kommen Schlägereien und Messerstechereien, wie sie bei uns an der Tagesordnung sind, in Frankreich so gut wie gar nicht vor. Damit ist nicht etwa gesagt, daß der Franzose gebildeter sei wie der Deutsche; im Gegentheil, man trifft dort eine erschrekkend große Zahl von Analphabeten an und wurde oft von gut angezogenen Leuten auf die Bitte um Auskunft nach dem Inhalte eines Quartierbillets achselzuckend mit dem Bedauern abgefertigt: *«sais pas lire»*.

Aber der Franzose ist nach seiner Characteranlage mäßiger, höflicher und weniger roh wie der Deutsche – und hierin, nicht ausschließlich in der bessern Bodenbeschaffenheit, liegt das Geheimniß verborgen, weshalb im westlichen Nachbarreiche der Einzelne leichter zu behaglichem Wohlstande gelangt wie bei uns. Hat der paysan morgens eine Schale Café au lait mit eingebrocktem Toast, als 2tes Frühstück eine umfangreiche Schnitte Weißbrot, allenfalls mit einem winzigen Stücklein Magerkäs, aber stets ohne Butter, als Mittagbrot une soupe maigre und zu Abend einen Rest kaltes Rindfleisch, mit salade de pise en lit (Löwenzahn) vermengt, dann hat er für wenig Geld sich und seine Familie gesättigt und ist zufrieden in seinem behaglichen Heim. Wie viel anspruchsvoller und egoistischer ist der deutsche Arbeiter!

Da gehört zum Frühstück nothwendig ein großes Stück Wurst, Speck, oder Gehacktes und zum Vesper dito, außerdem muß die Schnapsflasche täglich frisch gefüllt, daneben aber auch dem Lagerbier kräftig zugesprochen werden. So gehört sich das für einen ordentlichen Kerl!

Ob aber neben diesen für die höchsteigene Person des braven Familienvaters regelmäßig erwachsende Ausgaben von dem Arbeitsverdienste noch genug zur Ernährung von Weib und Kind daheim übrig bleibt, darum kümmert sich unser Gemüthsmensch nicht im entferntesten. Ceterum censeo: nur durch Mäßigkeit der Männer und Wirthschaftlichkeit der Frauen kann dem sozialen Elende wirksam entgegengesteuert werden.

Leider muß ich aber feststellen, daß auch die französische Frau, mögen immerhin ihre Anschauungen in moralischer Beziehung freier und laxer sein, wie bei uns, ihrer deutschen Schwester, was Wirthschaftlichkeit und Reinlichkeit anlangt, wesentlich überlegen ist. Man sehe nur einmal eine Arbeiterwohnung in Westpreussen, Hessen und auf dem Eichsfelde an; welche Unordnung, welch grauenerregender Schmutz tritt einem da in Hof und Haus entgegen! Anders in Frankreich: dort herrscht – abgesehen von seltenen Ausnahmen – in der ärmsten Hütte peinlichste Ordnung und Sauberkeit. Die blitzblanken Steinfliesen, das glänzend geputzte Küchengeschirr über dem Kamin, das schneeweiße Linnen des ehelichen Himmelbettes macht einen überaus wohlthätigen, anheimelnden Eindruck auf jeden unbefangenen Eintretenden.

Da es mir fast regelmäßig beschieden war, bei der ärmeren Bevölkerung mein Quartier zu erhalten, so kam ich schon bei jungen Jahren in die Lage, einen werthvollen Einblick in die französischen Arbeiterverhältnisse zu gewinnen, dieselben mit den heimathlichen zu vergleichen und mir darüber ein zutreffenderes Urtheil zu bilden, wie es die Sozialpolitiker, denen Land und Volk fern bleibt, mit ihrer Kathederweisheit zu fällen im Stande sind.

Auf dem Weitermarsche berührten wir die Orte La Ferté-Bernard und Bonnétable und erreichten am dritten Tage nach dem Ausrücken aus Nogent le Rotrou unser Marschziel, das wenige Kilometer nördlich von Le Mans gelegene Städtchen Ballon.

In jedem der von uns besuchten Orte fielen einzelne Häuser auf, vor deren Betreten durch schwarze Tafeln mit der Inschrift gewarnt wurde: «fermée á cause de la petite verolle». Aus dieser Thatsache in Verbindung mit der nicht seltenen Erscheinung pockennarbiger Gesichter auf den Straßen der Städte und

Dörfer ergiebt sich die Gewißheit, daß die in Deutschland, nicht aber in Frankreich, obligarorische Schutzpockenimpfung kein leerer Wahn ist.

In Ballon war ich bei einem liebenswürdigen Franzosen einquartirt, der, nach seinem métier befragt, sich journalier nannte. Da ich nach seinem Äußern nicht annehmen konnte, daß der Befragte ein Zeitungsschreiber sei, so fand ich mich mit der Vermuthung ab, daß er sich mit dem Verschleiß von Journalen beschäftige. Bald wurde ich aber eines Bessern belehrt, denn als ich ihm einen Hetzartikel Gambettas im moniteur de Le Mans vorlegte und ihn um seine Meinung befragte, antwortete er mit dem ominösen: «*sais pas lire*».

Aus diesem Irrthum habe ich gelernt, daß journalier nicht mit Journalhändler, sondern mit Tagelöhner zu übersetzen ist. Jetzt waren wir wieder mit der französischen Armee, die jenseits der Sarthe ihre Vorposten hatte, in Fühlung gekommen und es entstand die wichtige, alle Gemüther lebhaft bewegende Frage: Würden wir noch einmal in die Lage kommen, uns im Waffengange mit dem Feinde zu messen? Noch war die für den Waffenstillstand festgesetzte Frist nicht abgelaufen, aber in wenigen Tagen mußte es sich entscheiden, ob die unterbrochenen Feindseligkeiten wieder aufgenommen werden sollten, oder ob sich die in Versailles zusammengetretenen Unterhändler über eine den endgültigen Frieden garantirende Basis geeinigt hatten.

Inzwischen sorgten wir, daß unser Pulver trocken und das Schwert geschliffen blieb. Die Geschütze wurden auf Gefechtsbrauchbarkeit revidirt, Granaten und Kartuschen unter Beobachtung der gebotenen Vorsichtsmaßregeln bei trockenem Wetter auf mächtigen Plantüchern ausgebreitet und der Einwirkung der Sonnenstrahlen ausgesetzt.

35. Präliminarfriede

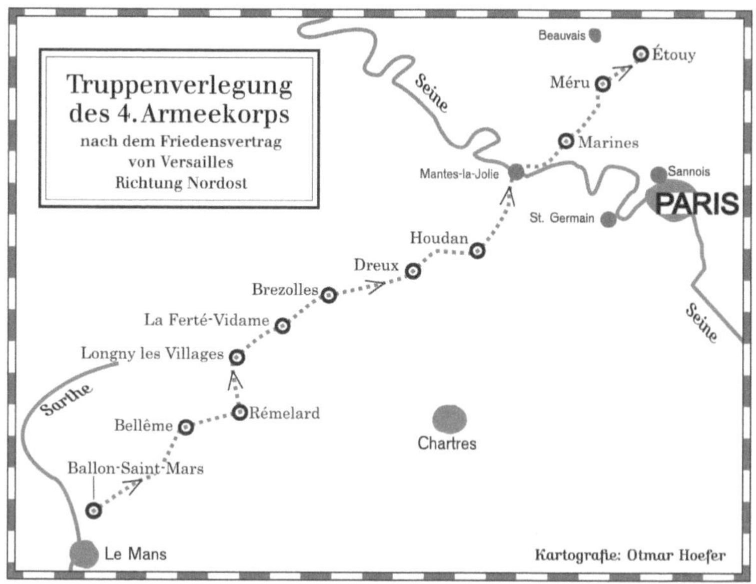

Der Weg nach Nordost

So vorbereitet, waren wir designirt, am 27. Februar in aller Frühe den Vormarsch anzutreten und den Feind in seiner Stellung an der Sarthe anzugreifen.

Da traf in der Nacht vom 26. auf den 27. Februar, als ich gerade Wachthabender auf der Geschützparkwache war, ein Meldereiter vom General-Kommando ein mit dem Befehle, den Vormarsch nicht anzutreten, da die Friedenspräliminarien abgeschlossen seien. Nun war der Jubel groß, rückte doch damit der Zeitpunkt unserer Heimkehr immer Näher!

Jetzt hatte ein längeres Verweilen an der Sarthe für uns keinen Zweck mehr, und schon nach wenigen Tagen traten wir den Rückmarsch auf Paris wieder an. Diesmal wählten wir die

Route: Bellême, Rémelard, Longny, La Ferté-Vidame, Brezolles, Dreux, Houdan, Mantes, Méru, Étouy bei Clermont/Oise.

Houdan ist mir dadurch in dauernder Erinnerung geblieben, daß ich dort einen niedlichen Flaschenkürbis erstand, ein solches Exemplar, mit dem Peter von Amiens abgebildet zu werden pflegt, und darin für die ferneren Märsche den französischen, besonders erfrischenden Cidre, einen etwas prickelnden, röthlich schillernden Apfelwein, mitführte, der sehr gut den Durst löschte und mir weit zuträglicher war wie der übliche, auf die Dauer erschlaffende Cognac.

Die große steinerne Brücke bei Mantes war von den Franzosen gesprengt. Als Ersatz hatten unsere Pioniere eine Pontonbrücke erbaut, auf der die Seine überschritten werden mußte. Das geschieht nun nicht so schnell, wie man es schreibt oder liest, nein, ein solcher Übergang muß sehr vorsichtig und besonnen ausgeführt werden. Die schwankende Bewegung macht es nöthig, daß die Reiter absitzen, und daß jedes Pferd – auch die Handpferde – straff am Zügel geführt und, um ein Scheuwerden zu verhüten, fortgesetzt durch sanften Zuspruch beruhigt wird. Sodann darf die Brücke in ihrer ganzen Ausdehnung stets nur mit einem Geschütze belastet werden. Hieraus erklärt es sich, daß der Übergang eines Artillerie-Regiments über einen mäßig breiten Strom auf einer Pontonbrücke stets 1 – 2 Stunden in Anspruch nimmt.

Trotz dieser Verzögerung trafen wir doch schon gegen 11 Uhr in unserm Quartier zu Mantes ein, und ich benutzte um die Mittagsstunde die mir zur Verfügung stehende Zeit zu einem Besuche der in romanischem Style erbauten Kathedrale, deren mächtiges Massiv mich schon von Ferne her zur Besichtigung eingeladen hatte. Wie alle katholischen Kirchen, so war auch diese im Innern, namentlich am Hochaltare, mit Gold, Silber, gleißendem Gestein, schreiend realistisch gemalten

Bildern und Figuren überladen und konnte in dieser abgeschmackten Pracht bei mir keinen stimmungsvollen Eindruck hervorrufen. Bei näherer Betrachtung des um diese Stunde menschenleeren Gotteshauses gerieth ich in eine auf den ersten Blick nicht sonderlich hervortretende Seitenkapelle und sah zu meinem Erstaunen, daß ich nicht allein war: Ein vom Alter gekrümmter, hektisch hüstelnder Greis mühte sich mit Aufbietung seiner schwachen Kraft ab, das bis zum Schiff herabhängende Glockenseil anzuziehen und durch seine vertikal auf den Schwengel ausgeübte Kraft diesen und damit die in der Glockenstube des Thurmes hängende Glocke zum Mittagsläuten in Schwingung zu setzen. Bei dieser Kraftleistung wollte dem alten Männlein schier der Athem ausgehen. Das jammerte mich, ich entnahm das Seil seiner zitternden Hand und fing an nach der Art, wie ich es in meinem Heimathsdorfe oft genug geübt hatte, feste drauf los zu läuten. Verblüfft schaute der alte Glöckner meinem Treiben zu, mit der ausgestreckten Rechten abwehrend, daß ich ja nicht zu stark ziehen sollte.

Bestürzt eilte sein niedliches Töchterlein aus der nahe gelegenen Thürmerwohnung, um zu schauen, woher denn ihrem altersschwachen Vater die Kraft zu solch einer unerhörten Glockenschwingung gekommen sei, und stand jetzt, sprachlos vor Erstaunen bald mich, bald ihren in den Ruhestand versetzten Vater betrachtend. Durch nichts ließ ich mich stören, sondern setzte den freiwillig übernommenen Glöcknerdienst solange fort, bis das holdselige Mägdlein, dicht an mein Ohr geneigt, mir zurief: *«C'est assez maintenant, Monsieur»!*

„Friedensklänge in Feindesland“ möchte ich diese kleine Episode überschreiben, an die ich lebenslang gern zurückdenke und bei der es mir vergönnt gewesen ist, eine weit schönere, befriedigendere Arbeit zu leisten, als sie jemals von einem

Helden in der männermordenden Feldschlacht verrichtet werden kann.

Nordöstlich von Mantes an der Kreuzung der Chaussee Mantes – Méru mit derjenigen von Pontoise nach Gisors nahe bei dem Marktflecken Marines, liegt, durch Bäume und Buschwerk verborgen, eine einfache Mühle, die mir und einer Anzahl berittener Mannschaften als Marschquartier angewiesen wurde. Bei unserm Eintreffen auf dem Hofe trat uns, umgeben von zwei kläffenden Kötern, ein alter, mürrisch dreinschauender Müllergeselle entgegen und gab zu verstehen, daß er als Vertreter der abwesenden Müllerfamilie zurückgeblieben, aber gänzlich ohne Mittel sei, um uns die zuständige Verpflegung zukommen zu lassen.

Auf meine in der mairie zu Marines mündlich angebrachte Beschwerde wurde ich zwar von der Gemeindebehörde mit Fleisch, Brot, Kartoffeln, Reis, Salz und Kaffee für mich und meine Quartiergenossen abgefunden, die Zubereitung dieser Lebensmittel aber blieb uns selbst überlassen. Zum Glück fand sich einer von meinen Gefährten bereit, die gelieferten Victualien im Kamin der Wohnstube zu kochen und handtirte mit den Küchengeräthschaften des Hausbesitzers herum, während der alte Mühlknappe in der Ecke in einem Lehnstuhle kauerte und dem Beginnen des Kochkünstlers mißtrauisch zuschaute.

Wir andern waren inzwischen mit der Versorgung der Pferde und Instandsetzung unserer Kleider beschäftigt. Ich selbst hatte das klare Wetter und den hellen Sonnenschein dazu benutzt, um Hemd und Strümpfe im Mühlgraben zu waschen, hatte die Wäsche fein gespült, ausgerungen und über den Gartenzaun an die Sonne gehangen. Bis die Sachen trocken wären, wollte ich einen Gang durch die Mühle machen und mir deren innere Einrichtung betrachten. Da das Werk außer Betrieb gesetzt war, so konnte ich ungehindert und gefahrlos in allen Winkeln umherkriechen, konnte die Schutzvorrichtung über dem Mahlgetriebe öffnen, die Auffülltrichter nebst Magnet besichtigen und die Qualität der Mühlsteine prüfen. Im Begriff, mich auch von der Construction und Anbringung der Zackcylinder zu unterrichten, schob ich eins der in Vertikalfalz sich bewegenden Schiebethürchen, die in den Cylinderkasten eingelassen sind, in die Höhe – da klimpert etwas zu meinen Füßen auf der Holzdiele, schnell lasse ich die geheimnißvolle Klappe wieder zufallen, bücke mich und halte einen freundlich blinkenden Louis dor in der Hand. *„Du kommst mir wie bestellt"*, denke ich und versenke den gefundenen Schatz in den Tiefen meiner Hosentasche, sorgfältig umspähend, ob auch niemand etwas von der schwarzen That gesehen.

Was sollte ich thun? Des Geldes bedurfte ich dringend, da ich seit dem Abmarsch nach der Sarthe meinen Finanzminister Fritz nicht mehr getroffen, also keine Gelegenheit gehabt hatte, meinen Geldvorrath zu ergänzen – beim Anblick meines Brustbeutels empfand ich den horror vacui.

Andererseits mochte ich auch nicht um ein 20 Francstücks willen zum Spitzbuben werden. Aber bestand denn für mich überhaupt eine Möglichkeit, das Geld dem rechtmäßigen Eigenthümer zu übergeben? Öffnete ich das geheimnißvolle Fach noch einmal und warf den daraus entsprungenen Goldfuchs wieder hinein, so fiel er unzweifelhaft in die Tiefe und ging verloren, oder wurde von einem noch weniger Legitimirten, als ich es war, aufgefunden und eingesteckt. Andrerseits mußte ich argwöhnen, daß der mir zugeeilte Fuchs in seinem dunkeln Verstecke nicht ohne Gesellschaft gewesen wäre, die bei nochmaligem Aufschieben der Klappe dem Entlaufenen nachfolgen würde, vielleicht käme dann ein ganzer mit Gold gefüllter Beutel zum Vorscheine, und den hätte ich um keinen

Preis der Welt behalten mögen. Aber durfte ich denn den finster drein schauenden Mühlenknappen ins Geheimniß einweihen? Ich konnte nicht voraussetzen, daß der von der Existenz des Schatzes Kenntniß hatte, und, wenn er sie durch mich erhielt, daß er auch als ehrlicher Haushalter handeln würde.

Bekamen endlich meine Kameraden den leisesten Wind davon, daß in der Mühle ein Schatz verborgen sei, so würden sie – davon war ich fest überzeugt – das unterste zu oberst gekehrt haben, um auch das letzte der herrenlosen Stücke aufzufinden und sich anzueignen. So hielt ich es für das beste, über meine Entdeckung tiefstes Stillschweigen zu beobachten und gewöhnte mich, ungeachtet wiederholt auftauchender Gewissensskrupel, an den Gedanken, den mir auf so eigenartige Weise in den Schooß gefallenen Zehrpfennig als ein Geschenk des Himmels anzusehen, mit dem mir aus drückender Verlegenheit geholfen werden sollte. Erleichtert athmete ich aber auf, als am folgenden Marschtage die verhexte Mühle aus meinem Gesichtsfelde schwand.

Wers richtiger weiß, oder im gleichen Falle practischer handeln würde, der werfe den ersten Stein auf mich!

Gelangt man in die Nähe von Méru, so empfindet man es als eigenartige Überraschung, daß die sonst kahlen Anhöhen selbst mitten im Sommer weiß sind. Beim Näherkommen klärt sich diese seltsame Erscheinung dadurch auf, daß das sterile Land mit Thierknochen bedeckt ist, die dort zur Bleiche ausgebreitet sind.

Die gesammte Einwohnerschaft des Städtchens Méru und auch der umliegenden Ortschaften beschäftigt sich nämlich mit der Anfertigung überaus zierlich und kunstvoll gearbeiteter Fächer, zu denen jene Knochen das Rohmaterial liefern. Da der Betrieb dieser Industrie ausschließlich in Hausarbeit stattfindet, so trifft man in fast jedem Häuschen eine niedliche

Maschine an, mittelst deren die zarten Knochenschnitzereien hergestellt werden. Jeder Mann, beinahe jede Frau ist dort Künstler. Dabei sind die Fabrikate nicht übermäßig theuer; für 20 Frcs habe ich ein Musterexemplar der Méruschen Fächerarbeit an Ort und Stelle erstanden und als willkommene Hochzeitsgabe für meine Schwester Johanne verwendet.

Die Kalkberge dienen heutzutage einem andern, ernsteren Zwecke; wie ich gelesen, hat man wegen Überfüllung des Père Lachaise den pariser Centralfriedhof nach Méru verlegt.

In unserm nächsten Marschquartiere Le Ménil en haix angelangt, erhielt ich den Befehl, mit einem Unteroffizier, von dessen Geschütz während der Nacht in Méru ein Pferd abhanden gekommen war, dorthin zurückzukehren und alle Hebel in Bewegung zu setzen, um des Flüchtlings wieder habhaft zu werden. Vermöge meiner damaligen Sprachgewandtheit führte ich den Auftrag so gut aus, daß ich bald nach dem Wiedereintreffen in Méru den Aufenthalt des Durchbrenners ermitteln und den Gaul selbst nach Erstattung der Futter- und Trommlerkosten in Empfang nehmen konnte. Ich bemerke, daß in Frankreich öffentliche Bekanntmachungen nicht ausgeschallt, sondern ausgetrommelt werden, ein Dienst, der in der Regel von alten Weibern besorgt wird.

Am nächst folgenden Tage der voraus marschirten Batterie nacheilend, fiel es uns nicht allzu schwer, die von der Batterie in 2 Tagen durchmessene Entfernung auf unsern ausgeruhten Pferden in einem Tage zu bewältigen. Noch vor Sonnenuntergang trafen wir in unserm neuern Kantonnement Étouy ein und ernteten durch die prompte Ausführung des ertheilten Auftrages die volle Zufriedenheit unseres Batteriechefs. Meine Kameraden hatten es sich in den Quartieren längst bequem gemacht und mir, als dem Nachzügler, dasjenige übrig gelassen, wohin keiner gern gehen wollte, weil es etwa 10 Minuten vom Orte entfernt lag. So mußte ich dann trotz meiner nach Zurücklegung eines Doppelmarsches beachtlichen Müdigkeit noch hinauswandern in die lieblich am Walde gelegene Mühle, fand aber dort bei dem alten meunier Brunet, seiner Tochter Marie und seinem fast erwachsenen Sohne Valère die denkbar freundlichste Aufnahme.

Namentlich Marie, ein zwar nicht sonderlich schönes, aber recht gebildetes Mädchen in meinem Alter, die in Beauvais auf der Schnellpresse gewesen war, freute sich, in mir einen Hausgenossen erhalten zu haben, mit dem sie sich in ihrer Muttersprache auch über andere Dinge, als die Bedürfnisse des täglichen Lebens unterhalten konnte. Der Sohn half seinem Vater, einem dünnleibigen, wortkargen, aber nicht unfreundlichen Manne im Mühlenbetriebe; die Tochter besorgte an Stelle der früh heimgegangenen Mutter den Haushalt und wurde dabei von mir unterstützt, soweit sich solches mit meinem Dienste vereinbaren ließ. Auf diese Weise wurden wir bald gute Kameraden und blieben es monatelang, da meine Batterie das Glück hatte, von Mitte März bis Ende Mai in dem liebliche Oisedörfchen einquartirt zu sein.

Wie mit einem Bruder, einer Schwester verkehrte ich mit Valère und Marie Brunet – wie ein nach langer Abwesenheit aus der Fremde heimgekehrter Sohn wurde ich in der Familie bewillkommnet, und aufgenommen, als ich nach 6 wöchigem Heimathurlaub am 3. Mai in der traulichen Mühle bei Étouy wieder anlangte. In der That: herrliche Menschen waren sie alle drei, gleichmäßig von echter Gottes- und Nächstenliebe beseelt, die sie mir, dem Ketzer und Vaterlandsfeinde, rückhaltlos entgegen brachten.

Das in Étouy in der einfachen Müllerfamilie genossene Idyll gehört zu den schönsten Erinnerungen meines Lebens und ich werde nicht aufhören, den sehr hoch geschätzten

Freunden aus dem Handwerkerstande, wenn schon ich seit länger denn 34 Jahren nichts mehr von ihnen gehört habe, stets ein treues, freundliches Andenken zu bewahren.

Die schon früher begonnenen Reitübungen wurden in der beschaulichen Ruhe des Landlebens energisch wieder aufgenommen, freilich oft unter erschwerenden Umständen und nicht stets gleichmäßigem Erfolge.

Ich war mit meinem Leibrosse „Hölle", einer nicht remontemäßig zugerittenen braunen Stute, häufig nicht derselben Willensmeinung, was zu häßlichen Conflicten zwischen Roß und Reiter führte, die für den letztern nicht immer rühmlich endeten, vielmehr spontane Trennungen der beiden unvermeidlich machten. 7mal haben wir uns solchergestalt in einer der Anfangsstunden den Rücken gekehrt und 7mal wiedergefunden. Doch das that der Liebe keinen Eintrag, spornte vielmehr den Ehrgeiz an, die zunächst noch geringe Reitfertigkeit zu vervollkommnen und zu festigen. Valère Brunet befand sich gern unter den Zuschauern bei diesem kurzweiligen Sport und konnte sich dann über mein unvermeidliches Mißgeschick, sowie die dabei gefallenen, wenig schmeichelhaften Kritiken des Lehrmeisters ausschütten vor Lachen. Doch wie alles Ding seine Zeit währt, so verminderte auch für den Reitschüler die Erde allmählich ihre unwiderstehliche Anziehungskraft, und ich war gerade auf dem Punkte, mich, selbst bei hochgeschnallten Bügeln, als sattelfest betrachten zu dürfen, als ein unerwartetes Ereigniß meine Studien auf diesem Gebiete jäh unterbrach und mich für längere Zeit dem Dienste entzog.

hörte die dabei gefallenen, wenig schmeichelhaften Kritiken des Lehrmeisters ausschütten zu haben.

Doch wie alles Ding seine Zeit dauert, so verminderte auch für den Reitschüler die Pferde allmählich ihre unwiderstehliche Anziehungskraft, und ich war gerade auf dem Punkte, mich, selbst bei hochgeschnallten Bügeln, als sattelfest betrachten zu dürfen, als ein unerwartetes Ereigniss meine Studien auf diesem Gebiete jäh unterbrach und mich für längere Zeit dem Dienste entzog.

36.

Ein tief bekümmerter Brief meiner Schwester Johanna brachte mir die traurige Kunde, dass mein Vater, den ich in fortschreitender Rekonvaleszenz ganz wähnte, neuerdings schwer erkrankt und dem Tode nahe sei.

Die warme ins Fenster scheinende Märzsonne hatte ihn zu frühzeitig ins Freie gelockt, er war müde geworden, hatte sich einen Lehnsessel in den Garten bringen lassen und, durch die köstliche Früh-

36. Heimkehr

Ein tief bekümmerter Brief meiner Schwester Johanne brachte mir die traurige Kunde, daß mein Vater, den ich in fortschreitender Rekonvaleszenz wähnte, neuerdings schwer erkrankt und dem Tode nahe sei.

Die warm ins Fenster scheinende Märzsonne hatte ihn zu frühzeitig ins Freie gelockt, er war müde geworden, hatte sich einen Lehnsessel in den Garten bringen lassen und, durch die köstliche Frühlingsluft gefesselt, längere Zeit draußen gesessen. Das war ihm schlecht bekommen. Zwar nicht sein altes Leiden, aber eine heftige Brustfellentzündung hatte ihn befallen und auf sein letztes Schmerzenslager geworfen.

Da meine Mutter den begreiflichen Wunsch hatte, wenigstens einen ihrer Söhne in dieser schweren Zeit in ihrer Nähe zu wissen, so hatte der Freund, Nachbar und treue Berather unserer Familie, Superintendant Riedel aus Hesserode in einer beweglichen Eingabe an mein Regiment einen möglichst ausgedehnten Urlaub für mich beantragt, und so kam es, daß mir fast gleichzeitig mit der betrübenden Nachricht von meiner Schwester der auf 6 Wochen ausgestellte Urlaubspaß des Regiments ausgehändigt wurde.

Nun war keine Zeit zu verlieren. Nach Abmeldung bei meinen Vorgesetzten und herzlicher Verabschiedung von der braven, aufrichtig theilnehmenden Familie Brunet begab ich mich mit meiner gesammten fahrenden Habe nach Clermont, benutzte von dortaus die Eisenbahn über Creil, Chantilly, Senlit, Crépy, Villers Cotterets, Soissons und befand mich somit wieder auf derselben Straße, auf der ich als Ersatzmann nach Paris befördert worden war. Zum Glück währte die Fahrt diesmal nicht so entsetzlich lange wie zur Zeit unseres Heraustransports, ich landete vielmehr über Reims, Sedan, Metz, Saarbrücken, Bingerbrück, Frankfurt, Bebra, Erfurt reisend, 3 Tage nach meiner Abfahrt aus Clermont in Nordhausen.

Meine trübe Ahnung, die während der langen Reise keinen Augenblick einer fröhlicheren Aussicht Platz machen wollte, hatte mich nicht getäuscht. Als ich bei meiner guten, alten Großmutter eintrat, erfuhr ich, daß mein Vater schon bevor ich Étouy verlassen, entschlafen und am Tage vor meinem Eintreffen in der Heimath auf dem Friedhofe in Gross-Wechsungen zur letzten Ruhe bestattet worden war.

Ein tief ernster, trauriger Gang wars, den ich bei sinkender Sonne nach meinem Heimathsdorfe zurücklegte.

Stolzen Hauptes, mit der Begeisterung des thatendurstigen Kriegers im Herzen war der Jüngling vor 7 Monaten hinausgezogen aufs Feld der Ehren, wo nach der Sage die Lorbeeren wild wachsen, – müde, gebeugt und bis ins tiefste Mark erschüttert kehrt er heim ins Trauerhaus – eine vaterlose Waise!

Er, der treu besorgte Vater, der glühende Patriot, der so gerne mit Gesundheit und Stolz den heimkehrenden Söhnen den Lorbeer auf Haupt gedrückt hätte, er mußte vorher dem Rufe des himmlischen Vaters folgen, an dessen Throne er nun, fürbittend für die Seinigen weilt.

Wölbten sich auch die mächtigen, röthlichgelben Erdschollen über seinem sterblichen Gebein draußen inmitten des stillen Friedhofes; er selber ist nicht gestorben, er lebt bei seinem Heilande, dessen treuer Diener er war, er lebt in seinen Kindern und KindesKindern in Ewigkeit.

AMEN!

Aufnahme der Kreuzes in Großwechsungen, ca. 1930

Mein Vater Karlgeorg Hoefer beim Restaurieren den Kreuzes in Großwechsungen, 1986

Holzkiste mit den Briefen von Otto Hoefer bemalt von seiner zweiten Ehefrau Johanna

Einblick in die Hefte der Manuskriptsammlung

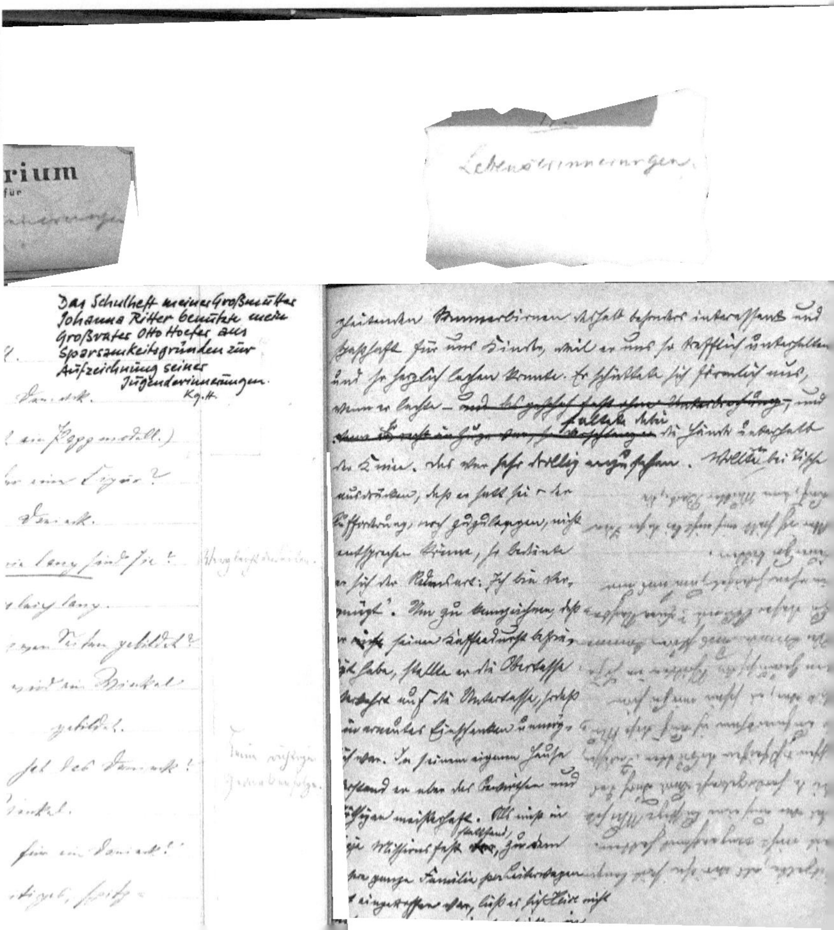

Lebenserinnerungen.

Das Schulheft meiner Großmutter Johanna Ritter benützte mein Großvater Otto Hoefer aus Sparsamkeitsgründen zur Aufzeichnung seiner Jugenderinnerungen.
Kg.H.

Wie ging es weiter?

Die Jugenderinnerungen von Otto Hoefer brechen so abrupt mit dem „Amen!“ ab.

Aber sein Leben ging weiter. Als ich in einer Kiste diesen 30-seitigen mit Bindfaden zusammengenähten Brief fand, wollte ich ihn selbst entziffern. Dies ist mir mit Hilfe einiger Freunde auch gelungen.

Dieser Brief aus dem Jahre 1898 hat mein Urgroßvater Otto aus seiner Kur in Bad Wildungen an seine Frau Marianne nach Danzig geschrieben. Es kann gut sein, dass dieser Brief die Basis zu den Jugenderinnerungen ist.

Seine erste Frau Marianne verstarb 1900. Er heiratete ein Jahr später ihre Schwester Johanna. 1903 wurde er in den Ruhestand versetzt und hatte so Zeit und Muße, sich seinen Jugenderinnerungen zu widmen. Er hatte viele alte Briefe, auch die der Feldpost aus Frankreich gesammelt. Für seine Aufzeichnungen nutzte er anfangs die alten Schulhefte seiner zweiten Frau.

Für die Reinschrift hat er sich dann beim Buchbinder Mulhaupt in Bad Heiligenstadt ein rotes Buch mit Goldschnitt an den Rändern herstellen lassen. Es besitzt einen goldgeprägten Ledereinband mit Schuber.

Hier die erste Seite des Briefs. Geschrieben auf acht vierseitigen Papierbögen.

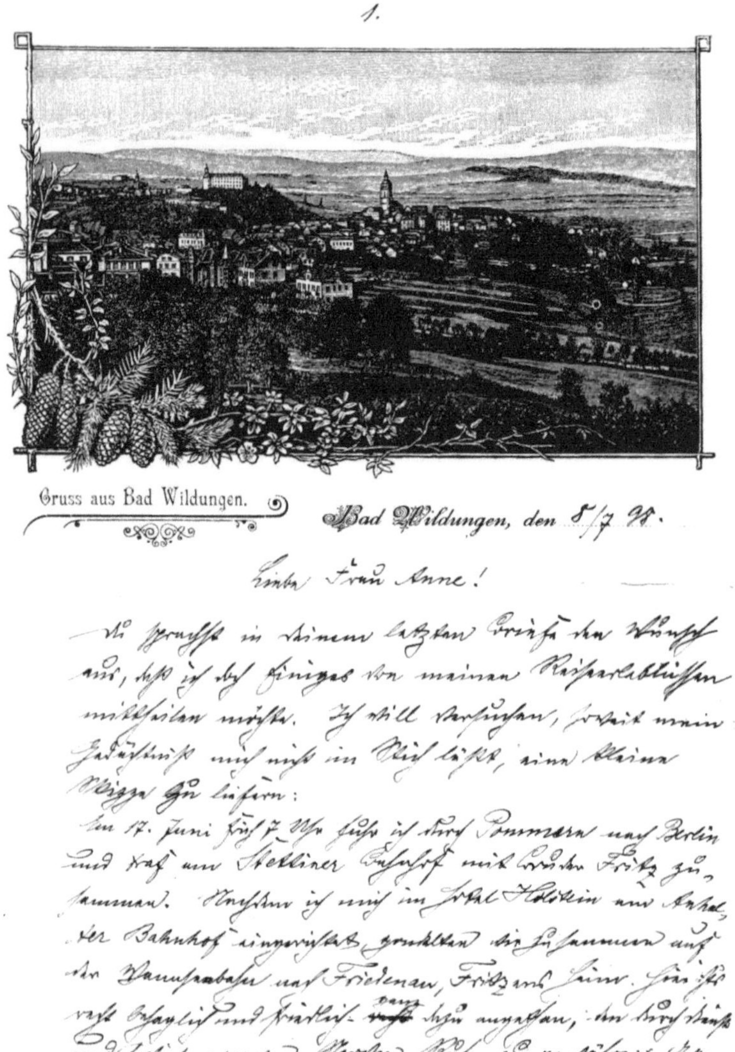

1.

Bad Wildungen, den 8/7 98.

Liebe Frau Anne!

Du sprachst in deinem letzten Briefe den Wunsch aus, daß ich dir Einiges von meinen Reiseerlebnissen mittheilen möchte. Ich will versuchen, soweit mein Gedächtniß mich nicht im Stich läßt, eine kleine Skizze zu liefern:

Am 17. Juni früh 7 Uhr fuhr ich durch Pommern nach Berlin und traf am Stettiner Bahnhof mit Bruder Fritz zusammen. Nachdem ich mich im Hotel Holstein am Anhalter Bahnhof eingerichtet, gondelten wir zusammen auf der Dampfbahn nach Friedenau, Fritz und Lina. Hier ist's recht behaglich und friedlich – ganz dazu angethan, den durch Staub und Lärm erregten Nerven Ruhe zu gewähren. Gestärkt

Bad Wildungen, den 8/7 98.

Liebe Frau Anne!
Du sprachst in deinem letzten Briefe den Wunsch aus, daß ich doch Einiges von meinen Reiseerlebnissen mitteilen möchte. Ich will versuchen, soweit mein Gedächtnis mich nicht im Stich läßt, eine kleine Skizze zu liefern:

Am 17. Juni (1898) früh 7 Uhr fuhr ich durch Pommern nach Berlin und traf am Stettiner Bahnhof mit Bruder Fritz zusammen. Nachdem ich mich im Hotel Holstein am Anhalter Bahnhof eingerichtet, gondelten wir zusammen auf der Wannseebahn nach Friedenau, Fritzens Heim. Hier ist's recht behaglich und friedlich – ganz dazu angethan, den durch Dienst und Arbeit erregten Nerven Ruhe zu gewähren. Gestärkt und erfreut durch das Zusammensein mit den Geschwistern fuhr ich spät abends nach Berlin zurück und stattete am 18. Juni den mir nothwendig erscheinende Besuch im Kriegsministerium ab. Diese Gänge in dem labyrinthartigen Hause halten mich bis 2 Uhr auf, doch fand ich nach leiblicher Stärkung noch Zeit, eine Taxameterfahrt nach den mir noch unbekannten Sehenswürdigkeiten aus zu führen. Der Neubau des Dramas geht entsetzlich langsam vorwärts.

Seit den 2½ Jahren meiner Thätigkeit in Berlin hätte der Bau m. E. längst fertig sein müssen. Einst 95 war er schon bis zur Bogenhöhe der Fensterpartien und heute ist er noch nicht völlig eingedeckt.

Das Kaiserwilhelmdenkmal gefällt mir nicht: einmal wegen der vielen entbehrlichen, den Gesammteindruck störenden Bauwerks andererseites wegen der das Roß des Helden führenden Frauensperson. Die gehört absolut nicht dahin, ebensowenig wie bei dem Denkmal in Coblenz. Auch die hinter dem

Standbild angebrachte offene Säulenhalle möchte ich lieber entbehren. Begas scheint es ohne eine solche nicht zu thun. Ein freistehendes Denkmal muß unbedingt imposanter wirken. Von den verhungerten, den Unterbau flankierenden Löwen will ich gar nicht reden!

Nachdem ich mich mit Fritz auf dem Bahnhofe verabschiedet hatte, fuhr ich am Abend noch bis Halle a/S und traf dort mit Bruder Hans zusammen, der zu meiner Begrüßung von Merseburg herübergekommen war. Der Abend wurde in einer guten Weinstube froh gelabt und der folgende Sonntag Vormittag (19.) zur Besichtigung der Stadt und Umgegend verbracht. Das ist freilich das alte Halle nicht mehr wie ich es kenne, es hat sich sehr zu seinem Vorteil verändert, abgesehen von den neuen Stadttheilen namentlich dadurch, daß die früher im Verborgenen ihrem Ruin entgegengehend Moritzburg freigelegt und mit guten Straßen umgeben ist.

Die früher öde, versumpfende Nachtigalleninsel kennt man nicht mehr. Das ist ja ein herrlicher Park geworden, von dem man sagen kann: „Hier ist gut sein". Da können sich die Hallenser, Halloren und Hallunken so recht nach Herzenslust ergehen und auf der Terasse des frei liegenden Inselwirthsgeschäfts von gehabten Anstrengungen ausgiebig stärken.

Unser Häuschen in der Giebichensteiner Burgstraße ist noch unverändert, hat auch den gelben Anstrich behalten, den es zu Mutterhans Zeiten aufwies.

Vor dem Mittagsessen habe ich noch einen alten geliebten Freund, den Intendanturrath v. d. Herruh, der mich vor 23 Jahren in Münster unter seine damals schon etwas baufälligen Flügel nahm, aufgesucht und durch mein Erscheinen unendlich große Freude bereitet. Ich hoffe, ihm noch einen besonderen Beweisdienst erweisen zu können, indem ich seinen Herzenswunsch zu erfüllen im Begriff stehe: seinem einzigen Kind, einen bildhübschen gut blickenden Mädchen, einen braven Mann zu verschaffen. In der Aussicht auf frohen Erfolg wurde dann das Mittagessen in der goldenen Kugel in bestens gehobener Stimmung eingenommen.

Das war ein recht brüderliches ungetrübtes frohes Beisammensein in Halle!

Nachmittags ging die Fahrt über Merseburg, wo sich Bruder Hans verabschiedete, nach Erfurt. Nach Ankunft daselbst besuchte ich mit der lieben Nichte Ida Otto die ernst und würdig geschmückte Ruhestätte unserer guten Mutter und des Schwagers Hermann und weilte dort selbst in stillem Gruß. Das Wiedersehen der lieben Schwester Johanne und deren Töchter Grete und Johanne nach langer Zeit that mir sehr wohl. Ich fand sie wohlauf und gut aussehend und freue mich, wie wacker sie die Sorgen, die ihr nun allein obliegen, trägt. Durch ein frugales Mahl in ihrem Hause und durch ausgiebige Ruhe im Europäischen Hofe (sehr angesehener werther Gasthof) gestärkt, reiste ich am 20. über Eisenach – Bebra – Fulda – Elm – Frankfurt – Mainz linksrheinisch nach Coblenz und wurde daselbst in dem Hause eines frühreren Untergebenen, des Intendanturraths Sitzinger gastlich aufgenommen. Da ich nach meiner Rundreisekarte von Coblenz aus die Rückreise anzutreten hatte, so deponierte ich daselbst entbehrliche Dinge und fuhr am anderen Tage, dem 21. über Andernach auf der Eifelbahn via Mayen im höchst langsamen Tempo an herrlichen Burgen und Bergformationen vorüber nach Gerolstein, woselbst die Theilnehmer an der großen Generalstabsreise sich versammeln sollten.

Die Quartiermacher hatten für ihre Schuldigkeit nichts gethan, und so gelang es mir erst nach manchem unerquicklichem hin und her ein einigermaßen erträgliches Unterkommen in einem wenig vertrauenserweckend aussehenden Gasthofe zu finden.

Aber guten Moselwein hatte der Mann und die Kost war unglaublich billig: Ein Frühstücks Couvert bestehend aus 1 Teller Suppe, einer großen Forelle und einem guten Stück Rindsbraten nebst Butter und Käse wurde mit 1 M. 30 Pfg. berechnet. Nachmittags suchte ich aus den aus Deutz eingetroffenen 5 Pferden der 8. Kürassiern ein für mich geeignetes aus. Ich wählte einen kräftigen 5" hohen Fuchs namens „Hiob“ und habe die Wahl nicht zu bereuen gehabt, denn das Thier war trotz des harten Gebirgsbodens der Rheinprovinz durchaus leistungsfähig und unverdrossen bei den anstrengendsten Märschen.

Abends ½6 Uhr hatte ich die Gelegenheit mich bei dem Hof des Generalstabes der Armeen, dem Grafen Schlieffen, der die Reise leitet, zu melden. Er ist ein großer hagerer Mann, in der Figur wohl ähnlich seinem Vorgänger, dem großen Moltke, war überaus höflich und freundlich und vermied es, überflüssige Worte zu machen, was sich auch aus den einleitenden Bemerkungen, die er über die bevorstehende Reise machte, ergab. Kurz gesagt handelt es sich um einen Krieg zwischen Deutschland und Frankreich, der sich in der Idee abspielt. Die Theilnehmer der Reise (2 Intendanten eingerechnet 31 Offiziere) sind dementsprechend in 2 Gruppen getheilt: auf jeder Seite fungiert ein General als Führer des betr. Feldheeres und einzelnen Offizieren des großen Generalstabs (Obersten, Oberstleutnant und Majors) als Führer der Armeen resp. Armee-Kriegs. Der Intendant fungiert als Generalintendant auf der betr. Seite hat also die Oberleitung der Verpflegung seines Heeres zu übernehmen. Diese Aufgabe entspricht insofern der Wirklichkeit nicht, als wir im Falle niemals als Generalintendanten verwendet werden, sondern stets nur als Feld-„Kriegs“

oder Armee-Intendanten. Die Thätigkeit des Generalintendanten für den eigentlichen Krieg ist auch insofern eine wenig in die Erscheinung tretende, als derselbst nur für den Nachschub von Verpflegungsmitteln auf der Eisenbahn, dem See- und Flußwege sorgt, sich um den Verpflegungsdienst bei den fechtenden Armeen aber nicht kümmern kann. Letzteres ist Sache der unter ihm stehenden Armee-, Etappen- und Kriegsintendanten. Die Aufgabe, die mir bei den Operationen und Märschen zufiel, war demnach eine recht generelle und die von mir geleisteten Arbeiten stützten sich in Ermangelung anderweiten thatsächlichen Materials größtentheils auf Fictionen. Immerhin ergab es sich von selbst, daß ich etwa alle 2 Tage eine größere Ausarbeitung über die getroffenen und die beabsichtigten Maßnahmen liefern mußte. Das war, wenn man vom anstrengenden Ritt ermüdet in ein neues Quartier einzog und sehnsüchtig auf das oft spät eintreffende Gepäck wartete, eine recht wenig willkommene Zugabe zu der im übrigen sehr gelungenen Reise. Nach beendeter Tafel bestieg ich noch mit meinem Kollegen Riemann aus Metz, der auf der französischen Seite wirkte, die Ruine der Burg Gerolstein und genoß von da oben einen herrlichen Blick in das mir bis dahin unbekannten, arg zerklüftete und durch mancherlei Burgen und schroffe Felspartien charakteristische Eifelgebirge. Bei untergehender Sonne machte das Ganze einen überwältigenden unvergeßlichen Eindruck. Nach einer wenig erquickenden Nacht bestieg ich am anderen Morgen (22.) mein Reitroß und ritt, von meinem Kürassiergefreiten Grossmeier begleitet, auf ziemlich ebener, wenig Abwechslung gewährender Landstraße nach der Kreisstadt Daun, unserm nächsten Marschquartier. Hier befanden wir uns in der vulkanischen Eifel, die als solche noch heute durch zahlreiche versunkene sog. Maren characteristisch ist. Die letzteren befinden sich auf den Gipfeln der Berge, sind früher Krater und jetzt mit Wasser angefüllt. Wären die Ufer bewaldet, so könnte man sie mit den Mummelsee südlich der Hornisgrinde im Schwarzwald vergleichen. Ich habe im Ganzen 3 solcher Maren gesehen, die eine noch am Nachmittag des 22., zwei andere auf dem Ritt nach Wittlich am 23.

Mein Quartier in Daun war gut. Gutsbesitzer und Hauptmann a. D. Holzer und seine mehr als bescheidene Frau waren von besonderer Zuvorkommenheit und für mein körperliches Wohlbefinden eifrigst besorgt. Es quillt dort ein Wasser, welches mit Weißwein und Zucker vermischt einen champagnerähnlichen Geschmack hat und überaus erfrischend ist. Deren habe ich gern genossen. Daß ich nicht fern von Trier war, merkte ich aber bei der gemeinschaftlichen Abendtafel, denn den köstlichen Graacher den die Leute als besonders empfehlenswerth vorsetzten, bekommt man bei uns nicht. Er erinnerte lebhaft an die Trier'schen Marken, die Paul seinen Brüdern vorzusetzen pflegt. Beim Essen traf sichs fast immer, daß ich in der Nähe der Excellenzen Platz erhielt, denn die jüngeren Stabsoffiziere vom großen Generalstabs pflegten mit Vorliebe die den Vorgesetzen entfernteren Plätze zu occupieren, sodaß ich gar oft mit dem Grafen Schlieffen längere Unterhaltung hatte. Das war mir an sich nicht unangenehm, denn der Graf ist ein hoch gebildeter überaus freundlicher Herr, der auf allen Gebieten Bescheid weiß und sich auch gern über ihm ferner liegende Dinge Auskunft geben läßt. Dabei ist er durchaus kein Gegner von guten Weinen; er hatte wohl auch die Reiseroute so eingerichtet, daß wir nicht Hunger und Durst zu leiden brauchten. Die Nacht hatte Regen und Abkühlung gebracht. Sodaß der ziemlich ausgedehnte Marsch am 23. recht angenehm zu werden versprach.

Wir brachen bereits um 6 Uhr auf, erreichten nach ½ Stunde die Höhe und hatten dort einen stundenlangen guten Weg zum Traben, der uns an den Maren vorüber und durch einen prächtigen Tannen- und Laubwald führte. Mein Kollege Riemann, der die Eifel schon früher zu Fuß durchwandert hatte, bestand darauf, daß wir einen Umweg über Niedermannscheid machten, um die dortige kolossale Ruine zu besichtigen. Diese Anstrengung – es ging oft sehr schroffe Hänge herunter – hat mich nicht gereut, denn eine Burg von dieser Ausdehnung und Schönheit, zwei Berge und ein Thal umfassend, hatte ich bis dahin noch nicht gesehen. In Obermannscheid wurde dann 1 Stunde Rast gehalten, Pferde und Reiter gefüttert und weiter gings in das liebliche Thal von Wittlich, wo wir kurz vor 1 Uhr eintrafen.

Wittlich ist ein stattlicher Ort mit freundlichen und betriebsamen Leuten, dort beginnt auch bereits der Weinbau. In der mit elektrischem Licht fein ausgestatteten guten Stube eines Eisenwarenhändlers hatte ich nahe des Marktplatzes Quartier erhalten und war von dem Aufenthalte daselbst in jeder Beziehung befriedigt. Sehenswürdigkeiten gab es hier nicht. Durch einen guten ausgiebigen Schlaf gestärkt, bestieg ich am anderen Morgen, dem 24. meinen Hiob, um den verhältnismäßig kleinen Marsch nach Berncastel (24 km) zurückzulegen. Nach ½ stündigen Trab auf der Landstraße, vorüber an üppigen Wiesen, auf denen fröhliche Schnitterinnen in Thätigkeit waren, gelangten wir in einen mäßigen erquickenden schattenspendenden Laubwald. Es ging stark bergab und bald – welch ein Entzücken! – traten die ersten Rebengelände des Moselthals in die Erscheinung. Das Flußufer selbst war bald erreicht und da lagen sie all die lieblichen Moselweinorte zu unseren Füßen. Die mächtigen Weinberge von Zeltingen, Piesport und Graach dehnen sich am jenseitigen (rechten) Ufer soweit das Auge reicht, aus. Lust und froher Lebensmuth durchzieht die Glieder, wenn man diese Herrlichkeit sieht, welche Üppigkeit der Natur, welch guter Tropfen wird da gewonnen zum Wohle und zur Freude der Menschheit! Und da sollen wir unzufrieden sein und stöhnen: das Leben sei nur ein Jammerthal! Nein, wenn man solchen Muthes durch die Herrlichkeit der Natur reitet, rings üppige Weinberge, blühende Felder, reichtragende Kirsch- und kräftig duftende Walnussbäume! Da soll man dankbar sein und sich freuen, daß es uns vergönnt ist, solche Wunder der Natur zu schauen und zu genießen. Schon von Weitem erblickt man die stolz ragende Burgruine von Berncastel. Auf das Ziel steuern wir los, reiten im scharfen Tempo durch einige von Wohlhabenheit der Einwohner zeugende Ortschaften, überall neugierige Gesichter von Jung und Alt auf uns deutend, und gelangen frühzeitig nach Cues, dem Orte, von wo aus Herr Louis Wehr die Welt mit Anpreisungen seiner Weine überschüttet. Da ist die Moselbrücke, welche Cues mit Berncastel verbindet, 1870 aber noch nicht existierte. Wir reiten hinüber und empfangen von dem quartiermachenden Unteroffizier der Bonner Husaren Quartieranweisungen auf Cues. Also wieder zurück, aber es ist nicht weit und bald halte ich vor einem villenartig neu gebauten Hause meines Quartierwirths, des Notars Rath. Lauter Jubel und Gläserklirren klingt mir am frühen Morgen aus dem Eßzimmer entgegen; man hat ganz vergessen, daß Einquartierung kommt, denn Herr Notar feiert heute seinen Namenstag.

Da heißt es dann, mit Fröhlichen fröhlich sein und wahrlich bei dem edlen Tropfen müßte auch der größte Philister und pflichteifrigste Stratege auf kurze Zeit seinen schweren Dienst vergessen und kräftig in den allgemeinen Jubel einstimmen. Das ist der charakteristische Zug der frischen Rheinländer, daß sie nicht erst viel Zeit auf leere Ceremonien vergeuden. Sie nehmen den Menschen, wie er ihnen entgegenkommt und behandeln und achten ihn von vornherein als zu ihnen gehörig, als Freund und Genossen.

Inzwischen war mein Gepäck von zwei Kürassieren gebracht worden, ich machte es mir in meinem Zimmer, welches übrigens mit zahlreichen recht bäuerlichen Heiligenbildern ausgestattet war, möglichst behaglich und erledigte auf dem luftigen Altana angesichts der gegenüberliegenden Burg meine schriftliche Tagesarbeit. Doch Fräulein Mosel lockt, auf einen Wink kommt diensteifrig in leichtem Nachen der Fährmann und fährt mich in wenigen Minuten hinüber auf das Berncasteler Ufer in die mit flatternden Wimpeln geschmückte Badeanstalt. Erquickt durch das kühle Moselbad und gestärkt durch ein üppiges Mittagsmahl, gelabt und erfreut durch köstlichen Berncasteler Lay, suchte ich meine Wohnung wieder auf, denn am andern Morgen sollte es frühzeitig weiter gehen. Wie gerne wären wir alle noch ein paar Tage an dieser Perle des Moselthales geblieben! Aber Graf Schlieffen hatte es in seinem weisem Rathe anders beschlossen und beim Mittagsessen wurde der ungetrübte kurze categorische Befehl ertheilt: *„morgen Quartierwechsel nach Idar, Gepäck Punkt 6 Uhr an der Moselbrücke“*.

In meiner Wohnung gings immer noch lustig zu: Notar Rath hatte eine Erdbeerbowle angesetzt und auf dem Altana seine Freunde um sich versammelt; man war in fröhlicher Stimmung. Da wollte man kein Spielverderber sein, Frau Notar flirtete: *„Bitte noch ein Gläschen, Herr Intendant“*, wer kann da widerstehen! So wurde dann auch hier weiter gehörig gebechert, doch fand sich noch genügend erquickenden Schlaf, um für den Ritt am 25. früh um 6 Uhr gewappnet zu sei. Unter gewöhnlichen Verhältnissen zu Hause ist es mir unmöglich, so früh Morgens credenzte Speisen zu mir zu nehmen. Auf dieser Reise habe ich, der Lira necesitas gehorchend, schon immer früh um ½6 Uhr 3 Eier, Wurst und Schinken zu mir genommen, ohne mich bei dieser mir gänzlich ungewohnten Lebensweise unbehaglich zu fühlen.

Nur der königl. preußische Armeesattel womit mein Kürassiergaul ausgestattet war, fand nicht den Beifall meiner Sitzknochen; die thaten wegen der schlechten Polsterung jenes Sattels entsetzlich weh, namentlich wenn ich gezwungen war längere Zeit Schritt zu reiten. Aber meinen eigenen Sattel durfte ich, da ich dienstlich beritten gemacht wurde, nicht mitnehmen.

Der Ritt über den Hunsrück ins Idarthal am 25. (Sonnabend) bot mancherlei Abwechslung. Von Bernkastel steigt die Straße im Rücken der Burg in Serpentinen 7 km lang stark bergan immer in luftigem Eichen- und Buchenwald, bis das Plateau von Longkamps erreicht ist. Jenseits dieses Ortes dehnt sich ein mächtiger Wald der Hohetann aus, wir passieren den stumpfen Thurm, das Forsthaus Hinzerath und Bruchweiler. Die letzte Strecke bis nach Kempfeld führt durch üppige Ährenfelder und kann im schlankem Trabe zurückgelegt werden.

Der Gasthof von Kempfeld zeichnet sich 7 Haustöchter aus, von denen immer eine lieber heirathen möchte wie die andere. Arbeiten können und wollen aber allesamt nicht. Der diesfältige Frühstücksbedarf wurde von wenig appetitlichen Mägden hergestellt und die Töchter beschränkten sich darauf, die Speisen und Getränke aufzutragen und die Gäste hold anzulächeln. Nach unserm Abtritt haben einige jüngere Stabsoffiziere mit diesen Schönen (Fräulein Fuchs hießen sie) noch ein Tänzchen riskiert.

Durchs Katzenloch gings nun an der wilden Burg vorüber ins Idarthal. Die Idar ist ein Nebenfluß der Nahe und mündet in letztere bei Oberstein.

Das Thal ist dadurch bekannt und beachtenswerth, daß in derselben eine Achatschleiferei neben der anderen liegt. Man kommt vielleicht an 50 derartigen Häuschen, die den kleinen Wassermühlen im Schwarzwald gleichen, vorüber.

Mein Sohn Carl hatte mich schon vor längerer Zeit auf die Eigenartigkeit der Achatschleiferei aufmerksam gemacht und so ließ ich dann die Gelegenheit nicht vorübergehen, im Vorbeireiten eine solche Schleiferei zu besichtigen. Durch die Eingangsthür betritt man dort den Arbeitsraum, an dessen Längsseite sich 3 – 4 vertikal mit enormer Schnelligkeit laufende Mühlsteine befinden. Vor jedem dieser Steine sind im spitzen Winkel gegeneinander zeigend zwei niedrige Schemel angebracht, deren Sitzbrett derart ausgearbeitet ist, daß die Brust eines Mannes gerade hineinpaßt. Hinter diesen Schemeln, die fest mit dem Fußboden verbunden sind, läuft eine Fußleiste. Der Arbeiter legt sich mit der Brustpartie auf den Schemel, stemmt mit dem Fuße gegen die Leiste und drückt mit aller Kraft den zu bearbeitenden Achatstein gegen den schnell rotierenden Mühlstein. Neu war mir, daß abgesehen von dem Moosachat, der Achatstein von Natur keine besondere Farbe hat, sondern wie trübes Wasser aussieht. Seine in der Regel rötliche Färbung erhält der Stein erst durch eine Beize, in die er nach der Bearbeitung gelegt wird.

Am Fußende der Arbeiter brennt selbst im Sommer stets ein eiserner Ofen. Die hierdurch erzeugte Hitze soll die Arbeiter, die durch die sich rasch drehenden Räder einem starken Luftzuge ausgesetzt sind, vor Erkältungen schützen.

Erfahrungsgemäß werden aber die Achatschleifer selten älter wie 40 Jahre, was zweifellos auf die ungesunde Lage der Körper während der Arbeit zurückzuführen ist.

In Idar, wo fast alle übrigen Theilnehmer untergebracht waren, erhielt ich heute nicht Quartier, mußte deshalb noch 2 km nach Oberstein reiten.

Oberstein, ein nettes Fabrikstädtchen an der Nahe war mir in angenehmer Erinnerung vom Feldzuge her, denn als wir im Juni 1871 heimkehrten war die Stadt und namentlich die Felsenkirche festlich illuminiert. Letztere, deren Fassade sich in beträchtlicher Höhe unmittelbar vor einem mächtigen Felsen zeigt, sieht vom Bahnhofe aus ungemein malerisch aus. Das war für uns damals eine große Freude, in der Heimat so festlich begrüßt zu werden, zumal weißgekleidete Jungfrauen Erfrischungen aller Art zu unserer Ertragung brachten. Als wir jetzt einritten, stand die Menge ebenfalls Kopf an Kopf auf den Straßen, von Begeisterung war natürlich diesmal keine Spur ebensowenig von weißgekleideten Jungfrauen und Illumination. Aber ein sehenwerthes Thal bleibt das Nahe und Idarthal doch, wenn ich doch eingestehen muß, die Besichtigung der Felsenkirche nur von Ferne vorzunehmen, denn innwendig ist sie schauderhaft, jammervoller eingerichtet wie jede Dorfkirche. Eine alte Burgruine ist natürlich auch vorhanden, sie ragt links seitwärts über der Kirche und wurde am Sonntag, dem 26. besichtigt. Der Blick auf das um den Berg gelegene Oberstein und auf die in näherer und weiterer Entfernung sich erhebenden Berge des Hunsrücks und Harttgebirges ist überaus fesselnd.

Sehr steil und steinig war der Weg, den wir am anderen Tage (Montag, den 27. 6.) einschlagen mußten um zum nächsten Marschquartier Kusel in der bairischen Pfalz zu gelangen. Den meisten Pferden, die bessere Wege gewöhnt sind, wurde es schwer, flott zu bleiben, und man sah manchen Reiter, der sein Rößlein führend den ganzen Marsch zu Fuß zurücklegen mußte. Die Temperatur war kühl, aber der drohende Regen ging nicht nieder, wie wir überhaupt während der ganzen Reise das seltene Glück gehabt hatten, nicht ein einziges Mal naß zu werden. Wenn es regnete, so geschah es an Sonn- und Ruhetagen oder in der Nacht.

Auf diesem Marsch ereignete sich der betrübende Fall, daß ein bis dahin gesundes Pferd des Majors Serno, welches auf dem Marsche von Burschen geritten wurde, sich plötzlich überschlug und auf dem Flecke verendete. Man nahm an, daß ein Lungen- oder Herzschlag den Tod herbeigeführt habe. Glücklicherweise blieb der Reiter unverletzt.

In Kusel einem kleinen bairischen Landstädtchen erhielt ich beim Gastwirth und Bierbrauer Rohrbacher leidliches Quartier. Der Mann braut ein vorzügliches Bier, auch war die sonstige Verpflegung vorzüglich, nur die Reinlichkeit im Hause und die Abortverhältnisse ließen sehr viel zu wünschen übrig. Nach dem gemeinschaftlichen Abendessen fand noch eine Besprechung der deutschen Partei im Pfälzer Hof bei gutem Bier statt, die damit endete, daß das in der Nähe leiernde Karoussel von uns – General v. Alten an der Spitze – besetzt wurde zum größten Ergötzen der lustwandelten Einwohner von Kusel. Die Lust der Jugend kannte keine Grenzen, als der General, ein kleiner zu allerlei Ulk aufgelegter beweglicher Herr, die Kinder zur Theilnahme an einigen von ihm persönlich geleiteten Rundfahrten einlud und sie demnächst persönlich von den Pferden, Kutschen und Kähnen heraushob.

Der nächste Marsch (am 28. 6.) führte uns nach Landstuhl. Über den Weg selbst ist besonderes nichts zu erwähnen, wir passierten eine ganze Reihe kleiner Ortschaften, die sich äußerlich im Wesentlichen glichen, und ritten meist auf ebener harter Landstraße. Erst kurz vor Landstuhl erreichten wir einen mächtigen Tannenwald, der durch die Pfälzer Bahn durchschnitten wird.

Landstuhl macht einen entschieden vortheilhafteren Eindruck als Kusel, ist bekannt durch Eisenwaren und Bierbrauereien, aber besonders bemerkenswerth durch eine mächtig über die Stadt ragende Burg.

Bei Verteidigung der letzteren gegen die bischöflichen ist Franz von Sikkingen verwundet und demnächst in einem abscheulichem Gemach, welches heute noch gezeigt wird, gestorben. Auf der Burg selbst befindet sich ein wenig schönes Sikkingerdenkmal, einen Kaiserfriedrichthurm und eine Bismarckeiche. Das Grabmal Sikkinger in der katholischen Kirche ist ganz abscheulich!

Das recht gute Mittagessen (Forellen gab es wohl alle Tage) zeichnet sich noch besonders durch einen vorzüglichen Makronenberg aus, welcher zum Eis verzehrt wurde und als Spezialität von Landstuhl geschätzt ist. Eine solche wohlschmeckende Leckerei habe ich wohl noch nicht genossen. Mit Wehmuth denke ich daran zurück, denn solche Genüsse sind für mich wohl dauernd verboten! Ich wohnte beim Bürgermeister, gleichzeitig Kolonial- und Eisenhändler, habe den Biedermann aber nur bei der Ankunft und Abreise, seine Familie überhaupt nicht zu Gesicht bekommen.

Am 29. (Peter und Paul) hatten wir nur einen sehr kleinen Marsch nach Kaiserslautern und sahen uns genöthigt, um nicht zu früh einzutreffen, meist nur Schritt zu reiten.

Kaiserslautern ist eine große, wohlhabende Stadt neueren Ursprungs mit vielen ausgedehnten Plätzen und zum Theil recht kostbaren Gebäuden. Man erkennt auf den ersten Blick, daß es vorzugsweise Fabrikstadt ist, aber die Arbeiterbevölkerung macht sich in keiner Weise unangenehm bemerkbar. Bei der Wittwe eines Bauunternehmers in der Pirmasenser Straße erhielt ich Quartier, wohl das letzte auf der ganzen Reise, denn ich wohnte in einem schloßähnlichem Hause inmitten eines herrlichen Parks mit Aussicht auf den kleinen, aber niedlichen Stadtgarten. Das besonders angenehme an Kaiserslautern ist, daß die Stadt in unmittelbarer Nähe des weit ausgedehnten Reichswaldes liegt. Dorthin pilgern die Einwohner Nachmittags schaarenweise und suchen im Cramer Hofe (cirka ½ Stunde vom Mittelpunkt der Stadt entfernt) bei Kaffee und Bier Erholung. Sehr angenehm fällt die Straßendisziplin der Baiern auf, selbst Offiziere wie Mannschaften grüßen diese verbindlich, stramm und exact wie wir es leider in Preußen und zumal in den Ostprovinzen nicht kennen. Der Wirth im Schwan, wo Graf Schlieffen wohnte und auch das gemeinschaftliche Essen stattfand, bot alles auf, um uns den Aufenthalt bei ihm möglichst angenehm zu machen. Die Speisen vorzüglich, der Wein tadellos. Trotz aller Bemühungen gelang es immer noch nicht zu erfahren, wann und wo unsere Reise ihr Ende erreichen würde. So der Graf von Schlieffen in diesem Punkte unnahbar ist. Im vorigen Jahre soll er, gerade deshalb weil ein General baldige Beendigung der Reise wünschte, um zu Hause Kindtaufe zu feiern, die Theilnahme 4 Tage länger beisammengehalten haben wie ursprünglich beabsichtigt.

Aber an dem Umstand daß die Quartiermacher in Kaiserslautern blieben, anstatt – wie bisher – am Tage unseres Einrückens nach dem nächsten Marschquartier weiterzureiten, erkannte man mit Recht, daß in Kürze Schluß gemacht werden würde.

Am 30. Juni 8 Uhr morgens versammelten sich alle berittenen vor dem Schwan. Dann bewegte sich die stolze Kavallerie mit dem Grafen auf seinem flotten Fuchse an der Spitze durch die ganze Stadt und es erfolgte sodann die Besichtigung der Wallungen beider Armeen auf den umliegenden Höhen. Das war ein flottes Reiten! Den Schluß bildete ein Vortrag des Generals der Infantrie Oberhoffer auf dem Schlachtfeld von

Kaiserslautern über die daselbst zwischen dem Revolutionsherrn und den Preussen 1794 gelieferten Schlacht sehr interessant. Nun erst erfuhr man, daß am nächsten Tage – 1. Juli – Schlußkritik stattfinden und die große Generalstabsreise des Jahres 1898 damit beendet sein wird.

Reithosen, Reitstiefel und andere nunmehr entbehrliche Utensilien wurden zusammengepackt und in die Heimath entsendet, damit das Reisegepäck die auf der Eisenbahn zulässigen Gewichtsgrenzen nicht überschritten.

Das Kursbuch war ein besonders begehrter Artikel, denn jeder wollte ermitteln, auf welcher Weise er am besten und schnellstens an den Rhein kommen kann.

Um nach Coblenz zu gelangen, mußte ich nach 5 Uhr Kaiserslautern verlassen und konnte doch erst, da in Kreuznach und Bingerbrück längerer Aufenthalt, um ½12 an Ort und Stelle sein. Über die am 1. Juli mittags abgehaltene Schlußkritik will ich erwähnen, daß Graf Schlieffen sehr exact und auch für Laien durchaus verständlich sprach. Die Lage an jedem Operationstage war durch Eintragungen der Truppenstellungen in die Wegekarten anschaulich gemacht. Es war also der Stand für jeden Operationstag eine besondere Karte mit den entspr. Eintragungen der Truppen angeheftet. Die deutsche Armee kam schlecht fort, General v. Alten war bei seinen Annahmen zu optimistisch gewesen.

Nun erfolgte die offizielle Abmeldung der dem großen Generalstabe nicht angehörenden Theilnehmer beim Grafen. Zum Abschiedsessen, welches wegen der bevorstehenden Abreise bereits 1½ Uhr stattfand, hatte er sämmtliche Herren eingeladen.

Hierbei ließ er es sich nicht nehmen, jedem Einzelnen ohne Ausnahme besonders zuzutrinken.

Dann allgemeines Händeschütteln und noch im Laufe des Nachmittags führten die von Kaiserslautern abgehenden Züge die Reisegenossen nach verschiedenen Himmelsrichtungen auseinander!

Schluß und Gruß!
Wildungen, 14. 7. 1898
Dein getreuer Mann!

Erfurt 1875

Bock Herzbruch Hoefer

Erfurt 1875 Otto Hoefer mit 24 Jahren als Vice-Feldwebel.
Darunter seine Beschriftung auf der Rückseite des Fotos

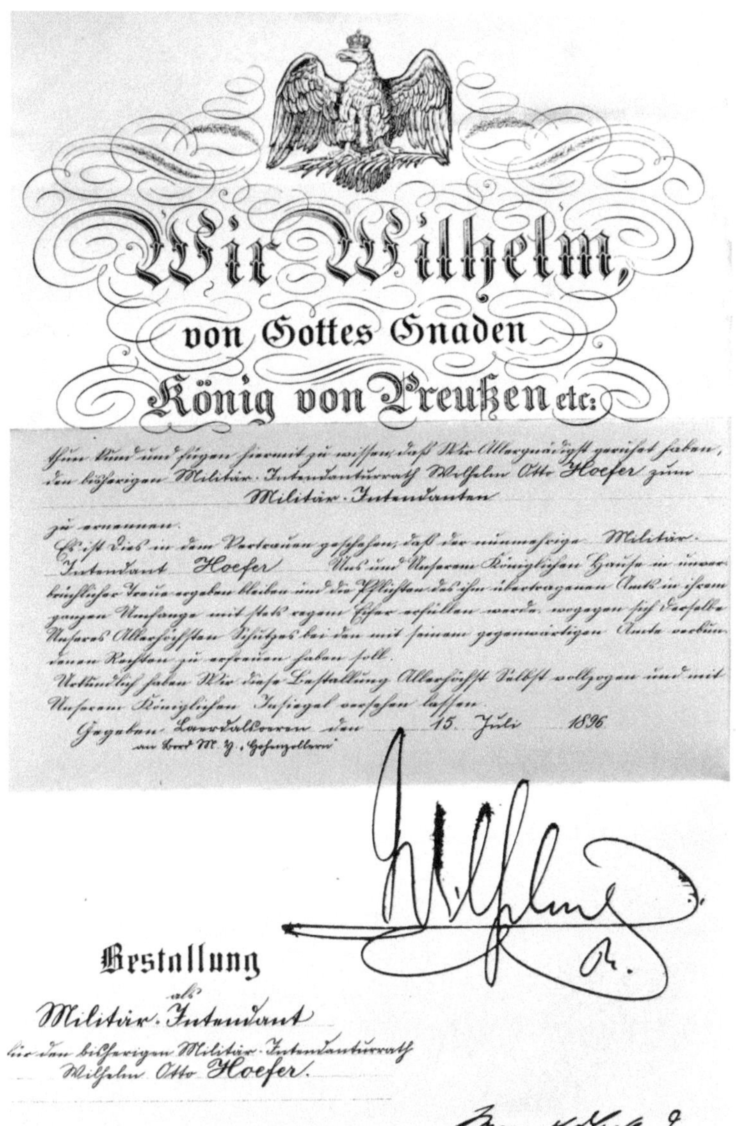

Wir Wilhelm,
von Gottes Gnaden
König von Preußen etc:

thun kund und fügen hiermit zu wissen, daß Wir Allergnädigst geruht haben, den bisherigen Militär-Intendanturrath Wilhelm Otto Hoefer zum Militär-Intendanten zu ernennen.

Es ist dies in dem Vertrauen geschehen, daß der nunmehrige Militär-Intendant Hoefer Uns und Unserem Königlichen Hause in unverbrüchlicher Treue ergeben bleiben und die Pflichten des ihm übertragenen Amts in ihrem ganzen Umfange mit stets regem Eifer erfüllen werde, wogegen sich derselbe Unseres Allerhöchsten Schutzes bei den mit seinem gegenwärtigen Amte verbundenen Rechten zu erfreuen haben soll.

Urkundlich haben Wir diese Bestallung Allerhöchst Selbst vollzogen und mit Unserem Königlichen Insiegel versehen lassen.

Gegeben Lærdalsøren den 15. Juli 1896.
an Bord M. Y. Hohenzollern

Wilhelm R.

Bestallung
als
Militär-Intendant
für den bisherigen Militär-Intendanturrath
Wilhelm Otto Hoefer.

Bronsart v. Schellendorff

1896 Ernennungsurkunde zum Militärintendanten von Kaiser Wilhelm II.

1924 Henkenhagen
Hinten links:
Sohn Karl, Geheimrath Otto Hoefer, Enkeltochter Marianne, Sohn Paul Otto, Ottos zweite Ehefrau Johanna, geb. Ritter.
Vorne: die Enkelsöhne Karlgeorg, Gottfried und Martin.

Danksagung

Ich bedanke mich bei meinem Bruder Joachim und seiner Frau Renate dafür, dass sie sich die Zeit genommen haben, das Buch aus der „Deutschen Kurrentschrift" auf den Computer zu transkribieren.

Weiterhin danke ich Petra Maurer und Dr. Peter K. Schmidt vom Stadtarchiv in Bad Camberg dafür, dass sie mir beim Entziffern einiger Worte weiterhalfen.

Ich bedanke mich bei meinen fleißigen Korrekturlesern Thekla Friedrich, Joachim Hoefer, Roland Peil, meiner Nichte Claudia Schneyinck und Jürgen Siebert.

Und schließlich gilt mein Dank Thekla Friedrich und Jürgen Siebert dafür, dass sie mich immer wieder ermutigten, das Werk zu vollenden.

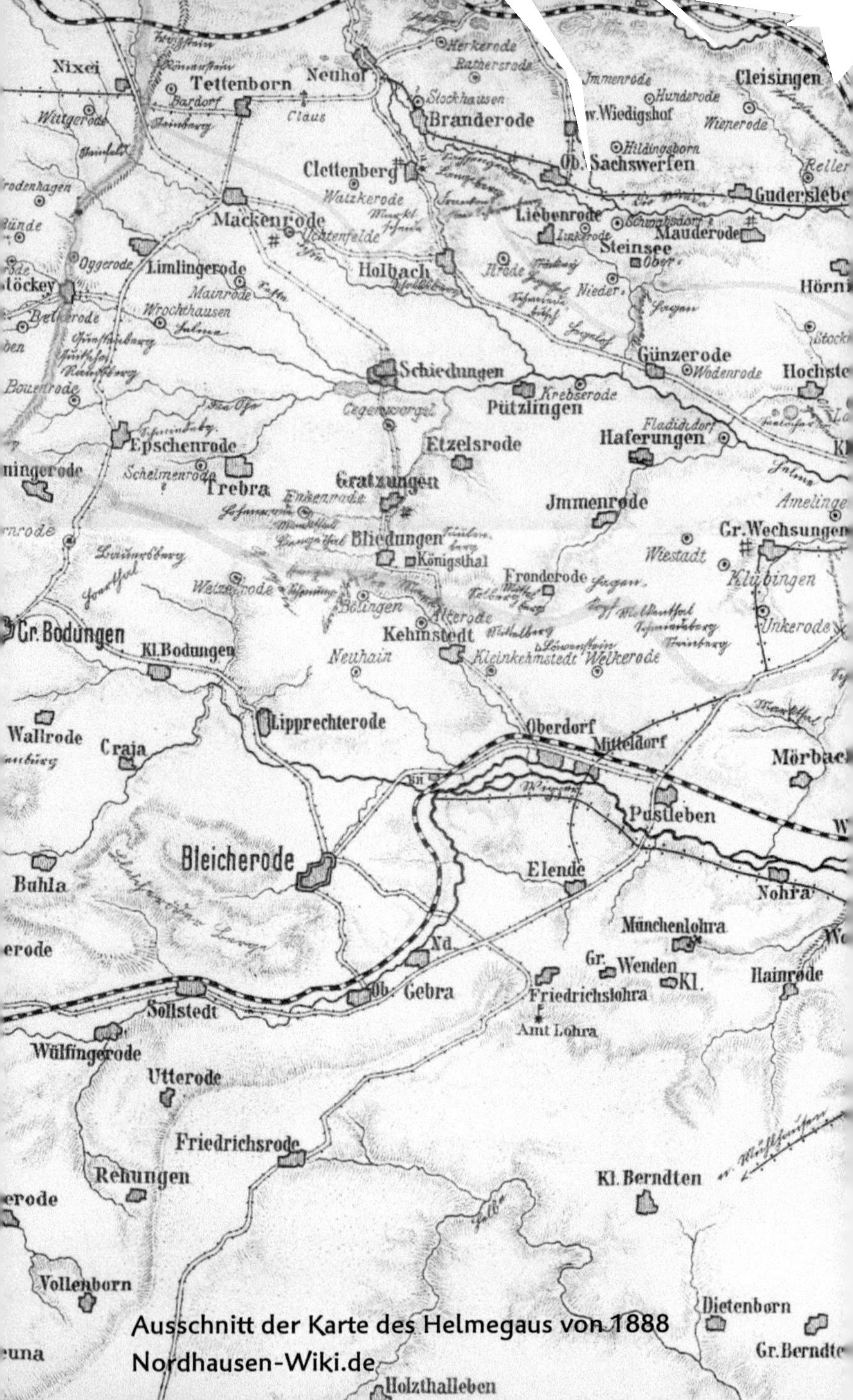

Ausschnitt der Karte des Helmegaus von 1888
Nordhausen-Wiki.de

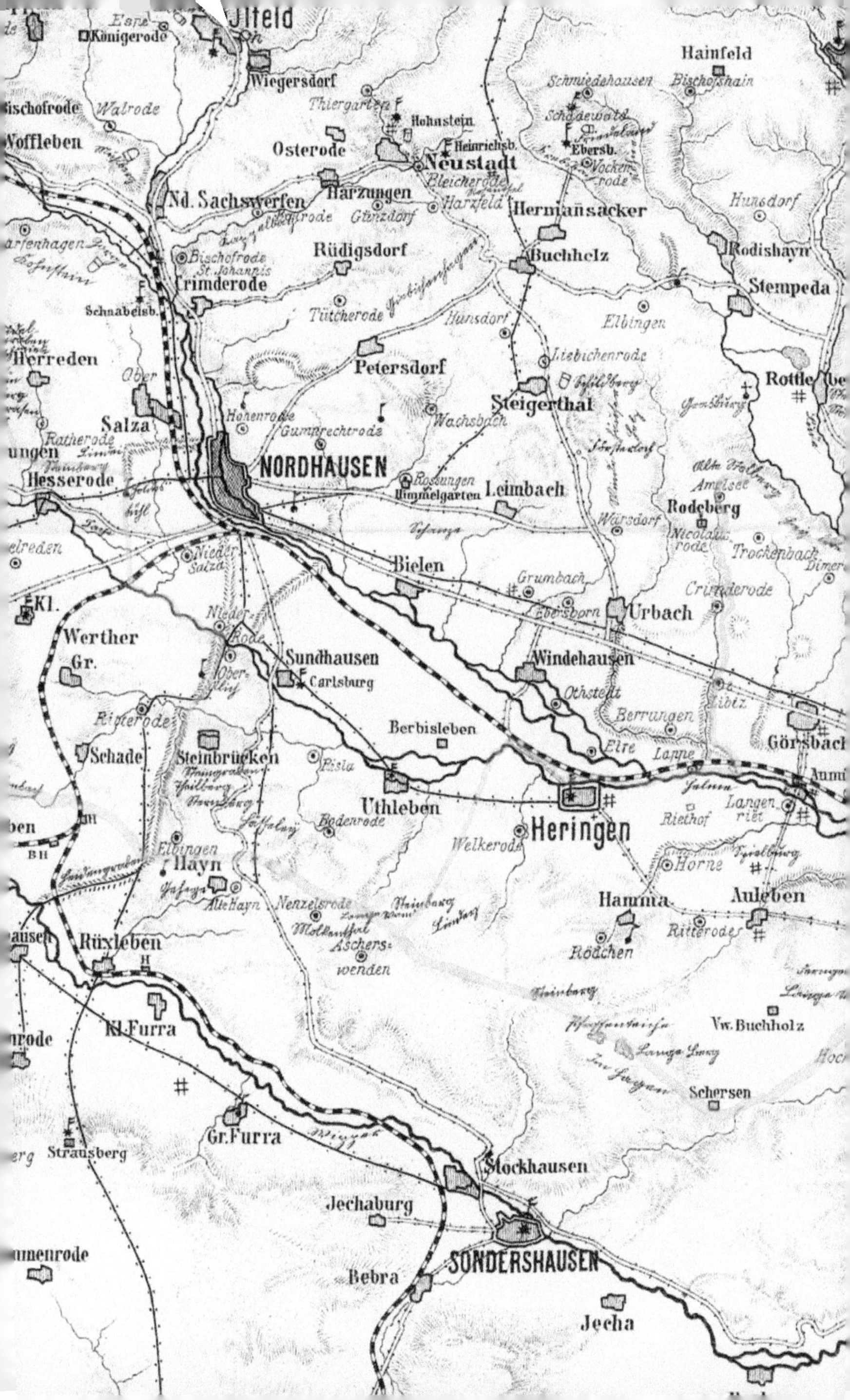

Ilfeld
Esse
Königerode
Wiegersdorf
Hainfeld
Schmiedehausen
Bischofshain
Bischofrode
Walrode
Thiergarten
Hohnstein
Schadewald
Woffleben
Osterode
Heinrichsb.
Neustadt
Ebersb.
Vocken-rode
Bleicherode
Nd. Sachswerfen
Harzungen
Günzdorf
Harzfeld
Hermansacker
Hunsdorf
Rüdigsdorf
Bischofrode
St. Johannis
Buchholz
Rodishayn
Crimderode
Schnabelsb.
Stempeda
Tütcherode
Hunsdorf
Elbingen
Herreden
Liebichenrode
Petersdorf
Ober
Salza
Rottleberode
Steigerthal
Hohenrode
Gumprechtrode
Wachsbach
Ratherode
NORDHAUSEN
Rossungen
Himmelgarten
Leimbach
Hesserode
Rodeberg
Amelsee
Wärsdorf
Nicolaus-rode
Trockenbach
Nieder Salza
Bielen
Grumbach
Crimderode
Kl.
Ebersborn
Urbach
Nieder-Rode
Werther
Gr.
Sundhausen
Windehausen
Carlsburg
Ober-
Othstedt
Berrungen
Libiz
Ritterode
Berbisleben
Görsbach
Schade
Steinbrücken
Pisla
Elre
Lappe
Uthleben
Heringen
Langen-riet
Riethof
Bodenrode
Welkerode
Elbingen
Horne
Hayn
Alte Hayn
Nenzelsrode
Hamma
Auleben
Molkenthal
Ritterode
Rüxleben
Aschers-wenden
Rödchen
Kl. Furra
Vw. Buchholz
Gr. Furra
Schersen
Strausberg
Stockhausen
Jechaburg
SONDERSHAUSEN
Bebra
Jecha

FSC
www.fsc.org
MIX
Papier aus verantwortungsvollen Quellen
Paper from responsible sources
FSC® C105338